지역인재
9급 수습직원
[한국사]

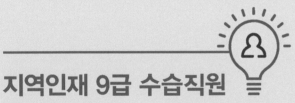

지역인재 9급 수습직원
[한국사]

초판 인쇄	2021년 2월 8일
개정1판 발행	2022년 5월 11일

편 저 자	공무원시험연구소
발 행 처	㈜서원각
등록번호	1999-1A-107호
주 소	경기도 고양시 일산서구 덕산로 88-45(가좌동)
교재주문	031-923-2051
팩 스	031-923-3815
교재문의	카카오톡 플러스 친구[서원각]
영상문의	070-4233-2505
홈페이지	www.goseowon.com
책임편집	정유진
디 자 인	이규회

PREFACE

본서는 지역인재 9급 수습직원 선발시험을 준비하는 수험생을 위해 그동안 시행되어 온 각종 9급 공무원시험 및 지역인재 선발시험을 철저하게 연구·분석한 수험서로서, 짧은 시간 내에 효과적인 학습이 될 수 있도록 단원별로 핵심이론을 요약정리하고, 그에 맞는 기출문제와 핵심예상문제를 함께 실었다.

갈수록 치열해지는 공무원 시험에서 고득점을 올릴 수 있는 최선의 방법은 체계적인 학습계획을 세우고 보다 좋은 수험서를 선택하여 완벽한 학습이 이루어지도록 꾸준히 노력하는 길일 것이다. 본서가 학습의 길잡이가 되어 수험생 여러분이 합격의 영광을 누릴 수 있기를 바란다.

INFORMATION

✎ 선발개요

1. 학교의 장은 추천 요건에 맞는 우수한 인재를 인사혁신처에 추천
2. 인사혁신처는 필기시험, 서류전형, 면접시험을 통해 수습직원을 선발
3. 최종합격자는 6개월간의 수습근무 후 임용심사 결과에 따라 일반직 9급 국가공무원 이용 여부 결정

✎ 선발규모

직군	직렬	직류	선발인원	임용예정부서(예시)
행정 (260명)	행정	일반행정	191명	전 중앙행정기관
		회계	15명	교육부
	세무	세무	45명	국세청
	관세	관세	9명	관세청
기술 (120명)	공업	일반기계	14명	중소벤처기업부 등 그 밖의 중앙행정기관
		전기	17명	우정사업본부 등 그 밖의 중앙행정기관
		화공	4명	산업통상자원부 등 그 밖의 중앙행정기관
	시설	일반토목	11명	국토교통부 등 그 밖의 중앙행정기관
		건축	16명	국가보훈처 등 그 밖의 중앙행정기관
	농업	일반농업	18명	통계청, 농림축산식품부
	임업	산림자원	5명	산림청
	보건	보건	6명	보건복지부
	식품위생	식품위생	2명	식품의약품안전처
	해양수산	선박항해	4명	해양수산부
		선박기관	2명	
	전산	전산개발	15명	행정안전부 등 그 밖의 중앙행정기관
	방송통신	전송기술	6명	과학기술정보통신부, 행정안전부
총계			380명	

✎ 추천대상 자격요건

1. 응시가능 연령

17세 이상(2005.12.31. 이전 출생자)

2. 졸업자 또는 졸업예정자

(1) 졸업자

졸업일이 최종시험예정일을 기준으로 역산하여 1년 이내인 사람에 한해 추천 가능

(2) 졸업예정자

고등학교는 3학년 1학기까지의 학사과정 이수자 또는 조기졸업예정자, 전문대학교는 졸업 학점의 3/4 이상을 취득한 사람으로 2023년 2월까지 졸업이 가능하여야 하며, 수습시작(2023년 상반기 예정)전까지 졸업하지 못할 경우 합격 취소

3. 학과성적

(1) 고등학교

소속 학과에서 이수한 모든 전문교과 과목의 성취도 평균 B 이상, 그 중 50% 이상의 과목에서 성취도 A, 보통교과 평균석차등급 3.5 이내에 해당

(2) 전문대학교

졸업(예정) 석차비율이 소속 학과의 상위 30% 이내에 해당

4. 선발예정직렬(직류) 관련 전문교과 또는 학사

(1) 고등학교

선발예정직렬(직류) 관련 전문교과를 전문교과 총 이수단위의 50% 이상 이수

※ 졸업예정자의 경우 3학년 1학기까지 이수한 전문교과 총 이수단위 기준

(2) 전문대학교 : 선발예정직렬(직류) 관련 학과 전공

직군	직렬	직류	선발예정 직렬(직류) 관련 전문교과 또는 학과	
			고등학교	전문대학교
행정	행정	일반행정	경영·금융 교과(군)	해당 없음
		회계		
	세무	세무		
	관세	관세		
기술	공업	일반기계	기계 교과(군) / 재료 교과(군)	선발직류 관련 학과
		전기	전기·전자 교과(군)	
		화공	화학공업 교과(군)	
	시설	일반토목	건설 교과(군)	
		건축		
	농업	일반농업	농림·수산해양 교과(군) 중 농림 관련 과목	
	임업	산림자원		
	보건	보건	보건·복지 교과(군)	
	식품위생	식품위생	식품가공 교과(군)	
	해양수산 (자격증 필수)	선박항해	선박운항 교과(군) / 농림·수산해양 교과(군) 중 수산해양 관련 과목	
		선박기관		
	전산(자격증 필수)	전산개발	정보·통신 교과(군)	
	방송통신	전송기술		

① 관련 전문교과(군)에 해당하는지 여부는 초·중등학교 교육과정 총론을 따름

② 해양수산, 전산 직렬은 관련 전문교과 또는 학과 기준을 충족하고 자격증을 취득하여야 응시 가능

③ 선발예정직렬(직류) 관련 전문교과 또는 학과 요건을 충족하지 못한 경우에는 선발예정직렬(직류)과 관련된 자격증을 취득하여야 해당 직렬(직류)에 응시 가능

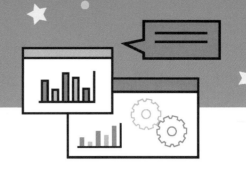

✎ 시험방법

1. 전형절차

| 필기시험 | 서류전형 | 면접시험 |

2. 시험 세부사항

(1) 필기시험

시험과목	출제유형	문항수	배점	배정시간
국어, 한국사, 영어	객관식	과목당 20문항	100점 만점 (문항당 5점)	과목당 20분

① 각 과목 만점의 40% 이상 득점한 사람 중 시험성적 및 면접시험 응시자 수 등을 고려하여 고득점자 순으로 합격자 결정

② 선발예정인원을 초과하여 동점자가 있을 때에는 그 동점자를 모두 합격자로 처리(동점자 계산은 소수점 이하 둘째자리까지 한다)

(2) 서류전형

필기시험 합격자에 한해 기준 적합 여부를 서면으로 심사하여 적격 또는 부적격 여부 결정

(3) 면접시험

직무수행에 필요한 능력과 적격성을 점증하기 위해 5개 평정요소에 대해 각각 상·중·하로 평정하여 불합격 기준에 해당하지 않는 사람 중 평정 성적이 우수한 자 순으로 합격자 결정

| 평정요소 | • 공무원으로서의 정신자세
 • 의사표현의 정확성과 논리성
 • 창의력·의지력 및 발전가능성 | • 전문지식과 그 응용능력
 • 예의·품행 및 성실성 |

(4) 합격자 발표

① 합격자는 사이버국가고시센터(www.gosi.kr)를 통해 공고

② **추가 합격자 결정** : 최종합격자가 수습근무를 포기하는 등의 사정으로 선발예정인원에 미달하는 때에는 수습근무 시작 전까지 추가로 합격자 결정 가능

✎ 합격자 결정시 고려사항

지역별 균형합격, 특성화고 등 고등학교 출신 우대, 관련학과 응시자의 직렬(직류) 유관 자격증 가산점 부여

STRUCTURE

03 근세의 경제

1 ·· 경제정책

(1) 농본주의 경제정책

① **경제정책의 방향** : 조선은 고려 말의 파탄된 국가재정을 확충시키고, 왕도정치사상에 입각한 민생 안정을 도모하기 위해 농본주의 경제정책을 세웠다.

② **중농정책** : 신진사대부는 농경지의 확대 및 농업생산력 증대로 농민생활을 안정시키려 하였다.
　　㉠ 토지 개간을 장려하고 양전사업을 실시하였으며, 새로운 농업기술과 농기구를 개발하여 보급하였다.
　　㉡ 농민생활의 안정을 위해 농민의 조세부담을 경감시켰다.

③ **상공업정책** : 상공업자는 허가를 받고 영업해야 했다.
　　㉠ **국가 통제** : 물화의 종류와 수량을 국가가 규제하였다.
　　㉡ **유교적 경제관** : 검약한 생활을 강조하고, 소비생활을 억제하였다.
　　㉢ 사·농·공·상 간의 차별로 상공업자들은 대우받지 못하였고, 자급자족적 경제로 상공업활동은 부진하였다.

④ **국가의 통제력 약화** : 16세기 이후 상공업의 발전으로, 국내 상공업과 자유로운 무역활동이 전개되었다.

(2) 과전법의 시행과 변화

① **과전법의 시행**
　　㉠ **배경** : 국가의 재정기반과 신진사대부세력의 경제기반을 확보하기 위해 시행되었다.
　　㉡ **과전** : 경기지방의 토지에 한정되었고 과전을 받은 사람이 죽거나 반역을 한 경우에는 국가에 반환하였고 토지의 일부는 수신전, 휼양전, 공신전 형태로 세습이 가능하였다.

② **과전법의 변화** : 토지가 세습되자 신진관리에게 나누어 줄 토지가 부족하게 되었다.
　　㉠ **직전법(세조)** : 현직 관리에게만 수조권을 지급하였고 수신전과 휼양전을 폐지하였다.
　　㉡ **관수관급제(성종)** : 현직 관리에게만 수조권을 준 결과 실제 조세보다 더 많이 걷는 폐단이 생겼다. 이런 폐단을 시정하기 위하여 관청에서 수조권을 행사하고, 관리에게 지급하여 국가의 지배권이 강화되었다.
　　㉢ **직전법의 폐지(16세기 중엽)** : 수조권 지급제도가 없어졌다.

③ **지주제의 확산**
　　㉠ **배경** : 직전법○○○○○○○○이나 지방 호족들은 토지 소유를 늘리기 시작하였다.
　　㉡ 지주ⓒ○○○○○○○○○○○○○○지주와 그 땅을 경작하는 전호가, 생○○○○○○○
　　㉢ ○○○○○○○○○○○○○○○○○산량의 2분의 1을 지주에게 바

(3) 수조○○

○○○○○○○○○○○자기 소유의 토지와 노비 등이다.
○○○○○○○○○○○경작과 주변 농민들의 병작반수의 소작으로 행해졌다.
○○○○○○하기도 하였지만 대개 친족이 거주하며 관리하였고 때로는

☎ 보충학습

중농정책 … 조선 왕조의 경제적 기반은 경제에 의존하고 있었다. 지배층의 유교적 농본사상은 농업을 본업(本業)으로 삼고, 상공업을 말업(末業)으로 취급하였기 때문에 농업을 장려하고, 상공업을 억제하였다.

☎ 보충학습

수신전과 휼양전
㉠ **수신전** : 관리가 죽은 후 재혼하지 않은 미망인에게 지급
㉡ **휼양전** : 사망한 관리의 어린 자식에게 지급

☎ 보충학습

과전법의 3대 원칙
㉠ **전직과 재야세력에 대한 회유책**
• 품계 있고 직역이 없는 관리인 전직과 산관에게 지급하였다.
• 한량에게는 군전을 지급하였다.
• 세○ 이후 군인은 조선시대의 급전대상에서 제외된다.
㉡ **농민에게 유리한 조항**
• 민심 획득을 위한 방법이다.
• 혁명 때 농민병사로 참여한 결과이다.
• 조 : 공·사전 모두 10분의 1이었고 국가가 경작권을 보장하였다.
• 세 : 사전만 15분의 1이었다.
㉢ **사대부에 유리한 조항**
• 관리가 농민에게 직접 조를 받는 직접수조권을 행사하였다.
• 관리가 죽으면 과전을 반납하는 것이 위

제도에 관한 내용을 시기
○한 것은?
　　　　2010. 4. 10. 행정안전부

○○○○○ 전세를 토지 1결당 미곡
○○○○○ 풍흉의 정도에 따라 조세
○○고 20두에서 최하 4두로
○○○
○○○상을 현직 관리로 한정하
○○○
○○ 나누어 최고 150결에서
○○전을 지급하였다.

　　　　㉠
　　　　㉡
　　　　㉢
　　　　㉣
　　　　　　☞④

○는 시기에 나타난 경제적
○○ 옳지 않은 것은?
　　　　2013. 9. 7. 서울특별시

○○는 것은 세 가지 이유다.
○○○ 것이 첫째요, 두 땅의 힘
○○○를 기르는 것이 둘째며, 좋
○○내고 싱싱하고 튼튼한 것
○○이 셋째다."

○○되어 벼와 보리의 이모작
○○노동력이 크게 절감될 수
○○○
○○, 담배, 채소, 면화 등과
같은 상품 작물을 재배해 높은 수익을 올렸다.
③ 지주에 대한 지대 납부 방식이 타조법에서 도조법으로 바뀌어 갔다.
④ 수공업에서 자금과 원자재를 미리 받아 제품을 만드는 선대제가 활발해졌다.

1 밑줄친 '이들'의 활동으로 옳지 않은 것은?

2021. 9. 11. 제1회 서울특별시

> 이들은 왕도 정치를 강조하며, 유교적 이상 정치를 펼치기 위해 과감한 개혁을 추진해 나갔다. 그러나 급진적인 개혁 정치에 부담을 느낀 중종에 의해 결국 제거되었다.

① 위훈 삭제를 추진하였다.
② 소격서의 폐지를 주장하였다.
③ 향약(鄕約)을 지방 곳곳에서 실시하였다.
④ 「국조오례의」를 편찬하여 유교 의례를 정비하였다.

TIP 제시문은 중종 때 발생한 기묘사화(1519)이고 밑줄 친 이들은 조광조를 중심으로 한 사림 세력이다. 훈구파의 세력 확대를 견제하고 자 중종은 조광조를 기용하여 개혁을 시도하였다. 조광조는 새로운 관리 선발 제도로 현량과를 실시하고 전국에 서원과 향약을 보급 하였으며, 소격서를 폐지하고 위훈삭제를 주장하였다. 하지만 훈구파의 반대로 조광조의 급진적인 개혁정치는 실패하였다.
④ 조선 성종 때 편찬한 국가와 왕실의 행사에 관한 책으로 신숙주 등이 왕명에 따라 편찬을 주도하였다.

2 (가)~(라)를 시기가 이른 것부터 바르게 나열한 것은?

2021. 9. 11. 제1회 서울특별시

(가) 노량 해전	(나) 행주 대첩
(다) 동래 전투	(라) 한산도 대첩

① (나)→(가)→(다)→(라)
② (나)→(다)→(라)→(가)
③ (다)→(나)→(가)→(라)
④ (다)→(라)→(나)→(가)

TIP 제시문은 임진왜란 당시 발생한 사건이며 순서는 다음과 같다.
(다) 동래전투(1592. 4) : 동래부사 송상현이 일본군에 맞서 싸운 전투
(라) 한산도대첩(1592. 7) : 전라좌수사 이순신을 중심으로 일본군과 벌인 해전
(나) 행주대첩(1593. 2) : 전라 순찰사 권율을 중심으로 항전
(가) 노량해전(1598. 11) : 정유재란 당시 이순신이 항전한 마지막 해전으로 조명연합군이 일본군에 항전

[기출문제분석]

• 지역인재 기출문제뿐만 아니라 공무원, 경찰직 등의 과년도 기출문제를 수록하여 출제경향을 파악할 수 있도록 하였습니다.
• 기출문제를 통하여 해당 단원의 학습 포인트를 확인할 수 있도록 하였습니다.

3 다음 사료의 내용대로 시행한 왕을 모두 고르면?

> 비로소 의정부의 업무를 육조(六曹)로 귀속하였다. 좌정승 성석린(成石璘) 등이 아뢰기를 …(중략)… "이 제부터는 모든 일에 전례가 있는 것은 모두 각 조(曹)에 맡기도록 하고, 각 조에서 특별한 예가 있는 경우에 의정부에 보고하면, 의정부에서는 경중을 참작하여 임금께 아뢸 것은 아뢰고, 하달할 것은 하달하며, 각 조에서 만일 착오가 있거나 막히는 것이 있으면, 의정부에서 근면과 태만을 고찰하여 시비를 결정하게 하소서."

㉠ 태조	㉡ 태종
㉢ 세종	㉣ 세조

① ㉠㉡
② ㉡㉢
③ ㉡㉣
④ ㉢㉣

TIP 사료의 내용은 6조에서 정부를 직접 왕에게 직계하여 결재 받아 시행하는 6조직계제에 대한 내용이다. 태종은 개국공신 세력을 견제하고 왕권의 강화를 위해 6조직계제를 시행하였다. 이후 세종은 집현전 학자들의 요구로 6조직계제를 폐지 하고 의정부서사제를 시행하였으나, 세조 때 다시 6조직계제를 부활시켰다.

[핵심예상문제]

• 기출문제를 바탕으로 엄선한 다양한 유형의 문제를 다수 수록하여 보다 효과적인 학습이 가능하도록 하였습니다.
• 문제마다 상세한 해설을 첨부하여 이해도 높은 학습이 가능하며 이론을 한 번 더 정리할 수 있도록 하였습니다.

4 다음 중 조선의 언론학술기구가 아닌 것은?

① 홍문관
② 사간원
③ 춘추관
④ 사헌부

TIP 조선의 언론학술기구는 삼사라고 불리는 사헌부, 사간원, 홍문관이다.
※ 춘추관 : 역사서의 편찬과 보관을 담당

5 다음을 종합하여 조선시대의 지방 행정조직의 특징으로 옳은 것은?

> • 서울에 경제소를 두어 유향소와 정부사이의 연락 기능을 담당하게 하였다.
> • 속현을 없애고 모든 군현에 수령을 파견하여 조세와 공물을 징수하게 하였다.
> • 향촌의 인사들이 유향소를 구성하여 수령을 보좌하고 향리를 규찰하였다.

① 중앙정부에서 향촌 자치 기구를 운영하였다.
② 향촌의 인사들이 지방행정사무를 담당하였다.
③ 향촌 양반들이 백성을 임의적으로 지배하였다.

CONTENTS

한국사의 바른이해

역사의 학습목적

❶ ·· 역사의 의미

(1) 역사의 일반적 의미

일반적으로 '과거에 있었던 사실'과 '조사되어 기록된 과거'의 두 가지 뜻을 지니고 있다.

(2) 사실로서의 역사(history as past)와 기록으로서의 역사(history as historiography)

① **사실로서의 역사** : 객관적 의미의 역사, 시간적으로 현재에 이르기까지 일어났던 모든 과거 사건을 의미한다. 이러한 의미에서 역사란 바닷가의 모래알과 같이 수많은 과거 사건들의 집합체가 된다.

② **기록으로서의 역사**

  ㉠ 주관적 의미의 역사, 역사가가 과거의 사실을 토대로 조사·연구하여 주관적으로 재구성한 것을 의미한다. 이 경우의 역사는 기록된 자료 또는 역사서와 같은 의미가 된다.

  ㉡ 우리가 역사를 배운다고 할 때는 역사가들이 선정하여 연구한 기록으로서의 역사를 배우는 것이다.

  ㉢ 기록으로서의 역사는 과거 모든 사실을 대상으로 하는 것이 아니라 역사가들이 특별히 의미있다고 선정한 사실에 한정되며, 연구할 때 과학적 인식을 토대로 한 학문적 검정을 하여야 한다.

🚩 랑케(L. Ranke)와 카(E.H. Carr)의 역사인식

구분	역사인식	내용
랑케	사실로서의 역사인식	"역사가는 자기 자신을 죽이고 과거가 본래 어떠했는가를 밝히는 것을 그의 지상 과제로 삼아야 하고, 이때 오직 역사적 사실로 하여금 이야기하게 해야 한다."
카	기술로서의 역사인식	"역사가와 역사상의 사실은 서로를 필요로 한다. 사실을 갖지 못한 역사가는 뿌리가 없는 존재로 열매를 맺지 못한다. 역사가가 없는 사실은 생명이 없는 무의미한 존재이다."

❷ ·· 역사학습의 목적

(1) 역사학습의 의의

① **의미** : 역사 그 자체를 배워서 과거 사실에 대한 지식을 늘리는 것을 의미한다.

② **역사와 지식** : 역사는 지식의 보고(寶庫)라는 말이 있다. 이는 역사가 정치, 경제, 사회, 문화, 종교 등 여러 방면에 걸친 지식이 포함되어 있는 과거 인간생활에 대한 지식의 총체라는 것을 의미한다.

③ **의의**

  ㉠ 역사를 통하여 현재를 살아가는 데 필요한 능력과 교훈을 얻을 수 있다.

  ㉡ 인간 생활에 대한 지식을 얻을 수 있다.

(2) 역사학습의 목적

① **과거 사실을 통해 현재의 이해** : 과거의 사실을 통해 현재를 바르게 이해할 수 있다. 역사는 개인과 민족의 정체성 확립에 유용하다.

② **삶의 지혜를 습득** : 현재 우리가 당면한 문제를 올바르게 파악하고 대처하여 미래에 대한 전망을 할 수 있다.

③ **역사적 사고력과 비판능력 함양**

　㉠ 역사적 사건의 보이지 않는 원인과 의도, 목적을 추론하는 역사적 사고력이 길러지게 된다.

　㉡ 잘잘못을 가려 정당한 평가를 내리는 비판능력을 길러준다.

(3) 역사의 외면과 내면

① **역사의 외면** : 사건발생 현장이나 동시대에 현재인으로서 본 객관적이며 정확하게 기록되어진 사실

② **역사의 내면** : 사건 당시의 현장에서 관찰할 수 없는 사건의 배경이나 사건을 주도한 사람의 의도로 기록된 사실

　㉠ 과거 사실을 바탕으로 현재를 이해하여 개인, 민족의 정체성을 확립한다.

　㉡ 역사의 본질을 파악하면 현재의 문제와 미래의 모습을 비추어 볼 수 있다(역사의 연속성).

③ 역사적 사고력과 비판력을 바탕으로 하여 역사를 외면에서 내면적으로 파악할 수 있다.

1 다음 주장을 고려할 때 가장 적절한 태도는?

2008. 4. 12. 행정안전부

> • 역사에 대한 서로 다른 관점을 사관(史觀)이라고 한다.
> • 역사가가 어떤 사관을 가지고 책을 저술 또는 편찬하는가에 따라서 역사서의 내용이 달라질 수 있다.

① 과거 사실을 밝히는 일을 지상 과제로 삼는다.
② 대중을 위한 역사를 만들고자 적당한 윤색을 가한다.
③ 역사 서술에는 반드시 현재의 요구를 반영해야 한다.
④ 역사서를 읽을 때 독자는 저자의 사관을 염두에 둔다.

TIP 주관적 의미의 역사이다.

2 우리 역사의 특수성을 보여주는 설명만으로 묶은 것은?

2008. 4. 12. 행정안전부

> ㉠ 선사시대는 구석기, 신석기, 청동기 시대 순으로 발전하였다.
> ㉡ 고대사회의 불교는 현세구복적이고 호국적인 성향이 있었다.
> ㉢ 조선시대 농촌사회에서는 두레, 계와 같은 공동체 조직이 발달하였다.
> ㉣ 전근대사회에서 신분제 사회가 형성되어 있었다.

① ㉠㉡　　　　　　　　　　　　② ㉡㉢
③ ㉢㉣　　　　　　　　　　　　④ ㉠㉣

TIP 보편성과 특수성
㉠ 보편성 : 전세계 사람은 모두 의식주의 생활을 영위하고 있다는 것처럼 일반적으로 모든 사람이 영위하고 있는 것이 보편성이라 한다.
㉡ 특수성 : 환경 및 지역에 따라 개별적인 언어, 종교, 풍습, 제도 등 또는 우리나라만이 가지고 있는 독특한 문화 등을 말한다.

3 다음의 역사관과 유사한 주장은?

2005. 6. 5. 부산광역시

> 우리가 예술작품을 감상할 때 저명한 학자의 분류법을 생각하지 않고 아름답다고 느끼듯이 역사를 대하거나 탐구할 때에도 있는 사실을 그대로 받아들여야 한다.

① 역사란 기록으로서 역사를 의미한다.　　② 역사는 과거에 있었던 사실이다.
③ 역사는 주관적으로 생각해야 한다.　　　④ 역사란 역사가가 주관적으로 재구성한 것이다.

TIP 제시된 내용은 있는 사실 그 자체를 중시하는 '사실로서의 역사', 즉 객관적 역사관을 의미한다. 이는 랑케의 실증주의 사관을 기초로 하고 있으며, 역사가나 제3자에 의한 역사의 재해석과정이나 주관적인 역사의식을 반대하는 입장이다.

Answer 1.④ 2.② 3.②

4 다음 설명 중 옳은 것은?

2006. 4. 8. 중앙인사위원회

> 인류 생활의 ㉠과거에 일어난 수많은 사실(事實) 모두가 역사는 아니다. 역사란 지나간 사실들 가운데 그 야말로 역사적 의미가 있는 사실(事實)들 즉, ㉡'사실(史實)'을 뽑아 모은 것이라고 말할 수 있으며, 나아가 그 사실(史實)이 가지고 있는 ㉢역사적 '진실'이 확인될 때 비로소 과거의 한 사건은 '역사'로서 자격을 갖추게 된다.

① ㉠은 역사를 연구하는 자료가 되는 사료(史料)를 의미한다.
② ㉡에는 역사가의 객관적 견해가 작용하게 된다.
③ ㉢은 헤겔(G. Hegel)의 객관적 역사에 관한 설명이다.
④ 마르크스(K. Marx)의 역사 발전 법칙을 설명하고 있다.

> **TIP** ① 과거에 일어난 수많은 사실 중에서 역사가에 의해 선택된 것이 사료이다.
> ③ 랑케의 객관적 의미의 역사에 대한 설명이다.
> ④ 제시된 글은 객관적 의미와 주관적 의미의 역사에 대한 설명이다.

5 다음과 같은 주장에 가장 적합한 역사서술은?

2011. 5. 14. 상반기 지방직

> 역사가는 자기 자신을 숨기고 과거가 본래 어떠한 상태에 있었는가를 밝히는 것을 자신의 지상 과제로 삼아야 하며, 이때 오직 역사적 사실로 하여금 말하게 하여야 한다.

① 궁예와 견훤의 흉악한 사람됨이 어찌 우리 태조와 서로 겨룰 수 있겠는가.
② 건국 초에 향리의 자제를 뽑아 서울에 머물게 하여 출신지의 일에 대하여 자문하였는데, 이를 기인이라고 한다.
③ 묘청 등이 승리하였다면 조선사가 독립적, 진취적으로 진전 하였을 것이니, 이 사건을 어찌 일천년래 제일대사건이라 하지 아니하랴.
④ 토문 이북과 압록 이서의 땅이 누구의 것인지 알지 못하게 하였으니 … (중략) … 고려가 약해진 것은 발해를 차지하지 못하였기 때문이다.

> **TIP** 제시문은 사실로서의 역사를 설명한 내용이다.
> ①③④는 기록으로서의 역사이다.
>
> ※ 역사의 의미
> ㉠ 사실로서의 역사 : 객관적 의미의 역사, 시간적으로 현재에 이르기까지 일어났던 모든 과거 사건을 의미한다. 이러한 의미에서 역사란 수많은 과거 사건들의 집합체가 된다.
> ㉡ 기록으로서의 역사 : 주관적 의미의 역사, 역사가가 과거의 사실을 토대로 조사·연구하여 주관적으로 재구성한 것을 의미한다. 이 경우 역사는 기록된 자료 또는 역사서와 같은 의미가 된다.

Answer 4.② 5.②

1 보기의 주장과 역사가의 입장이 유사하게 짝지어져 있는 것은?

> ○ 역사는 객관적 사건들의 집합이다.
> ○ 역사는 역사가에 의해 쓰인다.
> ○ 역사가는 과거와 현재의 대화이다.
> ○ 역사가는 과거의 사실만을 밝혀내야 한다.

랑케	카
① ㉠㉡	㉢㉣
② ㉠㉢	㉡㉣
③ ㉠㉣	㉡㉢
④ ㉡㉢	㉠㉣

TIP ㉠㉣은 사실로서의 역사적 견해이므로 랑케의 주장과 유사하고 ㉡㉢은 기록으로서의 역사적 견해이므로 카의 주장과 유사하다.

2 역사에 대한 설명으로 옳지 않은 것은?

① '기록으로서의 역사'에는 역사가의 주관이 개입되면 안 된다.
② 역사를 통하여 현재를 살아가는데 필요한 삶의 지혜와 교훈을 얻을 수 있다.
③ 사료와 역사적 진실이 반드시 일치하는 것은 아니므로 사료 비판이 필요하다.
④ '사실로서의 역사'란 과거에 존재했던 모든 사실과 사건을 의미한다.

TIP '기록으로서의 역사'란 과거의 사실 중에 역사가의 조사와 연구과정을 거쳐 역사적으로 의미가 있는 사실만을 뽑아 주관적으로 재구성한 것을 의미한다. 따라서 역사가의 주관이 개입된다.

3 다음 중 역사에 대한 견해가 다른 하나는 무엇인가?

① 조선 세종시기 한글이 창제되었다.
② 삼국사기의 내용으로 볼 때 삼국 중 신라가 우리나라의 정통이다.
③ 신석기시대 유적에서 발견된 탄화미는 농경의 증거이다.
④ 1592년 한반도에서는 임진왜란이 일어났다.

TIP ①②④ 사실로서의 역사
② 삼국사기는 고려의 문신 김부식이 인종의 명을 받아 편찬한 삼국의 역사서이다. 김부식은 삼국 중 신라가 우리나라 역사의 정통임을 전제로 역사서를 편찬했는데 이는 김부식 개인의 견해가 반영되어 있는 것이므로 '기록으로서의 역사'에 해당한다.

Answer 1.③ 2.① 3.②

4 다음 지문을 읽고 틀린 내용을 고르면?

> 고려의 문신 이규보는 「동명왕편」을 편찬하여 고구려 계승의식을 밝히고 고구려의 전통을 노래하였다.

① 이규보는 특별히 의미 있다고 선정한 고구려사에 주목했다.
② 동명왕편은 이규보가 과거 사실을 토대로 조사하여 주관적으로 재구성 한 것이다.
③ 동명왕편은 고구려시기에 일어난 객관적 사건의 집합이다.
④ 이규보의 주관이 포함된 책이므로 동명왕편의 모든 내용은 완벽한 객관적 사실이 아니다.

> **TIP** 이규보의 「동명왕편」은 고구려 건국영웅 동명왕의 업적을 칭송하고 고구려 계승의식을 토대로 편찬한 역사서이다. 이규보의 주관이 들어간 역사서이므로 '기록으로서의 역사'에 해당한다. 따라서 「동명왕편」은 고구려시기에 일어난 객관적 사건의 집합이라고 할 수 없다.

5 다음 중 역사학습의 목적으로 옳지 않은 것은?

① 자연에 대한 경외심을 습득한다.
② 정당한 평가를 내리는 역사적 비판력을 기른다.
③ 역사적 사건의 보이지 않는 원인과 의도, 목적을 추론할 수 있다.
④ 현재의 문제를 올바르게 파악하고 대처하여 삶의 지혜를 습득한다.

> **TIP** 역사를 배움으로써 과거의 사실을 토대로 현재를 바르게 이해할 수 있고, 역사를 통하여 삶의 지혜를 습득할 수 있으며, 역사적 사고력과 비판력을 기를 수 있다.

6 역사적 사실은 현재적 입장에서 재해석해야 한다는 입장과 일치하는 역사학습의 과정이 아닌 것은?

① 임진왜란이 한국과 일본의 외교관계에 끼친 영향을 조사한다.
② 동학농민운동 중 농민들이 주장한 폐정개혁안과 갑오개혁의 홍범 14조를 비교, 분석한다.
③ 일제강점기에 일본이 토지조사사업을 통해 수탈한 토지의 면적을 알아본다.
④ 실학자들이 주장한 개혁안들이 정책에 반영되었다면 어떤 변화가 나타났을까 가정한다.

> **TIP** 현재주의적 관점에서 역사가의 태도는 역사가가 객관적일 수 없으며, 현재의 관점에서 과거의 사실을 재해석해야 한다는 입장이다.
> ③ 객관적인 사실로서 역사가가 재해석한 것이라고 보기 어렵다.

7 다음 중 역사와 역사학에 관한 내용으로 옳지 않은 것은?

① 역사라는 말은 '사실로서의 역사'와 '기록된 사실'이라는 두 측면의 의미가 있다.
② 역사학의 주된 관심은 인간활동의 구조적 측면을 연구하는 데 있다.
③ 사료의 해석은 역사가의 사관이나 역사의식이 주관적으로 작용되기도 한다.
④ 역사는 변화적 측면을 연구하는 학문활동이기 때문에 역사과학으로 정의하기도 한다.

> **TIP** ② 역사학은 인간활동의 변화적 측면에 관심을 가진다. 하지만 사회과학은 구조적 측면의 연구에 주목한다.

Answer 4.③ 5.① 6.③ 7.②

한국사와 세계사

❶ ·· 한국사의 보편성과 특수성

(1) 세계사적 보편성

국가와 민족을 초월한 전세계 인류의 공통성을 말한다. 동물이나 식물과 다른 인간 고유의 생활모습과 자유, 평등, 박애, 평화, 행복 등 공통적인 이상을 추구하는 것을 말한다.

(2) 민족의 특수성

인간이 살아가는 지역의 고유한 자연환경과 역사 경험을 통해 다양한 언어, 풍속, 종교, 예술, 사회제도가 창출되는 것을 말한다. 이는 교통과 통신이 발달하지 못했던 근대 이전에 두드러졌다. 이에 세계를 몇 개의 문화권으로 나누기도 하고 하나의 문화권 안에서 민족문화의 특수성을 추출하기도 한다.

(3) 우리 민족사의 발전

우리 민족은 국토의 자연환경을 효과적으로 활용하여 다양한 민족과 국가들과 문물을 교류하면서 내재적인 변화와 발전을 이룩하였다.

① **우리 역사의 보편성**: 자유와 평등, 민주와 평화 등 전인류의 공통적 가치를 추구해 왔다.

② **우리 민족의 특수성**: 반만년의 역사와 단일민족국가의 전통을 유지해오고 있다. 국가에 대한 충성과 부모에 대한 효도가 중시되고, 두레·계·향도와 같은 공동체조직이 발달하였다.

(4) 한국사의 이해

우리 민족의 역사적 삶의 특수성을 이해하고 그 가치를 깨우치는 것이어야 한다. 우리 역사와 문화의 특수성에 대한 이해는 한국사를 바르게 인식하는 데 기초가 될 뿐만 아니라 우리가 민족적 자존심을 잃지 않고 세계 문화에 공헌하는 데에도 필요하다.

🎓 보충학습

보편성과 특수성

㉠ 보편성 : 모든 것에 두루 미치거나 통하는 성질, 일반성

㉡ 특수성 : 사물의 특수한 성질, 특이성

🎓 보충학습

우리나라 불교와 유교의 특수성

㉠ 불교 : 현세구복적이며 호국적인 성향이 매우 강하였다.

㉡ 유교 : 삼강오륜의 덕목 중에서 나라에 대한 의리를 강조하였다.

📝 기출문제

한국사의 올바른 이해에 대한 설명으로 적절하지 않은 것은?

2014. 3. 22. 사회복지직

① 조선이 일본의 식민지로 전락하였던 것은 분권적인 봉건제도가 없었기 때문이다.

② 한국사는 한국인의 주체적인 역사이며 사회구성원들의 총체적인 삶의 역사이다.

③ 한국사의 보편성과 특수성의 문제는 세계사 안에서 한국사를 올바르게 보는 관점을 제공한다.

④ 다양한 기준에 의거해 시대구분을 하더라도 한국사의 발전 양상에 주목할 필요가 있다.

☞ ①

❷ ‥ 민족문화의 이해

(1) 민족문화의 형성

① **선사시대** : 아시아 북방문화와 연계되는 문화를 형성하였다. 조상들의 슬기와 노력으로 다른 어느 민족의 그것과도 구별되는 특수성을 지니고 있으면서도 보편적 가치를 추구해 왔다.

② **고대사회** : 중국 문화와 깊은 연관을 맺으면서 독자적인 고대문화를 발전시켰다.

③ **고려시대** : 불교를 정신적 이념으로 채택하였다.

④ **조선시대** : 삼강오륜과 같은 유교적 가치를 중시하였다.

(2) 민족문화의 발전

① 튼튼한 전통문화의 기반 위에서 민족적 특수성을 유지하고 한국 문화의 개성을 확립하였다.

② 외래 문화를 주체적으로 수용하여 세계사적 보편성을 추구하였다.

(3) 민족적 특수성 유지

민족적 특수성을 유지하면서 새로운 민족 문화의 창조를 추구하는 노력을 한다면 역사의 진행방향을 세계사적 보편성을 지닌 객체로 유지할 수 있을 것이다.

(4) 세계화시대의 역사의식

① 안으로는 민족주체성을 견지하되, 밖으로는 외부세계의 변화에 적극적으로 대응하는 개방적 민족주의에 기초하여야 한다. 아울러 인류 사회의 평화와 복리 증진 등 인류 공동의 가치를 추구하는 진취적 역사정신이 세계화시대에 요구되는 사고라 할 수 있다.

② 모든 민족의 역사에는 세계사적 보편성과 민족의 특수성이 함께 존재한다. 즉, 역사를 바르게 이해한다는 것은 세계사적 보편성과 지역적 특수성을 균형 있게 파악함을 의미하는 것이다.

1 다음 글의 요지를 가장 바르게 설명한 것은?

> 한국의 불교는 현세구복적이고 호국적인 성향이 남달리 강하였다. 또한 한국의 유교는 삼강오륜의 덕목 중에서도 충·효·의가 강조되었는데, 이는 우리 조상이 가족질서에 대한 헌신과 국가수호, 그리고 사회정의실현에 특별한 관심을 가졌음을 보여 주는 것으로, 중국의 유학이 인(仁)을 중심 개념으로 설정하고, 사회적 관용을 존중하는 것과 대비된다고 볼 수 있다.

① 우리 문화는 세계사적 보편성과 무관하다.
② 한국인들은 자신들만의 고유 문화를 발전시켰다.
③ 우리 문화에는 보편성과 특수성이 함께 나타난다.
④ 세계 문화의 흐름이 우리 민족문화에도 그대로 나타난다.

TIP 유교와 불교는 동아시아 문화권이라 불릴 정도로 중국, 일본 등과의 공통적인 문화요소이다. 이러한 문화는 동아시아 삼국에 전파되어 각각 발달하면서 그 지역의 역사적 조건과 고유문화에 따라 독특한 모습을 띠게 되었다.
①② 모든 민족의 역사에는 보편성과 특수성이 함께 존재한다.
④ 문화는 생활양식의 총체로, 그 지역 사람들의 생활 속에서 주체적으로 수용된다.

2 다음 중 우리나라 역사의 특수성이 아닌 것은?

① 호국불교적인 성격이 강했다.
② 독자적인 고대 문화를 발전시켰다.
③ 유교적 가치를 중요하게 여겼다.
④ 농사를 짓고 무리생활을 하였다.

TIP 농사를 짓고 무리생활을 하는 것은 신석기시대 인간이 가진 보편적인 특징 중 하나이다. 따라서 우리나라 역사만의 특이점이라고 할 수 없다.

3 다음 중 올바르게 한국사를 이해하는 방법은?

① 우리나라의 역사는 다른 나라의 역사와 완전히 다르므로 특수성의 논리에만 충실해야 한다.
② 다른 나라의 시선에서만 우리나라 역사를 제대로 이해할 수 있다.
③ 우리나라 역사의 특수성만이 가치가 있는 것이다.
④ 특수한 우리나라의 역사를 이해하여 세계사적 보편가치를 찾아낸다.

TIP 올바르게 한국사를 이해하는 방법은 우리 민족의 역사적 삶의 특수성과 세계사적 보편성을 함께 이해하는 것이다.

Answer 1.③ 2.④ 3.④

4 다음 중 한국사의 올바른 이해가 아닌 것은?

① 한국인의 역사적 삶의 특수성을 인식하고 그 가치를 높게 인식하여야 한다.
② 우리의 역사를 교조주의의 틀에 맞추어 해석하고 서술해서는 안된다.
③ 우리의 역사를 옳게 이해하고 연구하기 위해서 세계사적 보편성의 논리에만 충실해야 한다.
④ 한국사의 특수성을 바르게 이해하려면 세계사적 보편성에도 관심을 가지고 이해의 폭을 넓혀야 한다.

TIP ③ 우리의 역사를 바르게 이해하기 위해서는 한국사 전개의 특수성을 옳게 인식하고 그 바탕 위에서 세계사적 보편성과 잘 조화되도록 하여야 한다.

5 다음 중 한국사의 보편성에 대한 내용은 무엇인가?

① 민중에 대한 불합리한 억압이 심해질 때마다 자유와 평등을 위해 저항하였다.
② 유교적 질서를 바탕으로 국가에 대한 충성과 효도가 중시 되었다.
③ 조선시대에는 남녀노소 누구나 활쏘기를 즐겼다.
④ 독자적인 언어체계를 가지고 있다.

TIP 세계사적 보편성이란 국가와 민족을 초월하여 전 세계 인류의 공통성을 말한다. 민중에 대한 불합리한 억압이 심해질 때마다 자유와 평등을 위해 저항하는 것은 한국사뿐만 아니라 전 세계 역사에서 공통적으로 나타나는 특징이다.

6 다음 중 민족사의 이해에 대한 바른 태도는 어떤 것인가?

① 한국사의 어두운 측면은 축소시킨다.
② 우리 민족의 여러가지 측면을 역사법칙에 맞게 해석한다.
③ 유럽이나 아메리카 대륙의 여러 지역에서 우리 민족의 흔적을 찾아낸다.
④ 우리 민족의 특수성을 유지하면서 세계사적 보편성을 추구한다.

TIP 역사를 학습할 때 가져야 할 바른 태도로는 우리 민족사의 어두운 부분을 감추거나 화려했던 부분을 과장하지 않은 사실에 근거하며, 세계사의 보편성 속에서 우리 민족사의 특수성을 이해하는 것이다.

7 다음 중 세계화시대에 갖추어야 할 바른 역사의식이 아닌 것은?

① 우리 역사보다 세계사에 더 깊은 관심을 갖는다.
② 다른 나라의 역사적 특수성을 인정하고 개방적인 태도로 대한다.
③ 세계사의 변화에 능동적으로 대응하는 자세를 다진다.
④ 인류 사회에 기여할 수 있는 진취적 역사의식을 갖는다.

TIP 세계화시대의 역사 인식은 안으로 민족주체성을 견지하고 밖으로는 외부세계의 변화에 적극적으로 대응하는 동시에 진취적인 역사정신을 갖는 것이다.

Answer 4.③ 5.① 6.④ 7.①

선사시대의 문화와 국가의 형성

선사시대의 전개

1 ·· 선사시대의 세계

(1) 인류의 기원

① 오스트랄로피테쿠스(남방원숭이) : 약 300만~350만 년 전에 출현한 최초의 인류이다. 직립 보행을 하고 두 손으로 간단하고 조잡한 도구를 사용할 수 있었다.

② 호모 하빌리스(손재주 좋은 사람) : 약 200만 년 전에 출현하였고, 아프리카에서 발견되었다(구석기시대).

③ 호모 에렉투스(곧선 사람) : 자바인, 베이징인, 하이델베르크인이 대표적이며, 불을 사용하였고, 사냥과 채집활동을 하였다.

④ 호모 사피엔스(슬기 사람) : 네안데르탈인이 대표적이며, 석기를 제작하였고, 시체매장풍습이 있었다.

⑤ 호모 사피엔스 사피엔스(슬기 슬기 사람) : 약 4만 년 전에 출현하였고, 체질상의 특징이 오늘날의 인류와 거의 같으며 현생 인류에 속하는 여러 인종의 직계조상으로 추정되고 있다.

(2) 신석기문화와 청동기문명의 발생

① 신석기문화

㉠ 농경과 목축이 시작되었으며, 간석기와 토기를 사용하였다.

㉡ 정착생활을 하였으며, 촌락공동체가 형성되었다.

㉢ 채집경제(수렵, 어로, 채집)에서 생산경제(농경, 목축)로 전환되면서 인류의 생활양식이 크게 변하였다.

㉣ 신석기혁명
- 지역 : 중동의 비옥한 초승달지대, 중국, 동남아시아 등지에서 시작되었다.
- 의의 : 농경과 목축의 시작으로 식량 생산 등의 경제활동을 전개하여 인류의 생활모습·양식이 크게 변화하였다.

② 청동기문명의 발생

㉠ 기원전 3000년경을 전후하여 4대 문명이 형성되었다(메소포타미아의 티그리스강과 유프라테스강, 이집트의 나일강, 인도의 인더스강, 중국의 황허강 유역).

㉡ 청동기시대에는 관개농업이 발달하고, 청동기가 사용되었으며, 도시가 출현하고, 문자를 사용하고, 국가가 형성되었다.

2 ·· 우리나라의 선사시대

(1) 우리 민족의 기원

① 우리 민족의 형성 : 우리 조상들은 만주와 한반도를 중심으로 동북아시아에 넓게 분포하였다. 신석기시대부터 청동기시대를 거쳐 민족의 기틀이 형성되었다.

② 동방문화권의 형성 : 인근 문화권과 교류하면서 독자적인 문화를 형성하였다.

③ 우리 민족의 특징

㉠ 인종상으로 황인종에 속하고, 언어학상으로 알타이어족과 가까운 관계에 있다.

㉡ 우리 민족은 오래 전부터 하나의 민족 단위를 형성하고 농경생활을 바탕으로 독자적인 문화를 이룩하였다.

보충학습

인류의 진화요인

㉠ 직립 보행 : 도구 사용 가능, 두뇌용량 커짐 → 지능 발달

㉡ 언어의 사용 : 의사소통 → 경험의 공유, 문화의 발전

기출문제

한반도 선사시대에 대한 설명으로 옳지 않은 것은?

2017. 6. 17. 제1회 지방직

① 구석기시대 전기에는 주먹도끼와 슴베찌르개 등이 사용되었다.

② 신석기시대 집터는 대부분 움집으로 바닥은 원형이나 모서리가 둥근 사각형이다.

③ 신석기시대 사람들은 조개류를 많이 먹었으며, 때로는 장식으로 이용하기도 하였다.

④ 청동기시대의 전형적인 유물로는 비파형동검·붉은간토기·반달돌칼·홈자귀 등이 있다.

☞ ①

보충학습

선사시대와 역사시대

㉠ 선사시대 : 문자를 사용하지 못한 구석기, 신석기시대를 말한다.

㉡ 역사시대 : 문자를 사용한 청동기시대 이후로, 우리나라는 철기시대부터 문자를 사용한 것으로 추정된다.

(2) 구석기시대의 유물과 유적

① **시작** : 우리나라와 그 주변지역에 구석기시대 사람들이 살기 시작한 것으로 약 70만 년 전부터이다.

② **시대구분**(석기를 다듬는 방식에 따라 세 시기로 구분)

ㄱ **전기 구석기** : 큰 석기 한 개를 여러 용도에 사용하였다(평남 상원 검은모루동굴, 경기도 연천 전곡리 유적).

ㄴ **중기 구석기** : 큰 몸돌에서 떼어낸 돌 조각인 격지로 잔손질을 하여 석기를 제작하였다.

ㄷ **후기 구석기** : 쐐기같은 것을 대고 같은 형태의 돌날격지 여러 개를 제작하였다(충남 공주 석장리).

③ **유적지**

구분	특징
단양 상시리 금굴유적	최고(最古)의 구석기 유적지, 인골발견, 70~60만 년 전
공주 석장리	• 전기~후기까지 모두 출토(구석기시대의 존재가 확정) • 주먹도끼, 밀개, 긁개, 외날·쌍날찍개(찍개문화) • 예술품 발견(선각화) • 후기 집자리(평지에 지은 거주지, 불땐 자리 흔적)
연천 전곡리	• 아슐리안형 주먹도끼(양면핵석기 - 유럽식) • 찍개문화(동아시아식)
덕천 승리산 동굴	• 덕천인(중기 구석기) : 어금니 2개, 어깨뼈 • 승리산인(후기 구석기) : 인골
종성 동관진 유적	• 최초로 1933년(일제) 발견 • 한반도의 구석기 존재 처음 확인 • 골각기, 석기, 포유동물의 화석→홍적세 제4 빙기(신석기인 - 충적세)

이 외에도 제천의 포전리 점말동굴, 상원 검은모루동굴, 청원의 두루봉동굴, 평양의 만달리동굴, 명주의 심곡리, 웅기 굴포리, 제주 어음리 빌레못, 청청암 동굴, 평산 해상리 해상동굴, 역포 대현동, 대흥리 동굴, 용곡리 동굴, 서울 면목동, 일산 신도시 지역 등 한반도 50여 개 지역에서 확인되고 있다.

(3) 구석기시대의 생활

① **경제**

ㄱ 뗀석기와 동물의 뼈나 뿔로 만든 뼈도구를 사용하여 채집과 사냥을 하면서 생활하였다.

ㄴ 처음에는 찍개 같은 도구를 여러가지 용도로 썼으나 점차 뗀석기를 제작하는 기술이 발달함에 따라 용도가 뚜렷한 작은 석기들을 만들게 되었다.

ㄷ 주먹도끼, 찍개, 팔매돌 등은 사냥도구이고 긁개, 밀개 등은 대표적인 조리도구이다.

② **주거**

ㄱ 동굴이나 바위 그늘에서 살거나 강가에 막집을 짓고 살았다(상원의 검은모루동굴, 제천 창내, 공주 석장리).

ㄴ 후기의 막집에는 기둥자리, 담자리, 불땐 자리가 남아 있고 집터의 규모는 작은 것은 3~4명, 큰 것은 10명이 살 수 있을 정도의 크기였다.

③ **사회**

ㄱ **무리생활** : 무리를 이루어 큰 사냥감을 찾아다니며 생활하였다.

ㄴ **평등한 공동체적 생활** : 무리 가운데 경험이 많고 지혜로운 사람이 지도자가 되었으나 권력을 갖지는 못했으며, 모든 사람이 평등한 공동체적 생활을 하였다.

기출문제

구석기시대 사람들의 생활상에 대한 설명으로 가장 옳은 것은?

2018. 6. 23. 제2회 서울특별시

① 대체로 동굴이나 바위그늘에서 생활하였으며 불을 사용할 줄 알았다.

② 단양 수양개, 연천 전곡리, 공주 석장리 등 강가에 살던 사람들은 주로 고기잡이와 밭농사를 하며 생활하였다.

③ 이 시기의 대표적인 무덤 형식은 고인돌과 돌널무덤이다.

④ 주먹도끼, 가로날도끼, 민무늬토기 등의 도구를 사용했다.

☞ ①

기출문제

(가) 시기의 생활상에 대한 설명으로 옳은 것은?

2020. 7. 11. 인사혁신처

1935년 두만강 가의 함경북도 종성군 동관진에서 한반도 최초로 ⎡ (가) ⎤ 시대 유물인 석기와 골각기 등이 발견되었다. 발견 당시 일본에서는 ⎡ (가) ⎤ 시대 유물이 출토되지 않은 상황이었다.

① 반달 돌칼을 이용하여 벼를 수확하였다.

② 넓적한 돌 갈판에 옥수수를 갈아서 먹었다.

③ 사냥이나 물고기잡이 등을 통해 식량을 얻었다.

④ 영혼 숭배 사상이 있어 사람이 죽으면 흙 그릇 안에 매장하였다.

☞ ③

④ 종교, 예술 : 석회암이나 동물의 뼈 또는 뿔 등에 고래와 물고기를 새긴 조각품 (단양 수양개)을 만들어 풍성한 사냥감을 비는 주술적 의미를 담았다.

⑤ 중석기시대

㉠ 환경 : 빙하기가 지나고 기후가 따뜻해져 큰 짐승 대신에 작고 빠른 짐승을 잡기 위해 활과 잔석기를 사용하였다.

㉡ 도구 : 한 개 내지 여러 개의 석기를 나무나 뼈에 꽂아 쓰는 이음도구(톱, 활, 창, 작살)를 만들었다.

㉢ 생활 : 기후가 따뜻해지면서 동식물이 번성하게 되어 식물의 채취와 고기잡이를 많이 하였다.

㉣ 유적지 : 통영의 상노대도 조개더미의 최하층, 거창 임불리, 홍천 하화계리, 웅기 부포리, 평양 만달리 등이 있다.

(4) 신석기시대의 유물과 유적

① 시작 : 우리나라의 신석기시대는 기원전 8000년경부터 시작되었다.

② 간석기의 사용 : 돌을 갈아서 여러가지 형태와 용도를 가진 간석기를 사용하였다.

③ 토기의 사용 : 음식을 조리하고 저장하게 되었다.

④ 유적지와 토기

㉠ 빗살무늬토기 이전의 토기 : 이른 민무늬토기, 덧무늬토기, 눌러찍기문토기(압인문 토기) 등이 발견되고 있다. 제주 한경 고산리, 강원 고성 문암리, 강원 양양 오산리, 부산 동삼동 조개더미 등에서 발견되었다.

㉡ 빗살무늬토기 : 도토리나 달걀모양의 뾰족한 밑 또는 둥근밑모양을 하고 있으며 크기가 다양하다. 전국 각지에서 널리 분포되어 있으며 대표적인 유적은 서울 암사동, 평양 남경, 김해 수가리 등으로 대부분 바닷가나 강가에 자리잡고 있다.

(5) 신석기시대의 생활

① 농경생활의 시작

㉠ 잡곡류의 경작 : 황해도 봉산 지탑리와 평양 남경의 유적에서 탄화된 좁쌀이 발견되어 잡곡류를 경작하였다는 것을 알 수 있다.

㉡ 농기의 사용 : 돌괭이, 돌삽, 돌보습, 돌낫 등이 주요 농기구였다.

㉢ 소규모 경작 : 집 근처의 텃밭이나 강가의 퇴적지를 소규모로 경작하였던 것으로 보인다.

② 경제

㉠ 사냥과 고기잡이

• 사냥은 주로 활이나 창으로 사슴류와 멧돼지 등을 잡았다.

• 고기잡이에는 여러가지 크기의 그물과 작살, 돌이나 뼈로 만든 낚시 등을 이용하였다.

• 굴, 홍합 등의 조개류를 먹었다.

㉡ 원시적 수공업 : 가락바퀴나 뼈바늘을 사용하여 의복이나 그물을 제작하였다.

③ 주거

㉠ 원형이나 둥근네모꼴의 바닥을 가진 움집에서 4~5명 정도의 가족이 거주하였다.

㉡ 햇빛을 많이 받는 남쪽으로 출입문을 내었으며, 화덕이나 출입문 옆에는 저장구덩을 만들어 식량이나 도구를 저장하였다.

④ 사회 : 혈연을 바탕으로 한 씨족이 족외혼을 통해 부족을 형성하였고, 평등한 사회였다.

📖 기출문제

〈보기〉의 유물들이 발견되는 시대에 대한 설명으로 가장 옳은 것은?

2020. 6. 13. 제2회 서울특별시

• 이른 민무늬 토기
• 덧무늬 토기
• 눌러찍기무늬 토기
• 빗살무늬 토기

① 세형 동검, 잔무늬 거울 등을 사용하였다.
② 고인돌과 돌널무덤을 사용하였다.
③ 공주 석장리 유적과 청원 두루봉 동굴 유적이 대표적인 유적지이다.
④ 갈돌과 갈판 등 간석기를 사용하였다.

☞ ④

⑤ 원시신앙의 출현
    ㉠ 애니미즘 : 자연현상, 자연물에 영혼이 있다고 믿어 재난을 피하거나 풍요를 기원하는 것을 의미한다. 태양과 물에 대한 숭배가 대표적이다.
    ㉡ 영혼, 조상숭배 : 사람이 죽어도 영혼은 없어지지 않는다는 믿음을 말한다.
    ㉢ 샤머니즘 : 인간과 영혼 또는 하늘을 연결시켜 주는 존재인 무당과 그 주술을 믿는 것이다.
    ㉣ 토테미즘 : 자기 부족의 기원을 특정 동식물과 연결시켜 그것을 숭배하는 믿음이다.
⑥ **예술** : 흙으로 빚어 구운 얼굴 모습이나 동물의 모양을 새긴 조각품, 조개껍데기 가면, 조가비나 동물뼈 또는 이빨로 만든 치레걸이 등이 있다.
    ㉠ 조각품
      • 토우 : 암사동에서 출토된 동물모양의 조각품이다.
      • 안면상 : 오산리에서 출토된 흙으로 빚어 만든 얼굴모습조각이다.
      • 조개껍데기 가면 : 동삼동에서 출토된 조각이다.
    ㉡ 토기의 무늬 : 토기의 빗살무늬, 생선뼈무늬, 번개무늬 등 100여 종의 추상적·상징적 무늬는 당시의 미적 감각을 표현하고 있다.

1 ㈎가 등장한 시대의 모습으로 옳은 것은?

2021. 9. 11. 제1회 서울특별시

> 우리나라에는 세계에서 가장 많은 ㄱㄱ ㄱ 가/이 분포하고 있다. 많은 노동력을 동원해야 만들 수 있는 ㄱㄱ ㄱ 는/은 지배층의 무덤으로 알려졌다. 유네스코는 2000년 우리나라의 ㄱㄱ ㄱ 유적지를 세계유산으로 지정하였다.

① 농경과 목축을 시작하였다.
② 뗀석기를 이용해 채집과 사냥을 하였다.
③ 계급 분화가 발생하고 군장이 등장하였다.
④ 빗살무늬 토기를 제작하여 생활에 사용하였다.

TIP 제시문의 ㈎는 고인돌이다. 고인돌은 청동기 시대 군장을 비롯한 지배 세력의 무덤으로 해당 시기에 사유재산제와 계급이 출현했음을 알 수 있다. 또한 청동기 시대에는 일부 저습지에서 벼농사가 시작되었고 비파형 동검, 거친무늬 청동거울 등 다양한 청동 도구와 미송리식 토기, 반달돌칼 등이 제작되고 사용되었다.
① 신석기 ② 구석기 ④ 신석기

2 〈보기〉의 유적들이 등장한 시대의 사회상에 대한 설명으로 가장 옳은 것은?

2018. 3. 24. 제1회 서울특별시

> ──────── 〈보기〉 ────────
> • 서울 암사동 유적   • 제주 고산리 유적
> • 양양 오산리 유적   • 부산 동삼동 유적

① 움집을 청산하고 지상 가옥에서 거주하기 시작하였다.
② 벼농사를 위하여 각종 수리시설이 축조되었다.
③ 조개무지(패총)를 많이 남겼다.
④ 마을을 보호하기 위한 방어시설이 발전하였다.

TIP 〈보기〉는 신석기 시대의 유적지이다.
①④ 청동기 시대
② 삼국시대

3 한반도 선사시대에 대한 설명으로 옳지 않은 것은?

2017. 6. 17. 제1회 지방직

① 구석기시대 전기에는 주먹도끼와 슴베찌르개 등이 사용되었다.
② 신석기시대 집터는 대부분 움집으로 바닥은 원형이나 모서리가 둥근 사각형이다.
③ 신석기시대 사람들은 조개류를 많이 먹었으며, 때로는 장식으로 이용하기도 하였다.
④ 청동기시대의 전형적인 유물로는 비파형동검 · 붉은간토기 · 반달돌칼 · 홈자귀 등이 있다.

TIP ① 구석기시대 전기에는 주먹도끼와 찍개 등이 사용되었고, 슴베찌르개는 후기에 사용되었다.

Answer 1.③ 2.③ 3.①

4 다음의 유적지에 대한 설명으로 가장 옳은 것은?

2017. 3. 18. 제1회 서울특별시

① 사천 늑도 유적에서 반량이라는 글자가 새겨진 청동 화폐가 출토되었다.
② 부산 동삼동 패총에서는 주춧돌을 사용한 지상가옥이 발견 되었다.
③ 단양 수양개에서 발견된 아이의 뼈를 '홍수아이'라 부른다.
④ 울주 반구대에는 사각형 또는 방패 모양의 그림이 주로 새겨져 있다.

TIP ② 부산 동삼동 패총은 신석기 시대의유적지이다. 주춧돌을 사용한 지상가옥은 청동기시대의 주거 형태이다.
③ '홍수아이'는 청원 두루봉 동굴 유적에서 발굴된 구석기 시대의 인류 화석으로, 3~4살쯤 되는 아이의 것으로 우리나라 구석기 시대의 사람 뼈로는 처음으로, 완전히 보존된 사람의 뼈가 발견되었다.
④ 울주 반구대 암각화에는 고래, 거북, 물고기, 사슴, 호랑이 등의 그림이 주로 새겨져 있다. 사각형 또는 방패 모양의 기하학적 그림이 새겨져 있는 것은 고령 양전동 장기리 바위 그림이다.

5 밑줄 친 '이 토기'가 주로 사용되었던 시대에 대한 설명으로 옳은 것은?

2016. 6. 18. 제1회 지방직

> 이 토기는 팽이처럼 밑이 뾰족하거나 둥글고, 표면에 빗살처럼 생긴 무늬가 새겨져 있다. 곡식을 담는 데 많이 이용된 이 토기는 전국 각지에서 출토되고 있는데, 대표적 유적지는 서울 암사동, 봉산 지탑리 등이다.

① 농경과 정착 생활이 이루어졌다.
② 고인돌이나 돌널무덤을 만들었다.
③ 빈부의 격차가 나타나고 계급이 발생하였다.
④ 군장이 부족의 풍요와 안녕을 기원하는 제사를 지냈다.

TIP 밑줄 친 이 토기는 빗살무늬 토기로 신석기시대에 사용되었다.
②③④ 청동기시대

6 신석기시대의 대표적인 유적에 해당하는 것은?

2015. 3. 14. 사회복지직

① 고창 고인돌
② 서울 암사동 움집
③ 나주 복암리 옹관묘
④ 춘천 율문리 철자형 집터

TIP ① 고인돌은 청동기의 대표적인 유적이다.
③ 전라남도 나주시 복암리 일대에 있는 삼국시대 고분이다.
④ 철기시대 유적이다.

Answer 4.① 5.① 6.②

1 우리 민족의 기원에 대한 설명으로 옳지 않은 것은?

① 언어학상으로 알타이어족에 속한다.
② 구석기 시대에서 신석기 시대를 거치는 과정에서 민족의 기틀이 이루어졌다.
③ 인종상으로 황인종에 속한다.
④ 만주, 한반도를 중심으로 활동하였다.

> **TIP** ② 우리나라에 사람이 살기 시작한 것은 구석기 시대부터이며 신석기 시대에서 청동기 시대를 거치는 과정에서 민족의 기틀이 이루어졌다.

2 선사시대와 역사시대에 대한 내용으로 옳은 것은?

① 신석기혁명이 일어난 신석기시대부터 역사시대로 본다.
② 선사시대에는 농경이 시작되지 않았다.
③ 우리나라는 청동기시대부터 문자를 사용한 것으로 추정된다.
④ 선사시대와 역사시대를 나누는 기준은 문자의 사용유무이다.

> **TIP** 선사(先史)시대는 기록으로 전해지는 역사자료가 없는 시대이며, 역사(歷史)시대는 기록으로 전해지는 역사자료가 있는 시대이다. 기록으로 역사자료를 전하려면 문자가 필요하기 때문에 문자의 사용유무가 선사시대와 역사시대를 가르는 기준이다.
> ③ 철기시대 유적인 창원 다호리 유적에서 붓이 출토되어 철기시대부터 문자를 사용한 것으로 추정된다.

3 다음 중 구석기시대의 모습으로 옳지 않은 것은?

① 큰 몸돌에서 떼어낸 돌 조각을 손질하여 석기를 제작했다.
② 채집과 사냥을 통해 식량을 확보하였다.
③ 땅을 파서 움집을 만들어 생활하였다.
④ 동물의 뼈나 뿔로 만든 도구를 사용하였다.

> **TIP** 구석기시대에는 동굴이나 바위그늘에서 살거나 강가에 막집을 짓고 살았다.

4 다음 지문이 설명하는 구석기시대 유적지는 무엇인가?

> • 미국인 보웬에 의해 발견되었다.
> • 아슐리안형 양면석기가 출토 되었다.
> • 찍개문화를 보여주는 뾰족끝찍개 등의 대형석기가 출토되었다.

① 덕천 승리산 동굴   ② 연천 전곡리 유적
③ 단양 상시리 금굴유적   ④ 종성 동관진 유적

> **TIP** 연천 전곡리 유적은 1978년 동두천 주둔미군인 보웬에 해 발견되었다. 연천 전곡리 유적에서는 찍개문화를 보여주는 뾰족끝찍개가 출토 되었고 기존 구석기문화를 아프리카-유럽 과 동아시아로 2분하는 모비우스 학설을 정면으로 뒤집는 아슐리안형 주먹도끼가 출토된 것이 특징이다.

Answer 1.② 2.④ 3.③ 4.②

5 다음 중 구석기시대의 사회모습이 아닌 것은?

① 애니미즘, 토테미즘 등의 원시신앙이 출현했다.
② 무리를 이루어 생활하였다.
③ 평등한 공동체 생활을 하였다.
④ 살기 좋은 곳을 찾아 이동생활을 했다.

> **TIP** 애니미즘은 자연물에 영혼이 있다고 믿는 것이며, 토테미즘은 자신들의 기원을 특정 동식물과 연결시켜 숭배하는 원시신앙이다. 이러한 원시신앙은 신석기시대의 특징이므로 구석기시대의 사회모습이 아니다.

6 구석기시대의 생활에 대한 설명으로 옳은 것을 모두 고르면?

> ㉠ 돌을 갈아서 여러 가지 형태의 석기를 만들었다.
> ㉡ 시체매장풍습이 있었다.
> ㉢ 역사시대가 시작되었다.
> ㉣ 용도가 뚜렷하고 작은 석기를 만들어 사용하였다.
> ㉤ 불을 사용하여 음식을 익혀 먹었다.
> ㉥ 토기를 만들어 사용하였다.

① ㉠㉡㉢   ② ㉡㉣㉤
③ ㉢㉤㉥   ④ ㉣㉤㉥

> **TIP** ㉠ 간석기에 대한 내용으로 신석기시대의 내용이다.
> ㉢ 역사시대는 문자를 사용하는 시기이므로 일반적으로 철기시대 이후이다.
> ㉥ 토기는 대표적인 신석기시대 유물이다.

7 다음 유적과 관련된 시대의 내용으로 옳은 것은?

> • 통영 상노대도 패총   • 거창 임불리
> • 홍천 하화계리   • 웅기 부포리

① 작고 빠른 짐승을 잡기 위해 활과 잔석기를 사용하였다.
② 음식을 조리하고 저장하게 되었다.
③ 탄화된 좁쌀이 나왔다.
④ 가락바퀴를 통해 의복을 제작했다.

> **TIP** 지문의 유적들은 대표적인 중석기시대 유적이다. 빙하기가 지나고 기후가 따뜻해져 큰 짐승 대신에 작고 빠른 짐승을 잡기 위해 활과 잔석기를 사용하였고, 석기를 나무나 뼈에 꽂아 톱, 활, 창, 작살 등을 만들어 사용했다.
> ②③④ 신석기시대의 내용이다.

Answer 5.① 6.② 7.①

8 다음 중 신석기시대에 대한 설명으로 옳은 것은?

① 정치적 지배계급이 생겼다.
② 막집을 지어 생활하였다.
③ 반달돌칼을 사용하였다.
④ 토기를 처음으로 사용하였다.

> **TIP** 신석기시대는 음식을 조리하고 저장하기 위하여 토기를 만들어 사용하였으며 대표적으로 빗살무늬토기, 이른 민무늬토기, 덧무늬토기 등이 있다.

9 다음 유물이 출토된 시기에 대한 설명으로 옳지 않은 것은?

① 영혼숭배나 조상숭배의 풍습이 있었다.
② 바닷가나 강가 근처에 움집을 짓고 살았다.
③ 농경생활이 시작되었다.
④ 고인돌을 만들어 제사 지냈다.

> **TIP** 위의 그림은 부산 동삼동 패총에서 출토된 조개가면으로 신석기시대를 대표하는 유물이다. 신석기시대에는 바닷가나 강가에서 움집을 짓고 살았으며, 소규모 농경생활이 시작되었다.
> ④ 거대한 크기의 고인돌은 그것을 만들 만한 강력한 힘을 가진 권력자가 있다는 뜻이다. 부족 내에서 권력자가 생기는 시기는 청동기시대이다.

10 다음의 유적이 갖는 지리적 특성은?

• 부산 동삼동 패총	• 강원도 양양 지경리 유적
• 황해도 봉산 지탑리 유적	• 서울 암사동 유적

① 어로에 유리한 강이나 바닷가
② 배산임수의 주거지역
③ 외적방어에 유리한 산지
④ 농사를 짓기 적합한 평야

> **TIP** 위의 유적들은 대표적인 신석기시대 유적으로 신석기시대의 유적들은 대부분 어로를 하기 쉬운 바닷가나 강가에 자리 잡고 있다.

Answer 8.④ 9.④ 10.①

11 다음과 같은 사상이 등장한 사회의 모습은?

> • 사람이 죽어도 영혼은 사라지지 않는다고 믿었다.
> • 영혼이나 하늘을 인간과 연결시켜주는 무당과 그 주술을 믿었다.

① 벼농사가 본격적으로 시행되었다.
② 가락바퀴를 이용하여 의복을 제작 하였다.
③ 동굴이나 강가에 막집을 짓고 살았다.
④ 무리를 이끄는 지도자는 권력을 가지고 있었다.

TIP 지문의 내용은 샤머니즘과 영혼숭배신앙에 대한 내용으로 신석기시대의 원시신앙들이다.
①④ 청동기시대
③ 구석기시대

12 다음 중 신석기시대의 사회에 대한 설명으로 옳지 않은 것은?

① 자기 부족의 기원을 특정 동식물과 연결시킨 토테미즘이 나타난 것으로 보아 부족 간의 유대가 강하였다.
② 움집이 있던 자리에 취사와 난방을 위한 화덕이 있는 것으로 보아 정착생활을 하고 있었다.
③ 부족 간의 정복활동이 활발해지고, 우세한 부족은 선민사상을 가지기 시작하였다.
④ 부족사회를 이루고 있었으나, 경제활동은 씨족 내에서 공동으로 생산하고 소비하는 평등한 사회였다.

TIP ③ 신석기시대는 씨족을 단위로 한 부족사회이며, 권력자가 출현하지 않는 평등한 공동체사회였다. 전쟁과 선민사상은 청동기시대에 나타나는 특징이다.

13 다음이 설명하고 있는 시대는?

> • 빙하기가 지나고 기후가 따뜻해지면서 동식물이 번성하였다.
> • 큰 짐승 대신에 작고 빠른 짐승을 잡기 위한 활과 잔석기가 사용되었다.
> • 식물의 채취와 고기잡이가 성행하였다.

① 구석기   ② 중석기
③ 신석기   ④ 청동기

TIP 중석기시대의 특징
㉠ 사냥, 고기잡이, 자연채집에 기초를 둔 경제활동을 하였다.
㉡ 석기를 만드는 재료와 힘을 덜 들이면서 섬세한 작업을 할 수 있는 잔석기를 많이 만들었다.
㉢ 개를 사육하기 시작해 사냥에 이용하거나, 적의 침입을 방어할 수 있었다.
㉣ 활, 화살, 창, 작살 등의 사냥도구의 발명으로 무리사냥은 물론 개인사냥이 많이 행해졌다.
㉤ 고기잡이에도 낚시와 그물을 사용해 많은 어획을 하였다.
㉥ 기후가 온난해지면서 강·바닷가에 대량으로 나타난 어패류 등과 야생식물을 식용으로 활용하였다.

Answer 11.② 12.③ 13.②

14 다음 중 정착생활이 시작되었던 시대에 관한 설명으로 옳지 않은 것은?

① 자연물을 숭배하는 애니미즘, 특정한 동식물을 부족의 기원으로 여겨 섬기는 토테미즘 등의 원시신앙이 출현하였다.
② 민무늬토기, 빗살무늬토기, 덧무늬토기 등이 발견되었다.
③ 수렵을 위주로한 농경 생활을 하였다.
④ 씨족을 바탕으로 한 부족사회였다.

> **TIP** 정착생활이 시작된 시기는 신석기시대이다.
> ② 민무늬토기는 청동기시대의 특정적인 토기이다. 신석기에 발견되는 토기는 이른 민무늬토기이다.

15 다음에서 설명하는 시기에 해당하는 일이 아닌 것은?

> 집 근처의 조그만 텃밭을 이용하거나 강가의 퇴적지를 소규모로 경작하였다. 이 시기에 사냥과 고기잡이의 비중이 점차 줄어들었지만, 여전히 식량을 얻는 중요한 수단이었다.

① 곰을 부족의 수호신으로 섬겼다.
② 조개껍데기를 모아 목걸이를 만들었다.
③ 무당을 통해 조상에게 자신의 뜻을 전하였다.
④ 스스로 하늘의 자손이라 주장하는 부족이 나타났다.

> **TIP** 제시된 글은 강가에 거주하면서 농사를 짓기 시작한 시기로, 식량채집단계에서 식량생산단계로 전환될 무렵인 신석기시대의 상황이다.

16 신석기 시대에 씨족사회에서 부족사회로 발전하게 된 요인은 무엇인가?

① 씨족 간의 빈부차 발생으로 인해 지배와 피지배관계가 형성되었다.
② 씨족 간의 족외혼을 통해 부족 공동체가 형성되었다.
③ 씨족 간의 전쟁을 통한 정복활동이 활발하게 전개되었다.
④ 씨족은 각각 폐쇄적인 독립된 사회를 이루고 있었다.

> **TIP** 씨족은 혈연을 기초로 한 사회구성체이고, 부족은 자연적 사회구성체라고 할 수 있다. 혈연 중심의 씨족사회는 족외혼을 통하여 지역적 단일사회인 부족을 형성하게 되었다.

Answer 14.② 15.④ 16.②

17 다음은 선사시대의 도구제작방법을 나타낸 것이다. 이에 대한 설명으로 옳은 것은?

> 전기에는 큰 석기 한 개를 가지고 여러가지 용도로 썼으나, 중기에는 큰 몸돌에서 떼어 낸 돌조각인 격지들을 가지고 잔손질을 하여 석기를 만들었다. 후기에는 쐐기 같은 것을 대고 형태가 같은 여러 개의 돌날격지를 만드는 데까지 발달하였다.

① 전기에는 사냥과 채집, 후기는 농경이 중심이 된 사회였다.
② 후기에 이르러서는 진흙으로 빚은 토기를 사용하기도 하였다.
③ 전기는 구석기, 중기는 중석기, 후기는 신석기시대를 가리킨다.
④ 전기에는 주먹도끼, 후기에는 슴베찌르개와 같은 도구가 사용되었다.

TIP 제시된 글은 구석기시대를 뗀석기의 제작방법에 따라 세 단계로 구분한 것이다. 구석기시대에는 사냥과 채집을 하며, 주로 동굴이나 바위 그늘에 살거나 강가에 막집을 짓고 살았다.

Answer 17.④

국가의 형성

1 ·· 고조선과 청동기문화

(1) 청동기의 보급

① **청동기시대의 시작** : 한반도에서는 문화권의 범위에 따라 기원전 2000년경에서 1500년경에, 중국에서는 기원전 1800년경부터 청동기시대가 전개되었다.

② **사회변화** : 생산경제가 이전보다 발달하고 청동기 제작과 관련된 전문 장인이 출현하였으며 사유재산제도와 계급이 발생하게 되었다.

③ **유적** : 중국의 요령성과 길림성을 포함하는 만주지역과 한반도에 걸쳐 분포되어 있다.
 ㉠ 북한지역 : 함북 회령 오동리, 나진 초도, 평북 강계 공귀리, 의주 미송리, 평양 금탄리와 남경
 ㉡ 남한지역 : 경기 여주 흔암리, 파주 덕은리, 충남 부여 송국리, 충북 제천 황석리, 전남 순천 대곡리

④ **유물**
 ㉠ 석기 : 반달돌칼, 바퀴날도끼, 홈자귀
 ㉡ 청동기 : 비파형 동검과 화살촉 등의 무기류, 거친무늬거울
 ㉢ 토기 : 미송리식 토기, 민무늬토기, 붉은간토기
 ㉣ 무덤 : 고인돌, 돌널무덤, 돌무지무덤

⑤ **비파형 동검과 민무늬토기**
 ㉠ 비파형 동검 : 만주로부터 한반도 전역에 이르는 넓은 지역에서 출토되어 미송리식 토기 등과 함께 이 지역이 청동기시대에 같은 문화권에 속하였음을 보여 준다.
 ㉡ 민무늬토기 : 밑바닥이 편평한 원통모양의 화분형과 밑바닥이 좁은 팽이형이 기본적인 모양이며, 빛깔은 적갈색이다.

(2) 철기의 사용

① **철기시대의 시작** : 우리나라에서는 중국 전국시대 혼란기에 유이민들이 전래하면서 기원전 5세기경부터 철기를 쓰기 시작하였다.

② **철기문화의 보급**
 ㉠ 철제 농기구의 사용으로 농업이 발달하여 경제 기반이 확대되었다.
 ㉡ 철제 무기와 철제 연모의 사용으로 청동기는 의식용 도구로 변하였다.

③ **유물**
 ㉠ 화폐출토 : 명도전, 오수전, 반량전을 통하여 중국과의 활발한 교류를 알 수 있다.
 ㉡ 붓의 출토 : 경남 창원 다호리 유적에서 나온 붓은 한자를 사용했음을 알 수 있다.

④ **청동기의 독자적 발전**
 ㉠ 비파형 동검은 세형 동검으로, 거친무늬거울은 잔무늬거울로 형태가 변하였다.
 ㉡ 거푸집의 사용 : 청동기를 제작하던 거푸집도 전국의 여러 유적에서 발견되고 있다.

⑤ **다양한 토기의 사용** : 민무늬토기 이외에 입술 단면에 원형·타원형·삼각형의 덧띠를 붙인 덧띠토기, 검은간토기 등이 사용되었다.

(3) 청동기·철기시대의 생활

① **경제생활의 발전**
 ㉠ 간석기의 다양화 : 간석기가 매우 다양해지고 기능도 개선되어 생산경제도 좀 더 발달하였다.

ⓛ 농경의 발달 : 개간도구(돌도끼, 홈자귀, 괭이)로 곡식을 심고, 추수도구(반달돌칼)
로 농경을 더욱 발전시켰다.

ⓒ 농업 : 조, 보리, 콩, 수수 등 밭농사 중심이었지만 일부 저습지에서 벼농사가 시
작되었다.

ⓔ 수렵 · 어로 · 가축사육 : 사냥이나 고기잡이도 여전히 하고 있었지만 농경의 발달로
점차 그 비중이 줄어들었고 돼지, 소, 말 등의 가축의 사육은 증가되었다.

② **주거생활의 변화**

ⓕ 집터 유적 : 한반도 전역에서 발견되는데 대체로 앞쪽에는 시냇물이 흐르고 뒤쪽
에는 북서풍을 막아 주는 나지막한 야산이 있는 곳에 우물을 중심으로 자리잡고
있다.

• 집터의 형태와 구조
 − 대체로 직사각형이며 움집은 점차 지상가옥으로 바뀌어 갔다.
 − 움집 중앙의 화덕은 한쪽 벽으로 옮겨지고, 저장구덩도 따로 설치하거나 한쪽 벽면을 밖으
로 돌출시켜 만들었다.
 − 창고와 같은 독립된 저장시설을 집 밖에 따로 만들기도 하였고, 움집을 세우는 데에 주춧
돌을 이용하기도 하였다.

• 다양한 용도의 집터 : 그 넓이가 다양한 것으로 보아 주거용 외에 창고, 공동작업장, 집회소,
공공의식장소 등도 만들었음을 알 수 있다. 이를 통하여 사회조직이 점차 발달하였고 복잡
해졌다는 것을 추정할 수 있다.

• 집터의 규모 : 보통의 집터는 부부를 중심으로 하는 4 ~ 8명 정도의 가족이 살 수 있는 크기
이며, 이는 한 가족용으로 만들어진 것이다.

ⓛ 정착생활의 규모의 확대 : 집터는 넓은 지역에 많은 수가 밀집되어 취락형태를 이루
고 있다. 이것은 농경의 발달과 인구의 증가로 정착생활의 규모가 점차 확대되었
음을 보여 주는 것이다.

③ **사회생활의 변화**

ⓕ 성 역할의 분리 : 여성은 가사노동을, 남성은 농경 · 전쟁에 종사하였다.

ⓛ 빈부 격차와 계급의 발생 : 생산력의 증가에 따라 잉여생산물이 생기게 되자, 힘이
강한 자가 이를 개인적으로 소유하여 빈부의 격차와 계급의 분화를 촉진하였고
무덤의 크기와 껴묻거리의 내용에 반영되었다.

④ **고인돌의 출현**

ⓕ 계급사회의 반영 : 청동기시대에는 고인돌과 돌널무덤 등이 만들어졌고, 철기시대
에는 널무덤과 독무덤 등이 만들어졌다. 그 중에서 계급사회의 발생을 보여 주는
대표적인 무덤이 고인돌이다.

ⓛ 고인돌의 전형적인 형태 : 보통 북방식과 같이 4개의 판석 형태의 굄돌을 세워 돌방
을 만들고 그 위에 거대하고 편평한 덮개돌을 얹은 것이다.

ⓒ 전역에 분포 : 고인돌은 우리나라 전역에 걸쳐 분포되어 있다.

ⓔ 의의 : 무게가 수십 톤 이상인 덮개돌을 채석하여 운반하고 무덤에 설치하는 데에
는 많은 인력이 필요하였다. 따라서 고인돌은 당시 지배층이 가진 정치권력과 경
제력을 잘 반영해 주고 있다.

⑤ **군장의 출현**

ⓕ 선민사상의 대두 : 경제, 정치력이 우세한 부족이 스스로 하늘의 자손이라 믿는 선
민사상을 가지고 주변의 약한 부족을 통합하거나 정복하고 공납을 요구하였다.

ⓛ 정복활동의 활발 : 청동 · 철로 된 무기로 정복활동이 활발하였다.

ⓒ 계급사회와 군장의 출현 : 평등사회는 계급사회로 바뀌게 되고 권력과 경제력을 가
진 지배자인 군장이 출현하게 되었다.

보충학습

주거지의 위치 변화
ⓕ 구석기 : 동굴(이동생활)
ⓛ 신석기 : 해안이나 강가(정착생활)
ⓒ 청동기 · 철기 : 야산, 구릉지대(농경의 확대)

기출문제

한국 철기시대의 주거 양상에 대한 설명으로
옳지 않은 것은?

2011. 5. 14. 상반기 지방직

① 부뚜막이 등장하였다.
② 지상식 주거가 등장하였다.
③ 원형의 송국리형 주거가 등장하였다.
④ 출입구 시설이 붙은 '여(呂)'자형 주거가
등장하였다.

☞ ③

(4) 청동기 · 철기시대의 예술

① 주술적 성격

    ㉠ 청동으로 만든 도구의 모양이나 장식에는 미의식과 생활모습이 표현되었고, 지배층의 무덤에서 출토된 청동으로 만든 의식용 도구에는 호랑이, 사슴, 사람의 손 모양 등을 사실적으로 조각하거나 기하학적 무늬를 정교하게 새겨 놓아 의식을 행하는 데 사용되었다.

    ㉡ 흙으로 빚은 사람이나 짐승모양의 토우는 본래의 용도 외에도 풍요를 기원하는 주술적 의미를 가지고 있다.

② 풍성한 수확의 염원

    ㉠ 울주반구대 바위그림 : 거북, 사슴, 호랑이, 새 등의 동물과 작살이 꽂힌 고래를 비롯한 여러 종류의 고래, 그물에 걸린 동물, 우리 안의 동물 등이 새겨져 있어 사냥과 고기잡이의 성공과 풍성한 수확을 기원하였다.

    ㉡ 고령 양전동 알터 바위그림 : 기하학 무늬가 새겨져 있어 태양 숭배와 풍요를 기원하는 의미를 가진다.

(5) 단군과 고조선

① 고조선의 건국

    ㉠ 족장사회의 출현 : 청동기문화의 발전과 함께 족장이 지배하는 사회가 출현하였으며, 강한 족장을 주변의 여러 족장사회를 통합하면서 점차 권력을 강화해 갔다.

    ㉡ 고조선의 건국 : 족장사회에서 가장 먼저 국가로 발전한 것은 고조선으로 단군왕검이 건국하였으며(B.C. 2333), 단군왕검은 지배자의 칭호였다.

    ㉢ 고조선의 세력범위 : 요령지방을 중심으로 성장하여 인접한 족장사회들을 통합하면서 한반도까지 발전하였는데, 비파형 동검과 고인돌의 출토분포로서 알 수 있다.

② 고조선의 발전 : 초기에는 요령지방, 후기에는 대동강 유역의 왕검성 중심으로 독자적인 문화를 이룩하면서 발전하였다.

    ㉠ 왕위 세습 : 부왕, 준왕 같은 강력한 왕이 등장하여 왕위를 세습하였다(B.C. 3세기경).

    ㉡ 관리 설치 : 상(相), 대부(大夫), 장군 등의 관직을 두었다.

    ㉢ 중국과 대립 : 요서지방을 경계로 하여 연(燕)과 대립하였다.

(6) 위만의 집권

① 위만 조선의 성립

    ㉠ 위만의 세력 확대 : 중국 유이민 집단인 위만이 준왕의 신임을 받아 서쪽 변경을 수비하는 임무를 맡게 되고 이주민 세력을 통솔하면서 자신의 세력을 점차 확대하여 나갔다.

    ㉡ 위만의 건국 : 준왕을 축출하고 위만이 왕이 되었다(B.C. 194).

② 위만 조선의 발전

    ㉠ 철기문화를 수용하였고 상업과 무역업이 발달하였다.

    ㉡ 정복사업의 전개 : 사회 · 경제의 발전을 기반으로 중앙정치조직을 갖춘 강력한 국가로 성장하고, 활발한 정복사업의 전개로 광대한 영토를 차지하였다.

    ㉢ 중계무역의 독점 : 지리적인 이점을 이용하여 중계무역의 이득을 독점하기 위해 한과 대립하였다.

③ 고조선의 멸망

    ㉠ 한과의 대항 : 위만 조선에 위협을 느낀 한의 무제는 대규모 침략을 강행하였으나 고조선은 한의 군대에 맞서 완강하게 대항하였다.

☎ **보충학습**

단군신화에 나타난 사회의 모습

㉠ 내용 : 환웅 부족이 태백산 신시를 중심으로 세력을 형성하였고, 환웅부족과 곰부족이 연합하여 고조선을 형성함으로써 단군왕검이 탄생하고 홍익인간이념을 내세운 제정일치의 사회가 되었다.

㉡ 해석 : 구릉지대에 거주하면서 농경생활을 하고 있었고 선민사상을 가지고 있었으며 사유재산의 성립과 계급의 분화에 따라 사회생활을 주도하였다.

📖 **기출문제**

다음 자료가 설명하는 나라에 대한 설명으로 옳지 않은 것은?

2020. 6. 20. 소방공무원

    사람을 죽인 자는 즉시 죽이고, 남에게 상처를 입힌 자는 곡식으로 갚는다. 도둑질한 자는 노비로 삼는다. 이를 용서받고자 하는 자는 한 사람마다 50만 전을 내야한다.

－「한서」－

① 영고라는 제천행사가 있었다.
② 사람의 생명과 노동력을 중시하였다.
③ 형벌과 노비가 존재한 계급사회였다.
④ 상 · 대부 · 장군 등의 관직이 있었다.

☞ ①

ⓒ 위만 조선의 멸망 : 장기간의 전쟁으로 지배층의 내분이 일어나 왕검성이 함락되어 멸망하였다(B.C. 108).

④ 한 군현의 설치와 소멸 : 고조선이 멸망하자 한은 고조선의 일부 지역에 4개의 군현을 설치하여 지배하고자 하였으나 결국 고구려의 공격을 받아 소멸되었다.

(7) 고조선의 사회

① 8조법과 고조선의 사회상 : 권력과 경제력의 차이가 발생하고, 재산의 사유가 이루어지면서 형벌과 노비가 생겨나게 되었다.

② 한 군현의 엄한 율령 시행

　ⓐ 토착민들의 저항 : 한 군현이 설치된 후 억압과 수탈을 당하던 토착민들은 이를 피하여 이주하거나 단결하여 한 군현에 대항하였다.

　ⓑ 한 군현의 법 조항 확대
　　• 엄한 율령을 시행하여 자신들의 생명과 재산을 보호하려 하였다.
　　• 법 조항도 60여 조로 증가하였고 풍속도 각박해져 갔다.

❷ ·· 여러 나라의 성장

(1) 부여

① 건국 : 만주 송화강 유역의 평야지대를 중심으로 성장하였다.

② 경제생활
　ⓐ 농경과 목축을 주로 하였고, 하호(下戶)의 생산활동에 의존하였다.
　ⓑ 특산물로는 말·주옥·모피 등이 유명하였다.

③ 정치
　ⓐ 발전과 쇠퇴 : 1세기 초에 왕호를 사용하였고, 중국과 외교관계를 맺는 등 발전된 국가의 모습을 보였다. 그러나 북쪽으로 선비족, 남쪽으로는 고구려와 접하고 있다가 3세기 말에 선비족의 침입으로 쇠퇴하여 고구려에 편입되었다.
　ⓑ 정치조직
　　• 왕 아래에는 가축의 이름을 딴 마가, 우가, 저가, 구가와 대사자, 사자 등의 관리가 있었다.
　　• 가(加)는 저마다 따로 행정구획인 사출도를 다스리고 있어서 왕이 직접 통치하는 중앙과 합쳐 5부를 이루었다.
　　• 왕의 권력이 미약하였으나 왕이 나온 대표 부족의 세력은 매우 강해서 궁궐, 성책, 감옥, 창고 등의 시설을 갖추고 있었다.
　ⓒ 가의 역할 : 왕권이 미약하여 제가들이 왕을 추대·교체하기도 하였고, 수해나 한해로 농사가 잘 되지 않으면 그 책임을 왕에게 묻기도 하였다.

④ 법률(부여의 4조목)
　ⓐ 살인자는 사형에 처하고, 그 가족은 데려다 노비로 삼는다(연좌제 적용).
　ⓑ 절도죄를 지은 자는 12배의 배상을 물린다(1책 12법).
　ⓒ 간음한 자는 사형에 처한다.
　ⓓ 부인이 투기가 심하면 사형에 처하되, 그 시체는 산 위에 버린다. 단, 그 여자의 집에서 시체를 가져가려면 소·말을 바쳐야 한다.

⑤ 풍습
　ⓐ 순장 : 왕이 죽으면 많은 사람들을 껴묻거리와 함께 묻는 순장의 풍습이 있었다.
　ⓑ 흰 옷을 좋아했고, 형사취수제와 일부다처제 풍습이 있었다.
　ⓒ 은력(殷曆)을 사용하였다.

🎓 보충학습

8조법의 내용과 고조선의 사회상

ⓐ 기록문헌 : 후한 때 반고의 한서지리지에 일부 조목의 내용만이 전해진다.

ⓑ 주요 내용
　• 사람을 죽인 자는 즉시 사형에 처한다.
　• 사람을 상해한 자는 곡물로써 배상한다.
　• 남의 물건을 훔친 자는 노비로 삼되, 자속하려는 자는 돈 50만전을 내야 한다.

ⓒ 사회상
　• 개인의 생명과 재산이 존중된 제정일치사회였다.
　• 사유재산제도가 발달하였다.
　• 농업 중심의 노예제사회, 계급사회였다.
　• 가부장적 가족제도가 있었다.
　• 형벌과 노비가 존재했다.
　• 범죄를 수치로 여겼으며 여자의 정절을 귀하게 여겼다.

📖 기출문제

〈보기〉에서 설명하는 나라의 법률로 가장 옳지 않은 것은?

2020. 6. 13. 제2회 서울특별시

〈보기〉

은력(殷曆) 정월에 하늘에 제사를 지내며 나라에서 대회를 열어 연일 마시고 먹고 노래하고 춤추는데, 영고(迎鼓)라고 한다. 이때 형옥(刑獄)을 중단하여 죄수를 풀어 주었다.

– 「삼국지」 위지 동이전 –

① 남에게 상처를 입힌 자는 곡식으로 갚게 했다.

② 도둑질을 하면 그 물건의 12배를 변상케 했다.

③ 형벌이 매우 엄하여 사람을 죽인 사람은 사형에 처하고 그 집안사람은 노비로 삼았다.

④ 남녀 간에 간음을 하거나 투기하는 부인은 모두 죽였다.

☞ ①

  ⓔ 제천행사 : 수렵사회의 전통을 보여주는 것으로 12월에 하늘에 제사를 지내고 노래와 춤을 즐기는 영고를 열었으며, 죄수를 풀어주었다.
  ⓜ 우제점복 : 소를 죽여 그 굽으로 길흉을 점치기도 하였다.
 ⑥ **역사적 의의** : 연맹왕국의 단계에서 멸망하였지만 고구려나 백제의 건국세력이 부여의 한 계통임을 자처하였고, 건국신화도 같은 원형을 바탕으로 하고 있다.

(2) 고구려

 ① **건국** : 부여 계통의 주몽이 부여의 지배계급 내의 분열, 대립과정에서 박해를 피해 남하하여 독자적으로 압록강 중류 졸본(환인)지방에서 건국하였다(B.C. 37).
 ② **경제** : 졸본지방은 큰 산과 깊은 계곡으로 된 산악지대였기 때문에 농토가 부족하고 토지가 척박하였으며, 힘써 일을 하여도 양식이 부족하였다.
 ③ **정치**
  ㉠ 5부족연맹체 : 소노부, 계루부, 절노부, 순노부, 관노부 등 5부족이 중심이 되었다.
  • 건국초기부터 주변의 소국들을 정복하고 평야지대로 진출하고자 하였다.
  • 대가(大加)들의 관리 통솔 : 왕 아래 상가, 고추가 등의 대가들이 있었으며, 대가들은 독립적인 세력을 유지하였다. 이들은 각기 사자, 조의, 선인 등의 관리를 거느리고 있었다.
  • 제가회의 : 중대한 범죄자가 있으면 제가회의를 통하여 사형에 처하였고, 그 가족을 노비로 삼았다.
  ㉡ 정복활동의 전개 : 활발한 정복전쟁으로 한의 군현을 공략하여 요동으로 진출하였고, 옥저를 정복하여 공물을 받았다.
 ④ **풍속**
  ㉠ 서옥제(데릴사위제) : 혼인을 정한 뒤 신부집의 뒤꼍에 조그만 집을 짓고 거기서 자식을 낳고 장성하면 아내를 데리고 신랑집으로 돌아가는 제도이다.
  ㉡ 제천행사 : 10월에는 추수감사제인 동맹을 성대하게 열었다.
  ㉢ 조상신 제사 : 건국 시조인 주몽과 그 어머니 유화부인을 조상신으로 섬겨 제사를 지냈다.

(3) 옥저와 동예

 ① **옥저**
  ㉠ 경제 : 비옥한 토지를 바탕으로 농사가 잘되었으며, 어물과 소금 등 해산물이 풍부하였다. 그러나 고구려에 공납으로 바치거나 수탈을 당하였다.
  ㉡ 풍속 : 고구려와 같이 부여족의 한 갈래였으나 풍속이 달랐다.
  • 민며느리제가 있었다.
  • 골장제(가족공동무덤)가 유행하여 가족이 죽으면 시체를 가매장하였다가 나중에 그 **뼈**를 추려서 목곽에 안치하였다. 또 목곽 입구에는 죽은 자의 양식으로 쌀을 담은 항아리를 매달아 놓기도 하였다.
 ② **동예**
  ㉠ 경제
  • 토지가 비옥하고 해산물이 풍부하여 농경, 어로 등 경제생활이 윤택하였다.
  • 명주와 삼베를 짜는 등 방직기술이 발달하였다.
  • 단궁(활)과 과하마(조랑말), 반어피(바다표범의 가죽) 등이 유명하였다.
  ㉡ 풍속
  • 제천행사 : 무천이라는 제천행사를 10월에 열었다.
  • 족외혼을 엄격하게 지켰다.
  • 책화 : 각 부족의 영역을 함부로 침범하지 못하게 하고 만약 침범하면 노비와 소, 말로 변상하게 하였다.

📖 보충학습

부여와 고구려의 공통점
㉠ 부여족의 자손으로 5부족연맹체를 이루었다.
㉡ 부여에는 영고, 고구려에는 동맹이라는 제천행사가 있었다.
㉢ 군장과 관리의 명칭에 가(加)와 사자(使者)가 있다.
㉣ 하호가 생산을 담당하였다.
㉤ 1책 12법이 행하여졌다.
㉥ 우제점법(점복)이 행하여졌다.

📖 보충학습

옥저와 동예의 정치적 공통점
㉠ 대군왕은 없고 읍락에는 대를 이을 장수(삼로)들이 있었다. 그 언어는 고구려와 대동소이하다. 나라가 작아 큰 나라 사이에서 시달리다가 고구려에 복속되었다(삼국지 위서 동옥저전).
㉡ 대군장은 없으며, 후, 읍군, 삼로가 있어서 하호를 통괄하여 다스렸다(삼국지 위서 동예전).

③ 옥저와 동예의 한계

  ㉠ 위치 : 함경도 및 강원도 북부의 동해안의 변방에 위치하여 선진문화의 수용이 늦어졌으며, 고구려의 압력으로 크게 성장하지 못하였다.

  ㉡ 정치 : 각 읍락에 읍군, 삼로라는 군장이 자기 부족을 지배하였다. 고구려의 압력과 수탈로 큰 정치세력을 형성하지 못했다.

(4) 삼한

① 진(辰)의 성장과 발전

  ㉠ 성장 : 고조선 남쪽지역에는 일찍부터 진이 성장하고 있었다. 진은 기원전 2세기경 고조선의 방해로 중국과의 교통이 저지되기도 하였다.

  ㉡ 발전 : 고조선 사회의 변동에 따라 대거 남하해 오는 유이민에 의하여 새로운 문화가 보급되어 토착문화와 융합되면서 사회가 더욱 발전하였다.

  ㉢ 연맹체의 출현 : 진이 발전하면서 마한, 변한, 진한의 연맹체들이 나타나게 되었다.

② 삼한의 형성

  ㉠ 마한

  • 위치 : 천안 · 익산 · 나주지역을 중심으로 하여 경기 · 충청 · 전라도지방에서 발전하였다.

  • 구성 : 54개의 소국으로 이루어졌고 모두 10만여 호였는데, 그 중에서 큰 나라는 1만여 호, 작은 나라는 수천 호였다.

  ㉡ 변한과 진한

  • 위치 : 변한은 김해 · 마산지역을 중심으로, 진한은 대구 · 경주지역을 중심으로 발전하였다.

  • 구성 : 변한과 진한은 각기 12개국으로 이루어졌고 모두 4만~5만 호였는데, 그 중에서 큰 나라는 4,000~5,000호, 작은 나라는 600~700호였다.

③ 삼한의 주도 세력

  ㉠ 마한 목지국 : 삼한 중에서 마한의 세력이 가장 컸으며, 마한을 이루고 있는 소국의 하나인 목지국의 지배자가 마한왕 또는 진왕으로 추대되어 삼한 전체의 주도세력이 되었다.

  ㉡ 삼한의 정치적 지배자 : 삼한의 지배자 중 세력이 큰 것은 신지, 견지 등으로, 작은 것은 부례, 읍차 등으로 불렸다.

④ 삼한의 제정 분리

  ㉠ 천군(제사장) : 정치적 지배자 외에 제사장인 천군이 있었다. 그리고 신성지역으로 소도가 있었는데, 이곳에서 천군은 농경과 종교에 대한 의례를 주관하였다.

  ㉡ 소도(신성지역) : 천군이 주관하는 소도는 군장의 세력이 미치지 못하는 곳으로, 죄인이라도 도망을 하여 이곳에 숨으면 잡아가지 못하였다.

⑤ 삼한의 경제 · 사회상

  ㉠ 일반인의 생활 : 읍락에 살면서 농업과 수공업의 생산을 담당하였으며, 초가지붕의 반움집이나 귀틀집에서 살았다.

  ㉡ 공동체적인 전통 : 두레조직을 통하여 여러가지 공동작업을 하였다.

  ㉢ 제천행사 : 해마다 씨를 뿌리고 난 뒤인 5월의 수릿날과 가을 곡식을 거두어들이는 10월에 계절제를 열어 하늘에 제사를 지냈다. 이러한 제천행사 때에는 온 나라 사람들이 모두 모여서 날마다 음식과 술을 마련하여 노래를 부르고 춤을 추며 즐겼다.

  ㉣ 철기문화를 바탕으로 한 농경사회 : 철제 농기구의 사용으로 인해 농경이 발달하였고 벼농사의 보급으로 김제 벽골제 · 밀양 수산제 · 제천 의림지 등 저수지가 만들어졌다.

기출문제

밑줄 친 '이 나라'에서 볼 수 있는 모습으로 적절한 것은?

2020. 6. 13. 제1회 지방직 / 제2회 서울특별시

이 나라는 대군왕이 없으며, 읍락에는 각각 대를 잇는 장수(長帥)가 있다. … 이 나라의 토질은 비옥하며, 산을 등지고 바다를 향해 있어 오곡이 잘 자라며 농사짓기에 적합하다. 사람들의 성질은 질박하고, 정직하며 군세고 용감하다. 소나 말이 적고, 창을 잘 다루며 보전(步戰)을 잘한다. 음식, 주거, 의복, 예절은 고구려와 흡사하다. 그들은 장사를 지낼 적에는 큰 나무 곽(槨)을 만드는데 길이가 십여 장(丈)이나 되며 한쪽 머리를 열어 놓아 문을 만든다.

「삼국지」 위서 동이전

① 민며느리를 받아들이는 읍군
② 위만에게 한나라의 침입을 알리는 장군
③ 5월에 씨를 뿌리고 하늘에 제사를 지내는 천군
④ 국가의 중요한 일을 논의하고 있는 마가와 우가

☞ ①

보충학습

마한 목지국

㉠ 변천 : 초기에 성환 · 직산 · 천안지역을 중심으로 발달하였으나 백제의 성장과 지배 영역의 확대에 따라 남쪽으로 옮겨 익산지역을 거쳐 나주 부근(오늘날의 대안리, 덕산리, 신촌리, 복암리)에 자리잡았을 것으로 추정된다.

㉡ 쇠퇴 : 왕을 칭하던 국가단계의 목지국의 멸망시기는 알 수 없으나 근초고왕이 마한을 병합하는 4세기 후반까지는 존속하였고, 그 이후에는 백제의 정치세력하에 있는 토착세력으로 자리잡았을 것으로 보인다.

㉢ 유물 · 유적 : 나주지역에 대형 고분이 분포되어 있고 금동관도 출토하였다.

  ⓜ 변한의 철 생산 : 철이 많이 생산되어 낙랑, 왜 등에 수출하였고 교역에서 화폐처
   럼 사용되기도 하였다. 마산의 성산동 등지에서 발견된 야철지는 제철이 성하였
   음을 보여주고 있다.

 ⑥ **삼한의 변동**

  ㉠ 철기시대 후기의 문화 발전은 삼한사회의 변동을 가져왔다.

  ㉡ 지금의 한강 유역에서는 백제국이 성장하면서 마한지역을 통합해 갔다.

  ㉢ 낙동강 유역에서는 가야국이, 그 동쪽에서는 사로국이 성장하여 중앙집권국가의
   기반을 마련하면서 각각 가야 연맹체와 신라의 기틀을 다져 나갔다.

1 (가), (나)의 나라에 대한 설명으로 옳은 것은?

2019. 4. 6. 인사혁신처

> (가) 음력 12월에 지내는 제천행사가 있는데, 이를 영고라고 한다. 이때에는 형옥을 중단하고 죄수를 풀어 주었다.
>
> (나) 해마다 10월 하늘에 제사를 지내는데, 밤낮으로 술마시며 노래부르고 춤추니 이를 무천이라고 한다.
>
> ー「삼국지」ー

① (가) – 5부가 있었으며, 계루부에서 왕위를 차지하였다.
② (가) – 정치적 지배자로 신지, 읍차 등이 있었다.
③ (나) – 죄를 지은 사람이 소도에 들어가면 잡아가지 못하였다.
④ (나) – 다른 부족의 영역을 침범하면 책화라 하여 노비나 소, 말로 변상하였다.

TIP (가)는 부여, (나)는 동예의 제천 행사이다. 부여는 5부족 연맹체로 이루어진 연맹 왕국으로 부족장인 제가(마가, 우가, 구가, 저가) 세력들이 사출도를 통치하였다. 왕 밑에는 대사자, 사자와 같은 관리를 두기도 했다. 동예는 군장 국가로 읍군, 삼로라는 군장이 통치하였으며 족외혼, 책화 등의 풍습이 있었고, 특산물로 단궁, 과하마, 반어피가 생산되었다.
① 초기 고구려   ②③ 삼한

2 청동기시대의 유적과 유물에 대한 설명으로 옳은 것은?

2019. 4. 6. 인사혁신처

① 연천 전곡리에서는 사냥도구인 주먹도끼가 출토되었다.
② 창원 다호리에서는 문자를 적는 붓이 출토되었다.
③ 강화 부근리에서는 탁자식 고인돌이 발견되었다.
④ 서울 암사동에서는 곡물을 담는 빗살무늬토기가 나왔다.

TIP 청동기시대에는 일부 저습지에서 벼농사가 시작되면서 반달돌칼과 같은 정교해진 간석기를 생활용 도구로 활용하고 민무늬토기, 미송리식토기 등도 제작되었다. 청동기가 무기와 의식용 도구로 사용되면서 비파형동검, 거친무늬 청동거울이 제작되었으며 계급의 분화로 지배층의 무덤으로 고인돌이 제작되었다.
① 구석기시대
② 철기시대
④ 신석기시대

3 고조선을 주제로 한 학술 대회를 개최할 경우, 언급될 내용으로 가장 적절하지 않은 것은?

2019. 6. 15. 제2회 서울특별시

① 위만의 이동과 집권 과정
② 진대법과 빈민 구제
③ 범금 8조(8조법)에 나타난 사회상
④ 비파형 동검 문화권과 국가의 성립

TIP ② 진대법은 고구려 고국천왕 때 시행된 빈민 구휼 제도이다.

Answer 1.④ 2.③ 3.②

4 (가), (나) 국가에 대한 설명으로 옳은 것은?

2019. 6. 15. 제1회 지방직

> (가) 그 나라의 혼인풍속에 여자의 나이가 열 살이 되면 서로 혼인을 약속하고, 신랑 집에서는 (그 여자를) 맞이하여 장성하도록 길러 아내로 삼는다. (여자가) 성인이 되면 다시 친정으로 돌아가게 한다. 여자의 친정에서는 돈을 요구하는데, (신랑 집에서) 돈을 지불한 후 다시 신랑 집으로 돌아온다.
> (나) 은력(殷曆) 정월에 하늘에 제사를 지내며 나라에서 대회를 열어 연일 마시고 먹고 노래하고 춤추는데, 영고(迎鼓)라고 한다. 이때 형옥(刑獄)을 중단하여 죄수를 풀어 주었다.

① (가) - 무천이라는 제천행사가 있었다.
② (가) - 계루부집단이 권력을 장악하였다.
③ (나) - 사출도라는 구역이 있었다.
④ (나) - 철이 많이 생산되어 낙랑과 왜에 수출하였다.

> **TIP** (가)는 옥저의 민며느리제, (나)는 부여의 제천행사인 영고이다. 부여는 5부족 연맹체로 구성된 연맹 왕국으로 마가, 우가, 구가, 저가를 비롯한 제가 세력들이 사출도를 통치하였다.
> ① 동예 ② 고구려 ④ 변한

5 다음 자료에 해당하는 나라에 대한 설명으로 옳지 않은 것은?

2017. 12. 16. 지방직 추가선발

> • 대가(大家)들은 농사를 짓지 않고, 앉아서 먹는 자[坐食者]가 1만여 명이나 된다. 하호가 멀리서 쌀, 곡물, 물고기, 소금을 져서 날라 공급한다.
> • 큰 창고가 없고 집집마다 작은 창고가 있어 부경(桴京)이라고 부른다.
> — 「삼국지」 —

① 전쟁에 나갈 때 우제점(牛蹄占)을 쳐서 승패를 예측했다.
② 거처의 좌우에 큰 집을 지어 귀신을 제사하고, 영성과 사직에도 제사했다.
③ 금, 은의 폐물로써 후하게 장례를 치렀으며 돌무지무덤(적석총)을 만들었다.
④ 신랑은 처가 쪽에 머물며 자식이 장성한 다음에야 부인을 데리고 본가로 돌아왔다.

> **TIP** 제시된 자료에 해당하는 나라는 '고구려'이다.
> ① 부여에 대한 설명이다.

Answer 4.③ 5.①

6 (가), (나)의 특징을 가진 국가에 대한 설명으로 옳은 것은?

2017. 6. 17. 제1회 지방직

> (가) 옷은 흰색을 숭상하며, 흰 베로 만든 큰 소매 달린 도포와 바지를 입고 가죽신을 신는다.
> (나) 부여의 별종(別種)이라 하는데, 말이나 풍속 따위는 부여와 많이 같지만 기질이나 옷차림이 다르다.
> ― 「삼국지」 위서 동이전 ―

① (가) ― 혼인풍속으로 민며느리제가 있었다.
② (나) ― 제사장인 천군이 다스리는 소도가 있었다.
③ (가) ― 남의 물건을 훔쳤을 때는 12배로 배상하게 하였다.
④ (나) ― 단궁이라는 활과 과하마 · 반어피 등이 유명하였다.

> **TIP** (가)는 부여, (나)는 고구려이다.
> ① 옥저 ② 삼한 ④ 동예

7 다음 자료에 나타난 나라에 대한 설명으로 옳은 것은?

2017. 4. 8. 인사혁신처

> 해마다 10월이면 하늘에 제사를 지내는데, 밤낮으로 술을 마시고 노래 부르며 춤을 추니 이를 무천이라 한다. 또 호랑이를 신(神)으로 여겨 제사지낸다. 읍락을 함부로 침범하면 노비와 소, 말로 변상하는데, 이를 책화라 한다.

① 후 · 읍군 · 삼로 등이 하호를 통치하였다.
② 국읍마다 천신에 대한 제사를 주관하는 천군이 있었다.
③ 사람이 죽으면 가매장한 다음 뼈만 추려 목곽에 안치하였다.
④ 아이가 출생하면 돌로 머리를 눌러 납작하게 하는 풍습이 있었다.

> **TIP** 자료에 나타난 나라는 동예이다.
> ②④ 삼한 ③ 옥저

Answer 6.③ 7.①

8 다음 자료와 관련된 나라에 대한 설명으로 가장 옳지 않은 것은?

2016. 6. 25. 서울특별시

> • 풍속에 장마와 가뭄이 연이어 오곡이 익지 않을 때, 그 때마다 왕에게 허물을 돌려 '왕을 마땅히 바꾸어야 한다.'라거나 혹은 '왕은 마땅히 죽어야 한다.'라고 하였다.
> • 정월에 지내는 제천 행사는 국중 대회로 날마다 마시고 먹고 노래하고 춤추는데 그 이름은 영고라 한다.
> – 「삼국지」 위서 동이전 –

① 쑹화 강 유역의 평야 지대에서 성장하였다.
② 왕 아래 가축의 이름을 딴 여러 가(加)들이 있었다.
③ 왕이 죽으면 노비 등을 함께 묻는 순장의 풍습이 있었다.
④ 국력이 쇠퇴하여 광개토대왕 때 고구려에 완전 병합되었다.

TIP 제시된 자료와 관련된 나라는 부여이다.
④ 고구려 문자왕 때의 일이다.

9 ㉠ 국가에 대한 설명으로 옳은 것은?

2015. 6. 27. 제1회 지방직

> (㉠)에서는 백성들에게 금하는 법 8조가 있었다. 그것은 대개 사람을 죽인 자는 즉시 죽이고, 남에게 상처를 입히는 자는 곡식으로 갚는다. 도둑질을 한 자는 노비로 삼는다. 용서받고자 하는 자는 한 사람마다 50만 전을 내야 한다. 비록 용서를 받아 보통 백성이 되어도 사람들이 이를 부끄럽게 여겨 혼인을 하고자 해도 짝을 구할 수 없다.

① 옥저와 동예를 정복하였다.
② 족외혼과 책화의 풍습이 있었다.
③ 별도의 행정구역인 사출도가 있었다.
④ 중국의 한과 대립할 정도로 성장하였다.

TIP 주어진 지문은 고조선의 8조법에 대한 설명이다. 8조법을 통해 고조선 사회는 개인의 생명을 존중하였으며, 사유 재산을 인정하였고, 화폐를 사용한 것은 물론, 농경 사회였으며, 계급 사회인 동시에 가부장적 사회였음을 알 수 있다.
④ 고조선은 위만의 집권과 철기 문화로 발전하여 세력을 확장시켰으며, 진국과 한나라 사이에서 중계 무역을 하면서 경제적인 이익을 얻었다. 강성해진 고조선을 경계한 한나라는 대군을 보내 공격하였으며, 고조선은 철기 문화를 기반으로 약 1년간 항전하였으나 왕검성의 함락으로 멸망하였다.
① 고구려 ② 동예 ③ 부여

Answer 8.④ 9.④

10 다음과 같은 풍속이 행해진 국가의 사회모습에 대한 설명으로 옳지 않은 것은?

2014. 4. 19. 안전행정부

> 그 풍속에 혼인을 할 때 구두로 이미 정해지면 여자의 집에는 대옥(大屋) 뒤에 소옥(小屋)을 만드는데, 이를 서옥(婿屋)이라고 한다. 저녁에 사위가 여자의 집에 이르러 문밖에서 자신의 이름을 말하고 꿇어 앉아 절하면서 여자와 동숙하게 해줄 것을 애걸한다. 이렇게 두세 차례 하면 여자의 부모가 듣고는 서옥에 나아가 자게 한다. 그리고 옆에는 전백(錢帛)을 놓아둔다.
> 　　　　　　　　　　　　　　　　　　　　　　　　　　　　－「삼국지」위지 동이전 －

① 고국천왕 사후, 왕비인 우씨와 왕의 동생인 산상왕과의 결합은 취수혼의 실례를 보여준다.
② 계루부 고씨의 왕위계승권이 확립된 이후 연나부 명림씨 출신의 왕비를 맞이하는 관례가 있었다.
③ 관나부인(貫那夫人)이 왕비를 모함하여 죽이려다가 도리어 자기가 질투죄로 사형을 받았다.
④ 김흠운의 딸을 왕비로 맞이하는 과정은 국왕이 중국식 혼인 제도를 수용했다는 사실을 알려주고 있다.

TIP ④ 신라와 관련된 내용으로 옳지 않다.
　　　 ①②③ 고구려와 관련된 내용으로 위의 제시문(고구려의 서옥제)에 나와 있는 국가의 사회 모습과 일치한다.

Answer 10.④

1 청동기와 철기 시대에 계급이 발생하게 된 이유로 가장 옳은 것은?

① 많은 가옥이 밀집되어 취락형태를 이루게 되었다.
② 농경도구의 발전으로 농업생산력이 증대하였다.
③ 비파형 동검이 세형 동검으로 발전하였다.
④ 선민사상이 생겨나게 되었다.

TIP 농사기구가 발달함에 따라 농업생산력이 증가하여 잉여생산물의 축적과 재산의 개인적 소유가 생겨났으며 이를 통해 빈부의 격차와 계급의 분화가 이루어졌다.

2 다음 중 청동기시대를 대표하는 토기가 아닌 것은?

① 붉은간토기
② 덧무늬토기
③ 미송리식 토기
④ 민무늬토기

TIP 덧무늬토기는 신석기시대의 토기이다.

3 청동기시대의 모습으로 옳지 않은 것은?

① 일부지역에서 벼농사가 시작되었다.
② 반달돌칼을 사용하였다.
③ 사유재산제도가 발생하였다.
④ 거푸집으로 청동기를 제작하였다.

TIP 거푸집으로 청동기를 제작한 것은 철기시대이다.

4 다음 중 청동기시대 농경문화에 대한 내용으로 옳지 않은 것은?

① 잉여농산물의 증가로 사유재산제도가 발생하였다.
② 청동기시대 유적의 집터에서는 탄화미가 발견된다.
③ 반달돌칼을 사용해 벼를 추수했다.
④ 청동기로 금속농기구를 만들어 사용했다.

TIP 청동기는 무르고 희귀하여 농기구로 사용되지 않고 동검이나 거울로 만들어져 지배층의 권력을 상징하는 도구였다. 금속농기구는 철기시대에 와서야 철제농기구를 만들어 사용하였다.

Answer 1.② 2.② 3.④ 4.④

5 다음 유적과 관련된 시대의 내용으로 옳지 않은 것은?

> • 여주 흔암리 유적 　　　　　　　　• 부여 송국리 유적
> • 파주 덕은리 유적 　　　　　　　　• 제천 황석리 유적

① 고인돌이 출현하여 계급사회임을 알려준다.
② 집터가 밀집되어 취락의 형태를 이루고 있다.
③ 다양한 용도로 석기를 만들어 사용하였다.
④ 화폐가 출토되었다.

> **TIP** 지문의 유적들은 우리나라의 대표적인 청동기시대 유적이다.
> ④ 오수전, 반량전, 명도전 같은 화폐는 철기시대 유적에서 출토되었다.
> ③ 청동기시대는 돌도끼, 홈자귀, 괭이 등 다양한 개간도구와 반달돌칼 같은 추수도구를 사용한 것으로 보아 다양한 용도로 석기를 만들어 사용했음을 알 수 있다.

6 다음 유물이 사용된 시대의 내용으로 옳지 않은 것은?

① 왕 중심의 고대국가가 형성되었다.
② 금속농기구가 사용되었다.
③ 덧띠토기, 검은간토기 등이 사용되었다.
④ 문자를 사용하였다.

> **TIP** 해당 그림은 세형동검으로 우리나라 철기시대의 대표적인 유물이다. 철기시대는 본격적으로 철제 금속농기구가 사용 되었으며, 덧띠토기, 검은간토기 등이 제작되었다. 또한 경남 창원 다호리 유적에서 출토된 붓을 보아 한자를 사용했음을 알 수 있다. 이 시기에는 고조선과 같은 초기 군장국가가 성립되었다.
> ① 왕 중심의 중앙집권적인 고대국가는 삼국시대에 성립되었다.

Answer 5.④ 6.①

7 다음 중 고조선에 대한 설명으로 옳은 것은?

① 고조선은 철기문화를 바탕으로 건국되었다.
② 말·주옥·모피 등이 특산품 이었다.
③ 비파형동검과 고인돌의 출토분포로서 고조선의 세력범위를 알 수 있다.
④ 마가, 우가, 저가 등의 관리가 있었다.

> **TIP** 고조선 초기에는 요령지방, 후기에는 대동강 유역의 왕검성 중심으로 독자적인 문화를 이룩하면서 발전하였다. 이는 북방식(탁자식) 고인돌과 비파형 동검의 분포 범위를 통해 알 수 있다.

8 다음 '한서의 범금8조'에 나타난 고조선 사회의 설명으로 옳지 않은 것은?

> • 살인자는 사형에 처한다.
> • 남에게 상해를 입힌 자는 곡식으로 배상한다.
> • 도둑질한 자는 노비로 삼으며, 용서받고자 할 때는 50만 냥을 내야한다.

① 사유재산제도가 있었다.   ② 생명을 존중하는 사회였다.
③ 제정분리사회였다.   ④ 농경사회였다.

> **TIP** 범금8조의 내용으로 제정분리사회임을 알 수 없다. 또한 고조선의 단군왕검이라는 호칭은 제사장으로서의 '단군'과 정치장으로서의 '왕검'이 합해진 뜻으로 제정일치사회임을 알 수 있다.

9 다음 중 기원전 3세기경의 고조선 모습으로 옳지 않은 것은?

① 율령이 반포되고, 고대국가로 성장하였다.
② 제정일치사회 였다.
③ 연과 요서지방을 경계로 대립하였다.
④ 왕 아래 상, 대부, 장군 등의 관직이 있었다.

> **TIP** 고조선은 고대국가의 형태로 발전하지 못하고 한의 침입으로 멸망했다.

10 다음이 설명하는 나라는?

> 만주 송화강 유역에서 일어난 나라로 농경과 목축업을 주로 하였고, 특산물로 말·주옥·모피 등이 있었다.

① 동예   ② 삼한
③ 부여   ④ 옥저

> **TIP** 부여는 만주 송화강 유역의 평야를 중심으로 성장하였으며 특산물로 말·주옥·모피 등이 있었다.

Answer 7.③ 8.③ 9.① 10.③

11 우리 민족의 역사적 철기 문화의 발달과정을 바르게 설명한 것을 모두 고르면?

> ㉠ 부여, 고구려는 철기 문화를 바탕으로 성립하였다.
> ㉡ 외부의 영향 없이 한반도에서 독자적으로 발달하였다.
> ㉢ 위만 조선의 성립 이후 철기 문화가 한반도 전역으로 확산되었다.
> ㉣ 고조선은 철기 문화를 배경으로 성립하였음을 고고학 발굴을 통해 알 수 있다.

① ㉠, ㉡   ② ㉠, ㉢
③ ㉡, ㉣   ④ ㉢, ㉣

TIP 철기는 중국에서 전래되었고, 고조선은 청동기 문화를 배경으로 성립하였다.

12 (개), (나)의 나라에 대한 설명으로 옳은 것만을 〈보기〉에서 모두 고르면?

> (개) 살인자는 사형에 처하고 그 가족은 노비로 삼았다. 도둑질을 하면 12배로 변상케 했다. 남녀 간에 음란한 짓을 하거나 부인이 투기하면 모두 죽였다. 투기하는 것을 더욱 미워하여, 죽이고 나서 시체를 산 위에 버려서 썩게 했다. 친정에서 시체를 가져가려면 소와 말을 바쳐야 했다.
> (나) 귀신을 믿기 때문에 국읍에 각각 한 사람씩 세워 천신에 대한 제사를 주관하게 했다. 이를 천군이라 했다. 여러 국(國)에는 각각 소도라고 하는 별읍이 있었다. 큰 나무를 세우고 방울과 북을 매달아 놓고 귀신을 섬겼다. 다른 지역에서 거기로 도망쳐 온 사람은 누구든 돌려보내지 않았다.
>   「삼국지」 위지 동이전

> ─────── 〈보기〉 ───────
> ㉠ (개) - 왕 아래에는 상가, 고추가 등의 대가가 있었다.
> ㉡ (개) - 농사가 흉년이 들면 국왕을 바꾸거나 죽이기도 하였다.
> ㉢ (나) - 제천 행사는 5월과 10월의 계절제로 구성되어 있었다.
> ㉣ (나) - 동이(東夷) 지역에서 가장 넓고 평탄한 곳이라 기록되어 있었다.

① ㉠, ㉡   ② ㉠, ㉣
③ ㉡, ㉢   ④ ㉢, ㉣

TIP (개)는 '살인자는 사형에 처하고 그 가족은 노비로 삼았다. 도둑질을 하면 12배로 변상케 했다'라는 부분을 통해 부여의 1책 12법임을 알 수 있고 (나)는 '천군', '소도'라는 용어로 보아 삼한에 대한 글임을 알 수 있다.
㉠은 고구려의 관직을 나타내고 있으며 부여의 관직으로는 마가·우가·저가·구가 등이 있었다.
㉣은 (개)에 해당되는 내용이다.

13 다음 풍습이 있는 나라의 정치조직으로 옳지 않은 것은?

> • 왕이 죽으면 많은 사람들을 껴묻거리와 함께 묻는 순장의 풍습이 있었다.
> • 흰 옷을 좋아했고 형사취수제와 일부다처제 풍습이 있었다.

① 귀족회의로 제가회의가 있었다.
② 왕 아래 마가, 우가, 저가 등의 관리가 있었다.
③ 왕의 권력은 매우 약했다.
④ 가(加)들은 따로 행정구역인 사출도를 다스리고 있었다.

TIP 지문의 내용은 부여에 대한 내용이다. 제가회의는 고구려의 귀족합의기구이다.

14 다음을 통해 알 수 있는 부여와 고구려 사회에 대한 설명으로 옳은 것은?

> 사출도, 제가회의, 대사자, 사자

① 제사와 정치가 분리되어 있었다.
② 연맹왕국으로 발전하였다.
③ 농경과 목축을 기반으로 한 사회였다.
④ 강력한 왕권을 바탕으로 중앙집권체제 고대국가를 이루었다.

TIP 부여는 왕과 함께 마가·우가·저가·구가를 합쳐 5부족 연맹체를 형성했으며, 고구려 또한 소노부, 순노부, 계루부, 절노부, 관노루 5부족 연맹체를 형성한 연맹왕국의 형태를 가졌다. 그러나 고구려만이 중앙집권체제 고대국가로 발전했다. 제시된 내용은 부여와 고구려의 귀족연맹체제의 모습으로 부여와 고구려가 연맹왕국으로 발전했음을 알 수 있다.

15 밑줄 친 '이 나라'의 풍속으로 옳지 않은 것은?

> 이 나라는 활발한 정복전쟁을 통해 기존의 한 군현을 공격해 요동으로 진출하였고, 옥저를 정복해 공물을 받았다.

① 혼약이 정해지면 신랑은 신부의 집 뒤에 별채를 지어 살다가 자식이 장성하면 아내를 데리고 집으로 돌아갔다.
② 10월에 추수감사제인 동맹을 열었다.
③ 가족이 죽으면 시체를 가매장했다가 나중에 뼈를 추려 목곽에 안치했다.
④ 건국시조인 주몽과 그 어머니 유화부인을 조상신으로 섬겨 제사를 지냈다.

TIP 밑줄 친 '이 나라'는 고구려이다. 고구려의 결혼풍습으로는 서옥제(데릴사위제)가 있었으며 제천행사로서 동맹이 있었다.
③ 가족이 죽으면 시체를 가매장했다가 나중에 뼈를 추려 목곽에 안치하는 풍습은 골장제(가족공동무덤)로 옥저의 장례풍습이다.

Answer 13.① 14.② 15.③

16 다음 중 옥저에 대한 설명으로 옳은 것은?

① 고대왕국으로 발전하였다.
② 정치적 지배자 외에 제사장인 천군이 있었다.
③ 매매혼 제도인 민며느리제가 있었다.
④ 단궁과 과하마, 반어피 등이 유명했다.

TIP ① 옥저는 고대왕국으로 발전하지 못하고 고구려에 의해 멸망했다.
② 삼한에 대한 내용이다.
④ 동예에 대한 내용이다.

17 다음 중 부여의 생활모습으로 옳지 않은 것은?

① 말, 주옥, 모피 등을 주로 생산하였다.
② 데릴사위제의 일종인 서옥제라는 풍습이 유행하였다.
③ 부족장이나 왕이 죽으면 많은 사람을 함께 묻는 순장이 있었다.
④ 전쟁이 나면 소를 죽여 그 굽으로 길흉을 점치기도 했다.

TIP ② 데릴사위제의 일종인 서옥제는 고구려의 풍습이다.

18 다음 중 초기의 고구려에 대한 설명으로 옳지 않은 것은?

① 동맹이라는 제천행사를 거행하였다.
② 한 군현을 공략하여 요동지방으로 진출을 꾀하였다.
③ 초기부터 왕위 세습이 이루어졌다.
④ 국가의 중요한 일은 제가회의를 통해 결정하였다.

TIP ③ 초기의 고구려는 5부족연맹체로 처음에는 연노부에서 왕이 선출되었지만, 나중에는 계루부 고씨가 왕에 선출되고 계속 세습되기 시작했다.

19 다음 중 고구려과 부여의 공통점이 아닌 것은?

① 소를 죽여 점을 보는 풍속이 있었다.
② 남의 물건을 훔친 자는 물건 값의 12배를 배상한다.
③ 5부족연맹체로 이루어져 있다.
④ 중국과 친선관계를 유지하였다.

TIP ④ 부여는 북방의 유목민족이나 고구려에 대항하기 위해 중국과 친선관계를 유지하였으며, 고구려는 한 군현과의 팽팽한 경쟁관계에서 발전하였다.

Answer 16.③ 17.② 18.③ 19.④

20 다음 중 옥저와 동예가 고대국가로 발전하지 못한 이유는?

① 일찍부터 고구려의 팽창으로 압박과 수탈을 당하였다.
② 군장의 지위는 세습이 아닌 선출을 통하여 결정되었다.
③ 씨족사회의 전통이 강하게 남아 강력한 정치 권력의 탄생이 어려웠다.
④ 해안가에 위치하여 농업이 발달하지 못했다.

> **TIP** 옥저와 동예는 함경도와 강원도 북부의 동해안 지방에 위치해 선진문화의 수용이 늦었으며, 일찍부터 고구려의 수탈과 압박으로 인해 큰 성장을 하지 못했다.

21 다음 중 마한에 대한 설명이 아닌 것은?

① 마한 목지국의 지배자가 마한왕 또는 진왕으로 추대되어 삼한 전체를 주도하였다.
② 54개의 소국으로 이루어졌고 모두 10만여 호였다.
③ 천안 · 익산 · 나주지역을 중심으로 대구 · 경주 지역에서 발전하였다.
④ 나주지역에 대형 고분관이 분포되어 있고 금동관도 출토되었다.

> **TIP** 마한의 위치는 천안 · 익산 · 나주지역을 중심으로 경기 · 충청 · 전라도 지방에서 발전하였다.

22 우리나라의 초기 국가 중에서 책화, 족외혼 등 씨족사회의 풍습이 강하게 나타난 국가에 대한 설명은?

① 중앙집권국가로 발전하였다.
② 철을 생산하여 수출하였다.
③ 순장의 풍습이 있었다.
④ 방직기술이 발달하였으며, 무천이라는 제천행사가 있었다.

> **TIP** 동예는 토지가 비옥하고 해산물이 풍부하여 농경, 어로 등 경제생활이 윤택하였다. 누에를 쳐서 명주를 짜고 삼베도 짜는 방직기술이 발달하였다. 단궁, 과하마, 반어피 등이 유명한 특산물이다. 매년 10월에 무천이라는 제천행사를 열었다.
> ① 고구려 ② 변한 ③ 부여

23 다음 중 옥저에 대한 설명이 아닌 것은?

① 가축의 이름을 딴 가(加)들이 읍락을 통치하였다.
② 사람이 죽으면 가매장하였다가 나중에 가족공동무덤에 안치하였다.
③ 어물, 소금과 같은 해산물이 풍부하였다.
④ 결혼하기 전 여자가 시집에서 사는 민며느리제 풍습이 있었다.

> **TIP** ① 부여에서 가축의 이름을 딴 가(加)들이 읍락을 통치하였다. 왕 아래에 마가, 우가, 저가, 구가와 대사자, 사자 등의 관리가 있었다. 이들 가(加)는 사출도라는 행정구역을 따로 다스리고 있었으며, 왕이 직접 통치하는 중앙과 합쳐서 5부를 이루게 되었다.

Answer 20.① 21.③ 22.④ 23.①

24 (가)와 (나)의 나라에 대한 설명으로 옳은 것은?

> (가) 고구려 개마대산 동쪽에 있는데 개마대산은 큰 바닷가에 맞닿아 있다. …(중략)… 그 나라 풍속에 여자 나이 10살이 되기 전에 혼인을 약속한다. 신랑 집에서는 여자를 맞이하여 다 클 때까지 길러 아내를 삼는다.
>
> (나) 남쪽으로는 진한과 북쪽으로는 고구려·옥저와 맞닿아 있고 동쪽으로는 큰 바다에 닿았다. …(중략)… 해마다 10월이면 하늘에 제사를 지내는데 밤낮으로 술 마시며 노래 부르고 춤추니, 이를 무천이라고 한다.

① (가) - 서옥제라는 혼인 풍속이 있었다.

② (가) - 중대한 범죄자가 있으면 제가회의를 통하여 사형에 처하였다.

③ (나) - 족장들은 저마다 따로 행정 구획인 사출도를 다스렸다.

④ (나) - 다른 부족의 영역을 침범하면 책화라고 하여 노비, 소, 말로 변상하였다.

> **TIP** (가)는 옥저의 민며느리제에 대한 설명이며, (나)는 동예의 무천에 대한 설명이다.
> ① 서옥제는 고구려의 혼인풍습이다.
> ② 고구려에 대한 설명이다.
> ③ 부여에 대한 설명이다.

Answer 24.④

통치구조와 정치활동

고대의 정치

1 ·· 고대국가의 성립

(1) 고대국가의 성격

① **연맹왕국의 형성** : 철기문화의 보급과 이에 따른 생산력의 증대를 토대로 성장한 여러 소국들은 그 중 우세한 집단의 족장을 왕으로 하는 연맹왕국을 이루었다. 연맹왕국은 종래의 군장세력이 자기 부족에 대한 지배권을 행사했으므로 집권국가로서는 한계가 있었다.

② **고대국가의 형성**
  ㉠ 대외정복활동 : 집단 내부의 지배력을 강화하는 동시에 다른 집단에 대한 지배력을 키워 나갔고, 정복과정에서 경제력과 군사력을 바탕으로 왕권이 강화되었다.
  ㉡ 율령 반포 : 통치체제가 정비되었다.
  ㉢ 불교 수용 : 집단의 통합을 강화하기 위하여 불교를 받아들였다.

③ **고대국가로의 발전과정**
  ㉠ 선진문화의 수용과 지리적 위치에 따라 차이를 보인다.
  ㉡ 고구려, 백제, 신라의 순서로 고대국가체제가 정비되고, 가야연맹은 삼국의 각축 속에서 중앙집권화를 이루지 못하고 해체되었다.

(2) 삼국의 성립

① **초기의 고구려**
  ㉠ 성장 : 졸본성에서 주변 소국을 통합하여 성장하였으며, 국내성으로 도읍을 옮겼다.
  ㉡ 지배체제의 정비
    • 태조왕(1세기 후반) : 옥저와 동예를 복속하고, 독점적으로 왕위를 세습하였으며 통합된 여러 집단들은 5부 체제로 발전하였다.
    • 고국천왕(2세기 후반) : 부족적인 전통을 지녀온 5부가 행정적 성격의 5부로 개편되었고 왕위의 계승도 형제상속에서 부자상속으로 바뀌었으며, 족장들이 중앙귀족으로 편입되는 등 중앙집권화와 왕권강화가 진전되었다.

② **초기의 백제**
  ㉠ 건국(B.C. 18) : 한강 유역의 토착민과 고구려 계통의 북방 유이민의 결합으로 성립되었는데, 우수한 철기문화를 보유한 유이민 집단이 지배층을 형성하였다.
  ㉡ 고이왕(3세기 중엽) : 한강 유역을 완전히 장악하고, 중국의 문물을 수용하였다. 율령을 반포하였으며 관등제를 정비하고 관복제를 도입하는 등 지배체제를 정비하였다.

③ **초기의 신라**
  ㉠ 건국(B.C. 57) : 경주의 토착집단과 유이민 집단의 결합으로 건국되었다.
  ㉡ 발전 : 석탈해 집단의 합류로 박·석·김의 3성이 번갈아 왕위를 차지하였다. 주요 집단들의 독자적인 세력 기반을 유지하면서 유력 집단의 우두머리는 왕(이사금)으로 추대되었다.
  ㉢ 지배체제의 정비(내물왕, 4세기) : 활발한 정복활동을 통해 낙동강 유역으로 영역을 확장하고 김씨가 왕위를 세습하였으며 마립간의 칭호를 사용하였다.
  ㉣ 고구려의 간섭 : 광개토대왕의 군사지원으로 왜를 격퇴하고(내물왕), 중국 문물을 수용하였다.

📖 **기출문제**

밑줄 친 '왕'의 업적에 대한 설명으로 옳은 것은?

2013. 7. 27. 안전행정부

• 왕 7년에 율령을 반포하고, 처음으로 백관의 공복을 제정하였다.
• 왕 19년에 금관국의 왕인 김구해가 왕비와 세 아들을 데리고 와 항복하였다.

① '건원'이란 연호를 사용하였다.
② 이사부를 시켜 우산국을 정복하였다.
③ 유학 교육을 위해 국학을 설립하였다.
④ 화랑도를 국가적인 조직으로 개편하였다.

☞ ①

📞 **보충학습**

연맹왕국과 고대국가의 차이점
㉠ 연맹왕국 : 왕권 미약(선거제), 다원적 지배, 일원적 지배, 지방분권, 군장세력 강화, 군장의 지방 지배, 원시신앙
㉡ 고대국가 : 왕권 강화(부자상속), 일원적 지배, 중앙집권, 군장의 중앙귀족, 관료 편입, 외관 파견, 불교 수용

④ 초기의 가야
　　㉠ 위치 : 낙동강 하류의 변한지역에서는 철기문화를 토대로 농업생산력이 증대되어 정치집단들이 등장하였다.
　　㉡ 전기 가야연맹(금관가야 중심)
　　　• 농경문화의 발달과 철의 생산(중계무역 발달)으로 경제적인 발전을 이루었다.
　　　• 백제와 신라의 팽창으로 세력이 약화되고(4세기 초) 고구려군의 가야지방 원정으로 몰락하게 되었다. 이에 따라 중심세력이 해체되어 낙동강 서쪽 연안으로 축소되었다.

❷ ·· 삼국의 발전과 통치체제

(1) 삼국의 정치적 발전

① 고구려
　　㉠ 영토 확장
　　　• 4세기 미천왕 때에 서안평을 점령하고 낙랑군을 축출하여 압록강 중류를 벗어나 남쪽으로 진출할 수 있는 발판을 마련하였다.
　　　• 고국원왕 때는 전연과 백제의 침략으로 국가적 위기를 맞기도 하였다.
　　㉡ 국가체제의 정비와 국력의 확장(소수림왕, 4세기 후반)
　　　• 불교의 수용, 태학의 설립, 율령의 반포로 중앙집권국가로의 체제를 강화하였다.
　　　• 지방에 산재한 부족세력을 통제하면서 새로운 발전의 토대를 마련하였다.

② 백제
　　㉠ 대외 팽창(근초고왕, 4세기 후반) : 마한의 대부분을 정복하였으며, 황해도 지역을 두고 고구려와 대결하기도 하였다. 또한 낙동강 유역의 가야에 지배권을 행사하였고, 중국의 요서지방과 산동지방, 일본의 규슈지방까지 진출하였다.
　　㉡ 중앙집권체제의 정비(근초고왕) : 왕권은 점차 전제화되고 왕위의 부자상속이 시작되었다.
　　㉢ 중앙집권체제 확립(침류왕) : 불교를 공인하였다.

③ 신라
　　㉠ 국력의 신장
　　　• 눌지왕 때에 고구려의 간섭을 배제하기 위해 나·제동맹을 결성하였다.
　　　• 왕위의 부자상속(눌지왕)으로 자주적 발전을 시작하였다.
　　　• 소지왕 때에 6촌을 6부의 행정구역으로 개편하면서 발전하였다.
　　㉡ 지배체제정비
　　　• 지증왕(6세기 초) : 국호(사로국→신라)와 왕의 칭호(마립간→왕)를 변경하고, 수도와 지방의 행정구역을 정리하였으며 대외적으로 우산국(울릉도)을 복속시켰다.
　　　• 법흥왕(6세기 중엽) : 병부의 설치, 율령의 반포, 공복의 제정 등으로 통치질서를 확립하였다. 또한 골품제도를 정비하고, 새로운 세력을 포섭하고자 불교를 공인하였다. 독자적 연호인 건원을 사용하여 자주국가로서의 위상을 높였고 금관가야를 정복하여 영토를 확장시켜 중앙집권체제를 완비하였다.

(2) 삼국 간의 항쟁

① 고구려의 대제국 건설
　　㉠ 광개토대왕(5세기) : 대제국 건설의 기초마련의 시기이다.
　　　• 영락이라는 연호를 사용하였다.
　　　• 만주지방에 대한 대규모 정복사업을 단행하였고, 백제를 압박하여 한강 이남으로 축출하였다.
　　　• 신라에 침입한 왜를 격퇴함으로써 한반도 남부에까지 영향력을 확대하였다.

ⓛ 장수왕(5세기) : 동북아시아의 대제국 건설의 시기이다.
• 남북조와 교류하면서 중국을 견제하였다.
• 평양 천도(427)를 단행하여 백제의 수도인 한성을 함락하였다.
• 죽령~남양만 이북을 확보(광개토대왕비와 중원고구려비 건립)하여 한강 유역으로 진출하였다.
• 만주와 한반도에 걸친 광대한 영토를 차지하여 중국과 대등한 지위의 대제국을 건설하였다.
ⓒ 문자왕(5세기 후반) : 동부여를 복속하고 고구려 최대의 영토를 확보하였다.
② 백제의 중흥
㉠ 웅진(공주) 천도(문주왕, 5세기 후반) : 고구려의 남하정책으로 대외팽창이 위축되어 무역활동이 침체되는 가운데 정치적 혼란으로 왕권이 약화되고 귀족세력이 국정을 장악하게 되었다.
ⓛ 체제 정비(5세기 후반)
• 동성왕 : 신라와 동맹을 강화하여 고구려에 대항하였고, 탐라를 복속하였다.
• 무령왕 : 지방의 22담로에 왕족을 파견하여 지방통제를 강화하였다.
ⓒ 성왕(6세기 중반)
• 체제 정비 : 사비(부여)로 천도(538)하고, 남부여로 국호를 개칭하였다.
• 제도 정비 : 중앙은 22부, 수도는 5부, 지방은 5방으로 정비하였다.
• 승려 등용 : 불교를 진흥시키고, 일본에 불교를 전파하였다.
• 중국의 남조와 교류하였다.
③ 신라의 발전(진흥왕, 6세기)
㉠ 체제 정비 : 화랑도를 국가적 조직으로 개편하고, 불교를 통해 사상적 통합을 꾀하였다.
ⓛ 영토 확장 : 한강 유역을 장악하여 경제적 기반을 강화하고 전략적 거점을 확보할 수 있었고 중국 교섭의 발판이 되었다. 북으로는 함경도, 남으로는 대가야를 정복하였다(단양적성비, 진흥왕순수비).
④ 가야연맹의 해체
㉠ 후기 가야연맹 : 5세기 후반 고령지방의 대가야를 중심으로 새롭게 형성되었다. 신라와의 결혼동맹으로 국제적 고립에서 벗어나려 하였다.
ⓛ 가야의 해체 : 중앙집권국가로 발전하지 못하고 금관가야는 신라 법흥왕, 대가야는 신라 진흥왕에 의해 각각 멸망되었다.

(3) 삼국의 통치체제
① 통치조직의 정비
㉠ 삼국 초기 : 부족 단위 각 부의 귀족들이 독자적으로 관리를 거느리는 방식으로 귀족회의에서 국가의 중요한 일을 결정하였다.
ⓛ 중앙집권체제의 형성 : 왕을 중심으로 한 통치체제로 왕의 권한이 강화되었고, 관등제와 행정구역이 정비되어 각 부의 귀족들은 왕권 아래 복속되고, 부족적 성격이 행정적 성격으로 개편되었다.
② 관등조직 및 중앙관제
㉠ 정치조직

구분	관등	수상	중앙관서	귀족합의제
고구려	10여 관등	대대로(막리지)	–	제가회의
백제	16관등	상좌평	6좌평, 22부	정사암회의
신라	17관등	상대등	병부, 집사부	화백회의

ⓛ 골품제도 : 관등제도와 함께 결합하여 운영하였는데 신분제에 의해 제약을 받았다.

📖 기출문제

밑줄 친 '왕'의 재위 기간에 있었던 사실로 옳은 것은?

2020. 6. 13. 제1회 지방직 / 제2회 서울특별시

이찬 이사부가 왕에게 "국사라는 것은 임금과 신하들의 선악을 기록하여, 좋고 나쁜 것을 만대 후손들에게 보여 주는 것입니다. 이를 책으로 편찬해 놓지 않는다면 후손들이 무엇을 보고 알겠습니까?"라고 아뢰었다. 왕이 깊이 동감하고 대아찬 거칠부 등에게 명하여 선비들을 널리 모아 그들로 하여금 역사를 편찬하게 하였다.
– 「삼국사기」 –

① 정전 지급
② 국학 설치
③ 첨성대 건립
④ 북한산 순수비 건립
☞ ④

🎓 보충학습

신라의 영토확장 기념비
㉠ 단양적성비(진흥왕, 6세기 중엽) : 신라군의 고구려 적성 점령기념비로 충북 단양에 소재하고 있다. 관직명과 율령 정비를 알 수 있다.
ⓛ 진흥왕순수비
• 북한산비(555) : 한강 유역 점령 기념
• 창녕비(561) : 대가야 정복 기념
• 황초령비(568), 마운령비(568) : 원산만 진출기념

📖 기출문제

다음 밑줄 친 신라 왕의 재위 기간 중 축조된 비석은?

2020. 5. 30. 제1차 경찰공무원(순경)

9월 대가야가 반란을 일으켰다. 왕이 이사부에게 명하여 그들을 토벌하도록 하였는데, 사다함이 그 부장이 되었다. [중략] 이사부가 병력을 이끌고 그곳에 이르니 모두 항복하였다. 전공을 논하는데 사다함이 최고였으므로 왕이 상으로 좋은 토지와 포로 200명을 주었다.
– 「삼국사기」 –

① 울진 봉평비
② 단양 적성비
③ 포항 중성리비
④ 영일 냉수리비
☞ ②

③ 지방제도
　ⓐ 지방조직

구분	관등	수상	중앙관서	귀족합의제
고구려	5부	5부(욕살)	3경(평양성, 국내성, 한성)	제가회의
백제	5부	5방(방령)	22담로(지방 요지)	정사암회의
신라	5부	6주(군주)	2소경[중원경(충주), 동원경(강릉)]	화백회의

　ⓑ 지방제도의 정비 : 최상급 지방행정단위로 부와 방 또는 주를 두고 지방장관을 파견
하였고, 그 아래의 성이나 군에도 지방관을 파견하여 지방민을 직접 지배하였으나
말단 행정단위인 촌은 지방관을 파견하지 않고 토착세력을 촌주로 삼았다. 그러나
대부분의 지역은 중앙정부의 지배가 강력히 미치지 못하여 지방세력들이 지배하
게 되었다.
④ 군사조직 : 지방행정조직이 그대로 군사조직이기도 하여 각 지방의 지방관은 곧
군대의 지휘관(백제의 방령, 신라의 군주)이었다.

③ ·· 대외항쟁과 신라의 삼국통일

(1) 고구려와 수·당의 전쟁
① 동아시아의 정세(6세기 말)
　ⓐ 중국 : 수(隋)가 남북조를 통일하여 고구려를 침공하였다.
　ⓑ 한반도 : 신라의 팽창으로 고구려와 백제가 여·제동맹을 맺어 대응하였다.
　ⓒ 국제 : 남북연합(돌궐·고구려·백제·왜) ↔ 동서연합(수·신라)
② 수와의 전쟁 : 고구려가 요서지방을 선제공격하자 수의 문제와 양제는 고구려를
침입했으나 을지문덕이 살수에서 큰 승리를 거두었다(612).
③ 당과의 전쟁
　ⓐ 고구려는 당의 침략에 대비하여 천리장성을 축조하고 연개소문은 대당 강경정책
을 추진하였다.
　ⓐ 당 태종은 요동의 여러 성을 공격하고 전략상 가장 중요한 안시성을 공격하였으나 고
구려에 의해 패하였다(645). 이후 고구려는 당의 빈번한 침략을 물리쳐 당의 동북아시
아 지배야욕을 좌절시켰다.

(2) 백제와 고구려의 멸망
① 한반도 정세의 변화 : 여·제 동맹 이후 나·당 연합이 결성되었다.
② 백제의 멸망
　ⓐ 과정 : 신라는 황산벌에서 백제를 격파하여 사비성으로 진출하였고, 당군은 금강
하구로 침입하였다. 결국 사비성은 함락되었다(660).
　ⓑ 원인 : 정치질서의 문란과 지배층의 향락으로 국방이 소홀해지면서 몰락하게 되었다.
　ⓒ 부흥운동 : 복신과 흑치상지, 도침 등은 주류성과 임존성을 거점으로 하여 사비성
과 웅진성을 공격하였으나 나·당연합군에 의하여 진압되었다. 이때 왜군이 백제
지원을 나섰으나 백강전투에서 패배하고 말았다.

기출문제

삼국 통일 과정의 역사적 사실들을 일어난
순서대로 바르게 나열한 것은?
2016. 3. 19. 사회복지직

ⓐ 나·당 연합군의 공격으로 사비성이 함락
되자, 웅진에 있던 의자왕이 항복하였다.
ⓑ 나·당 연합군의 공격으로 평양성을 지키
던 연개소문의 아들인 남산이 항복하였다.
ⓒ 신라는 사비성을 탈환하고 웅진도독부를
대신하여 소부리주를 설치하였다.
ⓓ 신라군이 당나라 군대 20만 명을 매소성
에서 크게 물리쳤다.

① ⓐ→ⓑ→ⓒ→ⓓ
② ⓐ→ⓒ→ⓑ→ⓓ
③ ⓑ→ⓐ→ⓒ→ⓓ
④ ⓑ→ⓓ→ⓐ→ⓒ

☞ ①

기출문제

(가) 인물에 대한 설명으로 옳은 것은?
2020. 7. 11. 인사혁신처

김춘추가 당나라에 들어가 군사 20만을 요
청해 얻고 돌아와서 　(가)　을/를 보며
말하기를, "죽고 사는 것이 하늘의 뜻에 달
렸는데, 살아 돌아와 다시 공과 만나게 되니
얼마나 다행한 일입니까?"라고 하였다. 이에
　(가)　이/가 대답하기를, "저는 나라
의 위엄과 신령함에 의지하여 두 차례 백제
와 크게 싸워 20 성을 빼앗고 3만여 명을 죽
이거나 사로잡았습니다. 그리고 품석 부부의
유골이 고향으로 되돌아왔으니 천행입니다."
라고 하였다.
－「삼국사기」－

① 황산벌에서 백제군을 물리쳤다.
② 화랑이 지켜야 할 세속오계를 제시하였다.
③ 진덕여왕의 뒤를 이어 신라왕으로 즉위하
였다.
④ 당에서 숙위 활동을 하다가 부대총관이 되
어 신라로 돌아왔다.

☞ ①

③ 고구려의 멸망
  ⊙ 과정 : 나·당연합군의 침입으로 평양성이 함락되었다(668).
  ⓒ 원인 : 지배층의 분열과 국력의 약화로 정치가 불안정하였다.
  ⓒ 부흥운동 : 보장왕의 서자 안승을 받든 검모잠과 고연무 등은 한성과 오골성을 근 거지로 한 때 평양성을 탈환하였으나 결국 실패하였다. 그러나 7세기 후반 고구려 유민들의 발해 건국을 통해 고구려의 전통을 지속할 수 있었다.

(3) 신라의 삼국통일

① 과정 : 신라·고구려·백제 유민의 연합으로 당과 정면으로 대결하였다.
  ⊙ 당의 한반도 지배의지 : 한반도에 웅진도독부, 안동도호부, 계림도독부를 설치하였다.
  ⓒ 나·당전쟁 : 신라의 당 주둔군에 대한 공격으로 매소성과 기벌포싸움에서 승리를 거두게 되고 당군을 축출하여 삼국통일을 이룩하였다(676).

② 삼국통일의 의의와 한계
  ⊙ 의의 : 당의 축출로 자주적 성격을 인정할 수 있으며 고구려와 백제 문화의 전통을 수용하고, 경제력을 확충함으로써 민족문화 발전의 토대를 마련하였다는 점에서 큰 의의가 있다.
  ⓒ 한계 : 외세(당)의 협조를 받았다는 점과 대동강에서 원산만 이남에 국한된 불완전한 통일이라는 점에서 한계성을 가진다.

④ ·· 남북국시대의 정치 변화

(1) 통일신라의 발전

① 왕권의 전제화
  ⊙ 무열왕 : 통일과정에서 왕권을 강화하였으며 이후 무열왕 직계자손이 왕위를 계승하게 되었다.
  ⓒ 유교정치이념의 수용 : 통일을 전후하여 유교정치이념이 도입되었고, 중앙집권적 관료정치의 발달로 왕권이 강화되어 갔다.
  ⓒ 집사부 시중의 기능 강화 : 상대등의 세력을 억제하였고 왕권의 전제화가 이루어졌다.
  ② 신문왕 : 귀족세력을 숙청하고 정치세력을 다시 편성하였다.
   • 군사조직을 9서당 10정으로 정비하고 지방행정조직도 9주 5소경으로 완비하였다.
   • 관료전을 지급하고 녹읍을 폐지하여 귀족의 경제기반을 약화시켰다.
   • 유학사상을 강조하고 국학을 설립하여 유교정치이념을 확립시켰다.

② 정치세력의 변동
  ⊙ 왕권이 전제화되면서 진골귀족의 세력은 약화되었고 진골귀족 때문에 정치적으로 성장할 수 없었던 6두품 세력은 왕권과 결탁하여 상대적으로 부각되었다.
  ⓒ 6두품의 진출 : 학문적 식견을 바탕으로 왕의 정치적 조언자로 활동하거나 행정실무를 총괄하였다. 이들은 전제왕권을 뒷받침하고, 학문·종교분야에서 활약하였다.

③ 전제왕권의 동요(8세기 후반, 경덕왕)
  ⊙ 진골귀족세력의 반발로 흔들리기 시작하였다.
  ⓒ 녹읍제가 부활하고, 사원의 면세전이 증가되어 국가재정의 압박을 가져왔다.
  ⓒ 귀족들이 특권적 지위를 고수하려 하고, 향락과 사치가 계속되자 농민의 부담은 가중되었다.

(2) 발해의 건국과 발전

① 건국 : 고구려 출신의 대조영이 길림성에 건국하여 남쪽의 신라와 북쪽의 발해가 공존하는 남북국이 형성되었다(698).

② 국가성격
- ㉠ 이원적 민족구성 : 지배층은 고구려인이고 피지배층은 말갈인으로 구성되었다.
- ㉡ 고구려 계승의식 표방 : 일본에 보낸 국서에 고려 또는 고려국왕이라는 칭호를 사용하였고, 고구려 문화와 유사성이 있다.

③ 발해의 발전
- ㉠ 영토 확장(무왕) : 동북방의 여러 세력을 복속시켜 북만주 일대를 장악하였고, 당의 산둥반도를 공격하고, 돌궐·일본과 연결하여 당과 신라에 대항하였다.
- ㉡ 체제 정비(문왕)
  - 당과 친선관계를 맺고 문물을 수입하였다.
  - 중경에서 상경으로 천도하였고, 신라와의 대립관계를 해소하려 상설교통로를 개설하였다.
  - 천통(고왕), 인안(무왕), 대흥(문왕), 건흥(선왕) 등 독자적 연호 사용으로 중국과 대등한 지위에 있음을 과시하기도 하였다.
- ㉢ 중흥기(선왕) : 요동지방으로 진출하였으며 남쪽으로는 신라와 국경을 접할 정도로 넓은 영토를 차지하고, 5경 15부 62주의 지방행정제도를 완비하였다. 당에게서 '해동성국'이라는 칭호를 받았다.
- ㉣ 멸망 : 거란의 세력 확대와 귀족들의 권력투쟁으로 국력이 쇠퇴하자 거란에 멸망당하였다.

(3) 남북국의 통치체제

① 통일신라
- ㉠ 중앙정치체제 : 전제왕권의 강화를 위해 집사부 중심의 관료기구가 강화되었다.
  - 집사부 시중의 지위가 강화되고 집사부 아래에 위화부와 13부를 두고 행정업무를 분담하였다.
  - 관리들의 비리와 부정 방지를 위한 감찰기관인 사정부를 설치하였다.
- ㉡ 유교정치이념의 수용 : 국학을 설립하였다.
- ㉢ 지방행정조직의 정비(신문왕) : 9주 5소경으로 정비하여 중앙집권체제를 강화하였다.
  - 9주(도독) : 총관(후에 도독)으로 바꾸어 군사적 기능을 약화시키고 행정적 기능을 강화하였다.
  - 5소경 : 군사적·행정적 요지에 설치하였다.
  - 지방관의 감찰을 위하여 외사정을 파견하였고, 상수리제도를 실시하였으며, 향·부곡이라 불리는 특수행정구역도 설치하였다.
- ㉣ 군사조직의 정비
  - 9서당 : 옷소매의 색깔로 표시하였는데 부속민에 대한 회유와 견제의 양면적 성격이 있다.
  - 10정 : 9주에 각 1정의 부대를 배치하였으나 한산주에는 2정(남현정, 골내근정)을 두었다.
- ㉤ 통치체제 변화의 한계와 의의 : 중국식 정치제도의 도입으로 강력한 중앙집권적 전제국가로 발전하였다. 그러나 진골귀족이 권력을 독점하는 한계를 가지고 있었다.

② 발해
- ㉠ 중앙정치체계 : 당의 제도를 수용하였으나 명칭과 운영은 독자성을 유지하였다.
  - 3성 : 정당성(대내상이 국정 총괄), 좌사정, 우사정(지·예·신부)
  - 6부 : 충부, 인부, 의부, 자부, 예부, 신부
  - 중정대(감찰), 문적원(서적 관리), 주자감(중앙의 최고교육기관)
- ㉡ 지방제도 : 5경 15부 62주로 조직되었고, 촌락은 주로 말갈인 촌장이 지배하였다.
- ㉢ 군사조직 : 중앙군(10위), 지방군

기출문제

다음 설명에 해당하는 발해 왕의 재위 기간에 통일 신라에서 일어난 상황으로 옳은 것은?

2020. 6. 13. 제1회 지방직 / 제2회 서울특별시

- 대흥이란 독자적인 연호를 사용하였다.
- 수도를 중경→상경→동경으로 옮겼다.
- 일본에 보낸 외교문서에 천손(하늘의 자손)이라 표현하였다.
- 당과 친선 관계를 맺으며 당의 문물을 도입하여 체제를 정비하였다.

---

① 녹읍 폐지　　② 청해진 설치
③ 「삼대목」 편찬　④ 독서삼품과 설치

☞ ④

기출문제

다음 자료가 설명하는 나라에 대한 설명으로 옳지 않은 것은?

2020. 6. 20. 소방공무원

　그 넓이는 2,000리이고, 주·현의 숙소나 역은 없으나 곳곳에 마을이 있는데, 대다수가 말갈의 마을이다. 백성은 말갈인이 많고 원주민은 적다. 모두 원주민을 마을의 우두머리로 삼는데, 큰 마을은 도독이라 하고 그다음 마을은 자사라 한다. 백성들은 마을의 우두머리를 수령이라고 부른다.

– 「유취국사」 –

---

① 전국을 5경 15부 62주로 정비하였다.
② 정당성의 대내상이 국정을 총괄하였다.
③ 수도는 당의 수도인 장안을 본떠 건설하였다.
④ 중앙에서 지방을 견제하기 위해 외사정을 파견하였다.

☞ ④

보충학습

후삼국시대의 영웅
- ㉠ 궁예 : 신라 왕족 출신으로 호족세력에 기반이 약했으며, 고대 전제군주적 속성을 벗어나지 못했다.
- ㉡ 견훤 : 호족세력의 아들로서 초기에는 뛰어난 군사적 지략으로 성공했으나, 신라에 대한 지나친 적대정책과 호족세력 포섭에 한계를 보였다.
- ㉢ 왕건 : 예성강 하구의 해상세력으로서 궁예의 부하로 있으면서 무공을 세웠으며, 호족세력을 널리 포섭하고 친신라정책으로 후삼국통일의 대세를 장악하였다.

(4) 신라말기의 정치변동과 호족세력의 성장

① 전제왕권의 몰락

　㉠ 국가기강의 해이 : 진골귀족들의 반란과 왕위쟁탈전이 심화되었다.

　㉡ 귀족연합정치 : 집사부 시중보다 상대등의 권력이 더 커졌다.

　㉢ 지방민란의 발생 : 중앙의 지방통제력이 더욱 약화되는 계기가 되었다.

② 농민의 동요

　㉠ 농민부담의 증가 : 귀족들의 대토지 소유가 확대되고 왕실과 귀족들의 사치와 향락으로 국가재정이 바닥나면서 농민의 부담은 증가되었다.

　㉡ 과중한 수취체제와 자연재해는 농민의 몰락을 가져오고, 신라 정부에 저항하게 되었다.

③ 호족세력의 등장 : 지방의 행정 · 군사권과 경제적 지배력을 가진 호족세력은 성주나 장군을 자처하며 반독립적인 세력으로 성장하였다.

④ 개혁정치 : 6두품 출신의 유학생과 선종의 승려가 중심이 되어 골품제 사회를 비판하고 새로운 정치이념을 제시하였다. 지방의 호족세력과 연계되어 사회 개혁을 추구하였다.

(5) 후삼국의 성립

① 후백제

　㉠ 건국 : 농민 출신의 견훤이 군진 · 호족세력을 토대로 완산주(전주)에 건국하였다(900).

　㉡ 중국과는 외교관계를 맺었으나 신라에는 적대적이었다.

　㉢ 한계 : 농민에 대한 지나친 조세 부과로 반감을 샀으며, 호족세력의 포섭에 실패하는 한계를 갖고 있었다.

② 후고구려

　㉠ 건국 : 신라 왕실의 후손 궁예가 초적 · 호족세력을 토대로 송악(개성)에 건국하였다(901).

　㉡ 국호 : 후고구려→마진→태봉으로 바뀌었고 도읍지도 송악에서 철원으로 옮겨졌다.

　㉢ 관제 : 국정최고기구인 광평성과 여러 관서를 설치하고 9관등제를 실시하였다.

　㉣ 한계 : 농민에 대한 지나친 조세를 부과하였고 미륵신앙을 이용한 전제정치를 펼쳐 신하들에 의해 축출되었다.

기출문제

밑줄 친 '이 시기'에 볼 수 있었던 모습으로 옳은 것은?

2020. 6. 20. 소방공무원

　혜공왕 이후 진골 귀족들의 왕위 쟁탈전이 치열해진 <u>이 시기</u>에는 집사부 시중보다 상대등의 권한이 강화되었고, 20명의 왕이 교체되는 등 정치적인 혼란이 거듭되었다. 또한 중앙 정부의 통제력이 약화되면서 김헌창의 난 등이 발생하였다.

① 우산국을 정벌하는 장군

② 「계원필경」을 저술하는 6두품

③ 김흠돌의 난을 진압하는 군인

④ 노비안검법 시행을 환영하는 농민

☞ ②

기출문제

다음에 제시된 역사적 사건들을 시간 순서대로 바르게 나열한 것은?

2020. 5. 30. 제1차 경찰공무원(순경)

㉠ 후백제의 견훤이 경주를 침공해 경애왕을 죽였다.

㉡ 후백제의 신검이 견훤을 금산사에 유폐시켰다.

㉢ 왕건이 국호를 고려라 정하고 송악으로 천도하였다.

㉣ 고려가 공산 전투에서 후백제에게 패하였다.

① ㉠-㉢-㉡-㉣

② ㉠-㉣-㉢-㉡

③ ㉢-㉠-㉡-㉣

④ ㉢-㉠-㉣-㉡

☞ ④

1 **㈎국가에 대한 설명으로 옳은 것은?**

2021. 9. 11. 제1회 서울특별시

> ┌─㈎─┐는/은 고구려의 옛 땅에 있다. 그 나라는 2,000리에 걸쳐 있다. 주현(州縣)과 관역(館驛)은 없고 곳곳에 마을이 있는데, 모두 말갈의 마을이다. 그 백성은 말갈인이 많고 원주민은 적은데, 모두 원주민을 마을의 우두머리로 삼는다.
>
> -『유취국사』-

① 5경 15부 62주를 두어 지방을 다스렸다.
② 독서삼품과를 실시하여 관리를 선발하였다.
③ 당항성을 개설하여 중국과 직접 교역하였다.
④ 지방의 22담로에 왕족을 파견하여 지방통제를 강화하였다.

> **TIP** 제시문의 ㈎는 대조영을 중심으로 한 고구려 출신이 지배층을 이루고 말갈족이 피지배층을 형성한 발해이다. 발해의 중앙 정치 조직은 당의 3성 6부를 수용했지만 그 명칭과 운영은 발해의 독자성을 반영하였고, 지방은 5경 15부 62주로 나누어 통치하였다. 한편 중국 당의 정치와 문화를 수용하는 것에 그치지 않고 고구려의 후예를 자처하고 온돌과 같은 고구려 문화를 계승하였다.
> ② 신라 원성왕
> ③ 신라의 국제무역항
> ④ 백제 무령왕

2 **밑줄 친 '5소경'과 현재의 지역을 옳게 짝지은 것은?**

2021. 9. 11. 제1회 서울특별시

> 통일 이후 신라는 넓어진 영토와 늘어난 인구를 다스리고자 통치 제도를 정비하였다. 지방 행정은 전국을 9주로 나누고, 그 아래 군·현을 두어 지방관을 보내 다스리게 하였다. 또, 수도인 금성(경주)이 동남쪽에 치우친 점을 보완하고자 5소경을 설치하고 지방 정치와 문화의 중심지로 삼았다.

① 북원경 - 원주   ② 중원경 - 청주
③ 서원경 - 충주   ④ 금관경 - 남원

> **TIP** 신라의 삼국 통일 이후 신문왕 대에 이르러 통치 체제가 정비되었다. 지방 행정 조직으로 전국을 9주 5소경으로 나누어 통치하였는데, 이 중 5소경은 신라 수도인 경주가 동쪽으로 치우친 약점을 보완하기 위하여 설치하였고 동시에 피정복민을 회유하고 통치하는 역할을 담당하였다. 5소경의 현재 위치는 다음과 같다. 북원경은 원주, 중원경은 충주, 서원경은 청주, 남원경은 남원, 금관경은 김해다.

Answer 1.① 2.①

3 밑줄 친 '이 나라'에 대한 설명으로 옳은 것은?

2020. 6. 13. 제1회 지방직 / 제2회 서울특별시

> <u>이 나라</u>는 삼한의 종족이며, 지금의 고령에 있었다. 건원 원년(479)에 그 국왕 하지(荷知)는 사신을 보내 남제에 공물을 바쳤다. 남제에서는 국왕 하지에게 "보국장군 본국왕"을 제수하였다.

① 관산성 전투에서 국왕이 전사하였다.
② 울릉도를 정복해서 영토로 편입하였다.
③ 호남 동부 지역까지 세력을 확장하였다.
④ 신라를 도와 낙동강 유역에 진출한 왜를 격파하였다.

TIP 고령을 중심으로 하는 대가야에 대한 설명이다. 가야는 6개 연맹으로 구성된 국가로 전기 가야 연맹의 중심은 김해를 중심으로 성장한 금관가야였다. 하지만 고구려 광개토대왕의 남하로 세력이 약화되어 후기 가야 연맹의 중심지는 고령의 대가야로 이동하였다. 대가야가 대외로 세력을 확장하던 시기에는 전라북도 일부 지역까지 그 영향력을 행사하였다.
① 백제 성왕이 신라 진흥왕에게 한강 유역을 빼앗기자 벌인 전투로 관산성 전투에서 성왕은 전사하였다.
② 신라 지증왕 대의 일이다.
④ 고구려 광개토대왕 대의 일이고 그 결과 전기 가야 연맹의 중심이 무너졌다.

4 〈보기〉의 사건들을 시간순으로 바르게 나열한 것은?

2020. 6. 13. 제2회 서울특별시

──────── 〈보기〉 ────────
㉠ 신라 – 건원(建元)이라는 독자적인 연호를 만들었다.
㉡ 가야 – 대가야가 멸망하면서 가야 연맹이 완전히 해체되었다.
㉢ 고구려 – 낙랑군을 완전히 몰아내고 대동강 유역을 확보하였다.
㉣ 백제 – 수도인 한성이 함락되고 왕이 죽자 도읍을 웅진으로 옮겼다.

① ㉠ – ㉡ – ㉢ – ㉣
② ㉡ – ㉢ – ㉣ – ㉠
③ ㉢ – ㉣ – ㉠ – ㉡
④ ㉣ – ㉠ – ㉡ – ㉢

TIP ㉢ 4세기 고구려 미천왕(300~331)
㉣ 5세기 백제 개로왕(455~475)
㉠ 6세기 신라 법흥왕(514~540)
㉡ 6세기 신라 진흥왕(540~576)

Answer 3.③ 4.③

5 〈보기〉의 밑줄 친 '왕'에 대한 설명으로 가장 옳은 것은?

2020. 6. 13. 제2회 서울특별시

─── 〈보기〉 ───

　　왕이 행차에서 돌아와 그 대나무로 피리를 만들어 월성의 천존고(天尊庫)에 간직하였다. 이 피리를 불면 적병이 물러가고 병이 나으며, 가뭄에는 비가 오고 장마에는 날씨가 개며, 바람이 잦아지고 물결이 평온해졌다. 이를 만파식적으로 부르고 나라의 보물이라 칭하였다.

- 「삼국유사」 -

① 녹읍을 부활시켰다.
② 9주 5소경을 설치하였다.
③ 정전을 지급하였다.
④ 고구려 부흥운동을 지원하였다.

TIP 삼국유사 만파식적에 관한 고사이고 이는 신라 신문왕 대의 내용이다. 신문왕은 김흠돌의 반란을 계기로 강력한 중앙집권체제를 유지하기 위해 집사부 시중의 권한을 강화시키고 진골 귀족의 영향력을 축소하였다. 그 결과 관리들에게 토지의 수조권만 허용하는 관료전을 지급하고, 귀족의 경제 기반이었던 녹읍을 폐지하였다. 또한 9서당 10정의 군사체제를 정비하고, 지방을 9주 5소경으로 하여 행정 체제를 정비하였다.
① 신라 경덕왕 대에 진골 귀족들의 반발로 녹읍이 부활하였다.
③ 신라 성덕왕 대에 왕토사상을 기반으로 백성들에게 정전을 지급하였다.
④ 신라 문무왕 대에 당의 한반도 지배 야욕에 대항하여 안승을 고구려 왕으로 임명하고 고구려 부흥운동을 지원하였다.

6 다음 사건이 일어난 시기를 연표에서 옳게 고른 것은?

2020. 6. 20. 소방공무원

　　백제 왕이 가량(加良)과 함께 와서 관산성을 공격하였다. … 신주의 김무력이 주의 군사를 이끌고 나가 교전하였는데, 비장인 삼년산군 고간(高干) 도도(都刀)가 재빨리 공격하여 백제 왕을 죽였다. 이때 신라 군사들이 승세를 타고 싸워 대승하여 좌평 4명, 병졸 29,600명을 베어 한 필의 말도 돌아가지 못하게 하였다.

- 「삼국사기」 -

(가)	(나)	(다)	(라)
나·제 동맹 체결	웅진 천도	사비 천도	

① (가)
② (나)
③ (다)
④ (라)

TIP 6세기 백제 성왕(523~554) 때 신라와 치른 관산성 전투이다. 성왕은 기존의 수도였던 웅진에서 사비성으로 천도(538)를 단행하고 국호를 남부여로 하였다. 천도 이후 행정 체제를 개편(22부, 5부5방)하고, 일본에 불교 전파하는 등 중앙집권체제 정비에 힘쓰고, 대외적으로는 신라와 연합하여 한강유역을 수복했다. 하지만 한강유역을 둘러싸고 신라와의 주도권 경쟁 과정에서 관산성 전투를 치렀으나 패배하였다.
• 나제동맹 : 고구려 장수왕의 남하정책에 대해 신라와 백제 간에 동맹 체결(5세기)
• 웅진천도 : 고구려 장수왕이 백제의 한성을 공격하여 백제 문주왕이 웅진성으로 천도(5세기)

Answer 5.② 6.④

7 다음은 어느 역사서의 일부분이다. 밑줄 친 인물의 왕위 재위 기간에 일어난 사실로 가장 적절한 것은?

2020. 5. 30. 제1차 경찰공무원(순경)

> "신의 나라가 대국을 섬긴 지 여러 해가 되었습니다. 그러나 백제는 강성하고 교활하여 침략을 일삼아 왔습니다. [중략] 만약 폐하께서 군사를 보내 그 흉악한 무리들을 없애지 않는다면 우리나라 백성은 모두 포로가 될 것입니다. 육로와 수로를 거쳐 섬기러 오는 일도 다시는 기대할 수 없을 것입니다." 태종이 크게 동감하고 군사를 보낼 것을 허락하였다.

① 갈문왕 제도가 사실상 폐지되고 상대등의 권한이 약화되었다.
② 비담과 염종 등 귀족 세력의 반란이 일어났다.
③ 독자적인 연호를 폐지하고 당 고종의 연호를 사용하였다.
④ 자장의 건의로 황룡사 9층 목탑이 축조되었다.

TIP 무열왕 김춘추에 관한 내용이다. 무열왕은 최초의 진골 출신의 왕으로 이후 무열왕계 직계자손의 왕위가 확립되었다. 왕권 강화를 위해 집사부 시중의 권한을 강화시키고, 왕의 근친에게 봉작하던 갈문왕 제도가 폐지되고 상대등의 권한도 약화시켰다.
②④ 신라 선덕여왕(7세기)
③ 신라 진덕여왕(7세기)

8 〈보기〉에서 백제의 발전 과정을 순서대로 바르게 나열한 것은?

2019. 6. 15. 제2회 서울특별시

― 〈보기〉 ―

ㄱ 6좌평제와 16관등제 및 백관의 공복을 제정하였다.
ㄴ 고구려의 평양성을 공격하였다.
ㄷ 지방에 22담로를 설치하였다.
ㄹ 불교를 받아들여 통치이념을 정비하였다.

① ㄱ→ㄴ→ㄷ→ㄹ
② ㄱ→ㄴ→ㄹ→ㄷ
③ ㄴ→ㄹ→ㄷ→ㄱ
④ ㄹ→ㄴ→ㄷ→ㄱ

TIP ㄱ 6좌평제와 16관등제 및 백관의 공복 제정 : 고이왕(234~286)
ㄴ 고구려 평양성을 공격 : 근초고왕(346~375)
ㄷ 지방에 22담로 설치 : 무령왕(501~523)
ㄹ 불교 수용 : 침류왕(384~385)

Answer 7.① 8.②

9 〈보기〉에서 밑줄 친 '이 나라'에 대한 설명으로 가장 옳은 것은?

2019. 6. 15. 제2회 서울특별시

─────── 〈보기〉 ───────

천지가 개벽한 뒤로 이곳에는 아직 나라가 없고 또한 왕과 신하도 없었다. 단지 아홉 추장이 각기 백성을 거느리고 농사를 지으며 살았다. …… 아홉 추장과 사람들이 노래하고 춤추면서 하늘을 보니 얼마 뒤 자주색 줄이 하늘로부터 내려와서 땅에 닿았다. 줄 끝을 찾아보니 붉은 보자기에 금빛 상자가 싸여 있었다. 상자를 열어 보니 황금색 알 여섯 개가 있었다. …… 열 사흘째 날 아침에 다시 모여 상자를 열어 보니 여섯 알이 어린아이가 되어 있었다. 용모가 뛰어나고 바로 앉았다. 아이들이 나날이 자라 십수 일이 지나니 키가 9척이나 되었다. 얼굴은 한고조, 눈썹은 당의 요임금, 눈동자는 우의 순임금과 같았다. 그달 보름에 맏이를 왕위에 추대하였는데, 그가 곧 이 나라의 왕이다.

－「삼국유사」－

① 중국 동진으로부터 불교를 받아들여 왕실의 권위를 높였다.
② 재상을 뽑을 때 정사암에 후보 이름을 써서 넣은 상자를 봉해두었다.
③ 큰일이 있을 때에는 반드시 화백제도를 통해 여러 사람의 의견을 따랐다.
④ 철기를 만들 때 사용하는 덩이쇠를 화폐와 같은 교환 수단으로 이용하기도 하였다.

TIP 금관가야의 시조인 김수로왕에 관한 삼국유사의 내용이다. 가야는 6가야 연맹으로 이루어진 연맹왕국으로 고대 국가로 발전하지는 못하였으나, 철 생산이 풍부하여 중계무역의 이익을 독점하였다.
① 백제 침류왕 ② 백제 정사암회의 ③ 신라 화백회의

10 (나) 시기에 발생한 사건으로 옳은 것은?

2019. 6. 15. 제1회 지방직

(가) 백제왕이 병력 3만 명을 거느리고 평양성을 공격해 왔다. 왕이 출병하여 막다가 날아오는 화살에 맞아 서거하였다.

↓

(나)

↓

(다) 왕이 보병과 기병 5만 명을 보내 신라를 구원하게 하였다. (고구려군이) 남거성을 통해 신라성에 이르렀는데 그곳에 왜가 가득하였다. 관군이 도착하자 왜적이 퇴각하였다.

① 태학을 설립하고 율령을 반포하였다.
② 평양으로 도읍을 옮기고 한성을 함락하였다.
③ 관구검이 이끄는 위나라 군대의 침략을 받았다.
④ 왕이 직접 말갈 병사를 거느리고 요서지방을 공격하였다.

TIP (가)는 4세기 중반 백제 근초고왕(346~375), (다)는 4세기 말 광개토대왕(391~413) 때이다. 근초고왕은 안정된 체제를 바탕으로 대외 영토 확장을 시도하였고, 이 과정에서 고구려 평양성을 공격하여 고구려 고국원왕을 살해하였다. 고국원왕 사후 집권한 소수림왕(371~384)은 불교를 수용하고 율령 정비, 태학을 설립하여 중앙집권 체제를 마련하였다. 안정된 체제를 기반으로 4세기 말 광개토대왕은 대외 영토 확장을 시도하였다.
② 고구려 장수왕(413~491) ③ 고구려 동천왕(227~248) ④ 고구려 영양왕(590~618)

Answer 9.④ 10.①

11 **㈎ 왕대의 사실에 대한 설명으로 옳은 것은?**

2019. 4. 6. 인사혁신처

> ［　㈎　］은/는 흑수말갈이 당과 통하려고 하자 군사를 동원하여 흑수말갈을 치게 하였다. 또한 일본에 사신 고제덕 등을 보내 "여러 나라를 관장하고 여러 번(蕃)을 거느리며, 고구려의 옛 땅을 회복하고 부여의 옛 습속을 지니고 있다."라고 하여 강국임을 자부하였다.

① 국호를 진국에서 발해로 바꾸었다.
② 신라는 급찬 숭정을 발해에 사신으로 보냈다.
③ 대흥이라는 독자적인 연호를 사용하였다.
④ 장문휴가 당의 등주를 공격하였다.

TIP 발해 무왕은 대조영의 아들로 대조영의 뒤를 이어 왕위를 계승하고 대외적으로 영토를 확장하고 일본과 교류하였다. 동북방 말갈족을 복속시켜 만주 북부 지역 일대를 장악하고, 장문휴로 하여금 당의 산둥반도 등주를 공격하게 하였다. 인안(仁安)이라는 독자적 연호를 사용하였다.
① 발해 고왕(대조영)
② 발해 희왕(신라 헌덕왕 때 812)
③ 발해 문왕

12 **㈎ 시기에 해당되는 사실로 옳은 것만을 〈보기〉에서 모두 고르면?**

2018. 5. 19. 제1회 지방직

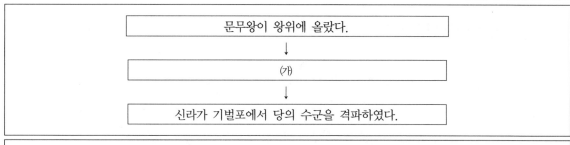

〈보기〉

㉠ 신라가 안승을 고구려왕에 봉했다.　　　　㉡ 당나라가 신라를 계림대도독부로 삼았다.
㉢ 신라가 황산벌 전투에서 백제군을 무찔렀다.　㉣ 보장왕이 요동 지역에서 고구려 부흥을 꾀했다.

① ㉠, ㉡　　　　　　　　　　　　　　　② ㉠, ㉢
③ ㉡, ㉣　　　　　　　　　　　　　　　④ ㉢, ㉣

TIP 문무왕 즉위(661년) → ㈎ → 기벌포 싸움(676년)
　㉠ 674년
　㉡ 663년
　㉢ 660년
　㉣ 677년 이후

♀Answer 11.④　12.①

13 삼국 시대의 정치 제도에 대한 설명으로 옳은 것만을 모두 고르면?

2018. 5. 19. 제1회 지방직

> ㉠ 삼국의 관등제와 관직제도 운영은 신분제에 의하여 제약을 받았다.
> ㉡ 고구려는 대성(大城)에는 처려근지, 그 다음 규모의 성에는 욕살을 파견하였다.
> ㉢ 백제는 도성에 5부, 지방에 방(方)－군(郡) 행정제도를 시행하였다.
> ㉣ 신라는 10정 군단을 바탕으로 영역을 확장하고 삼국통일을 이룩하였다.

① ㉠, ㉡   ② ㉠, ㉢
③ ㉡, ㉣   ④ ㉢, ㉣

> **TIP** ㉡ 고구려의 대성에는 지방관으로 욕살을 두었다.
> ㉣ 지방군인 10정은 통일 신라 이후의 일이다.

14 다음 왕의 재위 기간에 있었던 사실로 옳은 것은?

2018. 4. 7. 인사혁신처

> • 왕 원년 : 소판 김흠돌, 파진찬 흥원, 대아찬 진공 등이 반역을 도모하다가 사형을 당하였다.
> • 왕 9년 : 달구벌로 서울을 옮기려다 실현하지 못하였다.
>
> －「삼국사기」－

① 사방에 우역을 설치하였다.   ② 수도에 서시와 남시를 설치하였다.
③ 국학을 설치하여 유학을 교육하였다.   ④ 관료에게 지급하는 녹읍을 부활하였다.

> **TIP** 제시된 글의 왕은 신라 중대의 신문왕이다.
> ① 소지왕 ② 효소왕 ④ 경덕왕

15 다음은 발해사에 대한 중국과 러시아 입장이다. 한국사의 입장에서 이를 반박하는 증거로 적절한 것은?

2018. 4. 7. 인사혁신처

> • 중국 : 소수 민족 지역의 분리 독립 의식을 약화시키려고, 국가라기보다는 당 왕조에 예속된 지방 민족 정권 차원에서 본다.
> • 러시아 : 중국 문화보다는 중앙 아시아나 남부 시베리아의 영향을 강조하여 러시아의 역사에 편입시키려 한다.

① 신라와의 교통로   ② 상경성 출토 온돌 장치
③ 유학 교육 기관인 주자감   ④ 3성 6부의 중앙 행정 조직

> **TIP** 발해 건국 주도 세력이 고구려계 유민이며, 고구려 계승 의식을 표명한 것을 근거로 들어야 한다. 온돌 장치, 연화무늬 와당, 이불병좌상, 정혜공주묘, 모줄임천장 등이 있다.
> ③④ 당나라의 영향을 받았다.

Answer 13.② 14.③ 15.②

1 다음 중 고대사회의 성격에 대한 설명으로 옳지 않은 것은?

① 율령반포를 통해 체제정비가 추진되었다.
② 불교를 통해 왕권강화를 사상적으로 뒷받침하였다.
③ 정복활동을 통해 영토를 확장시켰다.
④ 족장들이 독립된 세력으로 지위를 강화시켰다.

TIP ④ 고대국가단계에서는 부족장들이 왕권 아래 복속되어 가기 시작했다.

2 다음 신라 왕호 중 가장 나중에 쓰인 왕호는?

① 마립간 　　　　　　　　　　② 차차웅
③ 이사금 　　　　　　　　　　④ 거서간

TIP 6세기 초 지증왕 대에 국호가 신라로 바뀌고 마립간에서 왕으로 칭호가 변경되었다.
　　　신라 왕호의 변천 … 거서간 → 차차웅 → 이사금 → 마립간 → 왕

3 삼국의 형세가 다음 지도와 같을 때의 상황으로 옳지 않은 것은?

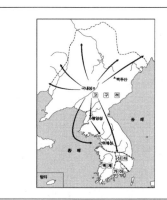

① 고구려에서는 불교가 공인되었다.
② 신라와 백제 사이에 나·제 동맹이 체결되었다.
③ 백제는 웅진에서 사비로 수도를 옮겼다.
④ 고구려는 신라에 침입한 왜를 격퇴시켰다.

TIP 지도는 5세기 광개토대왕 및 장수왕 때의 고구려의 최대전성기를 나타낸 것이다. 광개토대왕은 요동을 포함한 만주 일대, 한강 이북을 차지했으며 장수왕은 서해안까지 진출했다. 이때 장수왕의 남하정책으로 신라의 눌지왕과 백제의 비유왕 사이에 나·제 동맹이 체결되었다.
① 고구려의 불교공인은 4세기 소수림왕 시기의 일이다.

Answer 1.④ 2.① 3.①

4 다음 지문이 가리키는 왕은 누구인가?

> 마한의 대부분을 정복하였으며, 황해도 지역을 두고 고구려와 대결하였다. 또한 낙동강 유역의 가야에 지배권을 행사하고 중국의 요서지방과 산둥지방, 일본의 규슈지방까지 진출하였다.

① 고국천왕   ② 소수림왕
③ 근초고왕   ④ 성왕

TIP 지문의 내용은 삼국 중 가장 먼저 전성기를 맞은 4세기 백제의 대외 팽창에 대한 내용으로 근초고왕 시기의 일이다.

5 다음 중 고구려의 정치적 발전에 관한 설명으로 옳은 것은?

① 광개토대왕은 북위의 왕이 의탁해 오자 제후로 삼았다.
② 3세기 초 북조 전연의 남진 정책 때문에 위기를 맞았다.
③ 장수왕은 신라를 도와서 왜구를 격퇴하고 백제를 한강 이남으로 몰아냈다.
④ 소수림왕은 태학을 설립하고 율령의 반포 및 불교를 공인하는 등 체제를 공고히 하였다.

TIP ① 5세기 장수왕 때의 내용이다.
      ② 4세기 고국원왕시기 전연의 침입으로 위기를 맞았다.
      ③ 광개토대왕 때의 일이다.

6 다음은 신라시대의 정치변천과정에 대한 설명이다. 옳지 않은 것은?

① 박, 석, 김의 3성이 교대로 왕위를 차지했는데, 이때 왕을 마립간이라고 했다.
② 진흥왕은 화랑도를 국가적 조직으로 개편했다.
③ 지증왕 시기 국호를 신라로 바꿨다.
④ 내물왕부터 김씨가 왕위를 세습하였다.

TIP 박, 석, 김 3성이 교대로 왕위를 차지하던 때의 왕의 호칭은 이사금이었다. 마립간의 호칭은 김씨 내물왕 시기부터 사용되었다.

7 가야에 대한 다음 설명 중 옳은 것을 모두 고르면?

> ㉠ 가야왕 하지가 중국 남제에 사신을 보낸 적이 있다.
> ㉡ 한군현, 왜와의 중계무역을 통해 많은 이득을 얻었다.
> ㉢ 진한이 6가야연맹으로 발전하였다.
> ㉣ 철기 문화와 벼농사가 발달한 부족연맹국가였다.

① ㉠, ㉣   ② ㉠, ㉡, ㉣
③ ㉢, ㉣   ④ ㉡, ㉢, ㉣

TIP 3세기 중엽 변한 12국이 금관가야를 주축으로 6가야연맹으로 발전하였다.

Answer 4.③ 5.④ 6.① 7.②

8 다음 중 통일신라 신문왕의 업적으로 옳지 않은 것은?

① 군사조직을 9서당 10정으로 정비하였다.
② 유교정치이념 확립을 위해 교육기관인 태학을 설립하였다.
③ 김흠돌의 난을 성공적으로 제압하여 귀족세력을 숙청하였다.
④ 녹읍을 폐지하고 관료전을 지급하였다.

> **TIP** 신문왕은 통일신라시기 왕권의 전제화를 이루어낸 왕이다. 김흠돌의 난을 제압하여 귀족세력을 숙청하고 귀족의 경제적 기반인 녹읍을 폐지하고 대신 관료전을 지급하였다. 또한 유교정치이념 확립을 위해 교육기관인 국학을 설치하였다.
> ② 태학은 고구려 소수림왕 때 설치된 국립 교육기관이다.

9 다음 중 발해 문왕의 업적이 아닌 것은?

① 동북방의 여러 세력을 복속시켜 북만주 일대를 장악하였다.
② 당과 친선관계를 맺고 문물을 수입하였다.
③ 계획도시 상경용천부로 천도하고 신라도를 개설하였다.
④ 대흥 이라는 독자적 연호를 사용하였다.

> **TIP** ① 발해 무왕에 대한 설명이다. 무왕은 북만주 일대를 장악하여 영토 확장을 이루었고 당과 신라에 대항하였다.

10 신라 진흥왕의 영토확장 연구에 적절하지 않은 것은?

① 울진 봉평 신라비 – 동해안 지방으로의 영토 확장
② 북한산비 – 한강유역의 진출과정
③ 마운령비 – 신라 영토가 원산항까지 북상
④ 창녕비 – 낙동강 진출

> **TIP** 영토의 확장
> ① 울진 봉평 신라비는 법흥왕(524) 때에 세워진 신라의 비석으로 율령의 반포를 알려준다.
> ② 북한산비는 6세기 진흥왕(555)이 한강 하류까지의 진출을 알 수 있는 비이다.
> ③ 마운령비(568)는 신라가 동북방면의 국경인 함경남도 이원군에까지 이르렀음을 보여준다.
> ④ 창녕비는 신라 진흥왕(561) 때에 세워진 것으로 대가야를 정벌하고 낙동강유역을 평정한 뒤 세워졌다.

11 다음 중 백제의 사비 천도 이후의 정세로 옳은 것은?

① 한강 유역을 차지하여 국가 중흥시대를 맞이하였다.
② 지방에 22담로를 설치하였다.
③ 왕권이 약화되어 지배층이 교체되고 정치적으로 불안한 정세가 계속되었다.
④ 중국의 남조와 활발한 교류관계가 지속되었다.

> **TIP** 백제의 사비 천도는 6세기 성왕 때 이루어졌다. 성왕은 중국 남조와 활발한 교류관계를 유지하였다.
> ① 3세기 고이왕 ② 6세기 무령왕 ③ 5세기 문주왕

Answer 8.② 9.① 10.① 11.④

12 삼국의 발전과정에서 나타난 사실이다. 공통적인 성격은 무엇인가?

> • 2세기 태조왕 – 계루부 고씨의 왕위 세습
> • 3세기 고이왕 – 6좌평 행정 분담
> • 4세기 눌지왕 – 김씨 왕위 세습, 마립간 칭호 사용

① 고조선의 통치질서를 계승하였다.
② 국왕을 중심으로 한 중앙집권체제가 강화되었다.
③ 연맹왕국의 확립을 위한 제도를 정비하였다.
④ 유교정치이념을 구현하였다.

TIP 중앙집권체제의 정비는 왕위 세습, 율령 반포, 관등이나 관직 등의 제도를 정비함으로써 더욱 강화되어 진다.

13 신라의 삼국통일을 전후하여 나타난 정치적 변화로 옳지 않은 것은?

① 6두품이 왕권을 뒷받침하였다.　　　　② 유교정치이념이 강조되었다.
③ 호족세력이 새롭게 중앙정치에 진출하였다.　④ 무열왕 계열의 진골들이 왕위를 독점하였다.

TIP ③ 호족세력이 중앙정치에 진출하게 된 것은 신라말기의 일이다.

14 신라의 삼국통일 후 다음과 관련하여 설치한 것은?

> • 중앙의 귀족들을 이곳에 이주시켰다.
> • 수도가 동남쪽에 치우쳐 있는 것을 보완하기 위하여 설치하였다.
> • 지방문화의 중심을 이루어 지방문화 발달에 이바지하였다.

① 9주　　　　　　　　　　　② 5소경
③ 9서당　　　　　　　　　　④ 10정

TIP 수도의 차우침현상을 보완하고, 지방사회에 문화를 보급하기 위해 옛 삼국의 위치를 고려하여 5소경(북원경, 중원경, 서원경, 남원경, 금관경)을 설치하였다.

15 다음 중 신라하대의 사회현상으로 옳은 것은?

① 6두품 중심의 골품제가 강화되었다.
② 진골귀족 중심으로 능력 위주의 관리임용방식이 채택되었다.
③ 지방세력의 반란이 빈번하게 일어났다.
④ 불교나 화랑도를 통한 국가정신이 강조되었다.

TIP 신라하대의 왕위 계승은 무열계에서 내물계로 바뀌게 되었지만, 왕위쟁탈전은 심해져 갔고, 왕권은 불안정하였으며, 지방의 반란은 지속되었다.

Answer 12.② 13.③ 14.② 15.③

16 다음 중 신라하대에 등장한 호족세력에 대한 설명으로 옳지 않은 것은?

① 해상무역을 통해 경제적 부를 축적하고 군사적 기반을 마련하였다.
② 왕위쟁탈전에서 밀려난 중앙귀족들이 지방에 정착하여 지방세력을 형성하였다.
③ 근거지에 성을 쌓고 스스로 성주나 장군을 자처하였다.
④ 중앙의 진골귀족과 함께 골품제를 통하여 사회적 특권을 누리고 있었다.

> **TIP** 호족세력은 스스로 성주나 장군으로 자처하며 반독립적인 세력으로 성장하게 되었다. 지방의 행정과 군사권을 장악하였으며, 경제적 지배력도 행사하였다.
> ④ 골품제로의 혜택은 입을 수 없었다.

17 발해의 대외관계에 대한 옳은 설명으로만 묶인 것은?

> ㉠ 발해는 당나라의 문화를 받아들였으며, 정혜공주의 묘는 전형적인 당나라 양식의 벽돌무덤이다.
> ㉡ 발해는 북으로 돌궐과 통하였고, 일본과 친선관계를 맺고자 여러차례 사신을 파견하였다.
> ㉢ 발해는 당나라에 유학생을 파견하여 빈공과 급제자를 배출하였다.
> ㉣ 발해는 신라와 연합하여 당나라의 공격에 대항하였다.

① ㉠, ㉡   ② ㉠, ㉣
③ ㉡, ㉢   ④ ㉢, ㉣

> **TIP** 호발해의 대외관계
> ㉠ 발해의 문화는 귀족중심의 예술로서 고구려의 문화를 토대로 당나라의 문화를 흡수하여 부드러우면서도 웅장하고 건실한 문화를 이루고 있었으며 정혜공주의 묘는 고구려의 전통적 양식의 돌방무덤이다.
> ㉣ 발해는 신라와 긴밀한 교섭은 없으나 관계 개선을 위한 사신의 왕래 등 친선과 대립이 교차되는 관계에 있었으며 신라는 당의 요청으로 발해의 남쪽을 공격하다가 실패하였다.

18 발해를 우리 민족사의 일부로 포함시키고자 할 때 그 증거로 제시할 수 있는 내용들로만 묶은 것은?

> ㉠ 발해를 건국한 대조영은 고구려의 유민이었다.
> ㉡ 발해의 문화 기반은 고구려 문화를 계승하였다.
> ㉢ 발해는 당과는 다른 독자적인 정치 운영을 하였다.
> ㉣ 발해는 신라와 함께 당의 빈공과에 많은 합격자를 내었다.
> ㉤ 발해의 왕이 일본에 보낸 국서에 '고(구)려국왕'을 자처하였다.

① ㉠㉡㉢   ② ㉠㉡㉣
③ ㉠㉡㉤   ④ ㉡㉢㉤

> **TIP** 발해가 건국된 지역은 고구려 부흥운동이 활발하게 일어난 요동지역이었다. 발해의 지배층 대부분은 고구려 유민이었으며 발해의 문화는 고구려적 요소를 많이 포함하고 있었다.

Answer 16.④ 17.③ 18.③

19 다음의 내용에서 알 수 있는 공통적 목표는 무엇인가?

> • 신라 신문왕은 집사부를 중심으로 위화부, 창부, 예부, 병부, 좌 · 우이방부, 예작부 등 14개 관청으로 정비하고 9주 5소경제도를 확립하였다.
> • 신라 원성왕은 관청과 행정구획의 이름을 중국식으로 고쳤다.
> • 발해는 인안, 대흥, 건흥 등의 연호를 사용하였으며 장자상속제를 확립하였다.

① 지방의 호족에 대한 통치력이 강화되었다.
② 왕권의 강화가 이루어졌다.
③ 유교적인 정치이념이 확립되었다.
④ 중국과 대등한 관계를 수립하였다.

TIP 관제의 정비, 중국식 관직과 군현 명칭, 연호의 사용, 장자상속제 등은 모두 왕권강화책의 일환으로 나타난 사실이다.

20 삼국과 남북국시대의 지방통치조직에 대한 설명 중 옳지 않은 것은?

① 고구려는 수도와 지방을 모두 5부로 나누고 지방에는 욕살이라는 지방장관을 파견하였다.
② 백제는 수도와 지방을 각각 5부, 5방으로 나누고 지방장관으로 방령을 파견하였다.
③ 신라는 6주로 나누고 군주를 지방장관으로 삼았다.
④ 발해는 촌락의 촌장을 고구려인으로 임명하여 통제력을 강화하였다.

TIP ④ 발해는 촌락의 촌장을 토착 말갈인의 유력자로 임명하였다.

21 (가), (나) 국왕의 재위시기에 있었던 사실로 옳은 것만을 모두 고르면?

> (가) 대조영의 뒤를 이어 즉위하였다. 영토 확장에 힘을 기울여 동북방의 여러 세력을 복속하고 북만주 일대를 장악하였다.
> (나) 대부분의 말갈족을 복속시키고, 요동 지역으로 진출하였다. 이후 전성기를 맞은 발해를 중국에서는 해동성국(海東盛國)이라고 불렀다.

> ㉠ (가) – 수도를 중경에서 상경으로 옮겼다.
> ㉡ (가) – 장문휴가 수군을 이끌고 당(唐)의 산둥(山東) 지방을 공격하였다.
> ㉢ (나) – '건흥' 연호를 사용하고, 지방 행정 조직을 정비하였다.
> ㉣ (나) – 당시 국왕을 '대왕'이라 표현한 정혜공주의 묘비가 만들어졌다.

① ㉠, ㉡   ② ㉠, ㉣
③ ㉡, ㉢   ④ ㉢, ㉣

TIP 대조영의 뒤를 이어 동북방의 여러 세력을 복속시키고 북만주 일대를 장악한 왕은 발해 무왕(가)이고 중국으로부터 해동성국이라 불리며 발해의 전성기를 맞이한 왕은 발해 선왕(나)이다.
㉠, ㉣ 수도를 중경에서 상경으로 옮기고 정혜공주의 묘비를 만든 것은 발해 문왕이다.

Answer 19.② 20.④ 21.③

02 중세의 정치

① ·· 중세사회의 성립과 전개

(1) 고려의 성립과 민족의 재통일

① 고려의 건국

　㉠ 왕건의 등장 : 왕건은 송악의 호족으로서 예성강 유역의 해상세력과 연합하였다. 처음에는 궁예 휘하로 들어가서 한강 유역과 나주지방을 점령하여 후백제를 견제하였다. 이후에는 궁예의 실정을 계기로 정권을 장악하게 된다.

　㉡ 고려의 건국 : 고구려의 후계자임을 강조하여, 국호를 고려라 하고 송악에 도읍을 세웠다. 조세 경감, 노비 해방으로 민심을 수습하고 호족세력을 융합하였다.

② 민족의 재통일 : 중국의 혼란기를 틈타 외세의 간섭 없이 통일이 성취되었다.

　㉠ 고려의 정책 : 지방세력을 흡수·통합하였고, 중국 5대와 교류하였다.

　㉡ 후삼국 통일 : 신라에 우호정책을 펼쳐 신라를 병합하고(935) 후백제를 정벌하였으며(936), 후삼국뿐만 아니라 발해의 유민을 수용하여 민족의 재통일을 이루었다.

(2) 태조의 정책

① 취민유도(取民有度)정책 : 흩어진 백성을 모으고 조세를 징수함에 법도가 있게 한다는 민생안정정책으로 유교적 민본이념을 나타낸다.

　㉠ 조세 경감 : 호족의 지나친 수취를 금지하였다.

　㉡ 민심 수습 : 노비를 해방하고, 빈민구제기관인 흑창을 설치하였다.

② 통치기반 강화

　㉠ 관제 정비 : 태봉의 관제를 중심으로 신라와 중국의 제도를 참고하여 정치제도를 만들고, 개국공신과 호족을 관리로 등용하였다.

　㉡ 호족 통합 : 호족과 정략결혼을 하였으며 그들의 향촌지배권을 인정하고, 공신들에게는 역분전을 지급하였다.

　㉢ 호족 견제 : 사심관제도(우대)와 기인제도(감시)를 실시하였다.

　㉣ 통치 규범 : 정계, 계백료서를 지어 관리들이 지켜야 할 규범을 제시하였고, 후손들이 지켜야 할 교훈이 담긴 훈요 10조를 남겼다.

③ 북진정책 : 고구려를 계승하였음을 강조하여 국호를 고려라 하고 국가의 자주성을 강조하기 위해 천수(天授)라는 연호를 사용하였다.

　㉠ 서경(평양) 중시 : 청천강 ~ 영흥만으로의 영토를 회복하였다.

　㉡ 거란 배척 : 발해를 멸망시킨 무도한 국가로 인식하여 거란을 배척하였다.

(3) 광종의 개혁정치

① 고려 초의 혼란기

　㉠ 왕위계승분쟁 : 호족과 공신세력의 연합정권이 형성되어 왕자들과 외척들 사이에 왕위계승다툼이 일어났다.

　㉡ 왕규의 난 (945) : 정략결혼과 호족, 외척세력의 개입으로 나타난 부작용이었다.

② 광종의 개혁정치 : 왕권의 안정과 중앙집권체제를 확립하기 위한 것이었다.

　㉠ 노비안검법 : 불법적으로 노비가 된 자를 해방하는 것으로 호족의 경제적·군사적 기반을 약화시켜 왕권을 강화하고 조세와 부역의 담당자인 양인을 확보하여 국가재정을 강화하였다.

　㉡ 과거제도 : 문신 유학자를 등용하여, 신·구세력의 교체를 도모하였다.

📝 **기출문제**

다음 정책을 시행한 국왕 대에 있었던 사실로 옳은 것은?

2020. 6. 13. 제1회 지방직 / 제2회 서울특별시

• 광덕, 준풍 등의 연호를 사용하였다.

• 개경을 고쳐 황도라 하고 서경을 서도라고 하였다.

---

① 노비안검법을 시행하였다.

② 전시과 제도를 시행하였다.

③ 개경에 국자감을 설립하였다.

④ 12목을 설치하고 지방관을 파견하였다.

☞ ①

ⓒ 공복제도 : 관료의 기강을 확립(자, 단, 비, 녹)하기 위하여 실시하였다.
ⓓ 불교 장려 : 귀법사와 흥화사를 짓고 혜거를 국사로, 탄문을 왕사로 임명하였다.
ⓔ 제위보의 설치 : 빈민구제기금을 만들어 빈민을 구제하였다.
ⓕ 외교관계 : 송과 문화적·경제적 목적에서 외교관계를 수립하였으나, 군사적으로는 중립적 자세를 취하였다.
ⓖ 전제왕권의 확립 : 공신과 호족세력을 숙청하고, 칭제건원하였으며, 광덕·준풍 등의 독자적인 연호를 사용하였다.

③ 경종의 전시과제도 실시 : 중앙관료의 경제적 기반을 보장하기 위한 것이었다.

(4) 유교적 정치질서의 강화

① 최승로의 시무 28조
　ⓐ 유교정치이념의 강조 : 유교를 진흥하고 불교행사를 축소시켰다.
　ⓑ 지방관의 파견 : 중앙집권화와 호족세력에 대한 통제를 위한 것이었다.
　ⓒ 통치체제의 정비 : 문벌귀족 중심의 정치를 이룩하였다.

② 성종의 중앙집권화
　ⓐ 6두품 출신의 유학자를 등용하여 유교정치이념을 실현하고자 하였다.
　ⓑ 12목에 지방관을 파견하여 지방세력의 발호를 방지하였다.
　ⓒ 향리제도를 실시하여 지방의 호족을 향리로 편제하였다.
　ⓓ 국자감과 향교를 설치하고 지방에 경학박사와 의학박사를 파견하였으며, 과거제도가 강화되어 복시제가 실시되었다.
　ⓔ 중앙통치기구는 당, 태봉, 신라, 송의 관제를 따랐다.

❷ ·· 통치체제의 정비

(1) 중앙의 통치조직

① 정치조직(2성 6부)
　ⓐ 2성
　　• 중서문하성 : 중서성과 문하성의 통합기구로 문하시중이 국정을 총괄하였다.
　　－재신 : 2품 이상의 고관으로 백관을 통솔하고 국가의 중요정책을 심의·결정하였다.
　　－낭사 : 3품 이하의 관리로 정책을 건의하거나, 정책 집행의 잘못을 비판하는 일을 담당하였다.
　　• 상서성 : 실제 정무를 나누어 담당하는 6부를 두고 정책의 집행을 담당하였다.
　ⓑ 6부(이·병·호·형·예·공부) : 상서성에 소속되어 실제 정무를 분담하던 관청으로 각 부의 장관은 상서, 차관은 시랑이었다.
　ⓒ 중추원(추부) : 군사기밀을 담당하는 2품 이상의 추밀과 왕명 출납을 담당하는 3품의 승선으로 구성되었다.
　ⓓ 삼사 : 화폐와 곡식의 출납에 대한 회계업무만을 담당하였다.
　ⓔ 어사대 : 풍속을 교정하고 관리들의 비리를 감찰하는 감찰기구이다.

② 귀족 중심의 정치
　ⓐ 귀족합좌 회의기구(중서문하성의 재신, 중추원의 추밀)
　　• 도병마사 : 재신과 추밀이 함께 모여 회의로 국가의 중요한 일을 결정하는 곳이다. 국방문제를 담당하는 임시기구였으나, 도평의사사(도당)로 개편되면서 구성원이 확대되고 국정 전반에 걸친 중요사항을 담당하는 최고정무기구로 발전하였다.
　　• 식목도감 : 임시기구로서 재신과 추밀이 함께 모여 국내 정치에 관한 법의 제정 및 각종 시행규정을 다루던 회의기구였다.

  ⓒ 대간(대성)제도 : 어사대의 관원과 중서문하성의 낭관으로 구성되었다. 비록 직위
   는 낮았지만 왕이나 고위관리들의 활동을 지원하거나 제약하여 정치 운영의 견제
   와 균형을 이루었다.
   • 서경권 : 관리의 임명과 법령의 개정이나 폐지 등에 동의하는 권리
   • 간쟁 : 왕의 잘못을 말로 직언하는 것
   • 봉박 : 잘못된 왕명을 시행하지 않고 글로 써서 되돌려 보내는 것

(2) 지방행정조직의 정비

 ① 정비과정
  ㉠ 초기 : 호족세력의 자치로 이루어졌다.
  ㉡ 성종 : 12목을 설치하여 지방관을 파견하였다.
  ㉢ 현종 : 4도호부 8목으로 개편되어 지방행정의 중심이 되었고, 그 후 전국을 5도와
   양계, 경기로 나눈 다음 그 안에 3경 · 4도호부 · 8목을 비롯하여 군 · 현 · 진을
   설치하였다.

 ② 지방조직
  ㉠ 5도(일반행정구역) : 상설 행정기관이 없는 일반 행정 단위로서 안찰사를 파견하
   여 도 내의 지방을 순찰하게 하였다. 도에는 주와 군(지사) · 현(현령)이 설치되
   고, 주현에는 지방관을 파견하였지만 속현에는 지방관을 파견하지 않았다.
  ㉡ 양계(군사행정구역) : 북방의 국경지대에는 동계와 북계의 양계를 설치하여 병마
   사를 파견하고, 국방상의 요충지에 군사특수지역인 진을 설치하였다.
  ㉢ 8목 4도호부 : 행정과 군사적 방비의 중심적인 역할을 맡은 곳이다.
  ㉣ 특수행정구역
   • 3경 : 풍수설과 관련하여 개경(개성), 서경(평양), 동경(경주, 숙종 이후 남경)에 설치하였다.
   • 향 · 소 · 부곡 : 천민의 집단거주지역이었다.
  ㉤ 지방행정 : 실제적인 행정사무는 향리가 실질적으로 처리하여 지방관보다 영향력
   이 컸다(속현, 향, 소, 부곡 등).

 ▶ 고려 · 조선시대의 향리

고려	조선
조세, 공물, 노동력 징발	수령 보좌(지위 격하)
신분 상승 가능	신분 상승 제한
문과 응시 허용→사대부 성장	문과 응시 불허
외역전 받음(세습)	무보수(폐단 발생)

(3) 군역제도와 군사조직

 ① 중앙군
  ㉠ 2군 6위 : 국왕의 친위부대인 2군과 수도 경비와 국경 방어를 담당하는 6위로 구
   성되었다.
  ㉡ 직업군인 : 군적에 올라 군인전을 지급받고 군역을 세습하였으며, 군공을 세워 신
   분을 상승시킬 수 있는 중류층이었다. 이들은 상장군, 대장군 등의 무관이 지휘
   하였다.

 ② 지방군
  ㉠ 주진군(양계) : 상비군으로 좌군, 우군, 초군으로 구성되어 국경을 수비하는 의무
   를 지녔다.
  ㉡ 주현군(5도) : 지방관의 지휘를 받아 치안과 지방방위 · 노역에 동원되었고 농민으
   로 구성하였다.

보충학습

고려의 특수군

 ㉠ 광군 : 정종 때 거란족의 침입에 대비하기
 위하여 호족의 군대를 연합하여 편성한
 것으로서 뒤에 주현군의 모체가 되었다.

 ㉡ 별무반 : 여진족 정벌을 위해 숙종 때 윤관
 의 주장에 의해 편성된 군대로 신기군(기
 병), 신보군(보병), 항마군(승병)으로 편성
 되었다.

 ㉢ 삼별초 : 최우 집권시 편성된 좌 · 우별초,
 신의군이 포함되어 조직되었으며, 공적인
 임무를 띤 군대로 최씨 정권에 의해 사병
 화되었고 개경 환도 후 몽고에 항쟁하였다.

 ㉣ 연호군 : 양민과 천민으로 구성된 혼성부대
 이다.

기출문제

밑줄 친 '이 부대'에 대한 설명으로 옳은 것은?

2020. 6. 13. 제1회 지방직 / 제2회 서울특별시

 윤관이 아뢰기를, "신이 적의 기세를 보건
대 예측하기 어려울 정도로 굳세니, 마땅히
군사를 쉬게 하고 군관을 길러서 후일을 기
다려야 할 것입니다. 또 신이 싸움에서 진 것
은 적은 기병(騎兵)인데 우리는 보병(步兵)이
라 대적할 수가 없었기 때문입니다."라 하였
다. 이에 그가 건의하여 처음으로 <u>이 부대</u>를
만들었다.

① 정종 2년에 설치되었다.
② 귀주대첩에서 큰 활약을 하였다.
③ 여진족에 대처하기 위해 조직되었다.
④ 응양군, 용호군, 신호위 등의 2군과 6위로
 편성되었다.

          ☞③

(4) 관리임용제도

① 과거제도(법적으로 양인 이상이면 응시가 가능)
  ⊙ 제술과 : 문학적 재능과 정책을 시험하는 것이다.
  ⓛ 명경과 : 유교경전에 대한 이해능력을 시험하는 것이다.
  ⓒ 잡과 : 기술관을 선발하는 것으로 백정이나 농민이 응시하였다.
  ⓔ 한계와 의의 : 능력 중심의 인재 등용과 유교적 관료정치의 토대 마련의 계기가 되
    었으나 과거출신자보다 음서출신자가 더 높이 출세할 수밖에 없었고, 무과는 실
    시하지 않았다.
② 음서제도 : 공신과 종실의 자손 외에 5품 이상의 고관의 자손은 과거를 거치지
  않고 관직에 진출할 수 있는 제도이다.

❸ ·· 문벌귀족사회의 성립과 동요

(1) 문벌귀족사회의 성립

① 출신유형 : 지방호족 출신이 중앙관료화된 것으로, 신라 6두품 계통의 유학자들
  이 과거를 통해 관직에 진출하여 성립되었다.
② 문벌귀족의 형성 : 대대로 고위관리가 되어 중앙정치에 참여하게 되고, 과거와
  음서를 통해 관직을 독점하였다.
③ 문벌귀족사회의 모순
  ⊙ 문벌귀족의 특권
    • 정치적 특권 : 과거와 음서제를 통해 고위 관직을 독점하였다.
    • 경제적 특권 : 과전, 공음전, 사전 등의 토지 겸병이 이루어졌다.
    • 사회적 특권 : 왕실 및 귀족들 간의 중첩된 혼인관계를 이루었다.
  ⓛ 측근세력의 대두 : 과거를 통해 진출한 지방 출신의 관리들이 국왕을 보좌하면서
    문벌귀족과 대립하였다.
  ⓒ 이자겸의 난, 묘청의 서경천도운동 : 문벌귀족과 측근세력의 대립으로 발생한 사건들
    이다.

(2) 이자겸의 난과 서경천도운동

① 이자겸의 난(인종, 1126)
  ⊙ 경원 이씨의 권력 독점은 문종 ~ 인종까지 80여년간 이어져 왔다.
  ⓛ 여진(금)의 사대관계 요구에 이자겸 정권은 굴복하여 사대관계를 유지하였다.
  ⓒ 인종의 척준경 회유로 이자겸의 왕위찬탈반란은 실패로 돌아가게 되었다.
  ⓔ 결과 : 귀족사회의 동요가 일어나고 묘청의 서경천도운동의 계기가 되었다.
② 묘청의 서경천도운동(1135)
  ⊙ 이자겸의 난 이후 왕권이 약화되고, 궁궐이 소실되었으며, 서경길지론이 대두되
    어 민심이 동요하였다.
  ⓛ 서경(평양) 천도, 칭제건원, 금국 정벌을 주장하였으나 문벌귀족의 반대에 부딪혔다.
  ⓒ 묘청의 거사는 대위국 건국과 연호(천개) 제정으로 추진되었다.
  ⓔ 결과 : 개경파 문벌귀족의 반대로 김부식이 이끄는 관군에 진압되고 말았다.
  ⓜ 영향 : 분사제도와 삼경제가 폐지되고 숭문천무풍조가 생겨나 무신정변의 계기가
    되었다.

(3) 무신정권의 성립

① 무신정변(1170)
  ⊙ 원인 : 숭문천무정책으로 인한 무신을 천시하는 풍조와 의종의 실정이 원인이 되었다.
  ⊙ 과정 : 정중부, 이의방 등이 의종을 폐하고 명종을 추대하였다.
  ⊙ 무신정권의 전개 : 정중부(중방정치)에서 경대승(도방정치), 이의민(중방정치), 최충헌으로 정권이 넘어갔다.
  ⊙ 결과
    • 정치 : 문신 중심의 귀족사회에서 관료체제로 전환되는 계기가 되었다.
    • 경제 : 전시과체제가 붕괴되고 무신에 의해 토지의 독점이 이루어져 사전과 농장이 확대되었다.
    • 문화 : 조계종이 발달하고 패관문학과 시조문학이 발생하였다.

② 사회의 동요
  ⊙ 무신정권에 대한 반발로 김보당의 난과 조위총의 난이 일어났다.
  ⊙ 농민(김사미·효심의 난)·천민의 난(망이·망소이의 난)이 일어났으며 신분 해방을 추구하였다.

③ 최씨 정권
  ⊙ 최충헌의 독재정치 : 민란을 진압하고 반대파를 제거하며 시작되었다.
  ⊙ 최씨 정권의 기반
    • 정치적 : 교정도감(최충헌)과 정방(최우), 서방(최우)을 중심으로 전개되었다.
    • 경제적 : 광대한 농장을 소유하였다(전시과 붕괴).
    • 군사적 : 사병을 보유하고 도방을 설치하여 신변을 경호하였다.
  ⊙ 한계 : 정치적으로 안정되었지만 국가통치질서는 오히려 약화되었다. 최씨 정권은 권력의 유지와 이를 위한 체제의 정비에 집착했을 뿐, 국가의 발전이나 백성들의 안정을 위한 노력에는 소홀하였다.

④ ·· 대외관계의 변화

(1) 거란의 침입과 격퇴

① 고려의 대외정책 : 친송배요정책으로 송과는 친선관계를 유지했으나 거란은 배척하였다.
② 거란(요)의 침입과 격퇴
  ⊙ 1차 침입(성종, 993) : 서희의 담판으로 강동 6주를 확보하였으며, 거란과 교류관계를 맺었다.
  ⊙ 2차 침입(현종, 1010) : 고려의 계속되는 친송정책과 강조의 정변을 구실로 침입하여 개경이 함락되었고, 현종의 입조(入朝)를 조건으로 퇴군하였다.
  ⊙ 3차 침입(현종, 1018) : 현종의 입조(入朝)를 거부하여 다시 침입하였으나 강감찬이 귀주대첩으로 큰 승리를 거두어 양국은 강화를 맺었다.
  ⊙ 결과 : 고려, 송, 거란 사이의 세력 균형을 유지하게 되었다.
  ⊙ 영향 : 나성과 천리장성(압록강 ~ 도련포)을 축조하여 수비를 강화하였다.

(2) 여진 정벌과 9성 개척

① 윤관의 여진 정벌
  ⊙ 고려의 대 여진정책 : 회유와 동화정책을 펴서 여진을 포섭해 나갔다.
  ⊙ 동북 9성 : 기병을 보강한 윤관의 별무반이 여진을 토벌하여 동북 9성을 축조하였다.

ⓒ 9성의 반환 : 여진의 계속된 침입으로 고려는 고려를 침략하지 않고 조공을 바치겠다는 여진의 조건을 수락하면서 9성을 돌려주었다.

② 여진의 금(金) 건국(1115)
  ㉠ 여진은 더욱 강해져 거란을 멸한 뒤 고려에 대해 군신관계를 요구하자 현실적인 어려움으로 당시의 집권자 이자겸은 금의 요구를 받아들였다.
  ㉡ 이자겸의 사대외교는 자신의 정권 유지를 위한 것이었다.

(3) 몽고와의 전쟁

① 몽고와의 전쟁
  ㉠ 원인 : 몽고는 과중한 공물을 요구하였으며, 몽고의 사신 저고여가 피살되는 사건이 일어났다.
  ㉡ 몽고의 침입
   • 제1차 침입(1231) : 몽고 사신의 피살을 구실로 몽고군이 침입하였고 박서가 항전하였으나, 강화가 체결되고 철수되었다.
   • 제2차 침입(1232) : 최우는 강화로 천도하였고, 용인의 김윤후가 몽고의 장군 살리타를 죽이고 몽고 군대는 쫓겨갔다.
   • 제3차~제8차 침입 : 농민, 노비, 천민들의 활약으로 몽고를 끈질기게 막아냈다.
  ㉢ 결과 : 전 국토가 황폐화되고 민생이 도탄에 빠졌으며 대장경(초판)과 황룡사의 9층탑이 소실되었다.
  ㉣ 최씨 정권의 몰락 : 온건파의 활약으로 최씨 정권은 무너지고 왕실이 몽고와 강화 조약을 맺어 개경 환도가 이루어졌다(1270).
  ㉤ 몽고와의 강화정책 의미 : 고려의 끈질긴 항쟁으로 몽고가 고려 정복계획을 포기하게 되고 고려의 주권과 고유한 풍속을 인정하게 되었다는 것이다.

② 삼별초의 항쟁(1270~1273)
  ㉠ 배경 : 배중손은 무신정권의 붕괴와 몽고와의 굴욕적인 강화를 맺는 데 반발하였다.
  ㉡ 경과 : 개경으로 환도하자 대몽 항쟁에 앞장섰던 삼별초는 배중손의 지휘 아래 장기 항전을 계획하고 진도로 옮겨 저항하였고, 여·몽연합군의 공격으로 진도가 함락되자 다시 제주도로 가서 김통정의 지휘 아래에 계속 항쟁하였으나 여·몽연합군에 의해 진압되었다.
  ㉢ 장기항쟁 가능 이유 : 몽고군이 접근하기 어려운 지리적 이점과 일반 민중들의 적극적인 지원이 있었기 때문이다.
  ㉣ 의의 : 고려인의 배몽사상과 자주정신을 나타내었다.

(4) 홍건적과 왜구의 침입

① 홍건적의 격퇴
  ㉠ 제1차 침입(공민왕 8년, 1359) : 모거경 등 4만군이 서경을 침입하였으나, 이승경, 이방실 등이 격퇴하였다.
  ㉡ 제2차 침입(공민왕 10년, 1361) : 사유 등 10만군이 개경을 함락하였으나, 정세운, 안우, 이방실 등이 격퇴하였다.

② 왜구의 침략
  ㉠ 시기 : 왜구는 14세기 중반부터 침략해 왔다. 원의 간섭하에서 국방력을 제대로 갖추기 어려웠던 고려는 초기에 효과적으로 왜구의 침입을 격퇴하지 못하였다.
  ㉡ 외교 교섭 : 정몽주 등을 일본에 보내 교섭하였지만, 일본 정부가 이를 억제할 힘이 없었기 때문에 실효가 없었다.
  ㉢ 무력 토벌의 전개 : 잦은 왜구의 침입에 따른 사회의 불안정은 시급히 해결해야 할 국가적 과제였다. 왜구를 격퇴하고 이 문제를 해결하는 과정에서 신흥무인세력이 성장하였다.

❺ ·· 고려후기의 정치 변동

(1) 원(몽고)의 내정 간섭

① 정치적 간섭

㉠ 일본 원정 : 두 차례의 원정에 인적·물적 자원이 수탈되었으나 실패하였다.

㉡ 영토의 상실과 수복

- 쌍성총관부 : 원은 화주(영흥)에 설치하여 철령 이북 땅을 직속령으로 편입하였는데, 공민왕(1356) 때 유인우가 무력으로 탈환하였다.
- 동녕부 : 자비령 이북 땅에 차지하여 서경에 두었는데, 충렬왕(1290) 때 고려의 간청으로 반환되었다.
- 탐라총관부 : 삼별초의 항쟁을 평정한 후 일본 정벌 준비를 위해 제주도에 설치하고(1273) 목마장을 두었다. 충렬왕 27년(1301)에 고려에 반환하였다.

㉢ 관제의 개편 : 관제를 격하시키고(2성 → 첨의부, 6부 → 4사 중추원 → 밀직사) 고려를 부마국 지위의 왕실호칭을 사용하게 하였다.

㉣ 원의 내정 간섭

- 다루가치 : 1차 침입 때 설치했던 몽고의 군정지방관으로 공물의 징수·감독 등 내정간섭을 하였다.
- 정동행성 : 일본 원정준비기구로 설치된 정동행중서성이 내정간섭기구로 남았다. 고려·원의 연락기구였다.
- 이문소 : 정동행성에 설립된 사법기구로 고려인을 취조·탄압하였다.
- 응방 : 원에 매를 생포하여 조달하는 기구였으나 여러 특권을 행사해 폐해가 심하였다.

② 사회·경제적 수탈 : 금·은·베·인삼·약재·매 등의 막대한 공물의 부담을 가졌으며, 몽고어·몽고식 의복과 머리가 유행하고, 몽고식 성명을 사용하는 등 풍속이 변질되었다.

(2) 공민왕의 개혁정치

① 원 간섭기의 고려 정치

㉠ 권문세족의 횡포 : 권문세족은 고위관직을 독점하고 농장을 확대하였으며 막대한 노비를 소유하였다.

㉡ 충선왕과 충목왕이 개혁의지를 불태웠으나 원의 간섭으로 실패하였다.

② 공민왕의 개혁정치

㉠ 반원자주정책

- 기철로 대표되던 친원세력을 숙청하였다.
- 고려의 내정을 간섭하던 정동행성 이문소를 폐지하였다.
- 몽고식 관제를 폐지하고 원 간섭 이전의 관제로 복구하였다.
- 원의 연호, 몽고풍을 금지하였다.
- 유인우로 하여금 무력으로 쌍성총관부를 공격하게 하여 철령 이북의 땅을 수복하였다.
- 요동지방을 공략하여 요양을 점령하였다.

㉡ 왕권강화책

- 정방의 폐지 : 왕권을 제약하고 신진사대부의 등장을 억제하고 있던 정방을 폐지하였다.
- 교육·과거제도의 정비 : 성균관을 통하여 유학교육을 강화하고 과거제도를 정비하여 많은 인재를 배출하였다.
- 전민변정도감의 설치 : 세력이 없는 집안 출신의 승려 신돈을 등용하여 권문세족들이 부당하게 빼앗은 토지와 노비를 본래의 소유주에게 돌려주거나 양민으로 해방시켰다. 이를 통하여 권문세족들의 경제기반을 약화시키고 국가재정수입의 기반을 확대하였다.

ⓒ 개혁의 실패원인 : 권문세족들의 강력한 반발로 신돈이 제거되고, 개혁추진의 핵심
　　인 공민왕까지 시해되어 중면단되고 말았다. 결국 이 시기의 개혁은 개혁추진세
　　력인 신진사대부 세력이 아직 결집되지 못한 상태에서 권문세족의 강력한 반발
　　을 효과적으로 제어하지 못하였고, 원나라의 간섭 등으로 인해 실패하고 말았다.

(3) 신진사대부의 성장

① 출신배경 : 학문적 실력을 바탕으로 과거를 통하여 중앙에 진출한 지방의 중소지
　　주층과 지방향리 출신이 많았다.

② 정치활동
　ⓐ 정치이념으로는 성리학을 수용하였으며, 불교의 폐단을 비판하였다.
　ⓑ 개혁정치를 추구하여 권문세족의 비리와 불법을 견제하였다.
　ⓒ 홍건적과 왜구의 침입을 격퇴하면서 성장한 신흥무인세력과 손을 잡으면서 사회
　　의 불안과 국가적인 시련을 해결하고자 하였다.

③ 한계 : 권문세족의 인사권 독점으로 관직의 진출이 제한되었고, 과전과 녹봉도
　　제대로 받지 못하는 등 경제적 기반이 미약하다는 한계를 가졌다.

(4) 고려의 멸망

① 신흥무인세력의 등장 : 홍건적과 왜구의 침입을 격퇴하는 과정에서 성장한 세력
　　이다.

② 위화도 회군(1388)
　ⓐ 요동 정벌 : 우왕 말에 명은 쌍성총관부가 있던 땅에 철령위를 설치하여 명의 땅
　　으로 편입하겠다고 통보하였다. 이에 최영은 요동정벌론을 이성계는 4불가론을
　　주장하여 대립하였다.
　ⓑ 경과 : 최영의 주장에 따라 요동정벌군이 파견되었으나 위화도 회군으로 이성계가
　　장악하였다.
　ⓒ 결과 : 급진개혁파(혁명파)는 정치적 실권을 장악하고 새 왕조를 개창할 수 있는
　　기반을 마련하였으며, 명(明)과의 관계를 호전시켜 나갔다.

③ 과전법의 실시 : 전제개혁을 단행하여 과전법을 마련하였다. 과전법 실시로 고갈
　　된 재정이 확충되고 신진관료들의 경제기반이 마련되었으며 피폐한 농민생활을
　　개선시켜 주고 국방에 필요한 재원을 확보할 수 있었다.

④ 조선의 건국 : 급진개혁파는 역성혁명을 반대하던 온건개혁파를 제거하고 도평의
　　사사를 장악하였다. 뒤이어 공양왕의 왕위를 물려받아 조선을 건국하였다.

보충학습

이성계의 4불가론
ⓐ 작은 나라가 큰 나라를 칠 수 없다.
ⓑ 여름철 출병은 불리하다.
ⓒ 왜구가 국방상 허점을 노린다.
ⓓ 무기가 녹슬고 군사들이 질병에 걸리기
　쉽다.

1 밑줄 친 '왕'에 대한 설명으로 옳지 않은 것은?

2021. 9. 11. 제1회 서울특별시

> 어머니가 노비 출신이었던 신돈은 원래 승려였으나, 이 왕에게 발탁되어 정계에 진출하였다. 이후 신돈은 전민변정도감의 책임자가 되어 권세 있는 자들이 **빼앗은** 토지와 노비를 원래 주인에게 돌려주었다.

① 쌍성총관부를 공격하여 철령 이북 땅을 되찾았다.
② 성균관을 개편하여 신진 세력을 양성하였다.
③ 원으로부터 성리학을 처음 들여왔다.
④ 기철 등 친원 세력을 제거하였다.

> **TIP** 신돈을 적극 기용한 인물은 고려 말 공민왕이다. 공민왕은 원 간섭으로부터 벗어나고자 반원 자주 개혁과 적극적인 영토 수복을 시도하였다. 이를 위해 기철을 중심으로 한 친원파 권문세족을 숙청하고, 전민변정도감을 설치하고 신돈을 책임자로 하여 토지 개혁과 노비 개혁을 시도하였다. 또한 몽고식 관제와 정동행성 이문소를 폐지하고, 몽고풍을 금지하였다. 한편 왕권 강화를 위하여 정방을 폐지하고, 교육 및 과거제도를 개편하여 성리학 중심의 신진사대부를 적극 기용하고, 원에게 빼앗긴 쌍성총관부를 공격하여 철령 이북 영토를 회복하고 요동을 공략하는 등 대내외적 개혁을 시도하였다.
> ③ 고려 후기 충렬왕 때 안향이 성리학을 처음 소개하였다.

2 밑줄친 '왕'에 대한 설명으로 옳지 않은 것은?

2021. 9. 11. 제1회 서울특별시

> 왕께서는 종친과 귀족이라고 치우치지 않으셨고, 항상 세력이 강한 자를 물리치셨습니다. 즉위한 해로부터 8년까지 정치와 교화가 청렴하고 공평하였으며 형벌과 상이 남발되지 않았습니다. 쌍기를 등용한 뒤부터 문사를 높이고 중용하여 대접이 지나치게 후하셨습니다.
>
> - 『고려사절요』-

① 과거제를 시행하여 신진 인사를 등용하였다.
② 개경에 국자감을 설치하여 유학의 진흥에 힘썼다.
③ 백관의 공복을 제정하여 관리의 위계질서를 확립하였다.
④ 노비안검법을 실시하여 호족의 기반을 약화하고자 하였다.

> **TIP** 제시문의 왕은 고려 광종이다. 광종은 고려 초 중앙과 지방에서 막강한 권한을 행사하던 지방호족 세력을 숙청하여 강력한 왕권 중심의 통치체제를 정비하고자 하였다. 이를 위해 노비안검법을 시행하여 지방호족의 경제력과 군사력을 약화시키고 쌍기의 건의로 과거제를 시행하여 신진 관료를 육성하고자 하였다. 또한 백관의 공복을 제정하고 광덕, 준풍 등 독자적인 연호를 사용하였으며 귀법사를 창건하였다.
> ② 고려 성종

🔍**Answer** 1.③ 2.②

3 ㈎에 들어갈 기구로 옳은 것은?

2021. 9. 11. 제1회 서울특별시

> 처음에 최우가 나라 안에 도적이 많은 것을 염려하여 용사를 모아 매일 밤 순찰하여 포악한 짓을 막았으므로 이를 야별초라 하였다. 도적이 여러 도에서 일어나자 야별초를 나누어 보내 잡게 하였는데, 그 군사가 매우 많아져 마침내 나누어 좌우별초로 만들었다. 또 고려 사람으로서 몽골로부터 도망하여 온 자들로 하나의 부대를 만들어 신의군이라 불렀다. 이것을 합쳐서 ☐㈎☐를/을 만들었다.
> ─『고려사』─

① 도방
② 중추원
③ 별무반
④ 삼별초

TIP 제시문의 ㈎는 삼별초이다. 최우 집권 시 편성된 군대로 처음에는 야별초를 조직하였는데 이후 분화되어 좌·우별초로 편성되었고, 몽골에 포로가 되었다가 도망친 인원을 신의군에 포함하여 삼별초를 완성하게 되었다. 삼별초는 최씨 무신 정권의 군사적 기반이 되었으며 이후 몽골 침입 과정에서 대몽 항쟁을 전개하였다.
① 무신집권기 경대승에 의해 설치된 군사 기반
② 군사기밀과 왕명출납을 담당하는 고려 중앙 정치 기구
③ 여진족 정벌을 위해 윤관이 편성한 군사 조직

4 다음 정책을 시행한 국왕 대에 있었던 사실로 옳은 것은?

2020. 6. 13. 제1회 지방직 / 제2회 서울특별시

> • 광덕, 준풍 등의 연호를 사용하였다.
> • 개경을 고쳐 황도라 하고 서경을 서도라고 하였다.

① 노비안검법을 시행하였다.
② 전시과 제도를 시행하였다.
③ 개경에 국자감을 설립하였다.
④ 12목을 설치하고 지방관을 파견하였다.

TIP 고려 광종(949~975) 때의 사실이다. 광종은 귀족과 지방호족을 숙청하고 왕권 강화를 시도하였다. 이를 위해 과거제, 노비안검법을 시행하였다. 노비안검법은 불법으로 노비가 된 자들을 해방함으로써 지방호족들의 경제 및 군사적 기반을 약화시키는 동시에 국가 재정을 확충하는데도 기여하였다. 또한 광덕, 준풍 등의 연호를 사용하면서 중국과 대등한 세력이 되었음을 대내외적으로 표방하였다.
② 고려 경종 대에 실시하였다.
③ 고려의 유학 교육 기관으로 성종 대에 정비하였다.
④ 최승로의 '시무 28조' 건의에 따라 성종 대에 시행되었다.

Answer 3.④ 4.①

5 다음과 같은 글을 남긴 국왕의 업적에 해당하는 것은?

2019. 6. 15. 제1회 지방직

> 우리 동방은 옛날부터 중국의 풍속을 흠모하여 문물과 예악이 모두 그 제도를 따랐으나, 지역이 다르고 인성도 각기 다르므로 꼭 같게 할 필요는 없다. 거란은 짐승과 같은 나라로 풍속이 같지 않고 말도 다르니 의관제도를 삼가 본받지 말라.
>
> — 「고려사」 —

① 물가조절을 위해 상평창을 설치하였다.
② 기인·사심관제와 함께 과거제를 실시하였다.
③ 혼인정책과 사성정책을 통해 호족을 포섭하였다.
④ 광군 30만을 조직하여 거란의 침략에 대비하였다.

TIP 고려 태조 왕건은 후삼국을 통일한 후 민생 안정을 위해 취민유도 정책과 흑창을 설치했다. 한편 호족 세력을 통합하여 왕권을 강화하고자 혼인정책과 사성정책, 기인제도, 사심관제도를 실시했다.
① 고려 성종
② 기인제도와 사심관제도는 고려 태조, 과거제는 고려 광종 때 시행되었다.
④ 고려 정종

6 〈보기〉의 (가), (나)와 같은 건의를 받은 국왕에 대한 설명으로 가장 옳은 것은?

2019. 6. 15. 제2회 서울특별시

——— 〈보기〉 ———

(가) 우리 태조께서는 나라를 통일한 뒤에 외관을 두고자 하였으나, 대개 초창기이므로 일이 번거로워 겨를이 없었습니다. 이제 가만히 보건대, 향호가 매양 공무를 빙자하여 백성을 침해하여 횡포를 부리어 백성이 견디지 못하니, 청컨대 외관을 두도록 하십시오.

(나) 겸손한 마음을 가지고 항상 조심하고 두려워하며 신하를 예로써 대우할 때 신하는 충성으로써 임금을 섬기는 것입니다.

① 호족과의 혼인정책을 적극적으로 추진하였다.
② 노비안검법을 실시하여 호족의 경제력을 약화시켰다.
③ 양현고를 설치하고 보문각과 청연각을 세워 유학을 진흥시켰다.
④ 연등회를 축소하고 팔관회를 폐지하여 국가적인 불교행사를 억제하였다.

TIP 고려 성종은 최승로가 건의한 '시무 28조'를 토대로 유교 정치이념에 입각한 중앙집권체제를 정비하였다. 전국에 12목을 설치하여 지방관을 파견하고, 중앙 정치 조직을 정비하였다. 특히 유교 정치이념에 따라 유교 이외의 사상과 종교를 배제하고자 하였다. 그 일환으로 불교와 도교 관련 행사인 연등회와 팔관회를 축소시켰다.
① 고려 태조 ② 고려 광종 ③ 고려 예종

Answer 5.③ 6.④

7 고려시대 군사제도에 대한 설명으로 가장 옳지 않은 것은?

2019. 6. 15. 제2회 서울특별시

① 북방의 양계지역에는 주현군을 따로 설치하였다.
② 2군(二軍)인 응양군과 용호군은 왕의 친위부대였다.
③ 6위(六衛) 중의 감문위는 궁성과 성문수비를 맡았다.
④ 직업군인인 경군에게 군인전을 지급하고 그 역을 자손에게 세습시켰다.

> **TIP** 고려 지방 행정 체계는 5도 양계로 5도는 일반 행정 구역으로 안찰사를 임명하고 주현군을 설치하였다. 하지만 북방의
> 군사적 요충지인 양계에는 병마사를 임명하고 그 특수성을 반영하여 주진군을 별도로 설치하였다.
> ②③④ 고려의 중앙군은 2군 6위로 구성되어 있고, 이들은 모두 직업 군인으로 군인전을 지급받았으며, 직역은 세습되
> 었다.

8 (가) 왕의 시기에 일어난 사실로 옳은 것은?

2019. 4. 6. 인사혁신처

> 이자겸, 척준경이 말하기를 "금이 예전에는 작은 나라여서 요와 우리나라를 섬겼으나, 지금은 갑자기
> 흥성하여 요와 송을 멸망시켰다. … (중략) … 작은 나라로서 큰 나라를 섬기는 것은 선왕의 도이니, 마땅
> 히 우선 사절을 보내야 합니다."라고 하니 ___(가)___ 이/가 그 의견을 따랐다.
>
> − 「고려사」 −

① 도평의사사를 중심으로 정치를 주도하였다.
② 성리학을 수용하면서 「주자가례」를 보급하였다.
③ 서경에 대화궁을 짓게 하고 칭제건원을 주장하였다.
④ 몽골의 침략에 대응하기 위해 강화도로 도읍을 옮겼다.

> **TIP** 제시된 사료는 고려 인종 4년(1126) 이자겸과 척준경의 주장에 따라 금의 사대 요구를 수용한 내용으로 고려 인종 때
> 발생한 이자겸의 난이다. 당시 고려는 금국의 사대 요구에 대하여 이자겸을 비롯한 중신들이 금국과의 사대관계 요구를
> 수용하자는 주장을 받아들였다. 이후 이자겸과 척준경에 의해 이자겸의 난이 발생하지만 실패로 끝나게 되었고, 금국과
> 의 사대 관계 체결에 반대하면서 묘청, 정지상을 중심으로 한 서경 세력이 서경천도운동을 일으켰다. 서경파는 고구려
> 계승 정신을 표방하고 국호를 대위국으로 바꾸고 칭제건원을 할 것을 왕에게 건의하였다. 나아가 금국을 정벌하여 북진
> 정책을 지속할 것을 주장하였지만 김부식을 중심으로 한 개경파에 의해 진압되면서 서경천도운동은 실패하였다. 이자겸
> 의 난과 서경천도운동은 문벌귀족 사회 내부의 분열을 드러낸 대표적인 사건이었다.
> ① 원간섭기 권문세족
> ② 고려 말 신진사대부
> ④ 고려 고종(최씨 무신정권 말기)

Answer 7.① 8.③

9 〈보기〉의 빈칸에 공통적으로 해당하는 국가와 관련하여 고려시대에 발생한 일로 가장 옳은 것은?

2018. 6. 23. 제2회 서울특별시

─── 〈보기〉 ───

• 모든 관리들을 소집해 [_____]을/를 상국으로 대우하는 일의 가부를 의논하게 하자 모두 불가하다고 했으나, 이자겸과 척준경만이 찬성하고 나섰다.

• [_____]은/는 전성기를 맞아 우리 조정이 그들의 신하임을 칭하도록 하고자 하였다. 여러 의견들이 뒤섞여 어지러운 가운데, 윤언이가 홀로 간쟁하여 말하기를 …… 여진은 본래 우리 조정 사람들의 자손이기 때문에 신하가 되어 차례로 우리 임금께 조공을 바쳐왔고, 국경 근처에 사는 사람들은 모두 우리 조정의 호적에 올라있는 지 오래 되었습니다. 우리 조정이 어찌 거꾸로 그들의 신하가 될 수 있겠습니까?

① 이 국가의 침입으로 인해 국왕은 나주로 피난하였다.
② 묘청 일파는 이 국가의 정벌을 주장하였다.
③ 이 국가와 함께 강동성에 포위된 거란족을 격파하였다.
④ 이 국가의 침략에 대비하여 광군을 설치하였다.

TIP 〈보기〉의 빈칸에 공통적으로 해당하는 국가는 여진(금)이다.
①④ 거란　③ 몽골, 동진국

10 성격이 유사한 것끼리 옳게 짝지은 것은?

2018. 5. 19. 제1회 지방직

① 대대로 − 대내상
② 중정대 − 승정원
③ 2성 6부 − 5경 15부
④ 기인 제도 − 녹읍 제도

TIP ① 고구려의 최고 관등 − 발해의 정당성을 관장하는 관직
② 발해의 관리 감찰 기관 − 조선 시대의 국왕의 비서 기관
③ 고려의 중앙 통치 구조 − 발해의 지방 제도
④ 고려의 지방 호족 견제 제도 − 관직 복무의 대가인 녹봉 대신 지급된 토지

11 밑줄 친 '이곳'에서 일어난 일로 옳은 것은?

2018. 5. 19. 제1회 지방직

　　고려 정종 때 이곳으로 천도 계획을 세웠으나 실현되지 못했고, 문종 때 이곳 주위에 서경기 4도를 두었다.

① 이곳에서 현존 세계 최고의 직지심체요절이 간행되었다.
② 지눌이 이곳을 중심으로 수선사 결사 운동을 전개하였다.
③ 조위총이 정중부 등의 타도를 위해 이곳에서 반란을 일으켰다.
④ 강조가 군사를 이끌고 이곳으로 들어와 김치양 일파를 제거하였다.

Answer 9.② 10.① 11.③

① 우왕 때 청주 흥덕사에서 간행했다.
② 지눌은 공산에서 권수정혜결사문을 발표하고, 순천 송광사를 중심으로 수선사 결사 운동을 하였다.
④ 강조가 개경에서 군사를 이끌고 이곳으로 들어와 김치양 일파를 제거하고 목종을 폐위하고 현종을 즉위시켰다.

12 다음 사건으로 즉위한 왕의 재위 기간에 있었던 사실로 옳지 않은 것은?

2017. 12. 16. 지방직 추가선발

> 목종의 모후(母后)인 천추태후와 김치양이 불륜 관계를 맺고 왕위를 엿보자, 서북면도순검사 강조가 군사를 일으켜 김치양 일파를 제거하고 목종을 폐위시켰다.

① 대장경 조판 사업을 시작하였다.
② 지방관이 없는 속군에 감무를 파견하였다.
③ 부모의 명복을 빌고자 현화사를 창건하였다.
④ 개성부를 경중(京中) 5부와 경기로 구획하였다.

제시된 사건은 강조의 정변으로 이 사건으로 즉위한 왕은 고려 제8대 왕인 '현종'이다.
② 고려 초기 중앙집권체제에 의한 통치권의 범위가 점차 지방으로 확대되면서 아직 중앙의 관원을 파견하지 못했던 속군현과 향·소·부곡 등 말단 지방행정단위에 예종 1년(1106)부터 현령(縣令)보다 한층 낮은 지방관인 감무(監務)를 파견하였다.

13 (개)~(대)는 고려시대 대외관계와 관련된 자료이다. 이를 시기 순으로 바르게 나열한 것은?

2014. 6. 21. 제1회 지방직

> (개) 윤관이 "신이 여진에게 패한 이유는 여진군은 기병인데 우리는 보병이라 대적할 수 없었기 때문입니다."라고 아뢰었다.
> (내) 서희가 소손녕에게 "우리나라는 고구려의 옛 땅이오. 그러므로 국호를 고려라 하고 평양에 도읍하였으니, 만일 영토의 경계로 따진다면, 그대 나라의 동경이 모두 우리 경내에 있거늘 어찌 침식이라 하리요."라고 주장하였다.
> (대) 유승단이 "성곽을 버리며 종사를 버리고, 바다 가운데 있는 섬에 숨어 엎드려 구차히 세월을 보내면서, 변두리의 백성으로 하여금 장정은 칼날과 화살 끝에 다 없어지게 하고, 노약자들은 노예가 되게 함은 국가를 위한 좋은 계책이 아닙니다."라고 반대하였다.

① (개)→(내)→(대)   ② (내)→(개)→(대)
③ (내)→(대)→(개)   ④ (대)→(내)→(개)

(내) 서희(942~998)는 거란의 침입(993) 때 활약했던 인물이다.
(개) 윤관(?~1111)은 1107년 20만 대군을 이끌고 여진을 정복하고 고려의 동북 9성을 설치하여 고려의 영토를 확장시킨 인물이다.
(대) 유승단(1168~1232)은 1232년 최우가 재추회의를 소집하여 강화도로 천도를 논의할 때 반대했던 인물이다.

Answer 12.② 13.②

14 다음의 시무책이 제안된 국왕 대의 사실로 옳은 것은?

2015. 3. 14. 사회복지직 시행

> 불교를 행하는 것은 수신의 도요, 유교를 행하는 것은 치국의 본입니다. 수신은 내생의 자(資)요, 치국은 금일의 요무(要務)로서, 금일은 지극히 가깝고 내생은 지극히 먼 것인데도 가까움을 버리고 지극히 먼 것을 구함은 또한 잘못이 아니겠습니까?

① 12목을 설치하였다.
② 서경에 대화궁을 지었다.
③ 5도 양계의 지방 제도를 확립하였다.
④ 독자적 연호를 처음으로 사용하였다.

TIP 최승로의 시무28조는 고려 성종 대에 제안되었고 12목(牧) 또한 고려 성종 대에 최초로 설치되어 각 목(牧)마다 관리가 파견되었다.

15 다음은 고려 성종이 유교적 정치 질서를 강화하기 위해 시행한 정책들이다. 이 중 틀린 것은 모두 몇 개인가?

2014. 3. 15. 제1차 경찰공무원(순경)

> ㉠ 지방관을 파견하고 향리 제도를 마련하여 지방 세력을 견제하였다.
> ㉡ 국자감을 정비하고, 지방에 경학박사와 의학박사를 파견하였다.
> ㉢ 과거제도를 정비하고 과거 출신자들을 우대하여 유학에 조예가 깊은 인재들의 정치 참여를 유도하였다.
> ㉣ 3성 6부제를 중심으로 하는 중앙 관제를 마련하였다.
> ㉤ 최승로가 올린 시무 10조의 건의를 수용하여 통치 체제를 정비하였다.

① 1개   ② 2개
③ 3개   ④ 4개

TIP ㉣ 고려의 중앙 관제는 2성 6부제이다.
　　　㉤ 최승로는 성종에게 시무 28조를 건의하였다.

Answer 14.① 15.②

16 고려시대 음서에 대한 설명으로 옳은 것만을 모두 고른 것은?

2014. 3. 22. 사회복지직

> ㉠ 공신의 후손을 위한 음서도 있었다.
> ㉡ 음서 출신자는 5품 이상의 고위 관직에 오를 수 없었다.
> ㉢ 10세 미만이 음직을 받은 사례도 있었다.
> ㉣ 왕의 즉위와 같은 특별한 시기에만 주어졌다.

① ㉠, ㉢   ② ㉠, ㉡

③ ㉡, ㉣   ④ ㉢, ㉣

TIP ㉡ 고려시대 음서 출신자들은 따로 한품제(限品制)와 같은 제약이 없었기 때문에 대부분 5품 이상의 고위관직에 오를 수 있었다.
㉣ 고려시대 음서 중 5품 이상 문무 관리의 자손을 대상으로 시행된 음서는 연중 어느 때나 주어졌으며 이외 다른 음서의 경우에는 국왕의 즉위 및 복위, 태후·태자의 책봉과 같은 국가 경사 시에 비정기적으로 시행된 것으로 보인다.

17 고려 시대의 무신 정권에 대한 설명으로 가장 적절하지 않은 것은?

2014. 3. 15. 제1차 경찰공무원(순경)

① 무신들은 중방을 중심으로 권력을 행사하면서 주요 관직을 독차지하였다.
② 최충헌은 최고 집정부 구실을 하는 교정도감을 설치하였고, 도방을 확대하여 군사적 기반을 확립하였다.
③ 최우는 문무 백관의 인사 행정을 담당하는 서방과 능력있는 문신을 등용하기 위한 정방을 설치하였다.
④ 삼별초는 좌별초와 우별초 및 몽골에 포로로 잡혀갔다가 돌아온 병사들로 조직된 신의군으로 구성되었다.

TIP ③ 최우는 문무백관의 인사를 담당하는 정방과 능력 있는 문신을 등용하기 위한 서방을 설치하였다.

Answer 16.① 17.③

1 다음은 고려시대에 일어난 역사적 사건을 시대순으로 나열한 것이다. (가)시기에 발생한 역사적 사실에 대한 설명으로 옳은 것을 모두 고르면?

> 이자겸의 난 → (가) → 무신정변 → 몽고의 침입 → 위화도회군

> ⊙ 풍수지리설을 배경으로 서경천도운동이 일어났다.
> ⓒ 최고 집정부인 교정도감이 설치되었다.
> ⓒ 금국정벌론과 칭제건원이 제기되었다.
> ⓔ 고구려 계승이념에 대한 이견과 갈등이 일어났다.
> ⑩ 과거제도와 노비안검법이 시행되었다.

① ⊙, ⓒ, ⑩   ② ⊙, ⓒ, ⓔ
③ ⓒ, ⓒ, ⑩   ④ ⓒ, ⓔ, ⑩

TIP 이자겸의 난과 무신정변 사이에 일어난 역사적 사건은 묘청의 서경천도운동이다.
　　　⊙ 묘청의 서경천도운동은 서경길지설을 바탕으로 일어났다.
　　　ⓒ 교정도감은 최충헌이 무신정변을 통해 권력을 잡은 후 인사행정 및 기타 권력유지를 위해 설치한 기관이다.
　　　ⓒ 묘청의 서경천도운동으로 당시 금(여진)의 침입에 대해 금국정벌론과 칭제건원을 주장하였다.
　　　ⓔ 묘청의 서경천도운동 당시 서경파는 고구려 계승이념에 따라 북진정책을, 개경파의 김부식은 신라 계승의식을 표방하였다.
　　　⑩ 고려전기 광종 때 실시된 정책들이다.

2 다음 내용 중 고려의 정치기구에 대한 설명으로 옳은 것은?

> ⊙ 정치의 잘잘못을 논하고 관리들의 비리를 감찰하는 임무를 지녔다.
> ⓒ 화폐의 출납과 회계를 관장하였다.
> ⓒ 국가의 중요의식과 법의 제정을 관장하였다.
> ⓔ 국방문제를 담당하는 회의기구였다.

① ⊙과 ⓒ의 관리들을 대간이라 불렀다.
② 조선시대에는 ⓒ의 역할을 삼사에서 담당하였다.
③ ⓒ은 당의 제도를 모방하여 설치하였다.
④ ⓒⓔ은 고려가 귀족정치를 했음을 보여준다.

TIP ⊙ 어사대 ⓒ 삼사 ⓒ 식목도감 ⓔ 도병마사
　　　① 어사대의 관원은 중서문하성의 낭사와 함께 대간으로 불리었다.
　　　② 고려시대의 삼사는 재정의 수입과 관련된 사무를 맡았으며, 조선시대의 삼사는 사헌부, 사간원, 홍문관으로서 정사를 비판하고 관리들의 비리를 감찰하는 언론기능을 담당하였다.
　　　③ 식목도감은 고려의 독자성을 보여준다.

Answer 1.② 2.④

3 다음 중 고려 광종의 개혁정치가 아닌 것은?

① 불법으로 노비가 된 자를 해방하는 노비안검법을 실시하였다.
② 과거제도를 실시하여 실력위주의 관리를 뽑았다.
③ 빈민구제기금인 제위보를 설치하였다.
④ 지방에 경학박사와 의학박사를 파견하였다.

> **TIP** 지방에 경학박사와 의학박사를 파견한 왕은 고려 성종이다.

4 다음 사료를 통해 시행된 것이 아닌 것은?

> 정광 행선관어사 상주국 최승로가 글을 써 바쳤는데 그 대략은 다음과 같다. …(중략)… "무릇 역대 사조 왕이 정사를 행한 자취는 대략 이와 같으니 성상께서는 마땅히 잘한 것은 취하여 행하고 잘못한 것을 보고서는 경계하여, 긴급하지 않은 일은 제거하고 이로울 것이 없는 쓸데없는 노동은 폐지해서 다만 임금은 위에서 편안하고 백성은 아래서 기뻐하도록 해야 할 것입니다. …(중략)… 신은 또한 시무 28조를 기록하여 장계와 함께 별도로 봉하여 올립니다."
>
> – 「고려사절요」 –

① 유교정치이념을 강조했다.
② 호족에 대한 역분전이 지급되었다.
③ 문벌귀족 중심의 정치를 이룩하였다.
④ 지방관을 파견해 중앙집권화를 노렸다.

> **TIP** 사료는 최승로의 시무28조이다. 시무28조는 최승로가 유교적 정치질서를 강화하고 문벌귀족 중심의 정치를 이룩하기 위해 성종에게 올린 상소로 고려 성종의 중앙집권화 정책에 많은 영향을 주었다.
> ② 호족에 대한 역분전이 지급된 것은 고려 태조 때의 내용이다.

5 다음의 사실들의 공통점은?

• 기인제도	• 과거제도
• 시무 28조	• 12목 설치

① 중앙집권 강화　　　　　　　② 문벌귀족사회 형성
③ 양반제 확립　　　　　　　　④ 정치세력 교체

> **TIP** 시무 28조에서는 유교사상에 입각한 중앙집권적 관료정치를 주장하였고, 과거제도와 12목을 설치하여 지방의 제도를 정비하고 기인제도로 지방의 호족을 견제하는 것은 중앙 집권 체제를 더욱 강화시키는 것이다.

Answer 3.④ 4.② 5.①

6 고려 태조의 정책 중 호족에 대한 정책이 아닌 것은?

① 사심관제도
② 사성제도
③ 기인제도
④ 취민유도정책

> **TIP** 고려 태조는 강력한 호족들 사이에서 통치기반을 강화하기 위하여 많은 호족들과 정략결혼을 하고 왕(王)씨 성을 하사하는 사성제도를 실시했다. 또한 지역연고가 있는 관원을 사심관으로 임명하는 사심관제도와 호족의 자제를 인질의 성격으로 수도에 머무르게 하는 기인제도를 실시했다. 반면 흩어진 백성을 모으고 법도에 따라 조세를 징수하기 위해 취민유도 정책을 실시했다.

7 다음 중 고려시대 대간의 권한이 아닌 것은?

① 정책의 집행을 담당하는 권한
② 관리의 임명과 법령의 개정 · 폐지 등에 동의하는 권한
③ 왕의 잘못을 말로 직언하는 권한
④ 잘못된 왕명을 시행하지 않고 글로 써서 되돌려 보내는 권한

> **TIP** 대간은 어사대의 관원과 중서문하성의 낭관으로 구성되어 관리의 감찰과 언관의 임무를 수행했다.
> ※ 대간의 주요권한
> ㉠ 서경권 : 관리의 임명과 법령의 개정이나 폐지 등에 동의하는 권리
> ㉡ 간쟁 : 왕의 잘못을 말로 직언하는 것
> ㉢ 봉박 : 잘못된 왕명을 시행하지 않고 글로 써서 되돌려 보내는 것

8 다음 중 고려시대 지방 통치제도의 특징으로 옳은 것은?

① 모든 행정구역에 진(鎭)이 설치되었다.　② 향리들이 지방행정의 실무를 담당하였다.
③ 모든 지방에 지방관이 파견되었다.　④ 양계는 일반 행정구역이었다.

> **TIP** 고려시대에 실제 지방행정은 향리가 담당하였다.
> ① 진은 국방상의 요충지에 설치된 군사특수지역이다.
> ③ 모든 군현에 지방관이 파견된 시기는 조선시대이다. 고려시대에는 지방관이 상주하는 주부군현(州府郡縣), 상주하지 않는 속현(屬縣)으로 구성되었다.
> ④ 양계는 군사 행정구역이다.

9 다음 중 고려시대의 군사제도에 대한 설명으로 옳지 않은 것은?

① 중앙군은 무과합격자들이 지휘하였다.
② 중앙군은 2군 6위 부대로 편성되었다.
③ 상장군, 대장군들이 회의기구로 중방을 두었다.
④ 양계에는 초군, 좌군, 우군으로 구성된 주진군을 배치하였다.

> **TIP** ① 고려시대에는 무과가 시행되지 않았다.

ℰAnswer 6.④ 7.① 8.② 9.①

10 다음 중 고려시대 관리임용제도로 옳지 않은 것은?

① 법적으로 누구나 시험이 가능했다.
② 기술관을 뽑는 잡과에는 주로 농민이나 백정이 응시하였다.
③ 고관의 자손은 과거를 거치지 않고 관직에 진출할 수 있었다.
④ 무과는 실시되지 않았다.

> **TIP** 고려의 관리임용은 시험을 통해 관리가 되는 과거제도와, 공신과 종실의 자손 외에 5품 이상 고관의 자손이 과거를 거치지 않고 관직에 진출하는 음서제도가 있었다. 과거제도는 법적으로는 양인 이상만이 응시가 가능했으므로 천민의 경우 응시할 수 없었다.

11 다음 지문과 관련이 있는 것은?

> ⑺ "고려는 신라 땅에서 일어났는데도 우리가 소유하고 있는 고구려 땅을 침식하고 있으니 고려가 차지한 고구려의 옛 땅을 내놓아라. 또한 고려는 우리나라와 땅을 연접하고 있으면서도 바다를 건너 송을 섬기고 있으니 송과 단교한 뒤 요와 통교하라."
>
> ⑷ "우리나라는 고구려를 계승하여 고려라 하고 평양에 도읍하였으니, 만일 영토의 경계로 따진다면 그대 나라의 동경이 모두 우리 경내에 있거늘 어찌 침식했다고 할 수 있느냐? 또한, 압록강의 내외도 우리의 경내인데, 지금 여진족이 할거하여 그대 나라와 조빙을 통하지 못하고 있으니, 만약에 여진을 내쫓고 우리의 옛 땅을 되찾아 성보를 쌓고 도로가 통하면 조빙을 닦겠다."

① 강동 6주 획득　　　　　　　　② 삼별초의 대몽항쟁
③ 강감찬의 귀주대첩　　　　　　④ 별무반 설치

> **TIP** 제시된 내용은 거란의 1차 침입 당시 서희의 담판내용으로 ⑺는 거란의 소손녕, ⑷는 고려의 서희이다. 서희는 이 외교담판에서 송과의 단교를 조건으로 강동 6주를 회수하였다.

12 다음 중 최씨 무신정권에 대한 설명으로 옳지 않은 것은?

① 도방과 삼별초는 군사적 기반이 되었다.
② 최우는 정방을 두어 인사권을 행사하였다.
③ 교정도감이 최고 집정부 역할을 하였다.
④ 광대한 공음전을 세습하여 경제적 기반으로 삼았다.

> **TIP** ④ 최씨 정권은 정치적 권력을 이용하여 사유지를 늘려 농장으로 삼아 부를 축적하였다.

Answer 10.① 11.① 12.④

13 다음의 내용을 통해 알 수 있는 고려의 대외관계로 옳은 것은?

> • 왕건은 고구려의 후계자라는 뜻에서 국호를 고려라 하고 도읍을 송악으로 정했다.
> • 발해의 유민들이 망명해오자 이들을 크게 우대하였다.
> • 고려는 친송정책을 추진하였다.

① 중국과의 교류가 빈번해져 몽고풍이 유행하고 풍속이 변질되기에 이르렀다.
② 여진에 대한 방어를 위해서 송과 연맹관계를 맺었다.
③ 고려는 북방영토 확장에 힘을 기울이게 되었고 그 결과 거란과 대립하였다.
④ 강동 6주의 획득으로 북쪽 국경선이 압록강과 두만강으로 확대되었다.

TIP 고려는 고구려 계승을 강조하여 북진정책의 전진기지로 서경(평양)을 중시하고, 발해를 멸망시킨 거란과는 북진정책·친송정책으로 대립하였다.

14 묘청의 서경천도운동을 평가한 글이다. 이를 근거로 볼 수 있는 서경파의 주장은?

> 묘청의 천도운동에 대해 역사가들은 단지 왕사가 반란한 적을 친 것으로 알았을 뿐인데, 이는 근시안적인 관찰이다. 그 실상은 낭가와 불교 양가 대 유교의 싸움이며, 국풍파 대 한학파의 싸움이며, 독립당 대 사대당의 싸움이며, 진취사상 대 보수사상의 싸움이니, 묘청은 전자의 대표요, 김부식은 후자의 대표였던 것이다. 묘청의 서경천도운동에서 묘청 등이 패하고 김부식이 이겼으므로 조선사가 사대적·보수적·속박적 사상인 유교사상에 정복되고 말았다. 만약 김부식이 패하고 묘청이 이겼더라면 조선사가 독립적·진취적으로 진전하였을 것이니, 이것이 어찌 일천년래 제일대사건이라 하지 아니하랴.
> — 신채호의 「조선사연구초」 —

① 거란과 여진 사이의 실리적 외교
② 금국정벌론과 칭제건원 추진
③ 친송배요의 중화주의 노선 추진
④ 문벌귀족체제의 유지를 위한 중립외교

TIP 신채호가 묘청의 서경천도운동을 조선 역사상 일천년 이래 제일의 사건이라고 한 까닭은 묘청 일파가 보인 자주적인 성격 때문이다. 신채호는 서경세력이 주장한 금국정벌론과 황제를 칭하고 연호를 제정하자는 칭제건원론을 민족자주정신의 발로로 평가하였다. 그는 묘청의 서경천도운동의 실패로 우리나라가 사대주의와 유교사상으로 물들게 되었다고 평가하였다.

15 고려중기 북진정책을 좌절시킨 것과 관련이 깊은 역사의식은 무엇인가?

① 고구려 계승의식이 강한 사관
② 정통과 대의명분을 중시한 성리학적 사관
③ 민족의식의 각성에 입각한 불교사관
④ 합리주의와 도덕주의에 입각한 유교사관

TIP 김부식은 묘청의 서경천도운동을 진압한 문벌귀족의 대표적 인물이었다. 유교적 합리주의 사관에 기반을 두고 금국에 대한 사대관계를 인정하였고 신라 계승의식을 보여주었다.

Answer 13.③ 14.② 15.④

16 다음의 사실들을 종합하여 내린 결론으로 옳은 것은?

> • 거란의 제1차 침입 때 서희는 적장 소손녕과 담판하여 강동 6주를 획득하였다.
> • 거란의 제2차 침입 때 개경이 함락되기도 하였으나, 양규가 귀주에서 거란군을 격퇴하였다.
> • 거란의 제3차 침입 때 거란군은 귀주에서 강감찬이 지휘하는 고려군에게 섬멸되었다.

① 세력이 약화된 거란이 여진과 손을 잡고 고려와 송에 대항하였다.
② 송은 고려의 북진정책을 지원하여 거란을 자극하였다.
③ 고려는 거란을 격파하고 압록강, 두만강 유역을 회복하였다.
④ 고려의 군사력으로 고려, 송, 요의 관계가 세력균형을 이루었다.

TIP 송은 군사동맹을 요구하였으나 고려는 거란과 여진의 군사적 압력을 피하기 위하여 문화·경제적 교류에 치중하였다. 고려는 친송배요정책으로 송과는 친선관계를 유지하였으나 거란은 배척하여 거란에게 3번의 침입을 받았다. 그 결과 고려, 송, 거란 사이에 세력균형을 유지하게 되었고 나성과 천리장성을 축조하여 수비를 강화하였다.

17 고려시대 정치제도에 관한 내용이다. 가장 적절한 내용은?

> • 태조 때에 사심관제도와 기인제도를 시행하였다.
> • 군현제 실시 초기에는 주현이 130개, 속현이 374개였다.
> • 5도의 안찰사는 중앙관으로서 관할구역의 순시만 맡았다.

① 국가의 정령이 말단향촌까지 전달되고 집행되었다.
② 강력한 중앙집권체제가 실시되었다.
③ 숭문천무의 풍조가 강해 무신정변의 원인이 되었다.
④ 호족세력의 강성으로 집권체제의 정비에 어려움이 많았다.

TIP 고려시대에는 호족세력이 강하여 중앙집권체제의 확립에 어려움이 많았다. 태조는 호족세력을 집권체제 안으로 통합하기 위하여 지방을 호족세력의 자치에 맡기고 또한 호족을 견제하기 위하여 기인제도와 사심관제도를 실시하였다. 성종에 이르러서는 12목을 설치하여 지방관을 파견하였다.

18 다음 중 고려 무신집권기의 상황에 대한 설명으로 옳은 것은?

① 무신들이 정권을 장악하였으나 신분질서에는 변화가 없었다.
② 문신들의 몰락으로 문학활동이 극도로 침체하게 되었다.
③ 무신과 사원세력의 잦은 충돌로 불교의 사상적 발전은 없었다.
④ 문무양반제도는 여전히 존속되었으며 문신들도 등용되고 있었다.

TIP ① 중앙정부의 지방통제력이 약화되면서 농민과 천민의 대규모 봉기가 일어났다.
② 유학은 쇠퇴하였으나, 패관문학과 시조문학이 발달하였다.
③ 무신정권의 후원으로 조계종이 발달하였다.

Answer 16.④ 17.④ 18.④

19 다음 글과 관련 있는 민란은?

> "이미 우리 시골(소)의 격을 올려서 현으로 삼고, 또 수령을 두어 그로써 안무하였는데, 돌이켜 다시 군사를 내어와서 토벌하여 내 어머니와 처를 잡아들여 얽어매니 그 뜻이 어디에 있는가… (중략) …. 반드시 왕경에 이른 뒤에야 그칠 것이다."

① 조위총의 난
② 최광수의 난
③ 효심의 난
④ 망이·망소이의 난

> **TIP** 향, 소, 부곡은 하급주민들의 지역으로 다른 지역보다 조세부담이 컸고 여러 차별대우를 받았다. 망이·망소이의 난은 충청도 지역에서 일어난 농민과 소민(所民)들의 반란으로 이 난으로 인해 공주명학소는 충순현으로 승격되었다.

20 다음은 최충헌의 사노비였던 만적의 연설내용이다. 만적이 실현하고자 했던 목표는 무엇인가?

> 경계의 난 이래 국가의 공경대부는 천민계급에서 많이 나왔다. 왕후장상이 원래부터 씨가 있을까 보냐. 때가 오면 누구든지 할 수 있는 것이다. 각기 상전을 죽이고 노예의 문적을 불살라 삼한으로 하여금 천인이 없게 하면 공경대부는 우리가 다 할 수 있다.

① 음서제도의 폐지, 무신정권의 타도
② 무신정권의 타도, 수취체제의 개혁
③ 수취체제의 개혁, 과거제도의 정비
④ 신분제도의 철폐, 정치권력의 장악

> **TIP** 최충헌의 사노비였던 만적은 무신들의 정권 성립의 과정을 보고 자신들도 신분제도의 굴레에서 벗어나 정치권력을 장악할 수 있다고 믿었다.

21 다음 중 무신정변 이후의 정세에 대한 설명으로 옳지 못한 것은?

① 문신 중심의 정치조직은 기능이 마비되고 중방을 중심으로 정치가 행해졌다.
② 천민과 농민들의 신분해방운동이 곳곳에서 일어남으로서 사회적 동요가 심하였다.
③ 하극상 풍조가 퍼지면서 사회적 동요가 격심하게 진행되었다.
④ 무신정권은 정권의 정통성 부족으로 이민족의 침략과 압박에는 소극적으로 대처하였다.

> **TIP** ① 무신정변은 문신 중심의 관료체제를 붕괴시키고 중방을 중심으로 독재정치를 행하였다.
> ②③ 무신정변의 영향으로 하극상 풍조가 퍼지면서 농민과 천민까지도 신분해방을 주장하며 각지에서 봉기하였다.
> ④ 최우 집권기에는 자신들의 정권 유지를 위해 몽고의 침입에 강화천도까지 단행하는 등 끝까지 항전하였다.

Answer 19.④ 20.④ 21.④

22 다음 자료를 토대로 고려초기의 지방통치에 대해 바르게 추론한 것을 모두 고른 것은?

> • 건국초기에 향리의 자제를 뽑아 서울에 볼모로 삼고, 또한 출신지의 일에 대하여 자문에 대비하게 하였는데, 이를 기인이라 한다.
> • 태조 18년 신라왕 김부가 항복해 오니 신라국을 없애고 경주라 하였다. 김부로 하여금 경주의 사심관이 되어 부호장 이하의 임명을 맡게 하였다.

> ㉠ 호족들의 지방통제권을 부분적으로 인정하였다.
> ㉡ 고려는 신라의 9주 5소경 제도를 그대로 이어받았다.
> ㉢ 국초부터 지방관을 파견하여 중앙집권체제를 갖추었다.
> ㉣ 고려에서는 호족세력의 통합을 위한 여러 정책을 펴 나갔다.

① ㉠㉡   ② ㉠㉣
③ ㉡㉢   ④ ㉡㉣

TIP 기인제도와 사심관제도에 대한 설명이다. 두 제도 모두 지방 유력자들을 일정하게 대우하면서도 이들의 성장을 중앙에서 통제하려는 데 주안점을 두었다.

23 다음은 고려의 북방에 대한 인식을 보여주는 자료이다. 이와 같은 인식이 잘 반영된 정책이라고 할 수 있는 것은?

> • 태조 17년, 발해국의 세자 대광현이 민중 수만 명을 데리고 와서 귀화하였다. 왕은 그에게 왕계라는 성명을 주어 왕실족보에 등록하게 하고, 특히 원보 품계를 주어 백주 고을의 일을 맡아보게 하였으며 조상의 제사를 돌보게 하였다.
> • 태조 25년 10월에 거란이 사신과 낙타 50필을 보냈다. 왕은 거란이 일찍이 발해와 동맹을 맺고 있다가 결국 이를 배신하고 발해를 멸망시켰으니, 이는 심히 무도한 일로 친선관계를 맺을 수 없다며 국교를 단절하고 그 사신 30명은 섬으로 귀양을 보냈으며, 낙타는 만부교 아래에 묶어 두었더니 모두 굶어 죽었다. 관리선발은 음서와 과거를 통해 이루어졌으며 점차 과거의 중요성이 높아졌다. 문학적 재능과 유학의 경서를 시험하는 제술과나 명경과에는 주로 귀족과 향리의 자제들이 응시하였으며, 백정이나 농민들은 기술학을 시험하는 잡과에 주로 응시하였다. 과거에 합격한 사람은 시험관인 좌주를 중심으로 결속되었으며, 그들의 도움으로 쉽게 관직에 진출하였다.

① 노비안검법을 실시하였다.
② 신라에 적극적인 우호정책을 폈다.
③ 취민유도의 수취정책을 실시하였다.
④ 서경을 북진정책의 기지로 삼아 적극적으로 개발하였다.

TIP ④ 고려는 북진정책을 펼쳐 발해 유민을 우대하는 한편, 거란과는 일찍부터 대결구도를 취하였다. 고려는 서경을 중심으로 북방 개척에 주도적으로 나섬으로써 청천강에서 영흥에 이르는 국경선을 확보할 수 있었다.

Answer 22.② 23.④

24 다음 중 공민왕의 개혁정치와 관계없는 내용은?

① 도평의사사를 강화하여 왕권을 확립하였다.
② 정방을 폐지하고 신진사대부를 등용하였다.
③ 전민변정도감을 설치하고 권문세족을 약화시켰다.
④ 정동행성을 폐지하고 관제를 복구하였다.

TIP 공민왕의 개혁정치 … 공민왕은 반원자주정책과 왕권 강화를 위하여 개혁정치를 펼쳤다. 친원세력을 숙청하고 정동행성을 폐지하였으며 관제를 복구하였다. 몽고풍을 금지하고 쌍성총관부를 수복하고 요동을 공격하였다. 그리고 정방을 폐지하고 전민변정도감을 설치하였으며 성균관을 설치하여 유학을 발달시키고 신진사대부를 등용하였다.
① 도평의사사는 고려후기 내내 존재하다가 조선초기 태종 때 의정부로 개편되었다.

25 다음은 고려의 과거제도에 대한 설명이다. 이를 토대로 당시의 사회모습을 바르게 추론한 것은?

> 관리선발은 음서와 과거를 통해 이루어졌으며 점차 과거의 중요성이 높아졌다. 문학적 재능과 유학의 경서를 시험하는 제술과나 명경과에는 주로 귀족과 향리의 자제들이 응시하였으며, 백정이나 농민들은 기술학을 시험하는 잡과에 주로 응시하였다. 과거에 합격한 사람은 시험관인 좌주를 중심으로 결속되었으며, 그들의 도움으로 쉽게 관직에 진출하였다.

① 신라 때에 비해 능력 본위의 사회였다.
② 과거는 귀족 중심의 사회구조를 무너뜨렸다.
③ 모든 계층에게 관리가 될 수 있는 길이 열려 있었다.
④ 학교교육은 유교교육과 동일시되었다.

TIP ① 신라는 골품제도라는 신분제도가 있어 신라인의 사회활동과 정치활동에 제한이 있었다. 그러나 고려는 과거제도를 통해 관리를 선발하고, 비교적 폭넓게 관직에 오를 기회를 제공하였다.

Answer 24.① 25.①

26 다음에서 설명하는 이민족과의 관계에서 있었던 역사적 사실은?

> • 발해의 촌락은 주로 이들로 구성되어 있었다.
> • 말갈로 불리웠으며, 일찍이 고구려의 지배를 받았다.
> • 김부식과 묘청은 이들의 요구에 대해 서로 다른 입장을 가졌다.

① 이들이 사대관계를 요구하였을 때, 문벌귀족들이 이에 굴복하여 논란이 있었다.
② 이들의 침략이 거듭되자 고려에서는 개경에 나성을 쌓고 국경에 천리장성을 쌓았다.
③ 서희는 이들이 군대를 이끌고 쳐들어오자 당당하게 외교담판을 벌여 영토를 확장하였다.
④ 고려 태조는 이들이 이주해 오자 동족으로 여기면서 높은 벼슬을 주고 살 곳을 마련해 주었다.

> **TIP** ① 여진은 한 때 말갈이라 불리면서 오랫 동안 고구려에 복속되어 있던 민족이다. 발해의 피지배층으로 발해가 멸망한
> 뒤에는 여진으로 불리면서 발해의 옛 땅에서 독립적인 세력을 유지하고 있었다. 12세기 초 여진은 금을 건국하였으
> 며 송과 연합하여 거란을 몰아낸 다음 송을 양쯔강 이남으로 밀어내고 화북 전체를 지배하기도 하였다. 이 무렵부터
> 여진은 고려에 군신관계를 맺자고 요구하였다.
> ② 고려의 친송배요정책으로 거란은 3차례의 침입을 하였다. 그 뒤 고려는 송과 단교를 약속하고 거란과 수교하였으며
> 개경에 나성을 축조하고, 거란과 여진에 대비하여 압록강에서 도련포까지 천리장성을 쌓았다.
> ③ 고려 성종 때 거란의 1차 침입에서 서희의 외교로 강동 6주를 획득하고 압록강 하류까지 영토를 확장하였다.
> ④ 발해가 거란에게 멸망하자(926) 태조는 발해의 유민들에게 토지, 가옥, 벼슬 등을 주었다.

27 삼별초에 대한 설명으로 옳은 것은?

① 삼별초의 항쟁은 민중들의 지지를 받지 못하였다.
② 좌별초, 우별초, 주진군으로 이루어졌다.
③ 공적인 임무를 띤 군대로 최씨 정권에 의해 사병화되었다.
④ 배중손은 최씨 정권의 붕괴와 몽고와의 굴욕적인 강화를 맺는 데 반발하였다.

> **TIP** ① 당시 민중의 지지가 있었기 때문에 장기 항쟁이 가능했다.
> ② 주진군은 고려 양계에 배치된 상비군으로 국방 수비를 담당하였다.
> ③ 최우에 의해 만들어진 사병조직인 야별초를 확대해 정규군 조직으로 개편한 것이 삼별초이다.

♀Answer 26.① 27.④

근세의 정치

① ·· 근세사회의 성립과 전개

(1) 조선의 건국

① 고려 말의 정세
- ㉠ 권문세족의 횡포 : 고위 관직을 독점하고 대농장을 소유하였다.
- ㉡ 신진사대부의 개혁 요구 : 사원경제의 폐단과 토지제도의 개혁을 주장하였다.
- ㉢ 신진사대부의 분열
  - 온건개혁파 : 이색, 정몽주 등이 고려 왕조 체제 내의 점진적 개혁을 주장하였다.
  - 급진개혁파 : 정도전 등이 고려 왕조를 부정하고 역성혁명을 주장하였다.
② 조선의 개창(1392) : 위화도 회군으로 정권을 장악하고 전제개혁을 단행하게 되었다(과전법 실시로 권문세족의 경제기반 붕괴). 이성계와 급진개혁파는 온건개혁파를 제거하고 조선을 건국하였다.

(2) 국왕 중심의 통치체제정비와 유교정치의 실현

① 태조
- ㉠ 국호 개정 : 국호를 '조선'이라 하여 고조선의 후계자임을 자처하였다.
- ㉡ 한양천도(풍수지리설의 영향) : 한양은 풍부한 농업생산력을 보유하였고 교통과 군사의 중심지 역할을 하였다.
- ㉢ 3대 정책 : 숭유억불정책, 중농억상정책, 사대교린정책이다.
- ㉣ 정도전의 활약 : 민본적 통치규범을 마련하고(조선경국전), 재상 중심의 정치를 주장하였으며, 불교를 비판하며(불씨잡변) 성리학을 통치이념으로 확립하였다.
② 태종(국왕 중심의 통치체제)
- ㉠ 왕권 확립 : 두 차례의 왕자의 난을 통해 개국공신세력을 견제하고 숙청하게 되었다.
- ㉡ 관제개혁 : 도평의사사를 폐지하고(의정부 설치) 6조직계제를 실시하였으며 사간원을 독립시켜 대신들을 견제하고, 신문고를 설치하였다.
- ㉢ 경제기반 안정과 군사력 강화 : 양전사업을 실시하고, 호패법을 시행하였다. 사원전을 몰수하였으며, 노비도 해방시키고 사병도 폐지하였다.
③ 세종(유교정치의 실현)
- ㉠ 집현전을 설치하여 유학자를 우대하고, 한글을 창제하였다.
- ㉡ 6조직계제를 폐지하고 의정부서사제(재상합의제)로 정책을 심의하였다. 이는 왕권과 신권의 조화를 말해준다.
- ㉢ 유교적 의례의 실천 : 국가행사를 오례에 따라 거행하였다. 사대부의 주자가례도 이를 말해준다.

(3) 문물제도의 정비

① 세조(왕권의 재확립과 집권체제의 강화)
- ㉠ 문종 이후 비대해진 조정권신과 지방세력을 억제하기 위해 문물을 정비하였다.
- ㉡ 6조직계제를 실시하고 집현전과 경연을 폐지하였다.
- ㉢ 경국대전의 편찬에 착수하였다.
② 성종(유교적 집권체제의 완성)
- ㉠ 홍문관(집현전 계승)을 설치하여 학문을 연구하고, 왕의 자문기구 역할을 하였다.
- ㉡ 경연을 활성화하여 홍문관 관원 및 정승 등 고위관리가 참석하여 주요 정책을 토론하게 하였다.
- ㉢ 경국대전을 완성, 반포하여 조선의 기본통치방향과 이념을 제시하였다(유교적 법치국가 확립).

기출문제

밑줄 친 '그'에 대한 설명으로 옳은 것은?

2017. 4. 8. 인사혁신처

그는 이성계를 추대하여 조선 왕조를 개창한 공으로 개국 1등 공신이 되었으며, 의정부를 중심으로 하는 재상 중심의 관료정치를 주창하였다. 그리고 「불씨잡변」을 저술하여 불교의 사회적 폐단을 비판하였다.

① 왜구의 소굴인 쓰시마 섬을 정벌하였다.
② 백성들의 윤리서인 「삼강행실도」를 편찬하였다.
③ 여진족을 두만강 밖으로 몰아내고 6진을 개척하였다.
④ 「조선경국전」을 편찬하여 왕조의 통치 규범을 마련하였다.

☞ ④

기출문제

(개) 시기에 있었던 일로 옳은 것은?

2020. 6. 13. 제1회 지방직 / 제2회 서울특별시

이종무의 대마도 정벌	(개)	전분6등법과 연분9등법 시행

① 과전법 공포
② 이시애의 반란
③ 「농사직설」 편찬
④ 정도전의 요동정벌 추진

☞ ③

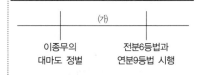 보충학습

- 의정부서사제 … 왕이 인사와 군사 두 분야만 친히 관여하고 나머지 6조에서 올라오는 모든 일들은 의정부의 영의정, 좌의정, 우의정이 논의한 후 결정된 사항을 왕이 결재하는 형식이다.
- 6조직계제 … 6조의 장관인 판서가 의정부를 거치지 않고 왕에게 직접 보고하여 업무를 처리하는 제도

❷ ·· 통치체제의 정비

(1) 중앙정치체제
① 양반관료체제의 확립
㉠ 경국대전으로 법제화하고 문·무반이 정치와 행정을 담당하게 하였다.
㉡ 18품계로 나뉘며 당상관(관서의 책임자)과 당하관(실무 담당)으로 구분하였다. 관직은 경관직(중앙관)과 외관직(지방관)으로 편제하였다.

② 의정부와 6조 : 고관들이 중요정책회의에 참여하거나 경연에 참여함으로써 행정의 통일성과 전문성 및 효율성의 조화를 꾀하였다.
㉠ 의정부 : 최고 관부로서 재상의 합의로 국정을 총괄하였다.
㉡ 6조 : 직능에 따라 행정을 분담하였다.
• 이조 : 문관의 인사(전랑이 담당), 공훈, 상벌을 담당하였다.
• 호조 : 호구, 조세, 회계, 어염, 광산, 조운을 담당하였다.
• 예조 : 외교, 교육, 문과과거, 제사, 의식 등을 담당하였다.
• 병조 : 국방, 통신(봉수), 무과과거, 무관의 인사 등을 담당하였다.
• 형조 : 형률, 노비에 대한 사항을 담당하였다.
• 공조 : 토목, 건축, 수공업, 도량형, 파발에 대한 사항을 담당하였다.

③ 언론학술기구 : 삼사로 정사를 비판하고 관리들의 부정을 방지하였다.
㉠ 사간원(간쟁)·사헌부(감찰) : 서경권을 행사하였다(관리 임명에 동의권 행사).
㉡ 홍문관 : 학문적으로 정책 결정을 자문하는 기구이다.

④ 왕권강화기구 : 왕명을 출납하는 승정원과 큰 죄인을 다스리는 국왕 직속인 의금부, 서울의 행정과 치안을 담당하는 한성부가 있다.

⑤ 춘추관 : 역사서의 편찬과 보관을 담당하였다.

⑥ 성균관 : 소과(생원진사시)에 합격한 인재들이 들어가는 최고 교육기관이었다.

⑦ 한성부 : 수도의 행정과 치안을 담당하였고 일반 범죄사건도 다루었다.

(2) 지방행정조직
① 중앙집권체제의 강화
㉠ 모든 군현에 수령을 파견하였고 수시로 암행어사를 보냈다.
㉡ 향·소·부곡을 일반 군현으로 승격시킨 것은 백성에 대한 국가의 공적 지배력이 강화되었음을 의미한다.

② 지방조직 : 전국을 8도로 나누고, 하부에 부·목·군·현을 설치하였다. 지방관의 임명에는 상피제가 적용되었다.
㉠ 관찰사(감사) : 8도의 지방장관으로서 행정, 군사, 감찰, 사법권을 행사하였다. 수령에 대한 행정을 감찰하는 역할을 담당하였다.
㉡ 수령 : 부, 목, 군, 현에 임명되어 관내 주민을 다스리는 지방관으로서 행정, 사법, 군사권을 행사하였다.
㉢ 향리 : 6방에 배속되어 향역을 세습하면서 수령을 보좌하였다(아전).

③ 향촌사회
㉠ 면·리·통 : 향민 중에서 책임자를 선임하여, 수령의 명령을 받아 인구 파악과 부역 징발을 주로 담당하게 하였다.
㉡ 양반 중심의 향촌사회질서 확립
• 경재소 : 유향소와 정부간 연락을 통해 유향소를 통제하여 중앙집권을 효율적으로 강화하였다.

📖 기출문제

다음 정치관과 관련이 깊은 정책으로 옳은 것은?

2013. 7. 27. 안전행정부

임금의 직책은 한 사람의 재상을 논정하는 데 있다 하였으니, 바로 총재(冢宰)를 두고 한 말이다. 총재는 위로는 임금을 받들고 밑으로는 백관을 통솔하여 만민을 다스리는 것이니 직책이 매우 크다. 또 임금의 자질에는 어리석음과 현명함이 있고 강함과 유약함의 차이가 있으니, 옳은 일은 아뢰고 옳지 않은 일은 막아서, 임금으로 하여금 대중(大中)의 경지에 들게 해야 한다. 그러므로 상(相)이라 하니, 곧 보상(輔相)한다는 뜻이다.

① 육조 직계제의 시행
② 사간원의 독립
③ 의정부 서사제의 시행
④ 집현전의 설치

☞ ③

📖 기출문제

다음 지방행정제도를 시기 순으로 바르게 나열한 것은?

2011. 4. 9. 행정안전부

㉠ 전국을 8도로 나누고 도 아래에는 부·목·군·현을 두었다.
㉡ 전국을 5도와 양계, 경기로 나누었다.
㉢ 9주 5소경의 지방제도를 마련하였다.
㉣ 전국을 23부 337군으로 개편하였다.

① ㉠ – ㉡ – ㉢ – ㉣
② ㉡ – ㉢ – ㉣ – ㉠
③ ㉢ – ㉡ – ㉠ – ㉣
④ ㉢ – ㉡ – ㉣ – ㉠

☞ ③

- 유향소(향청) : 향촌양반의 자치조직으로 좌수와 별감을 선출하고, 향규를 제정하며, 향회를 통한 여론의 수렴과 백성에 대한 교화를 담당하였다.

(3) 군역제도와 군사조직

① 군역제도

　㉠ 양인개병제 : 양인의 신분이면 누구나 병역의 의무를 지는 제도이다.

　㉡ 운영 : 현직 관료와 학생을 제외한 16세 이상 60세 이하의 양인 남자의 의무이다.

　㉢ 보법 : 정군(현역 군인)과 보인(정군의 비용 부담)으로 나눈다.

　㉣ 노비 : 권리가 없으므로 군역이 면제되고, 특수군(잡색군)으로 편제되었다.

② 군사조직

　㉠ 중앙군(5위) : 궁궐과 서울을 수비하며 정군을 중심으로 갑사(시험을 거친 직업군인)나 특수병으로 지휘 책임을 문관관료가 맡았다.

　㉡ 지방군 : 병영(병마절도사)과 수영(수군절도사)으로 조직하였다.

　• 초기 : 영진군으로 국방상 요지인 영이나 진에 소속되어 복무하였다.

　• 세조 이후 : 진관체제를 실시하여 요충지마다 진관을 설치, 진관을 중심으로 독자적으로 적을 방어하였다.

　㉢ 잡색군 : 서리, 잡학인, 신량역천인(신분은 양인이나 천한 일에 종사), 노비 등으로 조직된 일종의 예비군으로 유사시에 향토 방위를 담당한다(농민은 제외).

③ 교통·통신체계의 정비

　㉠ 봉수제(통신) : 군사적 목적으로 설치하였으며, 불과 연기를 이용하여 급한 소식을 알렸다.

　㉡ 역참 : 물자 수송과 통신을 위해 설치되어 국방과 중앙집권적 행정 운영이 한층 쉬워졌다.

(4) 관리등용제도

① 과거

　㉠ 종류

　• 문과 : 문관을 선발하는 시험이며 예조에서 담당하였다.

　• 무과 : 무관선발시험은 병조에서 담당하고 28명을 선발하였다.

　• 잡과 : 해당 관청에서 역과, 율과, 의과, 음양과의 기술관을 선발하였다.

　㉡ 응시자격 : 양인 이상이면 응시할 수 있으나 실제로는 양반이 주로 응시하였다. 문과의 경우 탐관오리의 아들, 재가한 여자의 아들과 손자, 서얼은 응시를 제한하고 무과와 잡과에는 제한이 없었다.

　㉢ 시험의 실시시기 : 정기시험인 식년시(3년 단위), 부정기시험인 별시(증광시, 알성시) 등이 수시로 행하였다.

② 취재 : 재주가 부족하거나 나이가 많아 과거 응시가 어려운 사람이 특별채용시험을 거쳐 하급 실무직에 임명되는 제도이다.

③ 음서와 천거 : 과거를 거치지 않고 고관의 추천을 받아 간단한 시험을 치른 후 관직에 등용되거나 음서를 통하여 관리로 등용되는 제도이다. 그러나 천거는 기존의 관리들을 대상으로 하였고, 음서도 고려시대에 비하여 크게 줄어들었고 문과에 합격하지 않으면 고관으로 승진하기 어려웠다.

④ 인사관리제도의 정비

　㉠ 상피제 : 권력의 집중과 부정을 방지하였다.

　㉡ 서경제 : 사헌부와 사간원에서 관리 임명시에 심사하여 동의하는 절차로서 5품 이하 관리 임명시에 적용하는 것이다.

　㉢ 근무성적평가 : 하급관리의 근무성적평가는 승진 및 좌천의 자료가 되었다.

📖 보충학습

진관체제 … 지역 단위의 방위체제로 각 도에 한두 개의 병영을 두어 병마절도사가 관할지역군대를 장악하고, 병영 밑에 몇 개의 거진을 설치하여 거진의 수령이 그 지역 군대를 통제하는 체제였다. 수군도 육군과 같은 방식으로 편제되었다.

📖 보충학습

파발제 … 임진왜란 때 공문전달을 위한 통신망으로 기발과 보발이 있다.

📖 보충학습

과거제도의 영향

　㉠ 시학 또는 유교경전의 학습심화효과를 가져왔다.

　㉡ 유교사상의 배타성으로 사대사상을 조장하였다.

　㉢ 부정합격자를 배출하여 정치기강이 문란해졌다.

　㉣ 이론적 정치를 하게 되어 사화·당쟁의 원인이 되었다.

　㉤ 순수학문 연구보다는 출세 목적의 교육에 집착하여 형식화되었다.

❸ ·· 사림의 대두와 붕당정치

(1) 훈구와 사림

① 훈구세력
- ㉠ 출신배경 : 세조의 즉위를 도운 공신세력들로 막대한 토지를 가진 대지주 출신들이다.
- ㉡ 세력 형성 : 고위관직을 독점 및 세습하고, 왕실과의 혼인으로 성장하였다.
- ㉢ 정치적 역할 : 조선초기 문물제도의 정비에 기여하였다.

② 사림세력
- ㉠ 출신배경 : 여말 온건파 사대부의 후예로서 길재와 김종직에 의해 영남과 기호지방에서 성장한 세력을 말한다.
- ㉡ 경제기반 : 대부분이 향촌의 중소지주이다.

③ 훈구파와 사림파

훈구파	사림파
• 15세기 민족문화 창조	• 16세기 사상계 주도
• 중앙집권 추구	• 향촌자치 주장
• 부국강병, 민생 안정 추구	• 의리와 도덕 숭상
• 과학기술 중시	• 과학기술 천시
• 패도정치 인정, 왕도정치 추구	• 왕도정치 이상
• 사장 중시	• 경학 중시
• 자주성이 강함	• 중국 중심의 세계관

(2) 사림의 정치적 성장

① 사림의 정계 변동
- ㉠ 성종 때 김종직과 그 문인들이 중앙정계에 진출하여 이조전랑(인사권 담당)과 3사의 언관직을 담당하였으나 훈구세력이 이를 비판하게 되었다.
- ㉡ 성종은 사림을 등용하고 훈구세력을 견제하였다.

② 사화의 발생
- ㉠ 원인 : 사림과 훈구세력 간의 정치적·학문적 대립으로 발생하였다.
- ㉡ 무오사화(1498)·갑자사화(1504) : 연산군의 폭정으로 발생하였으며 영남 사림은 몰락하게 되었다.
- ㉢ 조광조의 개혁정치(왕도정치의 추구)
  - 정치·경제 : 현량과(천거제의 일종)를 실시하여 사림을 등용하여 급진적 개혁을 추진하였다. 위훈삭제사건으로 훈구세력을 약화시켰으며, 공납의 폐단을 시정하였다.
  - 사회 : 불교와 도교행사를 폐지하고, 소학교육을 장려하고, 향약을 보급하였다.
  - 결과 : 훈구세력의 반발을 샀으며 기묘사화(1519)로 조광조는 실각되고 말았다.
- ㉣ 을사사화(명종, 1545) : 중종이 다시 사림을 등용하였으나 명종 때 외척 다툼으로 을사사화가 일어나고 사림은 축출되었다.

③ 결과 : 사림은 정치적으로 위축되었으나 중소지주를 기반으로 서원과 향약을 통해 향촌에서 세력을 회복하게 되었다.

(3) 붕당의 출현(사림의 정계 주도)

① 동인과 서인 : 척신정치(권력을 독점한 권세가들이 마음대로 하는 정치)의 잔재를 청산하기 위한 방법을 둘러싸고 대립행태가 나타났다.

기출문제

조선 전기 사림(士林)에 대한 설명으로 옳지 않은 것은?

2013. 7. 27. 안전행정부

① 재야에서 공론을 주도하는 지도자로서 산림(山林)이 존중되었다.
② 향촌 자치를 내세우며, 도덕과 의리를 바탕으로 한 왕도정치를 강조하였다.
③ 3사의 언관직을 차지하고, 자신들의 의견을 공론으로 표방하였다.
④ 중소지주적인 배경을 가지고, 지방사족이 영남과 기호 지방을 중심으로 성장하였다.

☞ ①

보충학습

이조전랑 ··· 이조전랑은 품계가 5, 6품에 불과하였으나, 홍문관 출신 중에서 명망이 높은 자가 선임되었다. 이조전랑은 자신의 마음에 들지않는 인물은 천거를 거부할 수 있을 정도로 문관인사에 큰 영향력을 행사하였다. 특별한 과오가 없으면 재상까지 승진할 수 있었으며, 자신의 후임자는 스스로 천거할 정도로 요직이었다. 이조전랑직을 둘러싼 다툼이 붕당정치를 격화시킨 한 요인이 되었다.

보충학습

사화의 발생과 사림세력의 확대
- ㉠ 무오사화 : 세조를 비방한 조의제문(弔義帝文)을 사초에 기록한 것을 트집잡아 이극돈·유자광 등의 훈구파가 연산군을 충동하여 사림파를 제거하였다.
- ㉡ 갑자사화 : 임사홍 등은 연산군의 생모 윤비 폐출사건을 들추어서 윤필상, 한명회 등의 훈구파와 김굉필 등의 사림파를 제거하였다.
- ㉢ 기묘사화 : 남곤·심정 등의 훈구파가 조광조의 혁신정치에 불만을 품고, 조광조 일파(조광조, 김식, 김안국 등의 사림파)를 모략하여 처형하였다.
- ㉣ 을사사화 : 왕위계승문제로 명종의 외척인 윤원형이 선왕인 인종의 외척 윤임 일파를 제거하였고, 사림의 세력은 크게 꺾였다.

⊙ 동인
- 신진사림 출신으로서 정치 개혁에 적극적이다.
- 수기(修己)를 강조하고 지배자의 도덕적 자기 절제를 강조하였다.
- 이황, 조식, 서경덕의 학문을 계승하였다.
ⓛ 서인
- 기성사림 출신으로서 정치 개혁에 소극적이다.
- 치인(治人)에 중점을 두고 제도 개혁을 통한 부국 안민에 힘을 썼다.
- 이이, 성혼의 문인들을 중심으로 구성되었다.
② 붕당의 성격과 전개
⊙ 성격 : 학문과 이념에 따라 성립되었으며, 정파적 성격과 학파적 성격을 지녔다.
ⓛ 전개 : 초기에는 강력한 왕권으로 형성이 불가능하였으나, 중기에 이르러 왕권이 약화되고 사림정치가 전개되면서 붕당이 형성되었다.

(4) 붕당정치의 전개

① 붕당의 분화
⊙ 동인의 분당은 정여립의 모반사건을 계기로 세자책봉문제(건저의문제)를 둘러싸고 시작되었다.
- 남인은 온건파로 초기에 정국을 주도하였다.
- 북인은 급진파로 임진왜란이 끝난 뒤부터 광해군 때까지 정권을 장악하였다.
ⓛ 광해군의 개혁정치
- 명과 후금 사이의 중립외교를 펼쳤으며, 전후복구사업을 추진하였다.
- 북인은 정권을 독점하려 하였고, 무리한 전후복구사업으로 민심을 잃은 광해군과 북인세력은 서인이 주도한 인조반정으로 몰락하였다.
② 붕당정치의 전개
⊙ 서인과 남인의 공존관계 유지 : 서인이 집권하여 남인 일부와 연합하고, 상호비판 공존체제가 수립되었다.
ⓛ 정치여론 수렴 : 서원을 중심으로 여론을 수렴하여 중앙정치에 반영되었다.
ⓒ 예송논쟁(현종) : 효종의 왕위계승 정통성에 대하여 서인과 남인의 정치적 대립이 격화되었다.
- 기해예송 : 서인의 주장을 채택하여 서인정권이 지속되었다.
- 갑인예송 : 남인의 주장을 채택하여 서인의 세력이 약화되고 남인정권이 운영되었다.
ⓔ 공존의 붕괴 : 서인과 남인의 정치 공존은 경신환국(서인이 남인을 역모죄로 몰아 숙청하고 정권을 독점)으로 붕괴되었다.

(5) 붕당정치의 성격

① 공론 중시
⊙ 비변사를 통한 여론 수렴이 이루어졌다.
ⓛ 3사의 언관과 이조전랑의 정치적 비중이 증대되었다.
ⓒ 재야의 여론이 수렴되어 재야의 공론주도자인 산림이 출현하였고, 서원과 향교를 통한 수렴이 이루어졌다.
② 붕당정치는 정치참여의 확대와 정치의 활성화에 기여했다고 할 수 있다.
③ 한계
⊙ 국가의 이익보다는 당파의 이익을 앞세워 국가발전에 지장을 주기도 하였다.
ⓛ 현실문제를 경시하고 의리와 명분에 치중하였다.
ⓒ 지배층의 의견만을 정치에 반영하였다.

④ ·· 조선초기의 대외관계

(1) 명과의 관계

① 외교정책의 원칙
  ㉠ 사대외교 : 명과의 관계를 말하며 왕권의 안정과 국가의 안전 보장을 목적으로 한다.
  ㉡ 교린정책 : 중국 이외의 주변 민족에 대한 회유와 교류정책이다.

② 대명외교
  ㉠ 조공외교 : 명의 정치적 간섭은 배제하고 정기사절과 부정기사절을 파견하였다.
    • 정치적 목적에서 파견하였지만 문화의 수입과 물품교역이 이루어졌다.
    • 자주적 실리외교로 선진문물을 흡수하였고, 국가 간의 공무역이었다.
  ㉡ 태조 때 정도전 중심의 요동수복운동으로 대립하였으나 태종 이후 정상화되었다.

(2) 여진과의 관계

① 대여진정책(강온양면정책)
  ㉠ 회유책 : 귀순을 장려하였고, 북평관을 세워 국경무역과 조공무역을 허락하였다.
  ㉡ 강경책 : 본거지를 토벌하고 국경지방에 자치적 방어체제를 구축하여 진·보를 설치하였다.

② 북방개척
  ㉠ 4군 6진 : 최윤덕, 김종서 등은 압록강에서 두만강에 이르는 4군 6진을 설치하였다.
  ㉡ 사민정책 : 삼남지방의 주민을 강제로 이주시켜 북방 개척과 국토의 균형 있는 발전을 꾀하였다.
  ㉢ 토관제도 : 토착인을 하급관리로 등용하는 것이다.

(3) 일본 및 동남아시아와의 관계

① 대일관계
  ㉠ 왜구의 토벌 : 고려 말부터 이어진 왜구의 약탈에 조선은 수군을 강화하고, 화약무기를 개발하는 등 왜구 격퇴에 노력하였다. 이에 왜구가 무역을 요구해오자 조선은 제한된 무역을 허용하였다. 그러나 왜구의 약탈은 계속되었으므로 이종무가 쓰시마섬을 토벌하였다(세종).
  ㉡ 교린정책 : 3포(부산포, 제포, 염포)를 개항하여, 계해약조를 맺고 조공무역을 허용하였다.

② 동남아시아와의 교역 : 조공, 진상의 형식으로 물자 교류를 하고 특히 불경, 유교경전, 범종, 부채 등을 류큐(오키나와)에 전해주어 류큐의 문화 발전에 기여하였다.

⑤ ·· 양 난의 극복과 대청관계

(1) 왜군의 침략

① 조선의 정세
  ㉠ 왜구 약탈 : 3포왜란(임신약조) → 사량진왜변(정미약조) → 을묘왜변(교역 중단)
  ㉡ 국방대책 : 3포왜란 이후 군사문제를 전담하는 비변사가 설치되었다.
  ㉢ 16세기 말 : 사회적 혼란이 가중되면서 국방력이 약화되어 방군수포현상이 나타났다(군적수포제 실시).

기출문제

다음 중 조선초기의 대외관계에 대한 설명으로 옳지 않은 것은?
2010. 6. 12. 서울특별시
① 명나라와 태종 이후로 관계가 좋아져 교류가 활발했다.
② 세종 때 4군 6진이 설치되어 오늘과 같은 국경선이 확정되었다.
③ 여진족에 대해 토벌 위주의 정책을 추진하였다.
④ 화약 무기를 개발하여 선박에 장착 하는 등 왜구 격퇴에 노력을 기울였다.
⑤ 류큐에 불경, 유교경전, 범종 등을 전해주어 문화 발전에 기여하였다.
☞ ③

기출문제

〈보기〉의 조선시대 사건을 시간순으로 바르게 나열한 것은?
2020. 6. 13. 제2회 서울특별시

〈보기〉
㉠ 기묘사화 ㉡ 을묘왜변
㉢ 계유정난 ㉣ 무오사화

① ㉠-㉡-㉢-㉣
② ㉡-㉢-㉣-㉠
③ ㉢-㉣-㉠-㉡
④ ㉣-㉠-㉡-㉢
☞ ③

보충학습

일본과의 약조 체결
㉠ 계해약조(1443) : 3포 개항, 세견선 50척, 세사미두 200석
㉡ 임신약조(1512) : 제포 개항, 세견선 25척, 세사미두 100석
㉢ 기유약조(1609) : 부산포 개항, 세견선 20척, 세사미두 100석

    ⓔ 국론의 분열 : 붕당에 따라 일본 정세에 대한 인식의 차이가 노출되어 적극적인 대책이 강구되지 못하였다.

  ② 임진왜란(1592) : 왜군 20만의 기습으로 정발과 송상현이 부산진과 동래성에서 분전했으나 함락되고, 신립까지 패배하자 선조는 의주로 피난하였다. 왜군이 평양, 함경도까지 침입하자 조선은 명에 파병을 요청하였다.

(2) 수군과 의병의 승리

  ① 수군의 승리

    ㉠ 이순신(전라좌수사)의 활약 : 판옥선과 거북선을 축조하고, 수군을 훈련시켰다.

    ㉡ 남해의 재해권 장악 : 옥포(거제도)에서 첫 승리를 거두고, 사천(삼천포, 거북선을 이용한 최초의 해전), 당포(충무), 당항포(고성), 한산도대첩(학익진 전법) 등지에서 승리를 거두어 남해의 제해권을 장악하였고 전라도지방을 보존하였다.

    ㉢ 왜군의 수륙병진작전이 좌절되자 전세전환의 계기가 마련되었다.

  ② 의병의 항쟁

    ㉠ 의병의 봉기 : 농민이 주축이 되어 전직관리, 사림, 승려가 주도한 자발적인 부대였다.

    ㉡ 전술 : 향토지리와 조건에 맞는 전술을 사용하였다. 매복, 기습작전으로 아군의 적은 희생으로 적에게 큰 타격을 주었다.

    ㉢ 의병장 : 곽재우(의령), 조헌(금산), 고경명(담양), 정문부(길주), 서산대사 휴정(평양, 개성, 한성 등), 사명당 유정(전후 일본에서 포로 송환) 등이 활약하였다.

    ⓔ 전세 : 관군이 편입되어 대일항전이 조직화되고 전력도 강화되었다.

(3) 전란의 극복과 영향

  ① 전란의 극복

    ㉠ 조·명연합군의 활약 : 평양성을 탈환하고 행주산성(권율) 등지에서 큰 승리를 거두었다.

    ㉡ 조선의 군사력 강화 : 훈련도감과 속오군을 조직하였고 화포 개량과 조총을 제작하였다.

    ㉢ 휴전회담 : 왜군은 명에게 휴전을 제의하였으나, 왜군의 무리한 조건으로 3년 만에 결렬되었다.

    ⓔ 정유재란 : 왜군은 조선을 재침하였으나 이순신에게 명량·노량해전에서 패배하였다.

  ② 왜란의 영향

    ㉠ 국내적 영향

     • 인구와 농토가 격감되고 농촌이 황폐화되어 민란이 발생하였다.

     • 국가재정 타개책으로 공명첩을 대량으로 발급하여 신분제가 동요되었고, 납속이 실시되었다.

     • 토지대장과 호적이 소실되어 조세, 요역의 징발이 곤란하였다.

     • 경복궁, 불국사, 서적, 실록 등의 문화재가 소실·약탈당하였다.

     • 일본을 통하여 조총, 담배, 고추, 호박 등이 전래되었다.

    ㉡ 국제적 영향

     • 일본은 문화재를 약탈하고, 성리학자와 도공을 납치하였다. 이는 일본 문화가 발전하는 계기가 되었다.

     • 여진족은 급성장하였으나(후금 건국, 1616), 명은 쇠퇴하였다.

📝 기출문제

다음 중 군사기구에 대한 설명으로 옳은 것은?

2010. 6. 12. 서울특별시

㉠ 임진왜란 때 왜군의 조총에 대항하기 위해 설치하였다.

㉡ 포수, 사수, 살수의 삼수병으로 편제되었다.

① 후금과의 항쟁 과정에서 폐지되었다.

② 지방 방어 체계의 강화를 위해 설치되었다.

③ 양반에서 노비에 이르기까지 편제되었다.

④ 장기간을 근무하고 일정 급료를 받는 상비군이었다.

⑤ 병농일치를 원칙으로 하는 의무병제에 따라 편성되었다.

☞ ④

📞 보충학습

훈련도감 … 임진왜란 때 왜군의 조총에 대항하기 위하여 조총으로 무장한 부대를 만들었다. 훈련도감은 포수, 사수, 살수의 삼수병으로 편제되었다.

📝 기출문제

임진왜란의 전개 과정에 대한 설명으로 옳지 않은 것은?

2017. 6. 17. 제1회 지방직

① 휴전협상이 진행되는 동안 조선은 훈련도감을 설치해 군대의 편제를 바꾸었다.

② 조선군은 명나라 지원군과 연합하여 일본군에게 뺏긴 평양성을 탈환하였다.

③ 전세가 불리해지고 도요토미 히데요시가 죽자 일본군이 철수함으로써 전란이 끝났다.

④ 첨사 정발은 부산포에서, 도순변사 신립은 상주에서 일본군과 맞서 싸웠지만 패배하였다.

☞ ④

(4) 광해군의 중립외교

① 내정개혁

㉠ 부국책 : 양안(토지대장)과 호적을 재작성하여 국가재정기반을 확보하고, 산업을 진흥하였다.

㉡ 강병책 : 군사력을 강화하기 위해 성곽과 무기를 수리하였다.

㉢ 문화시책 : 동의보감(허준)을 편찬하고 소실된 사고를 5대 사고로 재정비하였다.

② 대외정책

㉠ 후금의 건국 : 임진왜란 동안 조선과 명이 약화된 틈을 타서 여진이 후금을 건국하였다(1616).

㉡ 명의 원군 요청 : 후금은 명에 대하여 전쟁을 포고하고, 명은 조선에 원군을 요청하였다.

㉢ 중립외교 : 조선은 명의 후금공격 요구를 거절할 수 없었고 후금과 적대관계를 맺을 수도 없었다. 이에 명을 지원하였으나 상황에 따라 대처하였고 명의 원군 요청을 적절히 거절하면서 후금과 친선정책을 꾀하는 중립적인 정책을 취하였다.

㉣ 의의 : 국내에 전쟁의 화가 미치지 않아 왜란 후의 복구사업에 크게 기여하였다.

(5) 호란의 발발과 전개

① 정묘호란(1627)

㉠ 원인 : 명의 모문룡 군대의 가도 주둔과 이괄의 난 이후 이괄의 잔당이 후금에 건너가 조선 정벌을 요구한 것으로 발생하였다.

㉡ 경과 : 후금의 침입으로 정봉수, 이립 등이 의병으로 활약하였다. 후금의 제의로 쉽게 화의(정묘조약)가 이루어져 후금의 군대는 철수하였다.

② 병자호란(1636)

㉠ 원인 : 후금이 중국을 장악한 후 국호를 청으로 고치고 군신관계를 요구하자 조선은 거부하였다(척화주전론).

㉡ 경과 : 청 태종이 한양을 점령하였고 인조는 남한산성에 피신하여 항전하였으나 삼전도에서 항복하고(삼전도의 굴욕) 청과 군신관계를 맺게 되었다. 또한 소현세자와 봉림대군(효종)이 인질로 끌려갔다.

(6) 북벌운동의 전개

① 추진세력 : 서인세력(송시열, 송준길, 이완 등)은 군대를 양성하는 등의 계획을 세웠으나 실천하지 못하였다.

② 추진동기 : 서인의 정권유지를 위한 것이었다.

③ 효종의 북벌계획 : 이완을 훈련대장으로 임명하고 군비를 확충하였지만 효종의 죽음으로 북벌계획은 중단되었다.

📋 **기출문제**

왜란이나 호란에 관련된 설명으로 옳지 않은 것은?

2015. 3. 14. 사회복지직

① 강홍립은 후금의 감정을 자극하지 않기 위해 후금과 휴전을 맺었다.

② 병자년에 청군이 서울을 점령하자 인조는 강화도로 피난하여 항전하였다.

③ 이순신이 이끄는 수군이 적군을 맞아 첫 승리를 한 것은 옥포해전이다.

④ 권율의 행주대첩, 김시민의 진주대첩, 이순신의 한산도대첩은 모두 승리한 싸움이다.

☞ ②

🎓 **보충학습**

• 이괄의 난(1624) … 이괄은 인조반정에 큰 공을 세웠으나 논공행상에서 2등 공신이 되자, 이에 불만을 품고 난을 일으켜 서울을 점령하였다.

• 정묘조약 … 조선은 후금과 형제관계를 맺으며 조공을 약속하고 명과 후금에 대해 조선은 중립을 지키며 중강개시와 회령개시를 열 것 등을 조약으로 맺었다.

1 밑줄친 '이들'의 활동으로 옳지 않은 것은?

2021. 9. 11. 제1회 서울특별시

> 이들은 왕도 정치를 강조하며, 유교적 이상 정치를 펼치기 위해 과감한 개혁을 추진해 나갔다. 그러나 급진적인 개혁 정치에 부담을 느낀 중종에 의해 결국 제거되었다.

① 위훈 삭제를 추진하였다.
② 소격서의 폐지를 주장하였다.
③ 향약(鄕約)을 지방 곳곳에서 실시하였다.
④ 「국조오례의」를 편찬하여 유교 의례를 정비하였다.

TIP 제시문은 중종 때 발생한 기묘사화(1519)이고 밑줄 친 이들은 조광조를 중심으로 한 사림 세력이다. 훈구파의 세력 확대를 견제하고자 중종은 조광조를 기용하여 개혁을 시도하였다. 조광조는 새로운 관리 선발 제도로 현량과를 실시하고 전국에 서원과 향약을 보급하였으며, 소격서를 폐지하고 위훈삭제를 주장하였다. 하지만 훈구파의 반대로 조광조의 급진적인 개혁정치는 실패하였다.
④ 조선 성종 때 편찬한 국가와 왕실의 행사에 관한 책으로 신숙주 등이 왕명에 따라 편찬을 주도하였다.

2 (가)~(라)를 시기가 이른 것부터 바르게 나열한 것은?

2021. 9. 11. 제1회 서울특별시

| (가) 노량 해전 | (나) 행주 대첩 |
| (다) 동래 전투 | (라) 한산도 대첩 |

① (나)→(가)→(다)→(라)　　　　② (나)→(다)→(라)→(가)
③ (다)→(나)→(가)→(라)　　　　④ (다)→(라)→(나)→(가)

TIP 제시문은 임진왜란 당시 발생한 사건이며 순서는 다음과 같다.
(다) 동래전투(1592. 4): 동래부사 송상헌이 일본군에 맞서 싸운 전투
(라) 한산도대첩(1592. 7): 전라좌수사 이순신을 중심으로 일본군과 벌인 해전
(나) 행주대첩(1593. 2): 전라 순찰사 권율을 중심으로 항전
(가) 노량해전(1598. 11): 정유재란 당시 이순신이 항전한 마지막 해전으로 조명연합군이 일본군에 항전

3 다음 글을 지은 인물이 속했던 조선 시대 정치 세력[붕당]에 대한 설명으로 가장 적절한 것은?

2020. 5. 30. 제1차 경찰공무원(순경)

> 내 버디 몇치나 ㅎ니 水石(수석)과 松竹(송죽)이라.
> 東山(동산)의 둘 오르니 긔 더옥 반갑고야.
> 두어라 이 다숫 밧긔 또 더ㅎ야 머엇ㅎ리 .

① 예송에서 왕의 예는 일반 사대부와 다르다고 주장하였다.
② 효종의 비가 죽었을 때 시어머니인 자의대비가 대공복을 입어야 한다고 주장하였다.
③ 자신들의 학문적 정통성을 확립하기 위하여 조식을 높이고 이언적과 이황을 폄하하였다.
④ 경종이 즉위하자 그가 병약하다는 이유를 들어 이복동생 연잉군을 세제로 책봉할 것을 요구하였다.

🔍Answer 1.④　2.④　3.①

TIP 보기는 남인 세력인 윤선도의 오우가(五友歌)이다. 서인이 주도한 인조반정 이후 남인은 서인과 정계에서 충돌하는데 그 대표적인 사건이 현종 대에 있었던 2차례의 예송논쟁(기해예송, 갑인예송)이다. 예송논쟁은 효종과 효종 비의 국상 문제를 둘러싸고 복상 기간을 어떻게 정할지에 대하여 서인과 남인의 의견 대립으로 나타났다. 서인은 효종이 장자가 아니기 때문에 국상 문제에 있어 왕의 예법이 일반 사대부와 같다는 논리를 내세우며 효종 사후 복상기간을 1년(기년설), 효종 비 사후에는 9개월(대공설)을 주장하였다. 반면 남인 세력은 효종의 왕위 정통성을 인정하면서 왕의 예는 일반 사대부와 다르기 때문에 효종 사후 복상기간을 3년, 효종 비 사후에는 1년(기년설)을 주장하였다.
② 서인의 주장이다.
③ 북인세력이다.
④ 노론세력이다.

4 다음 정책을 추진한 국왕 대에 있었던 사실로 옳은 것은?

2019. 6. 15. 제1회 지방직

> 옛적에 관가의 노비는 아이를 낳은 지 7일 후에 입역(立役)하였는데, 아이를 두고 입역하면 어린 아이에게 해로울 것이라 걱정하여 100일간의 휴가를 더 주게 하였다. 그러나 출산에 임박하여 일하다가 몸이 지치면 미처 집에 도착하기 전에 아이를 낳는 경우가 있다. 만일 산기에 임하여 1개월간의 일을 면제하여 주면 어떻겠는가. 가령 저들이 속인다 할지라도 1개월까지야 넘길 수 있겠는가. 상정소(詳定所)로 하여금 이에 대한 법을 제정하게 하라.

① 사형의 판결에는 삼복법을 적용하였다.　　② 주자소를 설치하여 계미자를 주조하였다.
③ 국방력 강화를 위해 진관체제를 실시하였다.　　④ 도평의사사를 개편하여 의정부를 설치하였다.

TIP 조선 세종에 관한 내용이다. 세종은 노비들에 대한 처우를 개선하려 노력하였고, 사형수에 대해 3심제를 적용하는 금부 삼복법을 제정하였다.
②④ 조선 태종
③ 조선 세조

5 다음 자료에 나타난 상황과 관련 있는 사건은?

2019. 6. 15. 제1회 지방직

> 옛경성에는 종묘, 사직, 궁궐과 나머지 관청들이 또한 하나도 남아 있는 것이 없으며, 사대부의 집과 민가들도 종루 이북은 모두 불탔고 이남만 다소 남은 것이 있으며, 백골이 수북이 쌓여서 비록 치우고자 해도 다 치울 수 없다. 경성의 수많은 백성들이 도륙을 당했고 남은 이들도 겨우 목숨만 붙어 있다. 굶어 죽은 시체가 길에 가득하고 진제장(賑濟場)에 나아가 얻어먹는 자가 수천 명이며 매일 죽는 자가 60 ~ 70명 이상이다.
> － 성혼, 「우계집」 －

① 병자호란　　　　　　　　　　　② 임진왜란
③ 삼포왜란　　　　　　　　　　　④ 이괄의 난

TIP 성혼(1535~1598)은 이이와 함께 서인의 학문적 원류를 형성한 인물이다. 임진왜란(1592) 당시 수도 한양이 왜적에게 점령당하여 선조가 의주로 피난 간 이후의 상황을 나타내고 있다.
① 병자호란 : 조선 인조(1636)
③ 삼포왜란 : 조선 중종(1510)
④ 이괄의 난 : 조선 인조(1624)

Answer 4.① 5.②

6 다음은 어떤 인물에 대한 연보이다. 밑줄 친 ㉠~㉣의 설명으로 옳은 것은?

2019. 4. 6. 인사혁신처

> 1566년(31세) ㉠<u>사간원</u> 정언에 제수되다.
> 1568년(33세) ㉡<u>이조좌랑</u>이 되었으나 외할머니 이씨의 병환 소식을 듣고 사퇴하다.
> 1569년(34세) 동호독서당에 머물면서 「동호문답」을 찬진하다.
> 1574년(39세) ㉢<u>승정원</u> 우부승지에 제수되어 「만언봉사」를 올리다.
> 1575년(40세) ㉣<u>홍문관</u> 부제학에서 사퇴하고 「성학집요」를 편찬하다.

① ㉠ – 왕명을 출납하면서 왕의 비서기관의 업무를 하였다.
② ㉡ – 삼사의 관리를 추천하는 권한이 있었다.
③ ㉢ – 왕의 정책을 간쟁하고 관원의 비행을 감찰하였다.
④ ㉣ – 서적 출판 및 간행의 업무를 전담하였다.

TIP 제시된 자료는 율곡 이이에 대한 연보이다.

이조전랑은 행정부 기능을 담당하는 6조 중 이조의 하급 관직으로 정5품 정랑과 정6품 좌랑을 합쳐 부르는 말이다. 비록 관직은 낮지만 삼사 관리 임명과 후임자 추천권을 가지고 있어 권한이 막강하였다. 동인과 서인으로 대비되는 붕당 정치의 계기가 되기도 하였다.

① 승정원
③ 왕의 정책을 간쟁하는 기관은 사간원, 관원의 비행을 감찰하는 기관은 사헌부이다.
④ 궁중의 서적을 관리하고 경연 기능을 수행하였다. 서적 출판 및 간행의 업무를 전담한 기구는 교서관이다.

7 〈보기〉의 조선시대의 국방정책을 시간 순으로 바르게 나열한 것은?

2018. 6. 23. 제2회 서울특별시

> 〈보기〉
> ㉠ 서울 주변의 네 유수부가 서울을 엄호하는 체제를 구축하였다.
> ㉡ 금위영을 발족시켜 5군영 제도가 성립되었다.
> ㉢ 하멜이 가져온 조총 기술을 도입하여 서양식 무기를 제조하였다.
> ㉣ 수도방어체계를 강화하고 「수성윤음」을 반포하였다.

① ㉠→㉡→㉢→㉣
② ㉡→㉣→㉠→㉢
③ ㉢→㉡→㉣→㉠
④ ㉣→㉢→㉠→㉡

TIP ㉢ 효종 7년(1656) → ㉡ 숙종 8년(1682) → ㉣ 영조 27년(1751) → ㉠ 정조 17년(1793)

Answer 6.② 7.③

8 밑줄 친 '대의(大義)'를 이루기 위해 효종이 한 일로 옳은 것은?

2018. 5. 19. 제1회 지방직

> 병자년 일이 완연히 어제와 같은데, 날은 저물고 갈 길은 멀다고 하셨던 성조의 하교를 생각하니 나도 모르게 눈물이 솟는구나. 사람들은 그것을 점점 당연한 일처럼 잊어가고 있고 대의(大義)에 대한 관심도 점점 희미해져 북녘 오랑캐를 가죽과 비단으로 섬겼던 일을 부끄럽게 생각지 않고 있으니 그것을 생각한다면 그 아니 가슴 아픈 일인가.
>
> ― 「조선왕조실록」 ―

① 남한산성을 복구하고 어영청을 확대하였다.
② 훈련별대를 정초군과 통합하여 금위영을 발족시켰다.
③ 명과 후금 사이에서 실리를 추구하는 중립외교 정책을 펼쳤다.
④ 호위청, 총융청, 수어청 등의 부대를 창설하여 국방력을 강화하였다.

TIP 밑줄 친 '대의'는 효종의 북벌론이다.
① 효종은 서울 근처의 방어기지인 남한산성을 보강했으며 내부 방어체계를 재정비했다.
② 숙종 ③ 광해군 ④ 인조

9 다음 사건을 발생한 순서대로 바르게 나열한 것은?

2018. 5. 19. 제1회 지방직

> ㉠ 이순신이 명량에서 일본 수군을 격파하였다.
> ㉡ 의주로 피난했던 국왕 일행이 한성으로 돌아왔다.
> ㉢ 권율이 행주산성에서 일본군의 공격을 격파하였다.
> ㉣ 원균이 이끄는 조선 수군이 칠천량에서 크게 패배하였다.

① ㉡→㉢→㉠→㉣
② ㉡→㉢→㉣→㉠
③ ㉢→㉡→㉠→㉣
④ ㉢→㉡→㉣→㉠

TIP ㉢ 1593년 2월 → ㉡ 1593년 10월 → ㉣ 1597년 7월 → ㉠ 1597년 9월

Answer 8.① 9.④

10 다음 사건으로 인하여 발생한 역사적 사실은?

2015. 6. 27. 제1회 지방직

> 심충겸이 장원 급제를 하자 전랑으로 천거하려고 하였다. 김효원이 "외척은 쓸 수 없다." 하며 막으니, 심의겸이 "외척이 원흉의 문객보다는 낫지 않으냐." 하였다. 이때 김효원 편을 드는 사람들은 "효원의 말은 공론에서 나온 것이다. 그런데 의겸이 사사로운 혐의로 좋은 선비를 배척하니 매우 옳지 못하다." 하였다.

① 동인과 서인으로의 분화
② 남인과 북인으로의 분화
③ 노론과 소론으로의 분화
④ 서인과 남인 간의 예송논쟁

TIP 주어진 사건은 이조 전랑 자리를 둘러싸고 일어난 김효원과 심의겸의 대립이다. 이를 계기로 기성 사림세력과 신진 사림세력의 갈등이 생기면서 동인과 서인으로 분화되어 붕당정치가 시작되었다.

11 다음 제도의 시행에 대한 설명으로 옳은 것은?

2015. 6. 13. 서울특별시

> 6조에서 올라오는 모든 일을 영의정, 좌의정, 우의정이 중심이 되는 의정부에서 논의하여 합의된 사항을 국왕에게 올려 결재 받게 하였다.

① 이 제도의 시행으로 국왕이 재상들을 직접 통솔할 수 있게 되어 왕권 강화에 기여하였다.
② 무력으로 집권한 태종과 세조는 이 제도를 이용하여 초기의 불안한 왕권을 안정시켰다.
③ 민본정치를 추구한 정도전은 이 제도를 폐지하고 6조의 업무를 국왕에게 직접 보고하게 하였다.
④ 세종은 안정된 왕권과 경제력을 바탕으로 이 제도를 시행하여 왕권과 신권의 조화를 추구하였다.

TIP 제시문은 세종이 시행한 의정부서사제에 대한 설명이다. 의정부서사제는 왕이 인사와 군사 두 분야만 친히 관여하고 나머지 6조에서 올라오는 모든 일들은 의정부의 영의정, 좌의정, 우의정이 논의 한 후 결정된 사항을 왕이 결재하는 형식으로 왕권과 신권이 조화를 이루었다.

12 다음과 관련이 있는 시험에 대한 설명으로 옳은 것은?

2013. 9. 7. 서울특별시

> 이 시험은 식년시, 증광시, 알성시로 나누어 실시하였으며, 소과를 거쳐 대과에서는 초시, 복시, 전시로 합격자를 선발하였다.

① 식년시는 해마다 실시되었다.
② 초시에서 33명을 선발하였다.
③ 백정 농민이 주로 응시하였다.
④ 재가한 여자의 손자는 응시할 수 없었다.
⑤ 생원시 합격만으로는 관리가 될 수 없었다.

TIP 주어진 자료는 조선의 과거제도 중 문과에 대한 설명이다. 문과는 서얼과 재가한 여자의 자손은 응시할 수 없었다.
　　① 식년시는 3년마다 실시되었다.
　　② 복시에서 33명을 선발하였다.
　　③ 조선 시대의 백정은 천민으로 과거에 응시할 수 없었다.
　　⑤ 생원시에 합격하면 하급관료로 임명될 수 있었다.

Answer 10.① 11.④ 12.④

1 다음 사료와 관련된 인물에 대한 내용으로 옳지 않은 것은?

> 총재는 위로는 군부(君父)를 받들고, 아래로는 백관(百官)을 통솔하며 만민(萬民)을 다스리는 것이니 그 직책이 크다. …(중략)… 자신을 바르게 하여 임금을 바르게 하는 것은 곧 치전(治典)의 근본이고, 사람을 잘 알아 일을 잘 처리하는 것은 치전으로 말미암아 행해지는 것이라고 생각한다. 그러므로 여기에서 아울러 논하는 바이다.
>
> － 「삼봉집」 －

① 「불씨잡변」을 저술해 불교를 비판하고 성리학을 통치이념으로 확립하였다.
② 「조선경국전」을 통해 민본적 통치규범을 마련하였다.
③ 백성을 이끌 강력한 왕이 필요하다고 주장하였다.
④ 고려 왕조를 부인하고 역성혁명을 주장하였다.

TIP 사료의 내용은 삼봉 정도전의 재상론이다. 정도전은 재상을 위로는 임금을 보필하고, 아래로는 백관을 통솔하며 만민을 다스리는 사람이라고 규정하고, 이를 위해 재상에게 강한 권한이 있어야 한다고 했다.

2 조선시대의 지방행정조직에 대한 설명이다. 고려시대와의 차이점을 설명한 것 중 옳지 않은 것은?

> • 경재소는 유향소와 정부 사이의 연락기능을 담당하였다.
> • 향리는 6방을 조직하고 향역을 세습하였다.
> • 속현과 향·부곡·소가 소멸되고, 면·리제가 정착되었다.

① 중앙 집권 체제가 강화되었다.
② 천민의 행정구역이 소멸되었다.
③ 향촌자치는 허용되지 않았다.
④ 중인계층의 신분이 세습되었다.

TIP ③ 유향소는 지방자치기관으로 수령을 보좌하는 고문기관이었다. 이를 통해 향촌자치가 허용되었다.

Answer 1.③ 2.③

3 다음 사료의 내용대로 시행한 왕을 모두 고르면?

> 비로소 의정부의 업무를 육조(六曹)로 귀속하였다. 좌정승 성석린(成石璘) 등이 아뢰기를 …(중략)…"이 제부터는 모든 일에 전례가 있는 것은 모두 각 조(曹)에 맡기도록 하고, 각 조에서 특별한 예가 있는 경우에 의정부에 보고하면, 의정부에서는 경중을 참작하여 임금께 아뢸 것은 아뢰고, 하달할 것은 하달하며, 각 조에서 만일 착오가 있거나 막히는 것이 있으면, 의정부에서 근면과 태만을 고찰하여 시비를 결정하게 하소서."

㉠ 태조	㉡ 태종
㉢ 세종	㉣ 세조

① ㉠㉡　　　　　　　　　　② ㉡㉢
③ ㉡㉣　　　　　　　　　　④ ㉢㉣

TIP 사료의 내용은 6조에서 정무를 직접 왕에게 직계하여 결재 받아 시행하는 6조직계제에 대한 내용이다. 태종은 개국공신 세력을 견제하고 왕권의 강화를 위해 6조직계제를 시행하였다. 이후 세종은 집현전 학자들의 요구로 6조직계제를 폐지하고 의정부서사제를 시행하였으나, 세조 때 다시 6조직계제를 부활시켰다.

4 다음 중 조선의 언론학술기구가 아닌 것은?

① 홍문관　　　　　　　　　　② 사간원
③ 춘추관　　　　　　　　　　④ 사헌부

TIP 조선의 언론학술기구는 삼사라고 불리는 사헌부, 사간원, 홍문관이다.
※ 춘추관 : 역사서의 편찬과 보관을 담당

5 다음을 종합하여 조선시대의 지방 행정조직의 특징으로 옳은 것은?

> • 서울에 경재소를 두어 유향소와 정부사이의 연락 기능을 담당하게 하였다.
> • 속현을 없애고 모든 군현에 수령을 파견하여 조세와 공물을 징수하게 하였다.
> • 향촌의 인사들이 유향소를 구성하여 수령을 보좌하고 향리를 규찰하였다.

① 중앙정부에서 향촌 자치 기구를 운영하였다.
② 향촌의 인사들이 지방행정사무를 담당하였다.
③ 향촌 양반들이 백성을 임의적으로 지배하였다.
④ 중앙집권과 향촌자치가 조화를 이루었다.

TIP 조선시대에는 속현을 폐지하고 모든 군현에 수령을 파견하였으며 향리를 격하시켰다. 수령보좌, 향리규찰, 풍속규정 등의 업무에 향촌의 덕망 있는 인사들로 유향소를 구성하여 참여시켰으며 경재소를 두어 유향소를 중앙에서 직접통제 하였다. 이는 향촌자치를 허용하면서 중앙집권의 효율화를 추구한 것이다.

Answer 3.③　4.③　5.④

6 조광조의 개혁정치에 대한 설명으로 아닌 것은?

① 국왕이 덕행 있는 사람을 추천에 의거해 직접 등용하는 현량과를 실시하였다.
② 사림파를 견제하기 위해 위훈삭제를 시행하였다.
③ 소격서를 폐지하였다.
④ 향촌자치를 위해 향약의 전국적 시행을 추진하였다.

TIP ② 위훈삭제는 훈구파를 견제하기 위해 시행하였다.

7 다음 중 조선시대 군사제도에 대한 내용으로 옳지 않은 것은?

① 양인의 신분이면 누구나 군역의 의무를 가졌다.
② 노비는 양인이 아니므로 군대에 편제되지 못하였다.
③ 현역군인인 정군과 그 비용을 담당하는 보인으로 나뉜다.
④ 세조 이후에 진관체제를 실시하여 요충지마다 진관이 설치되었다.

TIP 노비는 양인이 아니므로 군역이 면제되었으나, 유사시에 향토방위를 담당하는 잡색군에 편제 되었다.

8 다음 중 과거제도의 영향으로 옳지 않은 것은?

① 시학 또는 유교경전의 학습심화효과를 가져왔다.
② 이론적 정치를 하게 되어 사화·당쟁의 원인이 되었다.
③ 실리보다 성리학의 순수학문적 연구를 심화시켰다.
④ 유교사상의 배타성으로 사대사상을 조장하였다.

TIP 과거제도의 영향으로 순수학문의 연구를 하기 보다는 출세를 목적으로 한 교육에 집착하여 형식화 되었다.

9 조선시대 지방행정조직에 대한 설명으로 옳은 것은?

① 고려시대의 향·부곡·소가 유지되었다.
② 지방관의 임명에는 상피제가 적용되었다.
③ 실제적인 행정사무는 향리가 담당하여 지방관보다 영향력이 컸다.
④ 12목이 설치되어 지방관이 파견되었다.

TIP ② 권력의 집중과 부정을 방지하기 위해 출신지역의 지방관으로 등용하지 않는 상피제가 적용되었다.
① 조선시대는 지방에 대한 영향력이 강화되어 고려시대의 향·부곡·소가 일반 군현으로 승격되었다.
③ 지방관(수령)은 부, 목, 군, 현에 임명되어 행정, 사법, 군사권을 행사하였으며 향리는 6방에 배속되어 아전으로서 수령을 보좌하였다.
④ 전국을 8도로 나누어 하부에 부, 목, 군, 현을 두고 모든 군현에 지방관을 파견하였다.

Answer 6.② 7.② 8.③ 9.②

10 다음 지문이 설명하는 것은 무엇인가?

> • 향촌양반의 자치조직이다.
> • 향규를 제정하였다.
> • 향회를 통해 백성에 대한 교화를 담당하였다.

① 향청   ② 경재소
③ 향약   ④ 향리

> **TIP** 향청은 유향소라고도 하며 향촌양반의 자치조직이다. 유향소에서는 향촌사회의 사족지배 질서를 규정하는 향규를 제정하였고, 모임인 향회를 통해 향촌백성의 교화와 여론을 수렴하였다.

11 다음 조선의 정치기구의 기능에 대한 설명을 통해 당시의 정치를 바르게 설명하고 있는 것은?

> 사헌부는 백관에 대한 감찰, 탄핵과 정치에 대한 언론 및 풍속 교정을, 사간원은 국왕에 대한 간쟁과 정치 일반에 대한 언론을 담당하며, 홍문관은 궁중의 서적과 문헌의 관장 및 왕의 학문적·정치적 고문에 응하는 학술적인 기능을 담당하였다.

① 언론기능이 강화되어 당파 간의 조화를 이룰 수 있었다.
② 왕권이나 신권의 전제를 막는 기능을 했다.
③ 이 기관들은 유기적인 관계를 형성하지 않고 독자적으로만 기능하였다.
④ 신권이 강화되어 왕권의 약화를 초래하였다.

> **TIP** 조선시대 삼사인 사간원, 사헌부, 홍문관은 언론과 학술의 기능을 담당한 기구였다. 이러한 언론이 제대로 기능할 때는 왕권이나 신권의 전제를 막을 수 있었으나, 일정한 세력에 의하여 삼사의 언론이 이용될 때는 혼란을 면치 못했다.

12 조선시대의 군사제도의 특징에 대한 설명 중 옳지 않은 것은?

① 갑사(甲士)를 제외한 군역은 농병일치인 부병제를 원칙으로 하였다.
② 대개 중앙군은 국방을, 지방군은 치안·노역을 담당하였다.
③ 중앙군으로서 오위도총부와 지방군으로서 병영·수영으로 구분되었다.
④ 조선의 군사제도는 조선왕조의 정비과정에 따라 성립되었다.

> **TIP** ② 대개 중앙군은 수도방어를, 지방군은 국방·치안·노역을 담당하였다.

Answer 10.① 11.② 12.②

13 다음의 조직에 관한 설명으로 옳지 않은 것은?

> • 선조 27년 임진왜란 중에 삼수병을 양성하기 위하여 훈련도감이 설치되었다.
> • 인조 2년 왕실을 호위하는 어영청이 설치되었으며, 효종 때는 북벌계획에 따라 군비의 확충이 이루어졌다.
> • 인조 2년 경기 일대 방어를 위해 속오군 중에 정병을 선발하여 총융청을 설치하였다.
> • 인조 4년 남한산성 방어를 위해 수어청이, 숙종 8년 왕실호위를 강화하기 위해 금위영이 설치되었다.

① 지방군은 속오군을 중심으로 진관이 복구되었다.
② 서인 등 집권세력의 군사적 기반구실을 하였다.
③ 필요에 따라 임기응변으로 설치되었다.
④ 농병일치제에서 용병제로 변화하였다.

TIP 15세기에 중앙군사조직으로 정비되었던 5위제가 제대로 운영되지 못하고 왜란 중에 붕괴되었으므로 임진왜란 중에 설치된 훈련도감을 시작으로 5군영이 설치되었다. 5군영은 임기응변적으로 설치되었고, 용병제와 상비군의 성격을 지녔다. 또한 붕당정치기에 서인세력의 군사적 기반이 되기도 하였다.

14 조선시대의 사림파에 대한 설명으로 옳지 않은 것은?

① 성종대에 이르러 중앙정계에 본격적으로 진출하기 시작하였다.
② 이이의 기자실기에 비판적인 입장을 보였다.
③ 서원과 향약을 토대로 향촌사회에서의 지배력을 확대하였다.
④ 성리학의 도덕론과 명분론에 대한 확신이 있었다.

TIP 사림은 고려말 온건파 사대부의 후예로 의리와 명분을 중시하였다. 경학(經學)을 존중하였으며 성리학에 치중하였다. 왕도정치의 이상을 추구하여 중앙집권체제보다 향촌자치를 옹호하였다.
② 이이의 기자실기는 존화사상을 바탕으로 한 대표적인 사서이므로 동의하는 입장을 보였다.

15 다음 중 조선시대의 군사조직에 대한 설명으로 옳은 것은?

① 노비는 군역의 의무가 없어 군에 편제될 수 없었다.
② 정군(정병)은 복무기간에 따라 품계와 녹봉을 받았다.
③ 잡색군은 농민을 중심으로 향토 방위를 담당한 지방군을 말한다.
④ 지방군은 태종부터 진관체제로 편성되었다.

TIP ① 노비는 군역의 의무가 없었지만 일종의 예비군인 잡색군에 편제될 수 있었다.
③ 잡색군은 서리, 잡학인, 신량역천인, 노비 등이 소속되어 유사시에 대비하게 한 일종의 예비군으로 농민은 제외되었다.
④ 지방군은 육군과 수군으로 나뉘는데, 건국초기에는 국방상의 요지인 영이나 진에 소속되어 복무하였으나, 세조 이후에 진관체제를 실시하여 요충지의 고을에 성을 쌓아 방어체제를 강화하였다.

Answer 13.① 14.② 15.②

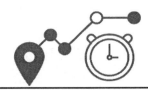

16 다음 글과 같은 주장을 펼쳤던 세력들과 관련이 깊은 내용으로 옳은 것은?

> 지난번에 아뢰었던 천거로 인재를 뽑는 일은 여럿이 의논한 일입니다. … (중략) … 혹 뒷 폐단이 있을까 염려되고, 혹 공평하지 못할까 염려되기는 하나 대체로 좋은 일이니 비록 한두 사람이 천거에 빠진다 하더라도 주저할 것 없이 시행하여야 합니다. 공론이 없는 때라면 그만이겠지만 어찌 한두 사람에게 잘못이 있을 것을 염려하여 좋은 일을 폐지하겠습니까.
>
> — 「중종실록」 —

① 의정부와 6조에 주로 진출하면서 정권을 장악하였다.
② 도덕과 의리를 바탕으로 하는 왕도정치를 강조하였다.
③ 사장을 중시하고 과학기술을 경시하였다.
④ 중앙의 권력을 바탕으로 향촌사회를 장악하고자 하였다.

> **TIP** 제시된 내용은 천거제의 일종인 현량과의 실시에 대해 논한 것이다. 조광조 등은 삼사의 언관직을 차지하고 자신들의 의견을 공론이라 표방하면서 급진적 개혁을 주장하였다. 또한 이상적인 왕도정치를 실현하기 위하여 경연의 강화, 언론 활동의 활성화, 위훈삭제, 소격서의 폐지, 소학의 보급, 방납의 폐단 시정 등을 중요정책으로 삼았다.

17 다음 중 서원에 대한 설명으로 옳지 않은 것은?

① 국가로부터 토지와 노비를 받는 관학기관이었다. ② 지방문화의 발전과 확대에 기여하였다.
③ 학파 및 당파의 결속을 강화하는 구실을 하였다. ④ 선현을 제사하고 유생들이 학문을 논하는 기관이었다.

> **TIP** 서원은 중종 38년 풍기군수 주세붕이 고려 유신 안향을 모시기 위해 세운 백운동서원이 효시이다. 사액서원의 경우 서적, 토지, 노비 등을 주는 것이 관례이지만, 이것은 양반들 스스로 조직한 것이지 관학기관은 아니었다.

18 다음은 일련의 사건을 정리한 것이다. (   ) 안에 들어갈 적절한 내용은?

> 북인의 집권→이괄의 난→(   )→명과 국교 단절

① 일본은 조선에서 활자, 그림, 서적 등을 약탈해 갔다.
② 용골산성, 의주 등지에서 의병들이 활약하였다.
③ 조선은 비변사를 설치하여 군사문제를 담당하게 하였다.
④ 윤휴를 중심으로 북벌의 움직임이 제기되기도 하였다.

> **TIP** ㉠ **북인의 집권**: 광해군이 즉위하자 북인이 집권하였는데, 먼저 전쟁의 뒷수습을 위한 정책을 실시하였고, 중립외교를 통한 실리를 추구하였다.
> ㉡ **이괄의 난**: 인조를 옹립한 서인정권은 광해군의 중립외교를 비판하고 친명배금정책을 추진하여 후금을 자극하였다. 그러나 인조반정 후 논공행상에 불만을 품은 이괄이 반란을 일으키고 그 잔당이 후금과 내통하였다.
> ㉢ **정묘호란(1627)**: 후금은 광해군을 위하여 보복한다는 명분을 내걸고 평안도 의주를 거쳐 황해도 평산에 이르렀으며, 철산 용골산성의 정봉수와 의주의 이립 등이 의병을 일으켜 관군과 합세하여 적을 막아 싸웠다. 후금의 군대는 보급로가 끊어지자 화의가 이루어져 형제관계를 맺게 되었다.
> ㉣ **병자호란(1636)**: 후금은 세력이 커져서 국호를 청이라 고치고 조선에 군신관계를 맺도록 요구하자 조선에서는 외교적 교섭을 통하여 문제를 해결하자는 주화론과 청의 요구에 굴복하지 말고 전쟁까지도 불사하자는 주전론이 대립하였으나 주전론으로 기울자 청은 침입해왔다. 조선은 대항하였으나 청과 군신관계를 맺고 명과의 관계를 단절하였으며, 두 왕자와 3학사를 인질로 잡아갔다.

Answer 16.② 17.① 18.②

19 다음의 각 항을 연대순으로 옳게 연결한 것은?

> ㉠ 계해약조 ㉡ 3포의 개항
> ㉢ 을묘왜변 ㉣ 쓰시마 정벌
> ㉤ 사량진왜변

① ㉠ - ㉡ - ㉢ - ㉣ - ㉤
② ㉡ - ㉣ - ㉠ - ㉢ - ㉤
③ ㉢ - ㉤ - ㉡ - ㉠ - ㉣
④ ㉣ - ㉡ - ㉠ - ㉤ - ㉢

TIP ㉣ 쓰시마 정벌(1419) : 세종 1년에 이종무가 쓰시마섬을 정벌하여 왜구의 근절을 약속받고 돌아왔다.
㉡ 3포의 개항(1427) : 세종 8년에 부산포, 염포, 제포를 개항하여 무역을 허용하였다.
㉠ 계해약조(1443) : 세종 25년에 세견선 50척, 세사미두 200석 등의 제한된 범위 내에서 교역을 허락하였다.
㉤ 사량진왜변(1544) : 중종 38년에 소란을 피워 인원수, 배크기, 벌칙 강화를 내용으로 하는 정미약조를 체결하였다.
㉢ 을묘왜변(1555) : 명종 때 전라남도 연안지방을 습격, 이후 일본과 교류가 일시 단절되었다.

20 다음 중 조선이 고려에 비해 한 단계 발전된 모습을 보여주면서 근세사회로 나아갔다는 주장의 근거로 적절한 사실을 모두 고르면?

> ㉠ 양인의 과거 응시가 가능하였다.
> ㉡ 전국을 8도로 나누고 지방관을 파견하였다.
> ㉢ 삼사의 활동이 강화되고 경연제도가 자리 잡았다.
> ㉣ 과거제도의 비중이 커지고 음서의 범위가 줄어들었다.

① ㉠, ㉡
② ㉠, ㉢
③ ㉢, ㉣
④ ㉡, ㉢

TIP 조선은 고려에 비해 권력의 집중을 방지하면서 행정의 효율성을 높이는 방법으로 의정부 아래 6조와 삼사(사헌부, 사간원, 홍문관)를 두었고 관리선발제도가 정비되었다.

21 다음의 내용을 통해 알 수 있는 조선시대의 외교정책은?

> • 명 – 태종 이후 사대관계를 바탕으로 사신의 왕래가 계속되었다.
> • 여진 – 회유 · 강경책을 함께 실시했다.
> • 일본 – 세종 때 쓰시마를 정벌한 이후 3포를 개항하였다.

① 평화 유지를 근본적인 목적으로 추구하였다.
② 영토의 수복을 위한 정책이 가장 우선되었다.
③ 실리보다 민족자주의 원칙을 내세웠다.
④ 여진과 일본을 끌어들여 명의 압력에 대항하려 하였다.

TIP 조선시대의 외교정책은 사대교린으로, 명과는 친선관계를 유지하여 국가의 안전을 보장받고 다른 주변국가에 대해서는 교린정책을 취하였다.

Answer 19.④ 20.③ 21.①

22 다음과 같은 현상이 나타나게 된 것과 같은 배경에서 발생한 사실은?

> • 북방의 여진족이 급속히 성장하여 후금을 세웠다.
> • 조선의 성리학이 일본에 전해져 큰 영향을 끼쳤다.
> • 공명첩이 대량 발급되어 신분질서가 해이해져 갔다.

① 호란의 발생 ② 북벌론의 대두
③ 훈련도감의 설치 ④ 쓰시마 섬의 정벌

TIP ③ 훈련도감은 왜란의 영향으로 개편된 군사제도이다.
※ 임진왜란의 영향으로 나타난 국내외의 상황
 ㉠ 국내적 영향 : 인구와 농토가 격감되고 농촌이 황폐화되어 민란이 발생하였다. 또한 토지대장과 호적이 소실되어 국가의 재정이 궁핍해졌고, 이에 대한 대책으로 공명첩을 대량으로 발급하였고 납속이 실시되었다.
 ㉡ 국제적 영향 : 일본은 문화재를 약탈하고 성리학자와 도공을 납치하였다. 이는 일본 문화가 발전하는 계기가 되었다. 여진족은 급성장하여 후금을 세웠으나 명은 쇠퇴하였다.

23 광해군이 추진한 외교정책에 의해 나타나는 직접적인 사실로 옳은 것은?

> 광해군은 신흥하는 후금과 임진왜란 때 조선을 도와준 명 사이에서 신중한 중립외교정책을 추진하였다.

① 송시열, 이완 등이 후금을 정벌하자는 북벌론을 주장하였다.
② 명분과 의리를 추구하는 사람들이 반정을 일으켰다.
③ 명이 철산 앞바다의 가도를 무력으로 점령하였다.
④ 조선과 후금 사이에 군신관계가 맺어졌다.

TIP 광해군의 중립외교정책은 현실성, 실리성 있는 외교정책으로 왜란 후의 복구사업에 크게 기여하였으나 명분과 의리를 중시하는 사람들의 지지를 받지 못했다.

24 다음과 같은 역사적 평가를 내릴 때, 그 근거로 옳은 것은?

> 조선의 건국은 정치권력과 경제력을 독점하고 있던 권문세족을 무너뜨리고, 신진사대부들이 사회의 주도 세력으로 성장하였음을 보여 주고 있다.

① 한양 천도
② 위화도 회군
③ 과전법 실시
④ 집현전 실시

TIP 위화도 회군으로 실권을 잡은 신진사대부들은 과전법을 마련하여 전제개혁을 단행함으로써 농장을 해체하여 권문세족의 경제기반을 무너뜨리고, 신진관료들에게 토지를 지급할 수 있게 하였다.

Answer 22.③ 23.② 24.③

25 조선전기에 이루어진 다음과 같은 변화의 공통적인 결과로 옳은 것은?

> • 향리가 세습적인 아전이 되었다.
> • 모든 군현에 지방관을 파견하였다.
> • 봉수제가 정비되고 역참이 설치되었다.

① 중앙집권체제가 강화되었다.
② 양반관료체제가 확립되었다.
③ 양인개병의 원칙이 확립되었다.
④ 양반들의 향촌자치가 발달하였다.

TIP 제시된 내용은 중앙집권체제가 더욱 정비되었음을 보여주는 사실이다.

26 다음 사건이 일어난 순서대로 나열한 것은?

> ㉠ 김종직의 무덤을 파헤쳐 시신을 참수하였다.
> ㉡ 조광조의 혁신정치에 불만을 품은 훈구파가 조광조 일파를 모략하였다.
> ㉢ 명종을 해치려 했다는 이유로 윤임 일파가 몰락하였다.
> ㉣ 연산군의 생모 윤비 폐출사건을 들추어 이에 관여한 사림을 몰아냈다.

① ㉡ - ㉢ - ㉠ - ㉣
② ㉠ - ㉢ - ㉡ - ㉣
③ ㉡ - ㉣ - ㉠ - ㉢
④ ㉠ - ㉣ - ㉡ - ㉢

TIP ㉠ 무오사화 (1498년, 연산군 4)
㉡ 기묘사화 (1519년, 중종 14)
㉢ 을사사화 (1545년, 명종 즉위년)
㉣ 갑자사화 (1504년, 연산군 10년)

ᑫAnswer 25.① 26.④

정치상황의 변동

1 ‥ 통치체제의 변화

(1) 정치구조의 변화

① 비변사의 기능 강화

ㄱ 중종 초(1510)에 여진족과 왜구에 대비하기 위해 설치한 임시기구였으나, 임진왜란을 계기로 문무고관의 합의기구로 확대되었다.

ㄴ 군사뿐만 아니라 외교, 재정, 사회, 인사 등 거의 모든 정무를 총괄하였다.

ㄷ 영향 : 왕권이 약화되고, 의정부와 6조의 기능이 약화되었다.

② 정치 운영의 변질

ㄱ 3사의 언론기능 : 공론을 반영하기보다 각 붕당의 이해관계를 대변하였다.

ㄴ 이조 · 병조의 전랑 : 상대 붕당을 견제하는 기능으로 변질되어 붕당 간의 대립을 격화시켰다.

(2) 군사제도의 변화

① 중앙군(5군영)

ㄱ 설치배경 : 대외관계와 국내정세 변화에 따라 설치되었으며 서인정권의 군사적 기반이 되었다.

ㄴ 5군영

• 훈련도감 : 삼수병(포수 · 사수 · 살수)으로 구성되었으며, 직업적 상비군이었다.

• 어영청 : 인조 2년 이괄의 난 때 설치되어, 효종 때 북벌운동의 중추기관이 되었다. 기 · 보병으로 구성되며, 지방에서 교대로 번상하였다.

• 총융청 : 인조 때 이괄의 난을 계기로 설치되어 북한산성 등 경기 일대의 방어를 위해 속오군으로 편성되었다.

• 수어청 : 정묘호란 후 인조 때 설치되어 남한산성을 개축하고 이를 중심으로 남방을 방어하기 위해 설치되었다.

• 금위영 : 숙종 때 수도방위를 위해 설치되었다. 기 · 보병 중심의 선발 군사들로 지방에서 교대로 번상케 하였다.

② 지방군(속오군)

ㄱ 지방군제의 변천

• 진관체제 : 세조 이후 실시된 체제로 외적의 침입에 효과가 없었다.

• 제승방략체제(16세기) : 유사시에 필요한 방어처에 각 지역의 병력을 동원하여 중앙에서 파견되는 장수가 지휘하게 하는 방어체제이다.

• 속오군체제 : 진관을 복구하고 속오법에 따라 군대를 정비하였다.

ㄴ 속오군 : 양천혼성군(양반, 농민, 노비)으로서, 농한기에 훈련하고 유사시에 동원되었다.

(3) 수취제도의 개편

① 배경 : 경제구조의 변동과 신분제의 동요 등으로 다수의 농민은 생존조차 어려웠다. 이에 따른 농민들의 불만 해소와 사회 안정을 도모하기 위해서 수취제도를 개편하였다.

② 전세제도의 개편

ㄱ 영정법 : 전세를 풍흉에 관계없이 1결당 미곡 4두로 고정시켰다.

ㄴ 결과 : 전세율이 다소 낮아졌으나 농민의 대다수인 전호들에게는 도움이 되지 못하였고, 전세 외에 여러가지 세가 추가로 징수되어 조세의 부담은 증가하였다.

🎫 기출문제

〈보기〉에서 설명하고 있는 기구에 대한 설명으로 가장 옳은 것은?

2018. 3. 24. 제1회 서울특별시

〈보기〉

재신(宰臣)으로서 이 일을 맡은 사람을 지변재상(知邊宰相)이라고 불렀습니다. 그러나 이것은 일시적인 전쟁 때문에 설치한 것으로 국가의 중요한 모든 일들을 참으로 다 맡긴 것은 아니었습니다. 오늘에 와서 큰 일이건 작은 일이건 중요한 것으로 취급되지 않는 것이 없는데, 정부는 한갓 헛이름만 지니고 육조는 모두 그 직임을 상실하였습니다. 명칭은 '변방의 방비를 담당하는 것'이라고 하면서 과거에 대한 판하(判下)나 비빈(妃嬪)을 간택하는 등의 일까지도 모두 여기를 경유하여 나옵니다.

– 「효종실록」 –

① 대원군에 의해 기능이 강화되었다.

② 의정부의 기능을 약화시켰다.

③ 붕당정치의 폐단을 막기 위해 설치되었다.

④ 왜구의 침입에 대비하여 16세기 초 상설기구로 설치되었다.

☞ ②

📞 보충학습

5군영 ‥‥ 조선전기의 5위제가 방군수포제의 실시로 유명무실화되고 군사력이 약화되었다. 그 결과 임진왜란 초기에 관군이 패배하는 주요 요인이 되었으며, 이에 따라 왜란 중에 군사제도 개편 주장이 대두되어 훈련도감이 설치되었다. 그 뒤 4개의 군영이 설치되었으나, 군영마다 군인의 종류가 제각각이었다.

③ 공납제도의 개편
  ㉠ 방납의 폐단 : 방납이 이루어지는 과정에서 농민들의 부담이 컸다.
  ㉡ 대동법 : 토지의 결수에 따라 미, 포, 전을 납입하게 하는 제도이다.
  ㉢ 결과
    • 농민의 부담이 감소하였으나 지주에게 부과된 대동세가 소작농에게 전가되는 경우가 있었다.
    • 조세의 금납화가 촉진되었고 국가재정이 회복되었다.
    • 상공업의 발달과 상업도시의 발전을 가져왔다.
    • 진상 · 별공은 여전히 존속하였다.
    • 양반의 몰락이 촉진되었다.
④ 군역제도의 개편
  ㉠ 군포 징수의 폐단 : 징수기관이 통일적이지 않아 농민들이 이중, 삼중의 부담을 가졌다.
  ㉡ 균역법 : 12개월마다 내던 군포 2필을 1필로 반감하였다.
  ㉢ 결과 : 일시적으로 농민부담이 경감되었으나 폐단이 다시 발생하여 농민으로부터 반감을 사게 되고 전국적인 저항을 불러왔다.
⑤ 향촌지배방식의 변화
  ㉠ 조선전기 : 사족의 향촌자치를 인정하였으나 후기에는 수령과 향리 중심의 지배체제로 바뀌어 농민 수탈이 심해졌다.
  ㉡ 농민들의 향촌사회 이탈을 막고자 호패법과 오가작통제를 강화하였다.

❷ ·· 정쟁의 격화와 탕평정치

(1) 붕당정치의 변질
① 원인 : 17세기 후반 사회 · 경제적 변화가 원인이 되었다.
  ㉠ 정치집단이 상업적 이익에 대한 관심이 높아져 독점하는 경향이 커졌다.
  ㉡ 정치적 쟁점이 예론(예송논쟁)에서 군영의 장악(군사력, 경제력 확보)으로 변질되었다.
  ㉢ 지주제와 신분제가 동요하자 양반의 향촌지배력이 약화되고, 붕당정치의 기반이 붕괴되었다.
② 변질양상
  ㉠ 숙종 : 붕당정치형태가 무너지고 정국을 주도하는 붕당과 견제하는 붕당이 서로 교체됨으로써 특정 붕당이 정권을 독점하는 일당전제화 추세가 대두되었다.
  ㉡ 경신환국 이후의 서인 : 노장세력과 신진세력 간에 갈등이 생기면서 노론(대의명분 존중, 민생 안정)과 소론(실리 중시, 적극적 북방개척 주장)으로 나뉘게 되었다.
③ 정치 운영의 변질
  ㉠ 국왕이 환국을 주도하여 왕과 직결된 집단의 정치적 비중이 증대되었다.
  ㉡ 환국이 거듭되는 동안 자기 당의 이익을 직접 대변하는 역할을 하여 삼사와 이조전랑의 정치적 비중이 감소되었다.
  ㉢ 고위 관원의 정치권력이 집중되면서 비변사의 기능이 강화되었다.
④ 결과
  ㉠ 왕위계승문제 : 사사(賜死)가 빈번하였고, 외척의 정치적 비중이 높아져 갔으며, 정쟁의 초점이 왕위계승문제에 두어지는 등 붕당정치가 정상적으로 운영되지 못하였다.

ⓒ 벌열가문의 정권 독점 : 정권은 몇몇 벌열가문에 의해 독점되었고, 지배층 사이에서는 종래 공론에 의한 붕당보다도 개인이나 가문의 이익을 우선하는 경향이 현저해졌다.

ⓒ 양반층의 분화 : 양반층이 분화되면서 권력을 장악한 부류도 있었으나, 다수의 양반은 몰락하여 갔다. 중앙의 정쟁에서 패한 사람들은 정계에서 배제되어 지방세력화하였으니, 그들은 연고지로 낙향하여 서원을 설립하여 세력의 근거지로 삼았다.

ⓔ 서원의 남설(濫設) : 특정 가문의 선조를 받드는 사우(祠宇)와 뒤섞여 도처에 세워졌다.

(2) 탕평론의 대두

① 붕당정치 변질의 문제점

ⓞ 정쟁과 사회 분열 : 공론(公論)과 공리(公理)보다 집권욕에만 집착하여 균형관계가 깨져서 정쟁이 끊이지 않고 사회가 분열되었다.

ⓒ 왕권의 약화 : 정치집단 간의 세력 균형이 무너지고 왕권 자체도 불안하게 되어 이에 강력한 왕권을 토대로 국왕이 정치의 중심에 서서 세력 균형을 유지하려는 탕평론이 제기되었다.

② 숙종의 탕평론

ⓞ 탕평론의 제시 : 공평한 인사 관리를 통해 정치집단 간의 세력 균형을 추구하였다.

ⓒ 한계 : 명목상의 탕평책에 불과하여 편당적인 인사 관리로 빈번한 환국이 발생하였다.

(3) 영조의 탕평정치

① 탕평책의 추진

ⓞ 한계 : 탕평의 교서를 발표하여 탕평책을 추진하였으나 편당적 조처로 정국이 불안정하였다.

ⓒ 이인좌의 난 : 소론과 남인의 일부 강경파는 노론정권에 반대하고 영조의 정통을 부정하였다.

② 정국의 수습과 개혁정치 : 탕평파를 육성하고, 붕당의 근거지인 서원을 정리하였으며, 이조전랑의 권한을 약화시키기 위해 이조전랑의 후임자 천거제도를 폐지하였다. 그 결과 정치권력은 국왕과 탕평파 대신에게 집중되었다.

③ 영조의 치적

ⓞ 군역 부담을 줄이기 위하여 균역법을 시행하고, 군영을 정비하여 세 군문(훈련도감, 금위영, 어영청)이 도성을 방어하였다.

ⓒ 서원을 정리하고 산림의 존재를 부정하였다.

ⓔ 악형을 폐지하고 사형수에 대한 삼심제를 채택하였다.

ⓔ 속대전을 편찬하여 제도와 권력구조의 개편을 반영하였다.

④ 한계 : 왕권으로 붕당 사이의 다툼을 일시적으로 억제하기는 하였으나 소론 강경파의 변란(이인좌의 난, 나주괘서사건)획책으로 노론이 권력을 독점하게 되었다.

(4) 정조의 탕평정치

① 정치세력의 재편 : 탕평책을 추진하여 벽파를 물리치고 시파를 고루 기용하여 왕권의 강화를 꾀하였다. 또한 영조 때의 척신과 환관 등을 제거하고, 노론과 소론 일부, 남인을 중용하였다.

보충학습

붕당정치 변질과정의 사건들

ⓞ 경신환국(庚申換局) : 경신대출척이라고도 한다. 숙종(1680) 때 서인이 남인인 허적의 서자 허견 등의 역모사건을 고발하여 남인이 축출되고 서인이 중용되었다. 경신환국 직후 서인 내에서 남인에 대한 처분을 놓고 강경론을 편 송시열 등이 노론으로, 온건한 처벌을 주장한 윤증 등 소장파가 소론으로 분열되었다.

ⓒ 기사환국(己巳換局) : 숙종 15년(1689)에 희빈 장씨가 출산한 왕자(경종)를 세자로 책봉하는 과정에서 서인이 몰락하고 남인이 재집권하였는데, 이때 송시열이 처형당하는 등 남인이 서인에 대하여 극단적인 보복을 가하였다.

ⓔ 갑술환국(甲戌換局) : 숙종 20년(1694) 폐비 민씨가 복위하는 과정에서 이를 주도한 서인이 다시 집권하게 되었는데, 이때 서인이 남인에게 보복을 가하였다.

보충학습

이인좌의 난(1728) ⋯ 소론 강경파외 남인 일부가 경종의 죽음에 영조와 노론이 관계되었다고 하면서 영조의 탕평책에 반대하여 일으킨 반란이다.

기출문제

(가)와 (나) 사이의 시기에 있었던 일로 옳은 것은?

2020. 6. 13. 제1회 지방직 / 제2회 서울특별시

(가) 남인들이 대거 관직에서 쫓겨나고 허적과 윤휴 등이 처형되었다.

(나) 인현왕후가 복위되고 노론과 소론이 정계에 복귀하였다.

① 송시열과 김수항 등이 처형당하였다.

② 서인과 남인이 두 차례에 걸쳐 예송을 전개하였다.

③ 서인 정치에 한계를 느낀 정여립이 모반을 일으켰다.

④ 청의 요구에 따라 조총부대를 영고탑으로 파견하였다.

☞ ①

---

② 왕권 강화
　㉠ 규장각의 육성 : 붕당의 비대화를 막고 국왕의 권력과 정책을 뒷받침하는 기구이다.
　㉡ 초계문신제의 시행 : 신진 인물과 중·하급 관리를 재교육한 후 등용하는 제도이다.
　㉢ 장용영의 설치 : 국왕의 친위부대를 설치하고 병권을 장악하여, 군사적 기반이 되었다.
　㉣ 수원 육성 : 화성을 세워 정치적·군사적 기능을 부여함과 동시에 상공인을 유치하여 자신의 정치적 이상을 실현하는 상징적 도시로 육성하고자 하였다.
　㉤ 수령의 권한 강화 : 지방 사림의 영향력을 줄이고 국가의 백성에 대한 통치력을 강화하였다.
　㉥ 서얼과 노비의 차별을 완화하였으며, 통공정책으로 금난전권을 폐지하였다.
　㉦ 대전통편, 동문휘고, 탁지지 등을 편찬하였다.

❸ ·· 정치질서의 변화

(1) 세도정치의 전개(19세기)
① 배경 : 정조의 탕평정치로 왕에게 권력이 집중되었던 것이 정조가 죽은 후 정치세력 간의 균형이 다시 깨지고 몇몇 유력가문 출신의 인물들에게 집중되었다.
② 세도정치의 전개
　㉠ 순조 : 정순왕후가 수렴청정을 하면서 노론 벽파가 정권을 잡았으나, 정순왕후가 죽자 순조의 장인인 김조순을 중심으로 안동 김씨의 세도정치가 시작되었다.
　㉡ 헌종, 철종 때까지 풍양조씨, 안동 김씨의 세도정치가 이어졌다.

(2) 세도정치기의 권력구조
① 정치집단의 폐쇄 : 소수의 집단이 권력을 장악하고 정치권력의 사회적 기반이 약화되자 왕실의 외척, 산림 또는 관료가문인 이들은 서로 연합하거나 대립하여 권력과 이권을 독점하였다.
② 권력구조의 변화
　㉠ 정2품 이상만 정치권력을 발휘하고 중하급 관리는 행정실무만 담당하게 되었다.
　㉡ 의정부와 6조의 기능은 약화되고 비변사의 권한은 강화되었다.

(3) 세도정치의 폐단
① 체제 유지
　㉠ 사회 변화에 소극적으로 대응하여 상업 발달과 서울의 도시적 번영에 만족하였다.
　㉡ 남인, 소론, 지방 사족, 상인, 부농 등의 다양한 정치세력의 참여를 배제하였다.
② 정치기강의 문란
　㉠ 수령직의 매관매직으로 탐관오리의 수탈이 극심해지고 삼정(전정, 군정, 환곡)이 문란해졌다. 그 결과 농촌경제는 피폐해지고, 상품화폐경제는 둔화되었다.
　㉡ 피지배계층의 저항은 전국적인 민란으로 발생하였다.
③ 세도정치의 한계 : 고증학(경전의 사실 확인을 위해 실증을 앞세우는 학문)에 치중되어 개혁의지를 상실하였고 지방의 사정을 이해하지 못했다.

보충학습

백두산 정계비 건립
㉠ 청나라는 자신들의 고향인 간도지방을 중요하게 생각하였다. 그러나 조선인도 그곳에 정착하여 사는 사람이 많았기 때문에 청과 국경분쟁이 일어났다.
㉡ 숙종 때 백두산정계비를 세워 국경이 압록강에서 토문강으로 확정되었다(1712).
㉢ 간도분쟁 : 19세기에 토문강의 위치에 대한 해석 차이로 간도귀속문제가 발생하였다. 조선의 외교권이 상실된 을사조약 후 청과 일본 사이의 간도협약으로 청의 영토로 귀속되었다.

4 ·· 대외관계의 변화

(1) 청과의 관계

① 이중적 대청관계 : 병자호란 이후 명분상으로는 소중화론을 토대로 하여 청을 배척하였으나, 실제로는 사대관계를 인정하여 사신을 파견하기도 했다.

② 북벌정책
  ㉠ 17세기 중엽, 효종 때 추진하였다.
  ㉡ 청의 국력 신장으로 실현가능성이 부족하여 정권 유지의 수단이 되기도 하였다.
  ㉢ 양난 이후의 민심 수습과 국방력 강화에 기여하였다.

③ 북학론의 대두
  ㉠ 청의 국력 신장과 문물 융성에 자극을 받았다.
  ㉡ 사신들은 천리경, 자명종, 화포, 만국지도, 천주실의 등의 신문물과 서적을 소개하였다.
  ㉢ 18세기 말 북학파 실학자들은 청의 문물 도입을 주장하였다.

(2) 일본과의 관계

① 대일외교관계
  ㉠ 기유약조(1609) : 임진왜란 이후 도쿠가와 막부의 요청으로 부산포에 왜관을 설치하고, 대일무역이 행해졌다.
  ㉡ 조선통신사 파견 : 17세기 초 이후부터 200여 년간 12회에 걸쳐 파견하였다. 외교 사절의 역할뿐만 아니라 조선의 선진학문과 기술을 일본에 전파하였다.

② 울릉도와 독도 : 안용복이 일본으로 건너가(숙종) 일본 막부에게 울릉도와 독도가 조선 영토임을 확인받고 돌아왔다. 그 후 조선 정부는 울릉도의 주민 이주를 장려하였고, 울릉도에 군을 설치하고 관리를 파견하여 독도까지 관할하였다.

기출문제

다음은 간도와 관련된 역사적 사실들이다. 옳지 않은 것은?

2010. 4. 10. 행정안전부

① 1909년 일제는 청과 간도협약을 체결하여 남만주의 철도 부설권을 얻는 대가로 간도를 청의 영토로 인정하였다.

② 조선과 청은 1712년 "서쪽으로는 압록강, 동쪽으로는 토문강을 국경으로 한다."는 내용의 백두산정계비를 세웠다.

③ 통감부 설치 후 일제는 1906년 간도에 통감부 출장소를 두어 간도를 한국의 영토로 인정하였다.

④ 1902년 대한제국 정부는 간도관리사로 이범윤을 임명하는 한편, 이를 한국 주재 청국 공사에게 통고하고 간도의 소유권을 주장하였다.

☞ ③

1 ㈎ 왕이 실시한 정책으로 옳은 것은?

2020. 6. 20. 소방공무원

> [㈎]은/는 붕당 사이의 대립이 심해지면서 왕권이 불안해지자 국왕을 중심으로 정치 세력 간의 균형을 유지하려 하였다. 또한 붕당의 근거지였던 서원을 정리하고, 민생 안정을 위해 신문고를 부활시키는 등의 정책을 실시하였다.

① 비변사를 철폐하였다.　　　　　　② 속대전을 편찬하였다.

③ 장용영을 설치하였다.　　　　　　④ 삼정이정청을 설치하였다.

TIP ㈎는 조선 후기 영조이다. 영조는 붕당정치의 폐단을 개혁하고 왕권을 강화하기 위해 탕평책을 시행하였다. 이를 위해 탕평파를 육성하고 서원을 정리, 이조전랑직의 권한 축소, 산림의 공론 축소를 시행하였고 속대전을 편찬하였다. 또한 신문고를 부활시키는 등 민생안정에 힘썼다.
① 세도정치의 폐단을 개혁하기 위해 흥선대원군이 시행하였다.
③ 조선 후기 왕권 강화를 위해 정조가 시행하였다.
④ 조선 후기 삼정의 문란을 시정하기 위하여 철종이 설치하였다.

2 〈보기〉의 정책이 시행된 왕대에 대한 설명으로 가장 옳은 것은?

2020. 6. 13. 제2회 서울특별시

> ─── 〈보기〉 ───
>
> 　백성들이 육전[육의전(六矣廛)] 이외에는 허가받은 시전 상인들과 같이 장사를 할 수 있도록 하셨다. 채제공이 아뢰기를 "(전략) 마땅히 평시서(平市署)로 하여금 20, 30년 사이에 새로 벌인 영세한 가게 이름을 조사해 내어 모조리 없애도록 하고, 형조와 한성부에 분부하여 육전이 아니라면 난전이라 하여 잡혀 오는 자들을 처벌하지 말도록 할 뿐만 아니라 잡아 온 자를 처벌하시면, 장사하는 사람들은 서로 매매하는 이익이 있을 것이고 백성들도 가난에 대한 걱정이 없어질 것입니다. 그 원망은 신이 스스로 감당하겠습니다."라고 하니 왕께서 따랐다.

① 법령을 정비하여 속대전을 편찬하였다.

② 청과 국경선을 정하고 백두산정계비를 세웠다.

③ 조세제도를 개편하여 영정법을 시행하였다.

④ 인재를 양성하기 위해 초계문신제를 시행하였다.

TIP 조선 후기 정조 대에 채제공의 건의에 따라 육의전을 제외한 시전상인들의 금난전권을 폐지한 신해통공(1791)이다. 정조는 즉위 후 붕당정치의 폐단을 개혁하기 위하여 탕평책을 실시하고 왕권을 강화하고자 하였다. 이를 위해 친 부대인 장용영과 규장각을 설치하여 정치 기구로 삼았다. 또한 신진 관료나 하급 관료들을 대상으로 재교육을 하는 초계문신제를 시행하였으며, 수원 화성을 세워 상공업 중심지로 육성하고자 하였다.
① 조선 후기 영조
② 조선 후기 숙종
③ 조선 후기 인조

Answer 1.② 2.④

3 다음과 같은 내용의 교서를 발표한 왕에 대한 설명으로 가장 적절한 것은?

2020. 5. 30. 제1차 경찰공무원(순경)

> 우리나라는 원래 땅이 협소하여 인재 등용의 문도 넓지 못하였다. 그런데 근래에 와서 인재 임용이 당에 들어 있는 사람만으로 이루어지고, 조정의 대신들이 서로 공격하여 공론이 막히고 서로를 반역자라 지목하니 선악을 분별할 수 없게 되었다. 지금 새로 일으켜야 할 시기를 맞아 과거의 허물을 고치고 새로운 정치를 펴려 하니, 유배된 사람은 경중을 헤아려 다시 등용하되 탕평의 정신으로 하라. 지금 나의 이 말은 위로는 종사를 위하고 아래로 조정을 진정하려는 것이니, 이를 어기면 종신토록 가두어 내가 그들과는 나라를 함께 할 뜻이 없음을 보이겠다.

① 문물제도의 정비를 반영한 「탁지지」 등을 편찬하였다.
② 초계문신제를 신설하여 인재 재교육 정책을 추진하였다.
③ 통공 정책을 실시하여 자유로운 상업 활동의 범위를 확대하였다.
④ 신문고 제도를 부활시키고 「동국문헌비고」 등을 편찬하여 문물과 제도를 정비하였다.

> **TIP** 조선 후기 영조의 탕평책에 관한 내용이다. 영조는 붕당정치의 폐단을 개혁하고 왕권을 강화하기 위해 탕평책을 시행하였다. 이를 위해 탕평파를 육성하고 서원을 정리, 이조전랑직의 권한 축소, 산림의 공론 축소를 시행하였고 속대전(법전), 속오례의(의례서)를 편찬하였다. 또한 민생 안정을 위해 신문고 제도를 부활시키고 균역법을 시행하여 군포 납부의 부담을 경감하였다. 동국문헌비고는 일종의 백과사전으로 영조 때 홍봉한이 저술하였다.
> ①②③ 조선 후기 정조 때 시행된 탕평책과 상공업 진흥 정책 등이다.

4 밑줄 친 내용과 관련된 사실로 가장 옳지 않은 것은?

2017. 3. 18. 제1회 서울특별시

> 전일 ㉠세자가 심양에 있을 때 집을 지어 고운 빨간 빛의 흙을 발라서 단장하고, 또 ㉡포로로 잡혀간 조선 사람들을 모집하여 둔전을 경작해서 곡식을 쌓아 두고는 그것으로 진기한 물품과 무역을 하느라 ㉢관소의 문이 마치 시장 같았으므로, ㉣임금이 그 사실을 듣고 불평스럽게 여겼다.

① ㉠ 세자 - 북경에서 아담 샬과 만나 교류하였다.
② ㉡ 포로 - 귀국한 여성 중에는 가족들의 천대와 멸시를 받는 이도 있었다.
③ ㉢ 관소 - 심양관은 외교적 기능을 담당하기도 하였다.
④ ㉣ 임금 - 전쟁의 치욕을 벗기 위해 북벌론을 적극 추진하였다.

> **TIP** 제시문에서 밑줄 친 세자는 소현세자이고 임금은 인조이다.
> ④ 북벌론은 청에 포로로 잡혀갔다 돌아온 효종과 송시열 등 서인에 의해 제기되었다.

5 다음과 같이 주장한 붕당에 대한 설명으로 옳은 것은?

2016. 6. 18. 제1회 지방직

> 기해년의 일은 생각할수록 망극합니다. 그때 저들이 효종 대왕을 서자처럼 여겨 대왕대비의 상복을 기년복(1년 상복)으로 낮추어 입도록 하자고 청했으니, 지금이라도 잘못된 일은 바로잡아야 하지 않겠습니까?

① 인조반정으로 몰락하였다.
② 기사환국으로 다시 집권하였다.
③ 경신환국을 통해 정국을 주도하였다.
④ 정제두 등이 양명학을 본격적으로 수용하였다.

🅃🅸🅿 주어진 내용은 조선 현종 때 인선왕후 장씨가 사망하자 자의대비의 복제문제를 두고 일어난 논쟁인 갑인예송에서 남인들이 주장한 내용이다.
　② 남인은 기사환국으로 서인을 대거 숙청하고 다시 집권하였다.
　① 북인 ③ 서인 ④ 소론

6 밑줄 친 '국왕'이 실시한 정책으로 옳은 것은?

2014. 4. 19. 안전행정부

> <u>국왕</u>은 행차 때면 길에 나온 백성들을 불러 직접 의견을 들었다. 또한 척신 세력을 제거하여 정치의 기강을 바로잡았고, 당색을 가리지 않고 어진 이들을 모아 학문을 장려하였다. 침전에는 '탕탕평평실(蕩蕩平平室)'이라는 편액을 달았으며, "하나의 달빛이 땅 위의 모든 강물에 비치니 강물은 세상 사람들이요, 달은 태극이며 그 태극은 바로 나다."라고 하였다.

① 병권 장악을 위해 금위영을 설치하였다.
② 명에 대한 의리를 지켜 청에 복수하자는 북벌을 추진하였다.
③ 육의전을 제외한 시전 상인의 특권을 폐지하였다.
④ 백성의 여론을 정치에 반영하기 위해 신문고제도를 부활하였다.

🅃🅸🅿 ③ 금난전권의 폐지에 대한 내용으로 위에 제시된 국왕(정조)의 업적 중 하나이다.
　① 금위영 : 1682년(숙종 8)에 조선 후기 국왕 호위와 수도 방어를 위해 중앙에 설치된 군영으로 금위영은 당시 국가 재정으로 운영되던 훈련도감을 줄여 국가 재정을 충실히 하고 수도 방위에 대한 군사력 확보를 위해 설치한 것이다.
　② 청에 대한 북벌론은 효종대에 계획한 것으로 효종은 병자호란으로 인해 얻은 민족적 굴욕을 씻기 위해 북벌론을 계획하였지만 효종이 일찍 죽음으로써 이 계획은 수포로 돌아갔다.
　④ 신문고제도 : 조선시대에 원통하고 억울한 일을 풀지 못하고 해결하지 못한 자에게 그것을 소송함으로써 억울함을 풀 수 있도록 하기 위해 대궐에 북을 달아 소원을 알리게 했던 제도로 1401년(태종 1)에 처음 설치되었다. 신문고는 조선시대에 걸쳐 여러 차례 개정 폐지되었다가 1771년(영조 47)에 다시 부활하였다. 이 제도가 활발히 운영된 것은 태종~문종까지로 그 이후로는 일부 소수 지배층들의 이익을 도모하는 용도로 사용되어 유명무실해졌다.
　※ 금난전권 … 난전(亂廛)을 금(禁)하는 권리(權利)라는 의미로 국역을 부담하는 육의전을 비롯한 시전상인들이 도성 안과 도성 밖 10리 이내의 지역에서 난전(亂廛)의 활동을 규제하고 특정 상품의 전매 특권을 지킬 수 있도록 조정으로부터 부여받은 상업상의 특권을 말한다. 하지만 오히려 이러한 특권으로 인해 건전한 상공업 발전이 저해되고 도시 소비자나 영세상인 및 소규모 생산자층의 피해가 증가되면서 일부 특권 상인들의 금난전권을 혁파하자는 목소리가 높아졌고 이에 1791년(정조 15) 신해통공으로 육의전을 제외한 일반 시전이 보유하고 있던 금난전권을 혁파하였다.

🔑**Answer** 5.② 6.③

7 조선 후기 호락(湖洛)논쟁에 대한 설명으로 옳지 않은 것은?

2013. 7. 27. 안전행정부

① 18세기 중엽 노론 내부에 주기설과 주리설의 분파가 생겨 일어났다.
② 호론은 인성과 물성이 다르다고 보는 인물성이론을 내세웠다.
③ 낙론은 인성과 물성이 같다는 인물성동론을 주장하였다.
④ 호론은 북학파의 과학 기술 존중과 이용후생 사상으로 이어졌다.

> **TIP** ④ 인물성동론을 주장하는 학자들을 낙론이라 하고, 인물성이론을 주장하는 학자들은 호론이라고 칭하였다. 이들의 논쟁을 호락논쟁이라 하며, 낙론이 북학파로 이어졌다.

8 조선시대 각 시기별 대외관계에 대한 설명으로 옳지 않은 것은?

2012. 5. 12. 상반기 지방직

① 15세기 : 류큐에 불경이나 불종을 전해주어 그곳 불교문화발전에 기여하였다.
② 16세기 : 을묘왜변이 일어나자 비변사로 하여금 군사문제를 처리하도록 하였다.
③ 17세기 : 정묘호란과 병자호란의 패배로 인해 청에 대한 문화적 열등감이 팽배해졌다.
④ 18세기 : 청과 국경분쟁이 일어나 양국 대표가 백두산 일대를 답사하고 정계비를 세웠다.

> **TIP** ③ 정묘호란(1627)과 병자호란(1636)의 패배로 조선 지배층 안에서는 청에 대한 반발감이 고조되면서 중국 중심의 화이사상을 반영한 북벌론이 전개되었다. 이는 명이 멸망하고 부흥 가능성이 사라진 후 중화 문화의 유일한 계승자로서 조선 중화주의로 표출된 것이다.

Answer 7.④ 8.③

1 (가) 시기에 볼 수 있는 장면으로 적절한 것은?

	(가)	
이인좌의 난		규장각 설치

① 당백전으로 물건을 사는 농민
② 금난전권 폐지를 반기는 상인
③ 전(錢)으로 결작을 납부하는 지주
④ 경기도에 대동법 실시를 명하는 국왕

> **TIP** 이인좌의 난은 1728년에 일어났고 규장각은 1776년에 설치되었다.
> ③ 균역법은 영조 26년(1750)에 실시한 부세제도로 종래까지 군포 2필씩 징수하던 것을 1필로 감하고 그 세수의 감액분을 결미(結米) · 결전(結錢), 어(漁) · 염(鹽) · 선세(船稅), 병무군관포, 은 · 여결세, 이획 등으로 충당하였다.
> ① 당백전은 1866년(고종 3) 11월에 주조되어 약 6개월여 동안 유통되었던 화폐이다.
> ② 금난전권은 1791년 폐지(금지)되었다.
> ④ 대동법은 1608년(광해군 즉위년) 경기도에 처음 실시되었다.

2 붕당정치에 대한 설명으로 옳지 않은 것은?

① 출현 배경은 척신 정치의 잔재 청산에 대한 기성 사림과 신진 사림 간의 갈등이다.
② 이이, 성혼 계열의 동인과 이황, 조식, 서경덕의 학풍을 계승한 서인으로 구분되었다.
③ 붕당정치는 상호 견제와 비판의 역할을 하였다.
④ 학문과 이념의 차이에서 출발하였지만 정치참여의 확대에 기여하였다.

> **TIP** 붕당정치
>
> | 구분 | 출신배경 | 학연 주류 |
> |---|---|---|
> | 동인 | 김효원을 중심으로 하는 신진 사림 | • 영남의 이황, 조식
• 개성의 서경석 |
> | 서인 | 신의겸을 중심으로 하는 기성 사림 | 기호의 이이, 성혼 |

3 다음 중 비변사가 국정의 최고 기관이 된 시기는?

① 을묘왜변 후　　　　　　　② 삼포왜란 후
③ 임진왜란 후　　　　　　　④ 병자호란 후

> **TIP** 임진왜란의 영향으로 임시기구였던 비변사는 거의 모든 업무를 총괄하는 국정 최고기관이 된다.

Answer 1.③　2.②　3.③

4 다음 중 왜란과 호란 이후 조선의 지배층에 의해 추진된 개혁 정책으로 옳지 않은 것은?

① 영정법　　　　　　　　　　　　② 과전법
③ 균역법　　　　　　　　　　　　④ 대동법

> **TIP** 과전법은 고려 말 이성계를 중심으로 모인 급진개혁파 신진사대부세력이 우왕과 창왕을 폐하고 공양왕을 세운 후 전제 개혁을 단행하여 신진관료들의 경제기반을 위해 마련하였다.

5 경신환국의 결과에 대한 설명으로 옳지 않은 것은?

① 외척 세력의 성장
② 일당 전제화
③ 세자책봉문제에 비중
④ 비판 세력의 공존

> **TIP** 현종 때 경신환국으로 서인은 남인을 역모로 몰아 숙청하고 정권을 장악하였으며 비판세력의 공존을 인정하지 않는 일 당 전제화 추세가 나타났다.

6 다음과 같은 정치가 실시되던 시기의 사실로 옳은 것은?

> 　　2품 이상의 고위직만이 정치적 기능을 발휘하였고, 그 아래 관리들은 언론활동과 같은 정치적 기능을 거의 잃은 채 행정실무만 맡게 되었다. 실질적인 힘은 비변사로 집중되었고, 실질적 역할을 담당하는 자리는 대개 유력 가문 출신 인물들이 차지하였다.

① 경신환국　　　　　　　　　　　② 기묘사화
③ 홍경래의 난　　　　　　　　　　④ 탕평책 실시

> **TIP** 제시된 내용은 19세기 세도정치기의 권력구조를 설명한 글이다. 홍경래의 난은 19세기 초 몰락한 양반 홍경래의 지휘 하에 영세농민, 중소상인, 광산노동자 등이 합세하여 일으킨 봉기였다.

7 다음 중 조선 후기 군사조직에 대한 설명으로 옳은 것은?

① 5군영은 북인 정권의 군사적 기반이 되었다.
② 선조 때 신설된 훈련도감은 살수, 사수, 포수의 삼수병을 양성하였다.
③ 진관체제의 문제점으로 인하여 제승방략체제를 복구하고 속오법을 실시하였다.
④ 정조는 왕권을 강화하고자 군사적 기반을 갖추기 위해 5군영을 강화하였다.

> **TIP** ① 5군영은 국내 정세변화에 따라 임기응변식으로 설치되었으며, 서인 정권의 군사적 기반이 되었다.
> ③ 조선 초기에 실시된 진관체제가 외적의 침입에 효과적으로 대응하지 못하여 16세기 후반에는 제승방략체제로 변화되었다. 그러나 임진왜란 당시 효과를 거두지 못하자 진관을 복구하고 속오군체제로 정비하였다.
> ④ 정조는 친위부대인 장용영을 설치하고 병권을 장악하였으며 각 군영의 독립적 성격을 약화시킴으로서 왕권을 뒷받침하는 군사력을 갖추게 되었다.

Answer 4.② 5.④ 6.③ 7.②

8 다음 사료의 정책이 시행된 결과로 옳지 않은 것은?

> 아전들이 사사로운 곳에 보관하여 물종(物種)이 부패하고, 안으로는 세력 있는 지방 사족들이 방납(防納)하고 하급 관리들 또한 백성을 약탈하므로 온갖 폐단이 번다하게 일어나 백성이 견딜 수 없었다. … (중략)… 경기·삼남(三南)에는 밭과 논을 통틀어 1결에 쌀 12말을 거두고, 관동도 이와 같게 하되 토지 조사가 되지 않은 읍에는 4말을 더하며, 영동(嶺東)에는 2말을 더하고, 해서에는 상정법(詳定法)을 시행하여 15말을 거두니, 통틀어 명칭하기를 '대동(大同)'이라 하였다.

① 농민의 부담이 감소하였다.
② 상업이 쇠퇴하고 농업중심의 사회가 강화되었다.
③ 국가재정이 회복되었다.
④ 조세의 금납화가 촉진되었다.

> **TIP** 위 사료는 방납의 폐단이 횡행하던 공납제도를 개편한 대동법에 대한 내용이다.
>
> ※ 대동법시행의 결과
> ㉠ 농민의 부담이 감소하였으나, 지주에게 부과된 대동세가 소작농에게 전가되는 경우가 있었다.
> ㉡ 조세의 금납화가 촉진되고 국가재정이 회복되었다.
> ㉢ 상공업의 발달과 상업도시의 발달을 가져왔다.
> ㉣ 진상·별공은 여전히 존속하였다.
> ㉤ 양반의 몰락이 촉진 되었다.

9 다음 정치기구에 대한 설명으로 옳은 것은?

> ㉠ 조선 건국 후 국정을 총괄하는 기구로 정도전은 이곳을 중심으로 정치를 하여 이상적인 나라를 건설하고자 하였다.
> ㉡ 중종 때 왜구와 여진족의 침입에 대비하여 설치된 임시기구로 임진왜란을 겪으면서 이것의 기능은 강화되어 국가 최고 정무기구로 기능하였다.

① ㉠의 설치로 행정의 전문성과 효율성이 높아졌다.
② ㉡의 설치로 문무양반제도가 자리 잡았다.
③ ㉡이 설치되어 ㉠의 기능은 점차 약화 되었다.
④ ㉠과 ㉡은 국방에 대한 업무를 담당하였다.

> **TIP** ㉠은 의정부이고, ㉡은 비변사에 대한 설명이다. 임진왜란 이전까지 의정부가 최고정무기구였으나 17세기에 비변사가 최고 정치기구로 인식되었다.
> ① 행정의 전문화와 효율성을 높일 수 있었던 것은 6조가 행정을 분담하였기 때문이다.
> ② 무과가 실시되어 문무양반제도가 자리 잡을 수 있게 되었다.
> ④ 의정부와 비변사 모두 국정 전반을 총괄하였다.

Answer 8.② 9.③

10 16세기 후반 이후 조선 사회에 나타난 다음 사실들은 무엇을 나타내는가?

> • 비변사가 상설기구로 변하였고, 그 기능도 강화되었다.
> • 중앙군의 체제가 5위제에서 5군영제로 변하였다.
> • 붕당 간의 균형이 무너지고 일당전제화의 추세가 나타났다.

① 신분제도의 동요
② 탕평책이 실시된 배경
③ 농민계층의 분화 촉진
④ 조선후기 왕권 약화의 배경

TIP 조선왕조의 통치 질서는 16세기 중엽 이래로 해이해지더니, 왜란과 호란을 겪으면서 한층 더 와해되어 갔다. 조선후기 양반지배계층은 그 동안 양반사회가 안고 있던 모순이 양난으로 인해 드러나자, 체제를 유지하기 위해 비변사를 강화하고 5군영을 설치하는가 하면, 붕당을 조성하여 자신들의 지위를 보다 강화하려 하였다. 결국 이러한 일들로 왕권이 약화되었다.

11 정조의 정책에 대한 설명으로 옳지 않은 것은?

① 수령의 권한을 약화시키고 지방 사림의 영향력을 강화시켰다.
② 수원에 화성을 세워 정치적·군사적 기능을 부여하고 상공인을 유치하고자 하였다.
③ 정치집단에서 소외되었던 남인 계열을 등용하였다.
④ 군주가 스승의 입장에서 신하를 양성하고 재교육하고자 하였다.

TIP 정조는 붕당의 근거지가 되는 지방에 대한 통제를 강화하기 위하여 수령이 군현단위의 향약을 직접 주관하게 하였다.

12 세도정치의 전개과정에 대한 설명으로 옳지 않은 것은?

① 정조 때 노론 벽파 세력이 정국을 주도하기 시작하였다.
② 정조 사후 당파 갈등을 근절하지 못해 세도정치기가 시작되었다.
③ 신유박해가 일어나 정조가 규장각을 통해 양성한 인물들이 제거되었다.
④ 집권세력은 장용영을 강화하여 자신들의 군사적 기반으로 삼았다.

TIP 집권세력은 정조 때 친위부대로 설치한 장용영을 혁파하였다.

Answer 10.④ 11.① 12.④

13 다음과 같은 세제개혁이 보여 주는 공통점으로 옳은 것은?

> • 공납으로 내던 특산물을 미·포·전으로 내게 하되 1결에 12두씩 거뒀다.
> • 1년에 2필씩 내던 군포를 1년에 1필로 줄이고, 그 대신에 1결당 2두씩 내게 하며, 양반층에게도 선무군관포 1필을 내게 하고, 궁방의 재정수입이었던 어·염·선세를 균역청 수입으로 충당하였다.

① 지대의 금납화
② 조세의 전세화
③ 은 본위제의 확립
④ 부역 노동의 고용화

TIP 조선후기 수취제도를 개혁하면서 전세는 영정법, 공납은 대동법, 군역은 균역법으로 바뀌었다. 대동미나 결작은 모두 토지 소유량에 대한 부과방법으로 조세의 전세화를 의미한다.

14 다음 중 17～18세기 조선의 대외관계 변화와 관련된 내용이 아닌 것은?

① 조선은 병자호란 이후 명분상으로는 소중화론을 토대로 청을 배척하였으나, 실제로는 사대관계를 인정하여 사신을 파견하기도 하는 등 이중적인 대청관계를 보이고 있다.
② 청의 국력 신장과 문물 융성에 자극을 받아 18세기 말 청의 문물 도입을 주장하는 북학론이 대두되었다.
③ 백두산정계비에 새겨진 '토문강'의 위치에 대한 해석 차이로 간도귀속문제가 발생하였고, 결국 간도협약을 통해 청의 영토로 귀속되었다.
④ 임진왜란으로 조선과 일본의 외교 단절 이후 도쿠가와 막부의 요청으로 부산포에 왜관을 설치하고 대일무역이 행해졌다.

TIP ③ 토문강의 위치에 대한 해석차이로 간도분쟁이 발생한 것은 19세기로, 결국 조선의 외교권이 상실된 을사조약 후 청과 일본 사이의 간도협약(1909)으로 청의 영토로 귀속되었다.

Answer 13.② 14.③

경제구조와 경제생활

고대의 경제

1 ·· 삼국의 경제생활

(1) 삼국의 경제정책

① **정복활동과 경제정책**
   ㉠ 정복지역의 지배자를 내세워 공물을 징수하였다.
   ㉡ 전쟁포로들은 귀족이나 병사에게 노비로 지급하였다.
   ㉢ 군공을 세운 사람에게 일정 지역의 토지와 농민을 지급하였다(식읍).

② **정복지역에 대한 정책 변화** : 피정복민에 대한 차별이 감소되어 갔으나 신분적 차별은 여전하였고 더 많은 경제적 부담을 졌다.

③ **수취체제의 정비**
   ㉠ 초기 : 농민으로부터 전쟁 물자를 징수하고, 군사를 동원하였다. 그 결과 농민의 경제 발전이 억제되고 농민의 토지 이탈이 발생하여 사회체제가 동요되었다.
   ㉡ 수취체제의 정비 : 노동력의 크기로 호를 나누어 곡물·포·특산물 등을 징수하고 15세 이상 남자의 노동력을 징발하였다.
   • 고구려 : 매회 조(租)로 곡식을 바치고, 개인은 인두세(人頭稅)로 베나 곡식을 바쳤다.
   • 백제 : 조로 쌀을 바치고, 세로 쌀, 명주, 베 등을 바쳤다.
   • 신라 : 당의 조(租), 용(庸), 조(調)를 모방하여 실시하였다.

④ **농민경제의 안정책**
   ㉠ 철제 농기구를 보급하고, 우경이나 황무지의 개간을 권장하였으며, 저수지를 축조하였다.
   ㉡ 농민구휼정책으로 진대법을 실시하였다(고구려 고국천왕).

⑤ **수공업** : 노비들이 무기나 장신구를 생산하였으며, 수공업 생산을 담당하는 관청을 설치하였다.

⑥ **상업** : 도시에 시장이 형성되었으며, 시장을 감독하는 관청을 설치하였다.

⑦ **국제무역** : 왕실과 귀족의 수요품을 중심으로 공무역의 형태로 이루어졌다(4세기 이후 발달).
   ㉠ 고구려 : 남북조와 북방민족을 대상으로 하였다.
   ㉡ 백제 : 남중국, 왜와 무역하였다.
   ㉢ 신라 : 한강 확보 이전에는 고구려, 백제와 교류하였으나 한강 확보 이후에는 당항성을 통하여 중국과 직접 교역하였다.

(2) 경제생활

① **귀족의 경제생활**
   ㉠ 경제기반
   • 토지와 노비 소유 : 자신이 소유한 토지와 노비, 국가에서 지급받은 녹읍과 식읍을 바탕으로 하였다.
   • 유리한 생산조건 : 비옥한 토지를 가지고 있었고, 철제 농기구와 소도 많이 소유하고 있었다.
   ㉡ 농민 지배 : 귀족은 그들의 지배하에 있는 농민을 동원하여 농장을 경영하고, 고리대금업으로 농민의 땅을 빼앗거나 노비로 만들어 재산을 늘렸다.
   ㉢ 주거생활 : 기와집, 창고, 마구간, 우물, 주방을 설치하여 생활하였다.

보충학습

녹읍 … 관료에게 일정한 지역의 토지를 지급한 것으로, 토지의 소유권을 지급한 것이 아니라 조세를 거둘 수 있는 권리인 수조권을 지급한 것이다. 귀족관료들은 그 토지에 딸린 노동력과 공물도 모두 수취할 수 있었다. 녹읍제는 신문왕 때에 폐지되었다가 귀족들의 반발로 경덕왕 때에 부활하였다.

② 농민의 경제생활

    ㉠ 경작활동 : 자기 소유의 토지(민전)나 남의 토지를 빌려 경작하였고 수확량의 절반을 지대로 납부하였다.

    ㉡ 농기구의 변화 : 돌이나 나무 농기구에서 철제 농기구로 변하였고 우경이 확대되었다.

    ㉢ 수취의 부담 : 생활이 어려울 정도로 곡물·삼베·과실을 부담하였고, 군사 동원과 같은 노동력을 징발당하면서 농민들이 몰락하는 경우가 많았다.

    ㉣ 생활 개선 : 농사기술을 개발하고 경작지를 개간하였다.

❷ 남북국시대의 경제적 변화

(1) 통일신라의 경제정책

① 목적 : 피정복민과의 갈등 해소와 사회 안정을 위한 것이었다.

② 수취체제의 변화

    ㉠ 조세 : 생산량의 10분의 1 정도를 수취하였다.

    ㉡ 공물 : 촌락 단위로 그 지역의 특산물을 징수하였다.

    ㉢ 역 : 군역과 요역으로 이루어져 있었으며, 16에서 60세의 남자를 대상으로 하였다.

③ 민정문서

    ㉠ 작성

    • 목적 : 정부가 농민에 대한 조세와 요역 부과 자료로 추정된다.

    • 작성의 단위 : 자연촌 단위로 매년 변동사항을 조사하여 3년마다 작성하였다.

    • 작성자 : 촌주가 작성하였다.

    ㉡ 토지조사 : 토지의 귀속관계에 따라 연수유전답, 촌주위답, 관모전답, 내시령답, 마전 등으로 분류되어 있다.

    ㉢ 인구조사 : 남녀별, 연령별로 6등급으로 조사하였다. 양인과 노비, 남자와 여자로 나누어 기재되어 있다.

    ㉣ 호구조사 : 9등급으로 구분하였다.

    ㉤ 민정문서의 특징

    • 촌명, 촌성, 연호, 인구, 우마, 토지, 수목(뽕나무, 잣나무, 호두나무) 등의 순서로 기재되어 있다.

    • 정부가 농민들의 조세와 요역 부과의 자료로 파악하였다.

    • 자연촌을 단위로 조세를 수취하고 부역을 동원하였다.

    • 하나의 자연촌은 4개의 자연촌으로 구성되었다.

    • 노동력을 가장 중시하였다.

    • 촌락의 영세한 모습이 나타나 있다.

    • 가호 간에 경제 불균형을 보여주고 있다.

    • 국가는 촌주를 통하여 농민을 간접적으로 지배하였으며 촌의 실제 지배자는 촌주이다.

④ 토지제도의 변화 : 귀족에 대한 국왕의 권한을 강화하기 위한 것이었으며, 농민경제의 안정을 추구하였다.

    ㉠ 관료전 지급(신문왕) : 식읍을 제한하고, 녹읍을 폐지하였으며 관료전을 지급하였다.

    ㉡ 정전 지급(성덕왕) : 왕토사상에 의거하여 백성에게 정전(丁田)을 지급하고, 구휼정책을 강화하였다.

    ㉢ 녹읍 부활(경덕왕) : 녹읍제가 부활되고 관료전이 폐지되었다.

기출문제

다음과 같은 문서가 작성되었던 시대에 대한 설명으로 옳지 않은 것은?

2016. 6. 18. 제1회 지방직

    토지는 논, 밭, 촌주위답, 내시령답 등 토지의 종류와 면적을 기록하고, 사람들은 인구, 가호, 노비의 수와 3년 동안의 사망, 이동 등 변동 내용을 기록하였다. 그 밖에 소와 말의 수, 뽕나무, 잣나무, 호두나무의 수까지 기록하였다.

① 관료에게는 관료전을, 백성에게는 정전을 지급하였다.

② 인구는 남녀 모두 연령에 따라 6등급으로 나누어 파악하였다.

③ 전국을 9주로 나누고, 주 아래에는 군이나 현을 두어 지방관을 파견하였다.

④ 국가에 봉사하는 대가로 관료에게 토지를 나누어 주는 전시과 제도를 운영하였다.

☞ ④

기출문제

통일신라시대 민정문서(장적)에 대한 설명으로 옳지 않은 것은?

2014. 6. 21. 제1회 지방직

① 인구, 가호, 노비 및 소와 말의 증감까지 매년 작성하였다.

② 토지에는 연수유전답, 촌주위답, 내시령답이 포함되어 있다.

③ 사람은 남녀로 나누고, 연령을 기준으로 하여 6등급으로 구분하였다.

④ 호(戶)는 상상호(上上戶)에서 하하호(下下戶)까지 9등급으로 구분하였다.

☞ ①

(2) 통일신라의 경제활동

① 경제력의 성장
- ㉠ 중앙 : 통일 이후 인구와 상품 생산이 증가되어, 동시(지증왕) 외에 서시와 남시(효소왕)가 설치되었다.
- ㉡ 지방 : 지방의 중심지나 교통의 요지에서 물물교환이 이루어졌다.

② 무역의 발달
- ㉠ 대당 무역 : 나·당전쟁 이후 8세기 초(성덕왕)에 양국관계가 재개되면서 공무역과 사무역이 발달하였다.
  - 대당 무역품 : 수출품은 명주와 베, 해표피, 삼, 금·은세공품 등이었고 수입품은 비단과 책 및 귀족들이 필요로 하는 사치품이었다.
  - 대당 무역로 : 지금의 전남 영암에서 상하이 방면으로 가는 길과 경기도 남양만에서 산둥반도로 가는 길이 있었다.
  - 신라인의 대당 진출 : 산둥반도와 양쯔강 하류에 신라방(거주지), 신라소(자치기관), 신라관(여관), 신라원(절)이 설치되었다.
- ㉡ 대일 무역 : 초기에는 무역을 제한하였으나, 8세기 이후에는 무역이 활발하였다.
- ㉢ 국제무역 : 이슬람 상인이 울산을 내왕하였다.
- ㉣ 청해진 설치 : 장보고가 해적을 소탕하였고 남해와 황해의 해상무역권을 장악하여 당, 일본과의 무역을 독점하였다.

(3) 귀족의 경제생활

① 왕실과 귀족경제의 향상
- ㉠ 왕실은 새로 획득한 땅을 소유하여, 국가수입 중 일부를 획득하였다.
- ㉡ 국가는 왕실과 귀족이 사용할 물품을 생산하기 위한 관청을 정비하여 왕실과 귀족에게 공급하였다.

② 귀족의 경제적 기반
- ㉠ 녹읍과 식읍을 통해 농민을 지배하여 조세와 공물을 징수하고, 노동력을 동원하였다.
- ㉡ 국가에서 지급한 것 외에도 세습토지, 노비, 목장, 섬을 소유하기도 하였다.

③ 귀족의 일상생활
- ㉠ 당이나 아라비아에서 수입한 사치품(비단, 양탄자, 유리그릇, 귀금속)을 사용하였다.
- ㉡ 경주 근처의 호화주택과 별장을 소유하였다(안압지, 포석정 등).

(4) 농민의 경제생활

① 농민경제의 한계 : 척박한 토양과 적은 생산량으로 남의 땅을 빌려서 농사짓고, 생산량의 반 이상을 토지 소유자에게 지불하였다.

② 수취의 부담 : 전세는 생산량의 10분의 1 정도를 징수하였으나, 삼베·명주실·과실류를 바쳤고, 부역이 많아 농사에 지장을 초래하였다.

③ 농토의 상실
- ㉠ 8세기 후반 귀족이나 호족이 토지 소유를 늘리며 토지를 빼앗겼다.
- ㉡ 남의 토지를 빌려 경작하거나 노비로 자신을 팔거나, 유랑민이나 도적이 되기도 하였다.

④ 향·부곡민 : 농민보다 많은 부담을 가졌다.

⑤ 노비 : 왕실, 관청, 귀족, 사원(절) 등에 소속되어 물품을 제작하거나, 일용 잡무 및 경작에 동원되었다.

(5) 발해의 경제 발달

① 수취제도

    ㉠ 조세 : 조 · 콩 · 보리 등의 곡물을 징수하였다.

    ㉡ 공물 : 베 · 명주 · 가죽 등 특산물을 징수하였다.

    ㉢ 부역 : 궁궐 · 관청 등의 건축에 농민이 동원되었다.

② 귀족경제의 발달 : 대토지를 소유하였으며, 당으로부터 비단과 서적을 수입하였다.

③ 농업

    ㉠ 밭농사 : 기후조건의 한계로 콩, 조, 보리, 기장 등의 밭농사가 중심이 되었다.

    ㉡ 논농사 : 철제 농기구를 사용하고, 수리시설을 확충하여 일부 지역에서 이용하였다.

④ **목축과 수렵** : 돼지 · 말 · 소 · 양을 사육하고, 모피 · 녹용 · 사향을 생산 및 수출하였다.

⑤ 어업 : 고기잡이도구를 개량하고, 숭어, 문어, 대게, 고래 등을 잡았다.

⑥ 수공업

    ㉠ 금속가공업(철, 구리, 금, 은), 직물업(삼베, 명주, 비단), 도자기업 등 다양하게 발달하였다.

    ㉡ 철의 생산이 풍부했으며, 구리제련술이 발달하였다.

⑦ 상업 : 도시와 교통요충지에 상업이 발달하고, 현물과 화폐를 주로 사용하였으나 외국화폐가 유통되기도 하였다.

⑧ 무역 : 당, 신라, 거란, 일본 등과 무역하였다.

    ㉠ 대당 무역 : 산둥반도의 덩저우에 발해관을 설치하였다.

    • 수출품 : 토산품과 수공업품(모피, 인삼, 불상, 자기)

    • 수입품 : 귀족들의 수요품인 비단, 책 등

    ㉡ 대일 무역 : 일본과의 외교관계를 중시하여 활발한 무역활동을 전개하였다.

    ㉢ 신라와의 관계 : 필요에 따라 사신이 교환되고 소극적인 경제, 문화 교류를 하였다.

1 발해의 사회 모습에 대한 설명으로 가장 옳지 않은 것은?

2019. 6. 15. 제2회 서울특별시

① 주민은 고구려 유민과 말갈인으로 구성되었다.
② 중앙 문화는 고구려 문화를 바탕으로 당의 문화가 가미된 형태를 보였다.
③ 당, 신라, 거란, 일본 등과 무역하였는데, 대신라 무역의 비중이 가장 컸다.
④ 유학 교육기관인 주자감을 설치하여 귀족 자제에게 유교 경전을 가르쳤다.

> **TIP** ③ 발해의 대외 무역에 있어 가장 비중이 큰 나라는 당이었다. 발해 건국 초기에는 일본과 교류하며 신라를 견제하고자 하였다. 하지만 이후 발해는 신라도를 통해 신라와 교류하였다.

2 통일신라의 경제상황에 대한 설명으로 옳지 않은 것은?

2019. 6. 15. 제1회 지방직

① 왕경에 서시전과 남시전이 설치되었다.
② 어아주, 조하주 등 고급비단을 생산하여 당나라에 보냈다.
③ 촌락의 토지 결수, 인구 수, 소와 말의 수 등을 파악하였다.
④ 시비법과 이앙법 등의 발달로 농민층에서 광작이 성행하였다.

> **TIP** 시비법과 이앙법의 발달로 광작이 성행한 시기는 조선 후기이다. 광작의 유행은 농민층의 분화를 심화시켜 조선 후기 신분제를 동요시키는 계기가 되었다.

3 (가) 시기의 경제 상황에 대한 설명으로 옳은 것은?

2019. 4. 6. 인사혁신처

| 국호 '신라' 확정 | 9주 5소경 설치 | (가) | 대공의 난 발발 | 독서삼품과 실시 |

① 백성에게 정전을 처음으로 지급하였다.
② 시장을 감독하는 관청인 동시전을 신설하였다.
③ 백성의 구휼을 위하여 진대법을 제정하였다.
④ 청주(菁州)의 거로현을 국학생의 녹읍으로 삼았다.

> **TIP** 국호를 신라로 정한 것은 지증왕(500~514) 때이다. 지방 행정 구역을 9주 5소경으로 확정한 것은 신문왕(681~692) 때이다. 대공의 난은 혜공왕(765~780) 때 발생한 반란이다. 독서삼품과는 원성왕(785~798) 때 시행되었다.
> ① 신라 성덕왕(722)
> ② 신라 지증왕(509)
> ③ 고구려 고국천왕(194)
> ④ 신라 소성왕(799) → 경덕왕 때 녹읍이 부활한 것과 관련

4 〈보기〉의 통일신라시대의 경제제도를 시간 순으로 바르게 나열한 것은?

2018. 6. 23. 제2회 서울특별시

─────────── 〈보기〉 ───────────

㉠ 중앙과 지방의 여러 관리에게 매달 주던 녹봉을 없애고 다시 녹읍을 주었다.
㉡ 중앙과 지방 관리들의 녹읍을 폐지하고 해마다 조(租)를 차등 있게 주었으며 이를 일정한 법으로 삼았다.
㉢ 처음으로 백성들에게 정전(丁田)을 지급하였다.
㉣ 교서를 내려 문무 관료들에게 토지를 차등 있게 주었다.

① ㉡→㉠→㉣→㉢
② ㉡→㉣→㉠→㉢
③ ㉣→㉢→㉡→㉠
④ ㉣→㉡→㉢→㉠

TIP ㉣ 신문왕 7년(687) → ㉡ 신문왕 9년(689) → ㉢ 성덕왕 21년(722) → ㉠ 경덕왕 16년(757)

5 '신라촌락(민정)문서'를 통해서 알 수 있는 내용으로 옳지 않은 것은?

2017. 12. 16. 지방직 추가선발

① 인구를 중시하여 소아의 수까지 파악했다.
② 내시령과 같은 관료에게 토지가 지급되었다.
③ 촌락의 경제력을 파악할 때 유실수의 상황을 반영했다.
④ 촌락을 통제하기 위해서 지방관으로 촌주가 파견되었다.

TIP ④ 촌주는 중앙에서 파견된 지방관이 아니라 촌락의 토착민이다. 촌주는 변동사항을 조사하여 3년마다 문서를 다시 작성하였다.

6 밑줄 친 '그'가 활동한 시기의 상황에 대한 설명으로 옳은 것은?

2016. 3. 19. 사회복지직

＿그가 돌아와 흥덕왕을 찾아보고 말하기를 "중국에서는 널리 우리나라 사람을 노비로 삼으니, 청해진을 만들어 적으로 하여금 사람들을 약탈하지 못하도록 하기를 원하나이다."라고 하였다. …(중략)… 대왕은 그에게 군사 만 명을 거느리고 해상을 방비하게 하니, 그 후로는 해상으로 나간 사람들이 잡혀가는 일이 없었다.

－「삼국사기」－

① 산둥 반도와 양쯔 강 하류에 신라방과 신라소가 있었다.
② 삼한통보, 해동통보, 해동중보 등의 화폐가 주조되었다.
③ 시전을 설치하고, 개경·서경 등 대도시에 주점, 다점 등 관영 상점을 두었다.
④ 「농상집요」를 통해 이앙법이 남부지방에 보급될 정도로 논농사가 발전하였다.

TIP 지문의 '청해진' 설치를 통해 장보고에 대한 글임을 알 수 있다. 이 시기의 신라는 당과의 활발한 교역에 의해 산둥반도와 양쯔강 하류 일대에 신라인이 사는 신라방과 이를 관리하는 행정기관인 신라소가 설치되었다.
② 고려 숙종 때 ③ 고려 ④ 고려 후기

Answer 4.④ 5.④ 6.①

1 다음과 같은 사회현상에 대처하기 위해 고대사회에서 실시한 정책으로 옳은 것은?

> 신라 한기부 여권의 딸 지은은 홀어머니 밑에서 나이 32세가 되도록 시집을 가지 못하고 어머니를 봉양하였다. 집안이 어려워 남의 집 일을 하고 삯을 받아 겨우 먹고 살았다. 나중에는 부잣집 종으로 몸을 팔아 어머니를 봉양하였다. 뒷날 어머니가 내막을 알고는 밥도 먹지 않고 모녀가 대성통곡하였다.
>
> 「삼국사기」

① 동시전 설치
② 진대법 실시
③ 민정문서 작성
④ 향, 부곡 설치

> **TIP** 진대법은 고구려 고국천왕 때 실시한 것으로 궁핍한 농민들에게 곡식을 빌려 주어 노비로 전락하는 것을 막고자 하였다.

2 다음의 역사적 사실을 통해 추론한 내용으로 가장 적절한 것은?

> • 신문왕 7년 5월에 문무 관료전을 지급하되 차등을 두었다.
> • 신문왕 9년 1월에 내외관의 녹읍을 혁파하고 매년 조를 내리되 차등이 있게 하여 이로써 영원한 법식을 삼았다.
> • 경덕왕 16년 3월에 여러 내외관의 월봉을 없애고 다시 녹읍을 나누어 주었다.

① 왕권의 전제화가 계속 진행되었다.
② 귀족의 경제력이 점차 약화되었다.
③ 국왕과 귀족 사이의 권력 갈등이 있었다.
④ 국가의 농민에 대한 지배권이 강화되었다.

> **TIP** 녹읍을 폐지하고 관료전을 지급한 것은 귀족에 대한 국왕의 왕권을 강화하기 위한 것이었으나, 경덕왕 때 녹읍제가 부활되고 관료전이 폐지되었다.

3 다음 중 통일신라시대에 관한 내용으로 옳은 것은?

① 관료전을 지급받은 관리는 토지에 거주하는 백성을 상대로 조세·역 등을 징수했다.
② 농민뿐 아니라 천민의 노동력도 철저히 징수되었다.
③ 촌주가 촌 단위로 10년마다 민정문서를 작성하여 촌의 호수, 인구 수 등의 변동 상황을 기록하였다.
④ 여성의 인력은 조사대상에서 제외되었다.

> **TIP** ① 백성들에게 조세와 공물을 징수하고, 노동력을 마음대로 징발하는 권리를 가진 토지는 녹읍이다.
> ③ 민정문서(신라장적)는 촌주가 3년마다 작성하였다.
> ④ 연령과 성별에 따라 6등급으로 인정(人丁)을 구분하여 민정문서에 기록하였다.

Answer 1.② 2.③ 3.②

4 다음은 통일신라 때의 토지제도에 대한 설명이다. 이에 관한 설명으로 옳은 것은?

> 통일 후에는 문무 관료들에게 토지를 나누어 주고, 녹읍을 폐지하는 대신 해마다 곡식을 나누어 주었다.

① 농민 경제가 점차 안정되었다.
② 귀족들의 농민 지배가 더욱 강화되었다.
③ 귀족들의 기반이 더욱 강화되었다.
④ 귀족에 대한 국왕의 권한이 점차 강화되었다.

> **TIP** 제시된 내용은 관료진을 지급하는 대신 녹읍을 폐시한 신문왕의 소치에 대한 설명이다. 녹읍은 토지세와 공물은 물론 농민의 노동력까지 동원할 수 있었으나 관료전은 토지세만 수취할 수 있었다.

5 다음 중 통일신라의 무역활동과 관계 없는 것은?

① 한강 진출로 당항성을 확보하여 중국과의 연결을 단축시켰다.
② 산둥반도와 양쯔강 하류에 신라인 거주지가 생기게 되었다.
③ 통일 직후부터 일본과의 교류가 활발해졌다.
④ 장보고가 청해진을 설치하고 남해와 황해의 해상무역권을 장악하였다.

> **TIP** 일본과의 무역은 통일 직후에는 일본이 신라를 견제하고, 신라도 일본의 여·제 유민을 경계하여 경제교류가 활발하지 못하였으나 8세기 이후 정치의 안정과 일본의 선진문화에 대한 욕구로 교류가 활발해졌다.

6 통일신라 때의 경제활동에 대한 설명으로 옳은 것은?

① 한 번 경작한 토지는 다음해에는 쉬게 한 후 그 다음해에 경작하였다.
② 금성과 5소경이 모두 무역 중심지로 성장하였다.
③ 수공업자들은 상품생산을 통해 생계를 이어갔다.
④ 귀족들은 노비에게 정전을 경작시켰다.

> **TIP** ① 우경을 통한 깊이갈이, 시비법의 발달 등이 이루어지기 전까지 같은 토지를 해마다 경작하는 것은 어려운 일이었으며 휴경이 극복된 것은 고려 말 이후였다.
> ② 당시 국제무역의 중심지는 울산항과 청해진이다.
> ③ 수공업품 생산은 주로 국가가 수공업자를 동원하여 부역을 통해 생산하거나, 귀족들이 노비를 통해 생산하는 방식이었다.
> ④ 정전은 농민에게 지급된 토지이다.

7 삼국시대의 수공업 생산에 대한 설명으로 옳은 것은?

① 국가가 관청을 두고 기술자를 배치하여 물품을 생산하였다.
② 도자기가 생산되어 중국에 수출하였다.
③ 수공업의 발달은 상품경제의 성장을 촉진하였다.
④ 노예들은 큰 작업장에 모여 공동으로 생산 활동을 하였다.

> **TIP** 초기에는 기술이 뛰어난 노비에게 국가가 필요로 하는 물품을 생산하게 하였으나, 국가체제가 정비되면서 수공업 제품을 생산하는 관청을 두고 수공업자를 배치하여 물품을 생산하였다.

✎Answer 4.④ 5.③ 6.① 7.①

8 다음 중 신라의 녹읍에 대한 설명으로 옳은 것은?

① 민정문서는 녹읍의 실상을 알려주는 좋은 자료이다.
② 왕이 귀족에게 하사한 것이나, 왕토사상에 의해 왕이 마음대로 처분할 수 있었다.
③ 관료들은 녹읍에서 생산된 곡물만 수취할 수 있었다.
④ 신문왕은 한 때 귀족세력을 억누르기 위하여 폐지하기도 하였다.

> **TIP** ① 민정문서는 녹읍의 실상을 알려주는 자료가 아니고, 당시 촌락의 경제상황과 국가의 세무행정을 알 수 있는 자료이다.
> ② 왕토사상이 있었으나 개인사유지를 왕이 마음대로 처분할 수는 없었다.
> ③ 귀족관료들은 그 토지에 딸린 노동력과 공물도 모두 수취할 수 있었다.

9 고대의 경제생활에 관한 설명으로 옳지 않은 것은?

① 조로 곡식을, 인두세로 포목이나 곡식을 바쳤다.
② 왕토사상이 존재하였으나 일반민의 토지 소유를 인정하였다.
③ 통일신라에서는 방직기술과 공예품 제조기술이 발달하였다.
④ 발해는 논농사보다 밭농사를 주로 하여 벼농사는 행해지지 않았다.

> **TIP** 발해의 농업은 기후조건으로 인해 조·콩·보리·기장 등을 재배하는 밭농사를 주로 행해졌으나, 철제 농기구의 사용과 수리시설의 확보 등을 통해 일부 지역에서 벼농사가 행해지기도 했다.

10 다음에서 발해의 경제생활에 대한 내용으로 옳은 것을 모두 고르면?

> ㉠ 밭농사보다 벼농사가 주로 행하였다.
> ㉡ 제철업이 발달하여 금속 가공업이 성행하였다.
> ㉢ 어업이 발달하여 먼 바다에 나가 고래를 잡기도 하였다.
> ㉣ 가축의 사육으로 모피, 녹용, 사향 등이 생산되었다.

① ㉠㉡   ② ㉠㉢
③ ㉠㉡㉣   ④ ㉡㉢㉣

> **TIP** ㉠ 발해의 농업은 기후가 찬 관계로 콩, 조 등의 곡물 생산이 중심을 이루었고 밭농사가 중심이 되었다.

11 다음 중 고대사회 농민들의 생활상에 대한 설명으로 옳은 것은?

① 녹읍의 확대로 농민은 국가뿐만 아니라 귀족의 수취대상이 되기도 하였다.
② 고리대는 법으로 금지되어 있어서, 이를 갚지 못해도 처벌받지 않았다.
③ 법적으로 토지를 소유할 수 없으므로 귀족의 토지를 빌려 농사를 지어야 했다.
④ 엄격한 신분제도의 실시로 농민과 노비의 구분이 뚜렷하여 신분 이동은 이루어지지 않았다.

> **TIP** ②④ 고리대업이 성행하여 이를 갚지 못하면 노비로 전락하거나 유랑민, 도적이 되었다.
> ③ 평민들은 자기 소유의 토지를 경작하였다.

Answer 8.④ 9.④ 10.④ 11.①

12 다음 중 통일신라의 경제정책으로 옳지 않은 것은?

① 경제정책의 기본방향은 피정복민과의 갈등을 해소하고 사회를 안정시키는 것이다.
② 조세, 공물 등을 거두기 위해 촌주에게 몇 개의 촌락을 책임지게 하였다.
③ 토지제도를 비롯한 경제문제에 국가의 개입을 가급적 억제하였다.
④ 식읍을 제한하고 녹읍을 폐지하였으며, 백성에게 정전을 지급하였다.

> **TIP** 신라는 토지제도를 바꾸어 식읍을 제한하고 녹읍을 폐지하였으며, 왕토사상에 의거하여 백성에게 정전을 지급하였다. 또한 촌주에게 몇 개의 촌락을 책임지게 하여 조세, 공물, 부역 등을 국가에 바치게 하였다. 이러한 것들은 귀족에 대한 국왕의 권한을 강화하고 국가가 경제문제에 적극적으로 개입한 것이라 할 수 있다.

13 다음과 같은 생활을 한 사람들의 경제적 기반이 되는 것으로 옳지 않은 것은?

> 재상가에는 녹(祿)이 끊이지 않았다. 노예가 3천명이고 비슷한 수의 호위군사(갑병)와 소, 말, 돼지가 있었다. 바다 가운데 섬에서 가축을 길러 필요할 때 활로 쏘아서 잡아먹었다. 곡식을 꾸어서 갚지 못하면 노비로 삼았다.
>
> — 「신당서」 —

① 고리대   ② 녹읍
③ 식읍   ④ 정전

> **TIP** 제시된 내용은 귀족의 경제생활에 대한 설명으로 귀족은 식읍과 녹읍을 통하여 그 지역의 농민들을 지배하여 조세와 공물을 거두었고 노동력을 동원하였으며 고리대를 통해 농민을 수탈했다. 정전은 성덕왕 때 왕토사상에 의거하여 국가에서 토지가 없는 백성에게 지급한 토지이다.

14 다음 정책들을 실시한 공통적인 목적으로 옳은 것은?

> • 녹읍을 폐지하고 관료전을 지급하였다.
> • 일반 백성에게 정전을 지급하고, 국가에 조를 바치게 하였다.
> • 촌주로 하여금 민정문서를 작성하게 하여 남녀별·연령별의 인구와 가축, 유실수 등의 수를 3년마다 한 번씩 통계를 내게 하였다.

① 농민생활의 안정
② 지방세력가의 성장 억제
③ 대토지 소유의 발달 억제
④ 노동력과 생산자원에 대한 국가의 지배력 강화

> **TIP** 녹읍은 토지뿐만 아니라 그 토지에 속한 농민까지 지배할 수 있었다. 녹읍을 폐지하고 관료전을 지급한 것은 귀족들의 농민에 대한 지배권을 제한시켰고 국가의 토지지배권이 강화된 것이다. 정전을 지급하고 민정문서를 작성한 것은 농민을 국가재정의 기반으로 인식하여 이를 확보하기 위한 것이라고 할 수 있다.

Answer 12.③ 13.④ 14.④

중세의 경제

1 ·· 경제정책

(1) 농업 중심의 산업 발전

① **중농정책** : 개간한 땅은 일정 기간 조세를 면제하여 줌으로써 개간을 장려하고, 농번기에 잡역의 동원을 금지하여 농사에 지장을 주지 않게 하였다.

ㄱ 광종 : 황무지 개간 규정을 만들어 토지 개간을 장려하였다.

ㄴ 성종 : 무기를 거둬들여 이를 농기구로 만들어 보급하였다.

② **농민안정책** : 재해 시에 세금을 감면해주고, 고리대의 이자를 제한하였으며, 의창제를 실시하였다.

③ **상업**

ㄱ 개경에 시전을 설치하였고 국영점포를 운영하였다.

ㄴ 쇠·구리·은 등을 금속화폐로 주조하여 유통하기도 하였다.

④ **수공업**

ㄱ 관청수공업 : 관청에 기술자를 소속시켜 왕실과 국가 수요품을 생산하였으며, 무기와 비단을 제작하였다.

ㄴ 소(所) : 먹, 종이, 금, 은 등 수공업 제품을 생산하여 공물로 바쳤다.

ㄷ 자급자족적인 농업경제로 상업과 수공업의 발달은 부진하였다.

(2) 국가재정의 운영

① **국가재정의 정비**

ㄱ 문란한 수취체제를 정비하고 재정담당관청을 설치하였다.

ㄴ 양안과 호적을 작성하여 국가재정을 안정적으로 운영하였다.

ㄷ 왕실, 중앙 및 지방관리, 향리, 군인 등에게 수조권을 지급하였다.

② **국가재정의 관리**

ㄱ 호부 : 호적과 양안의 작성 및 관리(인구와 토지 관리)를 담당하였다.

ㄴ 삼사 : 재정의 수입과 관련된 사무를 담당하였다.

③ 재정은 대부분 관리의 녹봉, 일반 비용, 왕실의 공적 경비, 각종 제사 및 연등회나 팔관회의 비용, 건물의 건축이나 수리비, 왕의 하사품, 군선이나 무기의 제조비에 지출하였다.

(3) 수취제도

① **조세** : 토지에서 거두는 세금을 말한다.

ㄱ 대상 : 논과 밭으로 나누고 비옥도에 따라 3등급으로 구분하였다.

ㄴ 조세율

• 민전 : 생산량의 10분의 1

• 공전 : 수확량의 4분의 1

• 사전 : 수확량의 2분의 1

ㄷ 거둔 조세는 조창에서 조운을 통해 개경으로 운반하였다.

② **공물** : 토산물의 징수를 말하며, 조세보다 큰 부담을 주었다.

ㄱ 중앙관청에서 필요한 공물의 종류와 액수를 나누어 주현에 부과하면 주현은 속현과 향·소·부곡에 이를 할당하여 운영하였다.

ㄴ 매년 징수하는 상공(常貢)과 필요에 따라 수시로 징수하는 별공(別貢)이 있었다.

③ 역
- ㉠ 대상 : 국가에서 백성의 노동력을 무상으로 동원하는 것으로 정남에게 의무가 있었다.
- ㉡ 종류 : 요역과 군역이 있는데 요역은 성곽, 관아, 도로 보수 등과 광물 채취, 그 밖에 노동력을 동원하는 것이다.

④ 기타 : 어염세(어민)와 상세(상인) 등이 있다.

(4) 전시과제도와 토지의 소유

① 토지제도의 근간 : 고려는 국가에 봉사하는 대가로 관료에게 전지와 시지를 차등 있게 나누어 주는 전시과와 개인 소유의 토지인 민전을 근간으로 운영하였다.

② 전시과제도의 특징
- ㉠ 원칙 : 토지소유권은 국유를 원칙으로 하나 사유지가 인정되었다. 수조권에 따라 공·사전을 구분하여 수조권이 국가에 있으면 공전, 개인·사원에 속해 있으면 사전이라 하였으며 경작권은 농민과 외거노비에게 있었다.
- ㉡ 수조권만 지급 : 문무관리로부터 군인, 한인에 이르기까지 18등급으로 나누어 곡물을 수취할 수 있는 전지와 땔감을 얻을 수 있는 시지를 주었다.
- ㉢ 세습 불가 : 관직 복무와 직역에 대한 대가로 지급되었기 때문에 이 토지를 받은 자가 죽거나 관직에서 물러날 때에는 토지를 국가에 반납하도록 하였다.

③ 토지제도의 정비과정
- ㉠ 역분전(태조) : 후삼국 통일과정에서 공을 세운 사람들에게 충성도와 인품에 따라 경기지방에 한하여 지급하였다.
- ㉡ 시정전시과(경종) : 공복제도와 역분전제도를 토대로 전시과제도를 만들었다. 관직이 높고 낮음과 함께 인품을 반영하여 역분전의 성격을 벗어나지 못하였고 전국적 규모로 정비되었다.
- ㉢ 개정전시과(목종) : 현직관리(직관)와 전직관리(산관) 모두 관직만을 고려하여 지급하고, 지급량도 재조정하였으며, 문관이 우대되었고 군인전도 전시과에 규정하였다.
- ㉣ 경정전시과(문종) : 현직 관리에게만 지급하고, 무신에 대한 차별대우가 시정되었다.
- ㉤ 녹과전(원종) : 무신정변으로 전시과체제가 완전히 붕괴되면서 관리에게 생계 보장을 위해 지급하였다.
- ㉥ 과전법(공양왕) : 권문세족의 토지를 몰수하여 공전에 편입하고 경기도에 한해 과전을 지급하였다. 이로써 신진사대부의 경제적 토대가 마련되었다.

▶ 전시과와 과전법

구분	전시과	과전법
공통점	• 토지의 국유제 원칙 • 수조권의 지급 • 관직에 따른 차등 지급 • 예외는 있으나 원칙적으로 세습 불가	
차이점	• 전국 • 관리의 수조권 행사 가능 • 농민의 경작권 보장안됨	• 경기도에 한정 • 관리의 수조권 행사 불가 • 농민의 경작권 보장됨

기출문제

다음은 고려시대 토지제도에 대한 설명이다. ㉠, ㉡에 들어갈 말을 바르게 나열한 것은?

2016. 3. 19. 사회복지직

태조 23년에 처음으로 ☐㉠ 제도를 설정하였는데, 삼한을 통합할 때 조정의 관료들과 군사들에게 그 관계(官階)가 높고 낮은 지를 논하지 않고 그 사람의 성품과 행동이 착하고 악한 지, 공로가 크고 작은 지를 참작하여 ☐㉠☐을 차등 있게 주었다. 경종 원년 11월에 비로소 직관(職官), 산관(散官) 각 품의 ☐㉡☐을(를) 제정하였는데, 관품의 높고 낮은 것은 논하지 않고 다만 인품만 가지고 ☐㉡☐의 등급을 결정하였다.

– 「고려사」 –

	㉠	㉡
①	훈전	공음전
②	역분전	전시과
③	군인전	외역전
④	내장전	둔전

☞ ②

기출문제

〈보기〉의 고려 토지제도 ㈎~㈚ 각각에 대한 설명으로 가장 옳지 않은 것은?

2020. 6. 13. 제2회 서울특별시

〈보기〉
㈎ 조신(朝臣)이나 군사들의 관계(官階)를 따지지 않고 그 사람의 성품, 행동의 선악(善惡), 공로의 크고 작음을 보고 차등 있게 역분전을 지급하였다.
㈏ 경종 원년 11월에 비로소 직관(職官), 산관(散官)의 각 품(品)의 전시과를 제정하였다.
㈐ 목종 원년 12월에 양반 및 군인들의 전시과를 개정하였다.
㈑ 문종 30년에 양반전시과를 다시 개정하였다.

① ㈎ – 후삼국 통일 전쟁에 공이 있는 사람들에게 지급하였다.
② ㈏ – 인품을 반영하여 토지를 지급하였다.
③ ㈐ – 실직이 없는 산관은 토지 지급대상에서 제외되었다.
④ ㈑ – 현직 관리에게만 토지가 지급되고, 문·무관의 차별이 거의 사라졌다.

☞ ③

④ 토지의 종류
 ㉠ 공음전 : 5품 이상의 고위관리에게 지급하였고 세습이 가능하였다.
 ㉡ 한인전 : 관직에 오르지 못한 6품 이하 하급 관료의 자제에게 지급하였다.
 ㉢ 군인전 : 군역의 대가로 지급하는 것으로 군역이 세습 가능하였다.
 ㉣ 구분전 : 하급 관료, 군인의 유가족에게 지급하였다.
 ㉤ 내장전 : 왕실의 경비 충당을 위해 지급하였다.
 ㉥ 공해전 : 중앙과 지방의 관청 운영을 위해 지급하였다.
 ㉦ 사원전 : 사원의 운영을 위해 지급하였다.
 ㉧ 별사전 : 승려 개인에게 지급한 토지이다.
 ㉨ 과전 : 관직 복무 대가로 지급한 수조권으로 사망·퇴직 시 반납하였다.
 ㉩ 외역전 : 향리에게 분급되는 토지로, 향리직이 계승되면 세습되었다.
 ㉪ 공신전 : 전시과규정에 따라 문무관리에게 차등 있게 분급되는 토지로 세습되었다.
 ㉫ 민전 : 조상으로부터 세습된 땅으로 매매, 상속, 기증, 임대가 가능한 농민의 사유지이다.

② ·· 경제활동

(1) 귀족의 경제생활

① 경제기반 : 대대로 상속받은 토지와 노비, 관료가 되어 받은 과전과 녹봉 등이 기반이 되었다.
 ㉠ 조세의 징수(전시과)
  • 과전 : 조세로 수확량의 10분의 1을 징수하였다.
  • 소유지 : 공음전이나 공신전은 수확량의 2분의 1을 징수하였다.
 ㉡ 녹봉 : 현직에 근무하는 관리들은 쌀이나 보리 등의 곡식이나 베, 비단 등을 지급받았다.
② 수입 : 노비에게 경작시키거나 소작을 주어 생산량의 2분의 1을 징수하고, 외거노비에게 신공으로 매년 베나 곡식을 징수하였다.
③ 농장 경영 : 권력이나 고리대를 이용하여 농민의 토지를 빼앗거나 헐값에 사들여 지대를 징수하였다.
④ 생활방식 : 과전과 소유지에서 나온 수입으로 화려하고 사치스러운 생활을 하였다.

(2) 농민의 경제생활

① 생계 유지 : 민전을 경작하거나, 국유지나 공유지 또는 다른 사람의 토지를 경작하여, 품팔이를 하거나 가내 수공업에 종사하였다.
② 개간활동 : 황무지를 개간하면 일정 기간 소작료나 조세를 감면해 주었으며, 주인이 있을 경우 소작료를 감면해 주었고 주인이 없을 경우에는 토지 소유를 인정하였다.
③ 새로운 농업기술의 도입
 ㉠ 농기구 : 호미, 보습 등의 농기구가 개량되었다.
 ㉡ 변화된 농법
  • 소를 이용한 깊이갈이(심경법)가 일반화되었다.
  • 가축의 배설물을 거름으로 사용하는 시비법이 발달하였다.
  • 2년 3작의 윤작이 보급되었다.
  • 직파법 대신 모내기(이앙법)가 남부지방에서 유행하였다.

④ 농민의 몰락 : 농업생산력이 증가하였으나 권문세족의 토지 약탈과 과도한 수취 체제로 농민이 몰락하였다.

(3) 수공업자의 활동

① 관청수공업 : 공장안에 등록된 수공업자와 농민 부역으로 운영되었다. 주로 무기, 가구, 세공품, 견직물, 마구류 등을 제조하였다.

② 소(所)수공업 : 금, 은, 철, 구리, 실, 각종 옷감, 종이, 먹, 차, 생강 등을 생산하여 공물로 납부하였다.

③ 사원수공업 : 베, 모시, 기와, 술, 소금 등을 생산하였다.

④ 민간수공업 : 농촌의 가내수공업이 중심이 되었으며(삼베, 모시, 명주 생산), 후기에는 관청수공업에서 제조하던 물품(놋그릇, 도자기 등)을 생산하였다.

(4) 상업활동

① 도시의 상업활동
　㉠ 관영상점의 설치 : 개경, 서경(평양), 동경(경주) 등 대도시에 서적점, 약점, 주점, 다점 등의 관영상점을 설치하였다.
　㉡ 비정기 시장 : 도시민의 일용품이 매매되었다.
　㉢ 경시서 설치 : 매점매석과 같은 상행위를 감독하고 물가를 조절하는 기능을 하였다.

② 지방의 상업활동
　㉠ 지방시장 : 관아 근처에서 쌀이나 베를 교환할 수 있는 시장을 열었다.
　㉡ 행상활동 : 행상들은 지방시장을 하였다.

③ 사원의 상업활동 : 소유하고 있는 토지에서 생산한 곡물과 승려나 노비들이 만든 수공업품을 민간에 판매하였다.

④ 고려후기의 상업활동 : 도시와 지방의 상업이 전기보다 활발해졌다.
　㉠ 도시 : 민간의 상품 수요가 증가하였고, 시전의 규모가 확대되었다. 업종별로 전문화되었으며, 벽란도가 교통로와 산업의 중심지로 발달하였다.
　㉡ 지방 : 조운로를 따라 교역활동이 활발하였으며, 여관인 원이 발달하여 상업활동의 중심지가 되었다.
　㉢ 국가의 상업 개입 : 국가가 재정수입을 늘리기 위하여 소금의 전매제가 실시되었고, 관청·관리 등은 농민에게 물품을 강매하거나, 조세를 대납하게 하였다. 이 과정에서 상인과 수공업자가 성장하여 부를 축적하거나, 일부는 관리로 성장하였다.

(5) 화폐 주조와 고리대의 유행

① 화폐 주조
　㉠ 배경 : 귀족의 경제발달과 대외무역의 활발 등으로 상업 활동이 활발해지면서 화폐 발행의 필요성이 제기되었다.
　㉡ 사용 : 자급자족인 경제 활동을 하는 농민들과 국가가 화폐 발행을 독점하는 것에 불만을 느낀 귀족들로 인해 화폐는 널리 유통되지 못하였다. 동전은 도시에서도 주로 다점이나 주점 등에서만 사용되었다.
　㉢ 화폐의 발행
　　• 성종 때 최초의 화폐인 건원중보(철전)를 만들었으나 유통엔 실패하였다.
　　• 숙종은 의천의 건의에 따라 주전도감을 설치하고 삼한통보·해동통보·해동중보(동전), 활구(은병)를 만들었다.
　　• 공양왕 때는 저화(최초의 지폐)가 만들어졌다.

［기출문제］

다음 중 고려시대의 수공업에 대한 설명으로 옳지 않은 것은?

2011. 5. 14. 상반기 지방직

① 고려시대의 수공업은 관청수공업, 소(所)수공업, 사원수공업, 민간수공업으로 구분할 수 있다.
② 중앙과 지방의 관청에서는 그곳에서 일할 기술자들을 공장안(工匠案)에 등록해 두었다.
③ 소(所)에서는 금, 은, 철 등 광산물과 실, 종이, 먹 등 수공업 제품 외에 생강을 생산하기도 하였다.
④ 고려후기에는 소(所)에서 죽제품, 명주, 삼베 등 다양한 물품을 만들어 민간에 팔기도 하였다.

☞ ④

［기출문제］

다음과 같은 정책이 시행되었던 시대의 경제 상황에 대한 설명으로 옳은 것은?

2013. 7. 27. 안전행정부

• 해동통보를 비롯한 돈 15,000관을 주조하여 관리들에게 나누어 주었다.
• 은 한 근으로 우리나라 지형을 본 딴 은병을 만들어 통용시켰는데, 민간에서는 이를 활구(闊口)라 불렀다.

① 공인이 상업 활동을 주도하였다.
② 시전 상인의 금난전권을 제한하였다.
③ 대도시에 주점, 다점 등의 관영 상점을 두었다.
④ 시장을 감독하는 관청으로 동시전을 설치하였다.

☞ ③

ⓔ 한계 : 자급자족적 경제구조로 유통이 부진하였고 곡식이나 삼베가 유통의 매개가 되었다.

② 고리대의 성행

　㉠ 왕실, 귀족, 사원의 재산 증식의 수단이 되었다.

　㉡ 농민은 토지를 상실하거나 노비가 되기도 했다.

　㉢ 장생고라는 서민금융기관을 통해 사원과 귀족들은 폭리를 취하여 부를 확대하였다.

③ 보(寶) : 일정한 기금을 조성하여 그 이자를 공적인 사업의 경비로 충당하는 것을 말한다. 학보, 경보, 팔관보, 제위보 등이 있었으나 이자 취득에만 급급하여 농민생활에 폐해를 가져왔다.

　㉠ 학보(태조) : 학교 재단

　㉡ 광학보(정종) : 승려를 위한 장학재단

　㉢ 경보(정종) : 불경 간행

　㉣ 팔관보(문종) : 팔관회 경비

　㉤ 제위보(광종) : 빈민 구제

　㉥ 금종보 : 현화사 범종주조 기금

(6) 무역활동

① 무역 발달 : 공무역을 중심으로 발전하였으며, 벽란도가 국제무역항으로 번성하게 되었다.

② 송 : 광종 때 수교를 한 후 문물의 교류가 활발하였다(962).

　㉠ 고려는 문화적·경제적 목적으로 송은 정치적·군사적 목적으로 친선관계를 유지하였다.

　㉡ 왕실과 귀족의 수요품인 서적, 비단, 자기, 약재, 문방구, 악기 등이 수입되었고, 종이나 인삼 등의 수공업품과 토산물은 수출하였다.

③ 거란과 여진 : 은과 농기구, 식량을 교역하였다.

④ 일본 : 11세기 후반부터 김해에서 내왕하면서 수은·유황 등을 가지고 와서 식량·인삼·서적 등과 바꾸어 갔다.

⑤ 아라비아(대식국) : 송을 거쳐 고려에 들어와 수은·향료·산호 등을 판매하였다. 이 시기에 고려의 이름이 서방에 알려졌다.

⑥ 원 간섭기의 무역 : 공무역이 행해지는 한편 사무역이 다시 활발해졌다. 상인들이 독자적으로 원과 교역하면서 금, 은, 소, 말 등이 지나치게 유출되어 사회적으로 물의가 일어날 정도였다.

1 다음 자료에 나타난 토지제도에 대한 설명으로 옳은 것은?

2020. 6. 20. 소방공무원

> 자삼(紫衫) 이상은 18품으로 나눈다. … 문반 단삼(丹衫) 이상은 10품으로 나눈다. … 비삼(緋衫) 이상은 8품으로 나눈다. … 녹삼(綠衫) 이상은 10품으로 나눈다. … 이하 잡직 관리들에게도 각각 인품에 따라서 차이를 두고 나누어 주었다.
>
> – 「고려사」 –

① 토지를 전지와 시지로 분급하였다.
② 관료들의 수조지는 경기도에 한정되었다.
③ 관(官)에서 수조지의 조세를 거두어 관리들에게 지급하였다.
④ 인품과 행동의 선악, 공로의 대소를 고려하여 토지를 차등 있게 주었다.

TIP 고려 경종 때 시행된 시정전시과이다. 시정전시과는 관리들의 관품과 인품을 고려하여 관리들에게 전지와 시지를 차등 지급하였다. 이후 개정전시과(목종), 경정전시과(문종)을 거치면서 전시과 체제는 정비되었다.
　② 고려 말에 시행된 과전법이다.
　③ 조선 전기에 시행된 관수관급제이다.
　④ 고려 초에 시행된 역분전이다.

2 고려시대의 토지 제도에 대한 설명으로 가장 적절하지 않은 것은?

2020. 5. 30. 제1차 경찰공무원(순경)

① 목종 때 개정전시과가 실시되어 인품이 배제되고 관품만을 기준으로 토지를 지급하였다.
② 성종 때 시정전시과가 실시되어 관품과 인품을 고려하여 전지와 시지를 지급하였다.
③ 태조 때 역분전이 설치되어 개국 공신들에게 충성도, 공훈, 인품 등을 반영하여 토지를 지급하였다.
④ 문종 때 경정전시과가 설치되어 현직 관리들에게만 과전을 지급하고 퇴직할 때 반납하도록 하였다.

TIP 고려시대의 토지제도는 태조 때 역분전 지급이 시작이었다. 역분전은 주로 개국 공신들에게 지급된 토지로 충성도, 공훈, 인품 등을 고려한 논공행상적 성격의 토지제도였다. 이후 전지와 시지를 지급하는 전시과 체제가 실시되었는데 경종 원년에 관품과 인품을 기준으로 지급하였다. 이후 목종 원년에는 개정전시과가 실시되어 인품이 사라지고 관만으로 기준으로 지급하였다. 문종 30년에는 경정전시과가 실시되어 무신 차별을 완화하고 현직 관리 위주로만 지급하였다.
　② 시정전시과는 경종 때 시행되었다.

Answer 1.① 2.②

3 ㈎ 토지제도에 대한 설명으로 옳은 것은?

2019. 4. 6. 인사혁신처

> 비로소 직관(職官)·산관(散官) 각 품(品)의 [　㈎　]을/를 제정하였는데, 관품의 높고 낮은 것은 논하지 않고 다만 인품만 가지고 그 등급을 결정하였다.
>
> －「고려사」－

① 4색 공복을 기준으로 문반, 무반, 잡업으로 나누어 지급 결수를 정하였다.
② 산관이 지급 대상에서 제외되었으며 무반의 차별 대우가 개선되었다.
③ 전임 관료와 현임 관료를 대상으로 경기지방에 한하여 지급하였다.
④ 고려의 건국과정에서 충성도와 공로에 따라 차등 지급되었다.

> **TIP** 고려 경종 원년에 시행된 전시과 체제이다. 경종 원년에 시행된 전시과를 시정전시과라 하는데 관품과 인품을 기준으로 관리들에게 차등적으로 전지와 시지를 나누어 지급하였다. 이후 목종 원년에는 전지와 시지 지급 기준에 인품은 사라지고 관직을 기준으로 지급하였다. 문종 30년에는 경정전시과를 시행하면서 전체 지급액수를 축소시키는 반면 무신에 대한 차별을 완화하였다. 더불어 토지 지급 액수의 부족으로 현직 관리 위주로 지급하였다.
> ② 경정전시과(고려 문종. 1076)
> ③ 과전법(고려 공양왕. 1391)
> ④ 역분전(고려 태조. 940)

4 고려시대의 경제생활에 대한 설명으로 옳은 것을 〈보기〉에서 모두 고른 것은?

2018. 6. 23. 제2회 서울특별시

> ──── 〈보기〉 ────
> ㉠ 성종은 건원중보를 만들어 전국적으로 사용하게 하려 했으나 성공하지 못하였다.
> ㉡ 고려후기 관청수공업이 쇠퇴하면서 민간수공업이 발달하였다.
> ㉢ 예성강 어귀의 벽란도는 고려의 국제무역항이었다.
> ㉣ 원간섭기에는 원의 지폐인 보초가 들어와 유통되기도 하였다.

① ㉠, ㉡, ㉢
② ㉠, ㉢, ㉣
③ ㉡, ㉢, ㉣
④ ㉠, ㉡, ㉢, ㉣

> **TIP** 〈보기〉의 ㉠~㉣ 모두 옳은 설명이다.

Answer 3.① 4.④

5 고려시대 토지 종목 중 ㉠에 해당하는 것은?

2017. 12. 16. 지방직 추가선발

> 원종 12년 2월에 도병마사가 아뢰기를, "근래 병란이 일어남으로 인해 창고가 비어서 백관의 녹봉을 지급하지 못하여 사인(士人)을 권면할 수 없었습니다. 청컨대 경기 8현을 품등에 따라 (㉠)으로 지급하소서."라고 하였다.
>
> ─「고려사」─

① 공음전   ② 구분전
③ 녹과전   ④ 사패전

> **TIP** 고려의 토지제도인 전시과는 12세기 초부터 붕괴되기 시작하여 무신집권기에는 관리 등의 보편적 생활보장책으로서의 의미를 상실하게 되었다. 원종 12년(1271)에 도병마사의 건의로 녹봉을 제대로 받지 못하는 관리에게 경기 8현을 지급한다는 원칙을 마련하고, 이듬해에 녹과전을 시행하게 되었다.

6 다음에서 설명하는 화폐가 사용된 시기의 경제 상황으로 옳은 것은?

2017. 4. 8. 인사혁신처

> 초기에는 은 1근으로 우리나라 지형을 본떠 만들었는데 그 가치는 포목 100필에 해당하는 고액이었다. 주로 외국과의 교역에 사용되었으며 후에 은의 조달이 힘들어지고 동을 혼합한 위조가 성행하자, 크기를 축소한 소은병을 만들었다.

① 이앙법이 전국적으로 보급되었다.   ② 책, 차 등을 파는 관영상점을 두었다.
③ 동시전이 설치되어 시장을 감독하였다.   ④ 청해진이 설치되어 무역권을 장악하였다.

> **TIP** 제시문에서 설명하는 화폐는 고려 숙종 때 만들어진 활구(은병)이다.
> ① 조선 후기   ③ 신라 지증왕   ④ 신라 흥덕왕

7 다음 상황이 나타난 시기에 볼 수 있는 모습으로 옳은 것은?

2017. 6. 17. 제1회 지방직

> 대외 무역이 발전하면서 예성강 어귀의 벽란도가 국제 무역항으로 번성했으며, 대식국(大食國)으로 불리던 아라비아 상인들도 들어와 수은·향료·산호 등을 팔았다.

① 해동통보와 은병(銀瓶) 같은 화폐를 만들어 사용하였다.
② 인구·토지면적 등을 기록한 장적(帳籍, 촌락문서)이 작성되었다.
③ 개성의 송상은 전국에 송방(松房)이라는 지점을 개설해서 활동하였다.
④ 지방 장시의 객주와 여각은 상품의 매매뿐 아니라 숙박·창고·운송 업무까지 운영하였다.

> **TIP** 제시된 내용은 고려 전기의 무역 상황이다. 고려 숙종대에는 화폐에 대하여 적극적인 정책을 채택하여 숙종 7년에는 해동통보 1만 5천 개를 발행하기도 하였다.
> ② 통일신라   ③④ 조선 후기

Answer 5.③   6.②   7.①

1 다음 토지제도에 대한 설명으로 옳은 것은?

> 경기는 사방이 근본이니 마땅히 과전을 설치하여 사대부를 우대한다. 무릇 경성에 거주하여 왕실을 시위(侍衛)하는 자는 직위의 고하에 따라 과전을 받는다. 토지를 받은 자가 죽은 후, 그의 아내가 자식이 있고 수신하는 자는 남편의 과전을 모두 물려받고, 자식이 없이 수신하는 자의 경우는 반을 물려받는다.
>
> 「고려사」

① 과전을 지급함으로써 조선개국세력의 경제적 기반이 되었다.
② 관리가 되었으면서도 관직을 받지 못한 사람들에게 한인전을 지급하였다.
③ 관직이나 직역을 담당하는 사람들에게 농지와 땔감을 채취하는 시지를 주었다.
④ 공로가 많은 사람들에게 인품을 기준으로 역분전을 차등 지급하였다.

TIP 제시된 지문은 고려 말에 시행된 과전법과 관련된 내용이다.
② 한인전은 고려 전시과 토지제도에서 지급되었다.
③ 전지와 시지를 함께 지급한 것은 전시과로, 과전법에서는 전지만 지급하였다.
④ 역분전은 고려 태조가 개국공신에게 차등적으로 지급한 것이다.

2 다음 중 고려시대의 토지제도에 나타나는 과전, 공음전, 한인전, 구분전이 공통적으로 반영하는 것은?

① 국가 재정확보 목정의 수조권 행사
② 농민의 생활 안정을 위한 경작권 보호
③ 토지의 소유와 세습을 부정하는 왕토사상
④ 관직 사회의 안정적 유지를 목적으로 토지 분급

TIP 제시된 토지들은 관직사회의 안정적 유지를 위하여 지급된 것이다.
㉠ 과전 : 관직 복무의 대가로 지급한 수조권으로 사망·퇴직 시 반납
㉡ 공음전 : 5품 이상의 고위관리에게 지급, 세습가능
㉢ 한인전 : 관직에 오르지 못한 6품 이하 하급 관료의 자제에게 지급
㉣ 구분전 : 하급관료, 군인의 유가족에게 지급

3 고려의 토지제도에 대한 설명으로 옳지 않은 것은?

① 태조 때 역분전을 지급하였다.
② 토지 국유제로 당의 균전제를 모방하였다.
③ 목종 때 경정전시과가 마련되었다.
④ 경종 때 시행된 시정전시과에서는 관품 이외의 인품도 고려되었다.

TIP 목종 때 개정전시과가 마련되었다.

Answer 1.① 2.④ 3.③

4 고려시대의 토지제도에 대한 설명으로 옳은 것은?

① 역분전 – 거란을 격퇴한 공신에게 지급
② 시정전시과 – 관직의 고하와 인품을 반영
③ 개정전시과 – 현직 관리에게 지급
④ 경정전시과 – 현직, 퇴직 관료 모두에게 지급

TIP ① 역분전은 개국공신의 충성도와 인품에 따라 경기지역에 제한하여 지급되었다.
② 시정전시과는 광종 때의 토지제도로 전·현직 관리에게 지급되었으며 관직의 고하와 함께 인품이 반영되어 역분전의 성격이 남아 있었다.
③ 개정전시과는 목종 때의 토지제도로 전·현직 관리에게 관직의 고하만을 고려하여 지급되었다. 개정전시과에서는 지급량이 조정되었으며 문신을 우대하였다.
④ 경정전시과는 문종 때의 토지제도로 관료에게 줄 토지가 점차 부족해지자 현직 관리에게만 토지를 지급하였으며 무신차별도 시정되었다.

5 고려시대의 토지제도의 변천과정을 시대 순으로 바르게 나열한 것은?

> ㉠ 관직의 고하와 인품에 따라 수조권을 지급하였다.
> ㉡ 관직에 따라 전·현직자에게 토지의 수조권을 지급하였다.
> ㉢ 후삼국을 통일하는데 공을 세운 공적에 따라 역분전을 지급하였다.
> ㉣ 문무 현직자 관등에 따라 수조권을 지급하였다.

① ㉠-㉡-㉢-㉣　　　　　　　　② ㉡-㉠-㉣-㉢
③ ㉡-㉢-㉣-㉠　　　　　　　　④ ㉢-㉠-㉡-㉣

TIP ㉠ 시정전시과 ㉡ 개정전시과 ㉢ 역분전 ㉣ 경정전시과
※ 전시과 제도의 정비과정

명칭	시기	지급대상과 기준	특징
역분전	태조	충성도, 성행, 공로에 따라 개국공신에게 지급	논공행상적 성격
시정전시과	경종	관직의 고하와 인품을 반영하여 직관·산관에게 지급	역분제를 모체로 국가적 규모의 토지제도
개정전시과	목종	관리의 품계만을 고려하여 문무직·산관에게 지급	18품 전시과
경정전시과	문종	관리의 품계를 고려하여 현직 관리에게만 지급	전시과 완비, 공음전 병행

6 다음 중 고려시대 수공업과 관계가 깊은 것은?

① 향　　　　　　　　　　② 소
③ 부곡　　　　　　　　　④ 속현

TIP ①②③ 특별 행정구역으로 향·부곡에는 농사를, 소에서는 국가가 필요로 하는 금, 은, 구리 철 등의 원료와 종이, 먹, 도자기 등의 공납품을 제조하였다.
④ 지방관이 파견된 현을 주현으로 하고 그 밑에는 수령이 파견되지 않은 몇 개의 속현을 예속시켜, 주현의 수령으로 하여금 속현을 관장하게 하였다.

✎Answer 4.② 5.④ 6.②

7 고려시대 주변국가와의 무역을 바르게 설명한 것은?

① 무역에서의 결재는 면포로 하였다.
② 고려는 주로 비단, 약재, 서적과 같은 귀족 사치품을 수입하였다.
③ 일본은 은과 농기구, 식량을 교역하였다.
④ 무역로는 해로가 사용되었다.

> **TIP** ① 고려시대에는 쌀이나 삼베를 결재수단으로 하였다.
> ③ 일본은 수은·유황 등을 가지고 와서 식량·인삼·서적 등과 바꾸어 갔다.
> ④ 무역로는 육로와 해로가 모두 사용되었다.

8 다음 중 고려시대의 화폐에 대한 설명으로 옳지 않은 것은?

① 은을 무게로 달아서 쇄은이라 하여 사용하기도 하였다.
② 전기에는 곡물과 베가 주로 사용되었으나, 중기 이후에는 화폐가 전국적으로 크게 유통되었다.
③ 성종 때에는 철전, 숙종 때에는 동전과 은병 등을 주조하였다.
④ 지식인 중에서 화폐 유통의 필요성을 인식하여 주전론을 주장하기도 하였다.

> **TIP** ② 성종 때 건원중보(최초의 화폐), 숙종 때 해동통보, 해동중보, 삼한통보, 활구(은병)를 만들었으나 대부분의 농민들은 자급자족을 하였고 곡식이나 베가 유통의 매개가 되어 유통이 부진하였다.

9 고려시대의 재정 운영에 관한 설명으로 옳지 않은 것은?

① 토지와 호구를 조사하여 조세를 거두었다.
② 국가의 일에 종사하는 사람에게는 토지가 지급되었다.
③ 한 해의 풍흉에 따라 9등급으로 나누어 조세를 거두었다.
④ 관청에서 운영경비로 사용할 수 있는 토지를 지급하였다.

> **TIP** 연분9등법에 대한 내용으로 조선시대 조세제도에 대한 설명이다.

10 귀족들의 경제생활에 대한 설명으로 옳지 않은 것은?

① 현직에 근무하는 관리들은 급여로 곡식을 받았다.
② 과전을 수확의 10분의 1을 조세로 거두었다.
③ 자신의 토지를 소작시켜 수확의 10분의 1을 거두었다.
④ 외거노비에게 베와 곡식을 거두었다.

> **TIP** 귀족들의 경제 기반은 토지와 노비, 관료가 되어 받은 과전과 녹봉 등이 있었으며, 고리대를 통해 재산을 축적하였다.
> ③ 자신의 토지를 경작하게 할 경우 수확량 절반을 가지고 갔다.

Answer 7.② 8.② 9.③ 10.③

11 다음의 제도가 있었던 시대의 고려의 사회상으로 옳은 것은?

• 학보	• 경보
• 제위보	• 팔관보

① 고리대업의 성행　　　　　　　　② 빈민구제제도의 발달
③ 화폐 유통의 활발　　　　　　　　④ 대외무역의 발달

TIP 고려시대에는 기금을 조성하여 그 이자로 공적인 사업의 경비로 충당하는 보가 발달하였으나 원래의 취지와 달리 이들은 이자 취득에만 급급해 고리대업을 성행시켜 농민생활에 큰 폐해를 가져왔다.

12 다음 중 고려시대의 권농정책과 농민생활의 안정책으로 옳은 것은?

> ㉠ 공전을 개간하면 3년간 조세를 면제하였다.
> ㉡ 상평창을 설치하여 곡가를 조절·안정시켰다.
> ㉢ 고리대를 통한 이식사업을 장려하였다.
> ㉣ 농번기에는 부역 동원을 못하게 하였다.
> ㉤ 벽란도를 국제무역항으로 발전시켰다.

① ㉠㉡㉣　　　　　　　　② ㉠㉢㉤
③ ㉡㉣㉤　　　　　　　　④ ㉢㉣㉤

TIP 이식사업의 장려는 농민생활의 어려움을 초래하였고, 벽란도가 국제무역항으로 발전한 것은 귀족들의 사치생활과 관계가 있다.

13 다음 중 고려의 수취제도에 대한 설명으로 옳은 것은?

① 어민과 상인은 수취에서 제외되었다.
② 조세는 비옥도에 관계없이 면적에 따라 징수하였다.
③ 지방에서 거둔 조세는 조운을 통해 개경으로 옮겨졌다.
④ 국가가 백성의 노동력을 동원할 때에는 반드시 대가를 지불하였다.

TIP ① 어민에게 어염세를 걷거나 상인에게 상세를 거두어 재정에 사용하였다.
② 조세는 논과 밭으로 나누고 비옥한 정도에 따라 3등급으로 나누어 부과하였다.
③ 고려는 수취를 통해 거둔 조세를 각 군현의 농민을 동원하여 조창까지 옮긴 다음, 조운을 통해서 개경의 좌우창으로 운반하여 보관하였다.
④ 역은 국가에서 백성의 노동력을 무상으로 동원하였다.

Answer 11.① 12.① 13.③

14 다음은 고려의 수취제도를 설명한 것이다. 이에 대한 설명으로 옳지 않은 것은?

> ㉠ 조세는 토지를 논과 밭으로 나누고 비옥한 정도에 따라 3등급으로 나누어 부과하였다.
> ㉡ 16세에서 60세까지의 정남에게 군역과 요역의 의무를 지게 하였다.
> ㉢ 중앙관청에서 필요한 공물의 종류와 액수를 나누어 주현에 부과하면, 주현은 속현과 향·부곡·소에 이를 할당하고, 각 고을에서는 향리들이 집집마다 부과하여 공물을 징수하였다.

① ㉠ 거둔 조세는 조운을 통하여 개경의 좌·우창으로 운반되었다.
② ㉡ 백성들은 무상으로 각종 부역에 동원되었다.
③ ㉠㉡ 국가는 조세 징수와 부역 동원을 위해 양안과 호적을 작성하였다.
④ ㉡㉢ 역과 공물은 가구당 토지소유규모를 기준으로 부과하였다.

> **TIP** 역은 국가에서 백성의 노동력을 무상으로 동원하는 것으로 정남(16 ~ 60세의 남자)의 수를 기준으로 부과되고, 공물은 토산물의 징수를 말하며 가구를 기준으로 부과하였다.

15 고려 지배세력의 변천을 나타낸 것이다. ( ) 안에 들어갈 세력의 경제활동에 대한 옳은 설명은?

> 호족 세력 → 문벌귀족 → 무신세력 → ( ) → 신진사대부

① 민전의 경작을 주요한 경제활동으로 삼았다.
② 대개 지방에서 중소규모의 토지를 소유하였다.
③ 국가에 대한 봉사의 대가로 역분전을 지급받았다.
④ 거대한 규모의 농장을 만들고 국가재정을 어렵게 만들었다.

> **TIP** 권문세족들은 권력을 이용하여 대규모의 토지와 몰락한 농민을 노비화하여 농장을 형성하였다. 권문세족들이 그들의 농장을 세습하면서 전시과제도가 제대로 운영되지 못하였다. 이로 인해 다시 분배해야 할 토지가 줄면서 조세를 거둘 수 있는 토지 역시 줄어들어 국가재정은 파탄 지경에 이르렀다.

16 다음 중 고려의 경제정책에 대한 설명으로 옳은 것은?

> ㉠ 이자율을 제한하고 의창제를 실시하였다.
> ㉡ 상업을 통제하여 민간 상인의 활동을 금지하였다.
> ㉢ 개간을 장려하고 농번기에는 잡역 동원을 금지하였다.
> ㉣ 관청 이외의 곳에서 행해지는 수공업활동을 억제하였다.

① ㉠㉡ ② ㉠㉢
③ ㉡㉢ ④ ㉢㉣

> **TIP** 고려는 건국 초기부터 농업을 중시하여 개간한 땅은 소작료를 일정 기간 면제하여 개간을 장려하였고 농번기에 잡역의 동원을 금지하였다. 재해시에는 세금을 감면하고 의창제를 실시하여 농민의 생활 안정을 추구하였다. 또한 광종 때는 황무지 개간 규정을 만들어 토지 개간을 장려하였고 성종 때는 무기를 농기구로 만들어 보급하였다.

Answer 14.④ 15.④ 16.②

17 다음 중 고려후기에 나타난 상업활동의 변화에 대한 설명으로 옳은 것은?

> ㉠ 시전의 규모가 확대되고 업종별 전문화가 나타났다.
> ㉡ 국가가 재정수입을 늘리기 위해 소금의 전매제를 실시하였다.
> ㉢ 농업생산력이 크게 진전되어 농민들도 상업활동에 적극 참여하였다.
> ㉣ 지방경제의 쇠퇴로 시장을 배경으로 한 행상의 활동이 크게 위축되었다.

① ㉠㉡　　　　　　　　　　　　　② ㉠㉣
③ ㉡㉢　　　　　　　　　　　　　④ ㉢㉣

TIP 고려후기에는 도시와 지방의 상업활동이 활발해졌다. 도시에서는 인구가 늘어남에 따라 상품 수요가 증가하여 시전의 규모도 확대되고 업종별 전문화가 나타났으며 벽란도가 교통로와 산업의 중심지로 발달하였다. 지방에서는 조운로를 따라 교역활동이 활발하였으며 시장에서 물품을 사고 파는 행상의 활동이 두드러졌다. 또한 국가는 재정수입을 늘리기 위해 소금의 전매제를 실시하였다.

18 다음 중 고려시대의 농업에 대한 설명으로 옳은 것은?

> ㉠ 2년 3작의 윤작법 보급　　　　　㉡ 벼와 보리의 이모작 성행
> ㉢ 우경에 의한 깊이갈이의 일반화　　㉣ 시비법의 발달과 휴경방식의 소멸

① ㉠㉡　　　　　　　　　　　　　② ㉠㉢
③ ㉢㉣　　　　　　　　　　　　　④ ㉠㉣

TIP 고려시대에는 소를 이용한 깊이갈이(심경법)가 일반화되었고 시비법이 발달하였으며 2년 3작의 윤작이 보급되었다. 벼와 보리의 이모작이나 휴경방식의 소멸은 조선전기에 이루어졌다.

19 고려시대 상업과 금융에 대한 설명으로 옳지 않은 것은?

① 수도에는 시전상업이 행해졌다.
② 경시서에서 상행위를 감독하였다.
③ 화폐가 교환의 주된 수단이 되었다.
④ 지방에선 여관인 원이 발달하여 상업활동의 중심지가 되었다.

TIP 고려는 농업 중심의 경제구조였기 때문에 상업은 부진하였으며, 현물이 교환의 매개 수단으로 널리 활용되었다.

20 다음 중 고려시대의 사원경제에 대한 설명으로 옳지 않은 것은?

① 사원전 외에도 장생고와 같은 영리행위를 하였다.
② 토지 겸병과 개간에 의하여 사원전을 확대시켜 농장화하였다.
③ 사원과 승려는 세금을 면제받았고, 군역·부역 등의 면제도 있었다.
④ 국가재정의 기반이 되었다.

TIP 사원은 거대한 농장세력으로 확대되어 갔다.

Answer 17.① 18.② 19.③ 20.④

03 근세의 경제

1 ·· 경제정책

(1) 농본주의 경제정책

① **경제정책의 방향** : 조선은 고려 말의 파탄된 국가재정을 확충시키고, 왕도정치사상에 입각한 민생 안정을 도모하기 위해 농본주의 경제정책을 세웠다.

② **중농정책** : 신진사대부는 농경지의 확대 및 농업생산력 증대로 농민생활을 안정시키려 하였다.
  ㉠ 토지 개간을 장려하고 양전사업을 실시하였으며, 새로운 농업기술과 농기구를 개발하여 보급하였다.
  ㉡ 농민생활의 안정을 위해 농민의 조세부담을 경감시켰다.

③ **상공업정책** : 상공업자는 허가를 받고 영업해야 했다.
  ㉠ 국가 통제 : 물화의 종류와 수량을 국가가 규제하였다.
  ㉡ 유교적 경제관 : 검약한 생활을 강조하고, 소비생활을 억제하였다.
  ㉢ 사 · 농 · 공 · 상 간의 차별로 상공업자들은 대우받지 못하였고, 자급자족적 경제로 상공업활동은 부진하였다.

④ **국가의 통제력 약화** : 16세기 이후 상공업의 발전으로, 국내 상공업과 자유로운 무역활동이 전개되었다.

(2) 과전법의 시행과 변화

① **과전법의 시행**
  ㉠ 배경 : 국가의 재정기반과 신진사대부세력의 경제기반을 확보하기 위해 시행되었다.
  ㉡ 과전 : 경기지방의 토지에 한정되었고 과전을 받은 사람이 죽거나 반역을 한 경우에는 국가에 반환하였고 토지의 일부는 수신전, 휼양전, 공신전 형태로 세습이 가능하였다.

② **과전법의 변화** : 토지가 세습되자 신진관리에게 나누어 줄 토지가 부족하게 되었다.
  ㉠ 직전법(세조) : 현직 관리에게만 수조권을 지급하였고 수신전과 휼양전을 폐지하였다.
  ㉡ 관수관급제(성종) : 현직 관리에게만 수조권을 준 결과 실제 조세보다 더 많이 걷는 폐단이 생겼다. 이런 폐단을 시정하기 위하여 관청에서 수조권을 행사하고, 관리에게 지급하여 국가의 지배권이 강화되었다.
  ㉢ 직전법의 폐지(16세기 중엽) : 수조권 지급제도가 없어졌다.

③ **지주제의 확산**
  ㉠ 배경 : 직전법이 소멸되면서 고위층 양반들이나 지방 토호들은 토지 소유를 늘리기 시작하였다.
  ㉡ 지주전호제 : 토지가 늘어나면서 대토지를 갖는 지주와 그 땅을 경작하는 전호가 생겨나게 되었다.
  ㉢ 병작반수제 : 지주전호제가 일반화되면서 농민은 생산량의 2분의 1을 지주에게 바쳤다.

(3) 수취체제의 확립

① **조세** : 토지 소유자가 부담하게 되어 있는데 지주들은 소작농에게 대신 납부하도록 강요하는 경우가 많았다.
  ㉠ 과전법 : 수확량의 10분의 1을 징수하고, 매년 풍흉에 따라 납부액을 조정하였다.

보충학습

중농정책 ··· 조선 왕조의 경제적 기반은 토지 경제에 의존하고 있었다. 지배층의 유교적 농본사상은 농업을 본업(本業)으로 삼고, 상공업을 말업(末業)으로 취급하였기 때문에 농업을 장려하고, 상공업을 억제하였다.

보충학습

수신전과 휼양전
㉠ 수신전 : 관리가 죽은 후 재혼하지 않은 미망인에게 지급
㉡ 휼양전 : 사망한 관리의 어린 자식에게 지급

보충학습

과전법의 3대 원칙
㉠ 전직과 재야세력에 대한 회유책
 • 품계 있고 직역이 없는 관리인 전직과 산관에게 지급하였다.
 • 한량에게는 군전을 지급하였다.
 • 세종 이후 군인은 조선시대의 급전대상에서 제외된다.
㉡ 농민에게 유리한 조항
 • 민심 획득을 위한 방법이다.
 • 혁명 때 농민병사로 참여한 결과이다.
 • 조 : 공 · 사전 모두 10분의 1이었고 국가가 경작권을 보장하였다.
 • 세 : 사전만 15분의 1이었다.
㉢ 사대부에 유리한 조항
 • 관리가 농민에게 직접 조를 받는 직접수조권을 행사하였다.
 • 관리가 죽으면 과전을 반납하는 것이 원칙이었으나, 수신전 · 휼양전의 명목으로 세습되었다.
 • 불법적 농장 매매 · 겸병 등으로 후에 농장을 설립했다.

ⓛ 전분6등법 · 연분9등법(세종) : 1결당 최고 20두에서 최하 4두를 징수하였다.
- 전분6등법
  - 토지의 비옥한 정도에 따라 6등급(상상, 상하, 중상, 중하, 하상, 하하)으로 나누고 그에 따라 1결의 면적을 달리하였다.
  - 모든 토지는 20년마다 측량하여 대장을 만들어 호조, 각도, 각 고을에 보관하였다.
- 연분9등법
  - 한 해의 풍흉에 따라 9등급(상상, 상중, 상하, 중상, 중중, 중하, 하상, 하중, 하하)으로 구분하였다.
  - 작황의 풍흉에 따라 1결당 최고 20두에서 최하 4두까지 차등을 두었다.
ⓒ 조세 운송 : 군현에서 거둔 조세는 조창(수운창 · 해운창)을 거쳐 경창(용산 · 서강)으로 운송하였으며, 평안도와 함경도의 조세는 군사비와 사신접대비로 사용하였다.
- 전라도, 충청도, 황해도 : 바닷길
- 강원도 : 한강
- 경상도 : 남한강, 낙동강
ⓔ 잉류지 : 제주도는 지리적 특성 때문에 조세를 자체 사용하였고, 국경과 접한 평안도와 함경도는 군사비와 사신 접대비로 자체 사용할 수 있도록 하였다.

② 공납
ㄱ 징수 : 중앙관청에서 각 지역의 토산물을 조사하여 군현에 물품과 액수를 할당하여 징수한다.
ㄴ 종류 : 지방토산물, 수공업제품, 광물, 수산물, 모피, 약재 등으로 다양하다.
ㄷ 문제점 : 납부기준에 맞는 품질과 수량을 맞추기 어려우면 다른 곳에서 구입하여 납부해야 하므로 부담이 컸다.

③ 역 : 16세 이상의 정남에게 의무가 있다.
ㄱ 군역 : 정군은 일정 기간 군사복무를 위하여 교대로 근무했으며, 보인은 정군이 복무하는 데에 드는 비용을 보조하였다. 양반, 서리, 향리는 군역이 면제되었다.
ㄴ 요역 : 가호를 기준으로 정남의 수를 고려하여 뽑았으며, 각종 공사에 동원되었다. 토지 8결당 1인이 동원되었고, 1년에 6일 이내로 동원할 수 있는 날을 제한하였으나 임의로 징발하는 경우도 많았다.

④ 국가재정
ㄱ 세입 : 조세, 공물, 역 이외에 염전, 광산, 산림, 어장, 상인, 수공업자의 세금으로 마련하였다.
ㄴ 세출 : 군량미나 구휼미로 비축하고 왕실경비, 공공행사비, 관리의 녹봉, 군량미, 빈민구제비, 의료비 등으로 지출하였다.

❷ ·· 양반과 평민의 경제활동

(1) 양반 지주의 생활
① 경제기반 : 과전, 녹봉, 자기 소유의 토지와 노비 등이다.
② 경작 : 농장은 노비의 경작과 주변 농민들의 병작반수의 소작으로 행해졌다.
③ 경영 : 양반이 직접하기도 하였지만 대개 친족이 거주하며 관리하였고 때로는 노비만 파견하여 농장을 관리하기도 하였다.
④ 노비 : 재산의 한 형태로 구매, 소유 노비의 출산 및 혼인으로 확보되었으며, 외거노비는 주인의 땅을 경작 및 관리하고 신공을 징수하였다.

기출문제

다음 토지 및 조세제도에 관한 내용을 시기 순으로 바르게 나열한 것은?

2010. 4. 10. 행정안전부

ㄱ 풍흉에 관계없이 전세를 토지 1결당 미곡 4두로 고정시켰다.
ㄴ 토지 비옥도와 풍흉의 정도에 따라 조세 액수를 1결당 최고 20두에서 최하 4두로 하였다.
ㄷ 토지의 지급 대상을 현직 관리로 한정하였다.
ㄹ 관료들을 18과로 나누어 최고 150결에서 최하 10결의 과전을 지급하였다.

① ㄴ - ㄷ - ㄹ - ㄱ
② ㄴ - ㄹ - ㄱ - ㄷ
③ ㄹ - ㄱ - ㄴ - ㄷ
④ ㄹ - ㄴ - ㄷ - ㄱ

☞ ④

기출문제

다음 자료가 등장하는 시기에 나타난 경제적 변화에 대한설명 중 옳지 않은 것은?

2013. 9. 7. 서울특별시

"이앙(移秧)을 하는 것은 세 가지 이유다. 김매기 노력을 더는 것이 첫째요, 두 땅의 힘으로 모 하나를 서로 기르는 것이 둘째며, 좋지 않은 것은 솎아내고 싱싱하고 튼튼한 것을 고를 수 있는 것이 셋째다."

① 모내기법이 확산되어 벼와 보리의 이모작이 가능해졌고, 노동력이 크게 절감될 수 있었다.
② 일부 농민은 인삼, 담배, 채소, 면화 등과 같은 상품 작물을 재배해 높은 수익을 올렸다.
③ 지주에 대한 지대 납부 방식이 타조법에서 도조법으로 바뀌어 갔다.
④ 수공업에서 자금과 원자재를 미리 받아 제품을 만드는 선대제가 활발해졌다.
⑤ 교환경제의 발전은 해동통보를 비롯한 여러 화폐의 사용을 확산시켰다.

☞ ⑤

(2) 농민생활의 변화

① 농업생활
  ㉠ 농업보호책 : 조선 정부는 세력가의 농민에 대한 토지 약탈을 규제하고, 농업을 권장하였다.
  ㉡ 농업의 향상 : 정부는 개간을 장려하고, 수리시설을 확충하였다. 농사직설·금양잡록 등의 농서를 간행·보급하였다.

② 농업의 발달
  ㉠ 농업기술의 발달
  • 밭농사 : 조·보리·콩의 2년 3작이 널리 행해졌다.
  • 논농사 : 남부지방에 모내기 보급과 벼와 보리의 이모작으로 생산량이 증가되었다.
  • 시비법 : 밑거름과 덧거름을 주어 휴경제도가 거의 사라졌다.
  • 농기구 : 쟁기, 낫, 호미 등의 농기구도 개량되었다.
  • 수리시설의 확충
  ㉡ 상품 재배 : 목화 재배가 확대되어 의생활이 개선되었고, 약초와 과수 재배가 확대되었다.

③ 농민의 생활안정대책
  ㉠ 농민의 생활 : 지주제의 확대와 자연재해, 고리대, 세금부담 등으로 소작농이 증가하였으며, 수확의 반 이상을 지주에게 납부해야 했다.
  ㉡ 정부의 대책
  • 잡곡, 도토리, 나무껍질 등을 가공하여 먹을 수 있는 구황방법을 제시하였다.
  • 호패법과 오가작통법으로 농민 통제를 강화하였다.
  • 지방 양반들도 향약을 시행하여 농촌사회를 안정시키려 하였다.

(3) 수공업 생산활동

① 관영수공업
  ㉠ 운영
  • 관청에 속한 장인인 관장은 국역으로 의류, 활자, 화약, 무기, 문방구, 그릇 등을 제작하여 공급하였다.
  • 관장은 국역기간이 끝나면 자유로이 필수품을 제작하여 판매할 수 있었다. 단, 세금을 내야 했다.
  ㉡ 쇠퇴 : 16세기 이후 부역제가 해이해지고 상업이 발전하면서 쇠퇴되었고, 민영수공업이 발전하게 되었다.

② 민영수공업 : 농기구 등 물품을 제작하거나, 양반의 사치품을 생산하는 일을 맡았다.

③ 가내수공업 : 자급자족 형태로 생활필수품을 생산하였다.

(4) 상업활동

① 시전 상인 : 정부에서 종로거리에 상점가를 설치하였고, 시전으로부터 점포세와 상세를 징수하였다.
  ㉠ 왕실이나 관청에 물품을 공급하는 특정 상품의 독점판매권(금난전권)을 획득하였으며, 육의전(시전 중 명주, 종이, 어물, 모시, 삼베, 무명을 파는 점포)이 번성하였다.
  ㉡ 경시서를 설치하여 불법적인 상행위를 통제하였고 도량형을 검사하고 물가를 조절하였다.
  ㉢ 난전 : 시전 상인의 견제로 발달하지 못하였다.

<보충학습>

조선전기의 관영수공업
㉠ 운영 : 원칙적으로 수공업자는 모두 공장 안에 등록된 관장이었는데, 이들은 전문적인 수공업자들로서 관청에 소속되어 각종 제품을 제작, 공급하였다.
㉡ 공장(工匠)의 구분 : 중앙의 각급 관청에 소속된 경공장과 지방관아에 소속된 외공장으로 나뉘어 있었는데, 경공장은 2,800여 명, 외공장은 3,500여 명이었다.
㉢ 관장(官匠) : 관장은 대개 양인이나 공노비였다. 이들은 자신의 책임량을 초과한 생산품에 대해서는 공장세를 납부하고서 판매할 수 있었고, 관청에 동원되는 기간 이외에는 자신의 물품을 제조할 수 있었다.

<보충학습>

보부상 … 5일마다 열리는 장시를 통하여 농산물, 수공업제품, 수산물, 약재 등을 비롯한 생활 필수품을 유통시킨 행상이다.

② 장시 : 서울 근교와 지방에서 농업생산력 발달에 힘입어 정기 시장으로 정착되었다. 보부상이 판매와 유통을 주도하였다.

③ 화폐 : 저화(태종, 조선 최초의 지폐)와 조선통보(세종)를 발행하였으나 유통이 부진하였다. 농민에겐 쌀과 무명이 화폐역할을 하였다.

④ 대외무역 : 주변 국가와의 무역을 통제하였다.
　　㉠ 대명 무역 : 공무역과 사무역을 허용하였다.
　　㉡ 대여진 무역 : 국경지역에서 무역소를 통해 교역하였다.
　　㉢ 대일본 무역 : 동래에 설치한 왜관을 통해 무역하였다.

(5) 수취제도의 문란

① 공납의 폐단 발생
　㉠ 방납 : 중앙관청의 서리들이 공물을 대신 납부하고 수수료를 징수하는 방납이라는 폐단이 생겨났다. 방납이 증가할수록 농민의 부담은 증가되었고 농민이 도망가면 이웃이나 친척에게 부과하였다. 이에 유망농민이 급증하였다.
　㉡ 개선안 : 현물 대신 쌀로 걷는 수령이 등장하기도 하였다. 이이·유성룡은 공물을 쌀로 걷는 수미법을 주장하였다.

② 군역의 변질
　㉠ 군역의 요역화 : 농민생활이 어려워지고 요역 동원으로 농사에 지장을 초래하게 되자 농민들이 요역 동원을 기피하게 되었다. 이에 농민 대신에 군인을 각종 토목공사에 동원시키고 군역을 기피하게 하였다.
　㉡ 보법 : 조선시대 양인이 부담하던 군역의 일종이다.
　　•세조는 보법의 실시로 군역이 평준화와 국방강화를 이루었다.
　　•결과적으로 군역은 확대되었지만 요역부담자가 감소되면서 군역부담자가 요역까지 겸하게 되었다.
　㉢ 대립제 : 15세기 말 이후 보법의 실시로 군인의 이중부담이 문제가 되어, 보인들에게서 받은 조역가로 사람을 사서 군역을 대신시키는 현상이다.
　㉣ 군적수포제(대역수포제)
　　•대립제의 악화로 대립제를 양성화시켜 장정에게 군포를 받아 그 수입으로 군대를 양성하는 직업군인제이다.
　　•군대의 질이 떨어졌고 모병제화되었으며 농민의 부담이 가중되는 결과를 낳았다.
　㉤ 폐단 : 군포 부담의 과중과 군역기피현상으로 도망하는 자가 늘어나면서 군적도 부실해지고 각 군현에서는 정해진 액수를 맞추기 위해서 남아 있는 사람에게 그 부족한 군포를 부담시키자 남아 있는 농민의 생활이 더욱 어려워졌다.

③ 환곡 : 농민생활의 안정을 위해 농민에게 곡물을 빌려 주고 10분의 1 정도의 이자를 거두는 제도로서 지방 수령과 향리들이 정한 이자보다 많이 징수하는 폐단을 낳았다.

④ 농촌의 파탄 : 유민과 도적이 증가하였으며 명종시기 임꺽정과 같은 의적이 등장하기도 하였다.

기출문제

㉠, ㉡과 관련된 제도에 대해 적절하게 설명한 것은?

2011. 3. 12. 법원행정처

㉠ "토지 1결마다 2번에 걸쳐 8두씩 거두어 본청에 수납하고, 본청은 그 때의 물가 시세를 보아 쌀로써 공인에게 지급하여 수시로 물건을 납부하게 하소서."라고 하니, 임금(광해군)이 이에 따랐다.
㉡ 감면한 것을 계산하면 모두 50여 만 필에 이른다. 돈으로 계산하면 1백여 만 냥이다. 부족한 부분은 어세, 염세, 선세와 선무군관에게 받은 것, 은여결에서 받아들이는 것으로 충당하였는데, 모두 합하면 십 수 만 냥이다.

① ㉠ 전세를 정액화하였다.
② ㉠ 공인의 활동으로 상품 화폐 경제가 한층 발전하였다.
③ ㉠ 공납을 전세화한 것이다.
④ ㉡ 양반과 노비도 군포를 납부하게 되었다.
☞ ②

기출문제

다음 사건이 일어난 왕의 재위 기간에 대한 설명으로 옳은 것은?

2020. 6. 13. 제1회 지방직 / 제2회 서울특별시

임꺽정은 양주 백정으로, 성품이 교활하고 날래고 용맹스러웠다. 그 무리 수십 명이 함께 다 날래고 빨랐는데, 도적이 되어 민가를 불사르고 소와 말을 빼앗고, 만약 항거하면 몹시 잔혹하게 사람을 죽였다. 경기도와 황해도의 아전과 백성들이 임꺽정 무리와 은밀히 결탁하여, 관에서 잡으려 하면 번번이 먼저 알려주었다.

① 동인과 서인의 붕당이 형성되었다.
② 문정왕후가 수렴청정하며 불교를 옹호하였다.
③ 삼포에서 4~5천 명의 일본인이 난을 일으켰다.
④ 조광조가 내수사 장리의 폐지, 소격서 폐지 등을 주장하였다..
☞ ②

1 조선 태종 대의 주요 정책에 대한 설명으로 가장 옳은 것은?

2019. 6. 15. 제2회 서울특별시

① 사섬서를 두어 지폐인 저화를 발행하였다.
② 상평통보를 발행하여 화폐경제를 촉진하였다.
③ 지계를 발급하여 토지소유권을 공고히 하였다.
④ 연분 9등법과 전분 6등법을 시행하여 조세제도를 개편하였다.

TIP 조선 태종은 저화의 유통과 보급을 위해 사섬서를 설치하였다. 하지만 저화에 대한 백성들의 불신 때문에 제대로 유통되지 못하였고, 이후 조선통보(1425)가 발행되면서 저화의 유통량은 더욱 줄어들게 되었다.
② 숙종
③ 고종(대한제국 광무개혁)
④ 세종

2 다음 제도들이 시행된 시기를 순서대로 바르게 나열한 것은?

2015. 3. 14. 사회복지직

㉠ 전시과	㉡ 녹읍
㉢ 직전제	㉣ 과전법
㉤ 공법	

① ㉠→㉡→㉣→㉢→㉤
② ㉠→㉣→㉢→㉡→㉤
③ ㉡→㉠→㉣→㉤→㉢
④ ㉡→㉣→㉠→㉤→㉢

TIP 녹읍(6세기 무렵) → 전시과(976) → 과전법(1391) → 공법(1444) → 직전제(1466)

3 (가) 국왕의 경제 정책으로 가장 옳은 것은?

2014. 3. 8. 법원사무직

> 조선은 개국 후에도 여전히 고려 때 사용하였던 중국의 역법을 썼으나 우리 실정에 맞지 않는 점이 있었다. (가)이/가 즉위한 후 정인지, 정초 등에게 명하여 한양을 기준으로 천체의 운행을 관측하도록 하고, 수시력과 회회력을 자세히 살펴 우리 실정에 맞게 바로잡아 「칠정산 내편」과 「칠정산 외편」을 만들게 하였다.

① 대동법을 실시하였다.
② 과전법을 직전법으로 바꾸었다.
③ 시전 상인들의 금난전권을 없앴다.
④ 전분6등법과 연분9등법을 실시하였다.

TIP (가)에 들어갈 왕은 세종이다.
① 광해군 때 경기도부터 시작하여 숙종 때 전국적으로(잉류지역 제외) 실시하였다.
② 세조
③ 정조

Answer 1.① 2.③ 3.④

4 **다음과 같은 조세 제도가 실시된 시기에 있었던 일로 옳지 않은 것은?**

2013. 9. 7. 서울특별시

> 토지 비옥도와 풍흉의 정도에 따라 전분 6등법, 연분 9등법으로 바꾸고 조세 액수를 1결당 최고 20
> 두에서 최하 4두를 내도록 하였다.

① 안평대군의 꿈을 바탕으로 안견이 몽유도원도를 그렸다.
② 충신, 효자, 열녀 등의 행적을 그리고 설명한 삼강행실도가 편찬되었다.
③ 이암이 중국의 농서인 농상집요를 소개하였다.
④ 소리의 장단과 높낮이를 표현할 수 있는 정간보를 창안 하였다.
⑤ 전국지도로서 팔도도가 처음으로 제작되었다.

> **TIP** 제시된 자료는 조선의 세종이 도입한 공법에 대한 내용이다.
> ③ 「농상집요」는 원나라의 농서로 고려 후기 때 이암이 소개하였다.

5 **다음 글에 대한 올바른 설명을 아래에서 고르면?**

2010. 4. 10. 행정안전부

> 조선 건국 후 세종 즉위 전까지 양반의 경제 기반은 과전, 녹봉, 자기 소유의 토지와 노비 등이 있었다.

> ㉠ 과전 – 경기도를 비롯하여 전국의 토지를 대상으로 지급하였다.
> ㉡ 녹봉 – 과전을 받는 관리에게는 녹봉이 지급되지 않았다.
> ㉢ 자기 소유의 토지 – 유망민들을 모아 노비처럼 만들어 자신의 토지를 경작하게 하는 경우도 있었다.
> ㉣ 노비 – 외거 노비는 자기 재산을 가질 수 있었고 조상에 대한 제사를 지내기도 했다.

① ㉠㉡   ② ㉡㉢
③ ㉢㉣   ④ ㉠㉣

> **TIP** 조선시대 양반들은 유망민들을 모아 노비처럼 만들어 자신의 토지를 경작하게 하는 경우도 있었고, 노비 중 외거노비는
> 독립된 생활을 하며 자기 재산을 가질 수 있었으며 제사를 지내기도 했다.
> ㉠ 과전은 경기도에 한정되어 있었다.
> ㉡ 관리들은 과전과는 별도로 녹봉을 지급받았으며, 명종 때 직전제가 폐지된 후에는 녹봉만 지급받았다.

Answer 4.③ 5.③

1 다음 토지제도에 대한 설명으로 옳지 않은 것은?

> 고려 말 공양왕은 권문세족의 토지를 몰수하여 공전에 편입하고 이를 지급함으로써 신진사대부의 경제적 기반을 마련하였다.

① 경기도 지역의 수조권 지급
② 퇴직 시 토지 반납
③ 전지와 시지 지급
④ 수신전과 휼양전은 세습 가능

> **TIP** 제시된 글은 과전법에 관한 것으로 과전법은 전지만 지급하였다.

2 다음 중 방납으로 인해 국가 수입이 줄고 농민의 부담이 가중됨에 따라 실시하게 된 제도는?

① 대동법
② 균역법
③ 호포법
④ 군적수포제

> **TIP** 대동법은 농민 집집마다 부과하였던 공물 납부방식을 토지의 면적에 따라 쌀, 삼베, 무명, 동전 등으로 납부하게 하는 제도이다.

3 ㉠~㉣과 관련된 사실로 옳지 않은 것은?

> 조선 전기에 농업에서는 유교적 민본주의를 바탕으로 ㉠농서의 편찬과 보급, ㉡수리시설의 확충 등 안정된 농업 조건을 만들기 위한 권농 정책이 추진되었다. 상공업에서는 ㉢시전의 설치, ㉣관영 수공업의 정비 등을 통하여 국가에서 필요로 하는 물품을 안정적으로 조달할 수 있는 체계를 만들었다.

① ㉠ -「농가집성」의 간행
② ㉡ - 저수지 다수 축조
③ ㉢ - 관청 필수품 공급
④ ㉣ - 수공업자의 공장안 등록

> **TIP** 조선 전기 대표적인 농법서는 「농사직설」이다.

Answer 1.③ 2.① 3.①

4 다음 사료에 대한 내용으로 알맞은 것은?

> "사람들이 직전(職田)이 폐단이 있다고 많이 말하기에 대신에게 의논하니, 모두 말하기를, 우리나라 사대부의 봉록(俸祿)이 박하여 직전을 갑자기 혁파할 수 없다"하므로, …(중략)… "직전의 세(稅)는 관에서 거두어 관에서 주면(官收官給) 이런 폐단이 없을 것입니다. …(중략)…" 하였다.
>
> –「성종실록」–

① 관청에서 수조권을 행사하여 관리에게 지급
② 현직 관리에게만 수조권 지급
③ 하급관리의 자제로 관직에 오르지 못한 자에게 한인전 지급
④ 관료의 유가족에게 수신전, 휼양전 지급

TIP 사료의 내용은 성종시기 관수관급제에 대한 내용이다. 직전법을 시행한 결과 실제 조세보다 더 많이 걷는 폐단이 생기자 관청에서 수조권을 행사하여 관리에게 지급하여 국가의 지배권이 강화된다.

5 다음 중 조선시대 군역제에 대한 설명으로 옳지 않은 것은?

① 초기에는 양인개병과 농병일치제가 행해졌다.
② 정군은 서울에서 근무하거나 국경 요충지에 재치되었다.
③ 군적수포제의 실시로 농민의 군역부담은 전보다 가벼워졌다.
④ 노비에게 군역의 의무는 없으나, 잡색군에 편입되기도 하였다.

TIP 군적수포제의 실시로 농민의 부담이 가중되었다.

6 다음의 사실과 관련이 깊은 수취제도는?

> • 양안
> • 연분9등법
> • 조창

① 토지 수확의 10분의 1을 냈다.
② 가호를 기준으로 일정한 액수를 분납하였다.
③ 16세 이상 정남에게 부과되었다.
④ 각 지역의 토산물을 현물로 중앙 관청에 납부하였다.

TIP 제시된 내용은 조세와 관련이 있는 것으로 양안은 토지조사의 결과를 기록한 대장이며, 연분9등법은 그 해 농사의 풍흉을 고려하여 조세의 액수를 달리한 제도이고, 조창은 조세를 거두어 수로를 통해 운반하기 위해 집결해 놓은 곳이다.
②④ 공납
③ 요역, 군역

Answer 4.① 5.③ 6.①

7 다음과 같은 현상이 일어나게 된 배경을 가장 바르게 설명한 것은?

> • 지방의 양반들이 향약을 실시하였다.
> • 정부는 호패법, 오가작통법 등을 강화하였다.

① 지주제가 확대되면서 토지를 잃은 농민들이 고향을 떠나 유민화되었다.
② 농업기술이 개량되어 농업생산력이 향상되었다.
③ 토지의 세습으로 인하여 관리들에게 지급할 토지가 줄어들었다.
④ 관리들이 수조권을 가지고 농민을 지배하지 못하도록 하였다.

> **TIP** 제시된 내용은 농민을 통제하려는 것으로, 호패법과 오가작통법은 각종 부담을 이기지 못한 농민이 농토에서 분리되어 유민이 되는 것을 막기 위한 조치였다. 향약조직은 농민들에 대한 통제를 통해 경제활동의 조건을 유지시키려는 목표를 가지고 있었다.

8 조선전기 상공업에 대한 설명으로 옳지 않은 것은?

① 장인 – 관청에 예속되어 물품을 제조하였다.
② 육의전 – 대외무역을 독점하는 특권을 보유하였다.
③ 보부상 – 지방의 5일장을 중심으로 활동하였다.
④ 경시서 – 시전 상인의 불법적인 상행위를 통제하였다.

> **TIP** 육의전은 시전 중에서 명주, 종이, 모시, 어물, 삼베, 무명 등을 취급하는 상점으로 금난전권을 가지고 있었다.

9 다음 중 조선의 경제정책에 대한 설명으로 옳은 것은?

① 농경지를 확대하고 조세 부담을 줄였다.　② 농업과 상공업의 균형발전을 유도하였다.
③ 누구든 자유로운 상업활동이 가능하였다.　④ 기술 개발을 장려하여 기술자를 우대하였다.

> **TIP** 고려 말의 파탄된 국가 재정과 민생문제를 해결하기 위하여 농본주의 경제정책이 실시되었다. 이에 중농정책이 경제정책의 중심이 되었으며, 상공업은 국가의 통제 아래 이루어졌다.

10 조선시대 조세제도와 재정의 운영에 대한 설명으로 옳은 것은?

① 공납은 농가별로 토지소유면적에 따라 부과되었다.
② 양인 정남은 농가별로 매년 한 명씩 요역에 징발되었다.
③ 보법의 실시로 군역과 요역은 서로 분리되어 적용되었다.
④ 국가는 농민 보유지인 민전의 경작권을 보장해주고 조세를 징수하였다.

> **TIP** 조선시대 조세제도
> ① 공납은 각 가호(家戶)별로 부과되었다.
> ② 요역은 경작하는 토지 8결을 기준으로 1명씩 차출되었다.
> ③ 보법제도에서 보인은 현역복무를 하는 정군의 비용을 부담하였다

Answer 7.① 8.② 9.① 10.④

11 조선시대 조세제도와 재정의 운영에 대한 설명으로 옳은 것은?

① 공납은 농가별로 토지소유면적에 따라 부과되었다.
② 양인 정남은 농가별로 매년 한 명씩 요역에 징발되었다.
③ 보법의 실시로 군역과 요역은 서로 분리되어 적용되었다.
④ 국가는 농민 보유지인 민전의 경작권을 보장해주고 조세를 징수하였다.

> **TIP** ① 공납은 각 가호(家戸)별로 부과되었다.
> ② 요역은 경작하는 토지 8결을 기준으로 1명씩 차출되었다.
> ③ 보법제도에서 보인은 현역복무를 하는 정군의 비용을 부담하였다.

12 다음과 같은 상황이 발생한 원인으로 옳은 것은?

> 농촌사회의 구성은 소수의 양반 지주와 전호로 전락한 다수의 농민으로 분화되었다.

① 정부의 정책이 지주전호제를 폐지하는 방향으로 추진되었다.
② 양반들의 권위가 성리학적 가치규범에 의해 강화되어 갔다.
③ 정부의 부세제도정책이 공정과세 방향으로 추진되었다.
④ 직전법의 폐지로 양반들의 토지사유관념이 확산되었다.

> **TIP** 16세기 중엽에 양반 관료의 경제기반이었던 직전법이 폐지되면서 토지사유관념이 확산되어 토지소유가 양반 지주 중심으로 편중되어 갔다. 같은 시기에 농업기술의 발달로 농업생산력이 높아졌으나 지주제가 점차 확대되면서 농민들이 자연재해, 고리대, 세금부담 등으로 자기소유의 토지를 팔고 소작농이 되는 경우가 증가하였다.

13 다음 중 조선전기에 상공업이 발달할 수 없었던 이유로 옳은 것은?

> ㉠ 중앙집권적 정치체제
> ㉡ 물화의 수량과 종류의 국가 통제
> ㉢ 자급자족적인 농업 중심의 경제구조
> ㉣ 소비를 통해 생산을 촉구하는 유교적 경제관

① ㉠㉡　　　　　　　　　　　　　② ㉠㉢
③ ㉡㉢　　　　　　　　　　　　　④ ㉢㉣

> **TIP** 조선의 경제정책은 지배층의 유교적 관념에 따른 중농정책으로 상공업자가 허가 없이 영업하는 것을 규제하여 물화의 수량과 종류를 국가의 통제하에 두었다. 그리고 자급자족적인 농업 중심의 경제활동도 상공업 발달에 장애가 되었다.

Answer 11.④　12.④　13.③

14 조선의 대외무역에 대한 다음 설명 중 옳지 않은 것은?

① 명나라와의 공무역은 사신들이 왕래할 때 하였다.
② 일본과는 동래에 설치한 왜관을 통하여 무역하였다.
③ 여진과는 국경지역에서 무역소를 통해 교역하였다.
④ 명나라와의 무역에서 사무역은 허용되지 않았다.

> **TIP** 국경부근에서 약간의 사무역이 이루어지고 있었는데, 사무역은 엄격한 감시하에서 이루어졌고 주로 교역되는 물화는 면포와 식량이었다.

15 다음은 조선의 경제정책과 관련된 사료이다. 옳지 않은 것은?

> 성세창이 아뢰기를 "임금이 나라를 다스리는 데 백성을 교화시키는 것이 중요합니다. 그러나 먼저 살게 한 뒤에 교화시키는 것이 옳습니다. 세종 임금이 농상(農桑)에 적극 힘쓴 까닭에 수령들이 사방을 돌면서 살피고 농상을 권하였으므로 들에 경작하지 않은 땅이 없었습니다. 요즘에는 백성 중에 힘써 농사짓는 사람이 없고, 수령도 들에 나가 농사를 권하지 않습니다. 특별히 지방에 타일러 농사에 힘쓰도록 함이 어떻습니까?"라고 하였다. 왕이 8도 관찰사에게 농상을 권하는 글을 내렸다.
>
> – 「중종실록」 –

① 고려 말의 파탄된 국가재정을 확충시키고 민생안정을 도모하기 위해 농본주의 경제정책을 세웠다.
② 신진사대부는 농경지의 확대 및 농업생산력 증대로 농민생활을 안정시키려 하였다.
③ 상공업의 발전장려하고, 새로운 농업기술과 농기구를 개발하여 보급하였다.
④ 토지개간을 파탄된 국가재정을 확충시키고, 왕도정치사상에 입각한 민생안정을 도모하기 위해 농본주의 경제정책을 세웠다.

> **TIP** ③ 조선시대는 유교적 경제관에 따라 검약한 생활을 강조하고 소비생활을 억제하였다. 또한 농본주의 경제정책으로 인해 사농공상 간의 차별로 상공업자들이 대우 받지 못하였고, 자급자족적 경제로 상공업활동이 부진하였다. 상공업이 활성화되기 시작한 것은 16세기 이후 국가의 통제력이 약화되었던 시점에서이다.

Answer 14.④ 15.③

04 경제상황의 변동

① ·· 수취체제의 개편

(1) 농촌사회의 동요

① 농촌생활의 어려움
- ㉠ 전쟁의 피해 : 임진왜란과 병자호란으로 농촌사회가 파괴되고, 경작지가 황폐화되었다.
- ㉡ 기근과 질병이 만연하였고, 농민들의 조세부담이 심각하였다.

② 지배층의 태도 : 정치적 다툼에 몰두하여 민생문제를 등한시하였다.

③ 정부의 대응 : 수취체제의 개편으로 농촌사회의 안정과 재정기반의 확대를 추구하였다.

(2) 전세의 정액화

① 조세정책의 변화
- ㉠ 배경 : 양 난 이후 농경지가 황폐화되고, 토지제도가 문란해졌다.
- ㉡ 대책
  - 농지 개간을 권장하고 개간자에게 개간지의 소유권과 3년간의 면세의 혜택을 주었다.
  - 전세를 확보하기 위해 토지조사사업을 실시하였다.

② 영정법의 실시(1635)
- ㉠ 배경
  - 농민의 전호화현상 : 지주전호제가 강화되어 가는 속에서 다수의 농민들이 토지를 잃고 전호로 전락하였다.
  - 농민의 불만 : 농민들은 자신의 고통을 줄여 주는 정책을 기대하였다.
  - 조세의 비효율성 : 15세기의 전분6등급과 연분9등급은 매우 번잡하여 제대로 운영되지 않았고, 16세기에는 아예 무시된 채 최저율의 세액이 적용되고 있었다.
- ㉡ 내용 : 풍흉에 관계없이 전세로 토지 1결당 미곡 4두를 징수하였다.
- ㉢ 결과 : 전세율은 이전보다 감소하였으나 여러 명목의 비용을 함께 징수하여 전세를 납부할 때 수수료, 운송비, 자연 소모에 따른 보조비용 등이 함께 부과되기 때문에 농민의 부담은 증가하였고 또한 지주전호제하의 전호들에겐 적용되지 않았다.

(3) 공납의 전세화

① 배경 : 방납의 폐단을 시정하고 농민의 토지 이탈을 방지하기 위해서 실시되었다.

② 대동법의 실시
- ㉠ 목적 : 농민의 부담을 경감시키고, 국가재정을 보완하기 위함이다.
- ㉡ 과정 : 경기지방에서 실시된 후 전국으로 확대되었다.
- ㉢ 내용 : 토지의 결 수에 따라 쌀·삼베·무명·동전 등으로 납부하는 제도로 대체로 1결당 미곡 12두만을 납부하면 되었다.
- ㉣ 결과 : 과세기준이 종전의 가호에서 토지의 결 수로 바뀌어 농민의 부담이 감소하였다.

③ 영향
- ㉠ 공인의 등장 : 관청에서 공가를 미리 받아 물품을 사서 납부하는 어용상인인 공인이 등장하였다.

ⓛ 농민부담의 경감 : 농민들은 토지 1결당 미곡 12두만을 납부하면 되었기 때문에 토지가 없거나 적은 농민에게 과중하게 부과되었던 공물 부담은 없어지거나 어느 정도 경감되었다.

ⓒ 장시와 상공업의 발달 : 공인의 활동이 활발해지면서 각 지방에 장시가 발달하였고, 생산활동이 활발해지면서 경제질서가 자급자족의 경제에서 유통경제로 바뀌었고 도고상업이 발달하였다.

ⓔ 상업도시의 성장 : 쌀의 집산지인 삼랑진, 강경, 원산 등이 성장하였다.

ⓜ 상품 · 화폐경제의 성장 : 공인들이 시장에서 많은 물품을 구매하였으므로 상품 수요가 증가하였고, 농민들도 대동세를 내기 위하여 토산물을 시장에 내다 팔아 쌀, 베, 돈을 마련하였다.

ⓗ 봉건적 양반사회의 붕괴 : 대동법의 실시로 인한 상품화폐경제의 성장은 궁극적으로 농민층의 분해를 촉진시켰고, 나아가 종래의 신분질서와 경제를 와해시키는 등 양반사회를 무너뜨리는 작용을 하였다.

ⓢ 현물 징수의 존속 : 농민들은 진상이나 별공을 여전히 부담하였고, 지방 관아에서는 필요에 따라 수시로 토산물을 징수하였다.

④ 의의
  ㉠ 조세의 금납화 : 종래의 현물 징수가 미곡, 포목, 전화 등으로 대체됨으로써 조세의 금납화가 이루어졌다.
  ㉡ 공납의 전세화 : 토지 소유의 정도에 따라 차등을 두어 과세하였으므로 보다 합리적인 세제라 할 수 있다.

(4) 균역법의 시행
① 군역의 폐단
  ㉠ 수포군의 증가 : 모병제의 제도화로 1년에 2필의 군포를 내는 것으로 군역을 대신하는 수포군이 증가하여 군영의 경비가 충당되었다.
  ㉡ 농민부담의 가중 : 군영, 지방 감영, 병영에서 독자적으로 군포를 징수하였다.
  ㉢ 군역의 재원 감소 : 납속이나 공명첩으로 양반 수가 증가되고, 농민의 도망으로 군포의 부과량이 증가하였다.

② 균역법의 실시
  ㉠ 내용 : 농민 1인당 1년에 군포 1필을 부담하게 하였다.
  ㉡ 재정의 보충 : 지주에게 결작이라고 하여 1결당 미곡 2두를 징수하고, 부유한 양인이나 일부 상인에게 선무군관이란 칭호를 주고 군포 1필을 징수하였으며 어장세, 선박세 등 잡세 수입으로 보충하였다.

③ 결과 : 농민의 부담은 일시적으로 경감하였지만 농민에게 결작의 부담이 강요되었고 군적의 문란으로 농민의 부담이 다시 가중되었다.

❷·· 서민경제의 발전

(1) 양반 지주의 경영 변화
① 양반의 토지 경영
  ㉠ 농토의 확대 : 토지 개간에 주력하고, 농민의 토지를 매입하였다.
  ㉡ 지주전호제 경영 : 소작 농민에게 토지를 빌려 주고 소작료를 받는 형식이다.
② 지주전호제의 변화 : 상품화폐경제가 발달되면서 변화해 갔다.

🔎 기출문제

다음 지시에 따라 실시된 제도로 옳은 것은?

2017. 6. 17. 제1회 지방직(기출변형)

왕이 양역을 절반으로 줄이라고 명령했다. "…… 호포(戶布)나 결포(結布) 모두 문제가 있다. 이제 1필을 줄이는 것으로 온전히 돌아갈 것이니 경들은 1필을 줄였을 때 생기는 세입 감소분을 보충할 방법을 강구하라."

① 지조법을 시행하고 호조로 재정을 일원화하였다.
② 토산물로 징수하던 공물을 쌀이나 무명, 동전 등으로 통일하였다.
③ 황폐해진 농지를 개간하도록 권장하고 전국적인 양전 사업을 시행하였다.
④ 선무군관이라는 칭호를 주고 군포 1필을 납부하게 하였다.

☞ ④

       ㉠ 소작인의 소작권을 인정하고, 소작료 인하 및 소작료를 일정액으로 정하는 추세
        가 등장하게 되었다.

       ㉡ 지주와 전호 간의 관계가 신분적 관계에서 경제적 관계로 변화하였다.

   ③ 양반의 경제활동

       ㉠ 소작료와 미곡 판매로 이득을 남겨 토지 매입에 주력하였다.

       ㉡ 물주로서 상인에게 자금을 대거나 고리대로 부를 축적하기도 하였다.

       ㉢ 경제 변동에 적응하지 못하고 몰락하는 양반이 등장하게 되었다.

(2) 농민경제의 변화

   ① 농촌의 실정 : 수취체제의 조정으로 18세기(영·정조시대)에는 농촌사회의 동요
     가 진정되는 듯 하였으나, 궁극적으로는 양반 중심의 지배체제를 유지하는 데
     목적이 있었기 때문에 농촌사회 안정에 한계가 있었다.

   ② 농민들의 대응책 : 황폐한 농토를 개간하고, 수리시설을 복구하였다. 농기구와
     시비법을 개량하고, 새로운 영농방법을 시도하였다.

   ③ 모내기법(이앙법)의 확대

       ㉠ 벼와 보리의 이모작 가능 : 보리는 수취의 대상에서 제외되어 소작농에게 선호되었다.

       ㉡ 경영의 변화 : 잡초를 제거하는 일손의 감소로 경작지의 규모가 확대되었다.

       ㉢ 결과 : 광작 농업으로 농가의 소득이 증대되자, 농민의 일부는 부농으로 성장하여
        농민의 계층을 분화시켰다.

   ④ 상품작물의 재배 : 장시가 증가하여 상품의 유통이 활발해졌다.

       ㉠ 내용 : 쌀, 면화, 채소, 담배, 약초 등을 재배하였다.

       ㉡ 결과 : 쌀의 상품화로 밭을 논으로 바꾸는 현상이 일어났다.

   ⑤ 소작권의 변화

       ㉠ 소작쟁의 : 유리한 경작조건을 확보하고 소작권을 인정받았다.

       ㉡ 소작료 : 타조법에서 도조법으로 변화하였고 곡물이나 화폐로 지불하였다.

       ㉢ 결과 : 농민들은 소득이 향상되어 토지 개간이나 매입을 통해 지주로 성장하였다.

   ⑥ 몰락 농민의 증가

       ㉠ 원인 : 부세의 부담, 고리채의 이용, 관혼상제의 비용 부담 등으로 토지를 판매하기도 하
        였다.

       ㉡ 지주의 소작지 회수 : 품팔이를 통해 광작으로 인하여 소작지를 확보하는 것이 어
        려워졌다. 소작지를 잃은 농민은 농촌을 떠나거나 농촌에 머물러 생계를 유지하
        였다.

       ㉢ 농민의 농촌 이탈 : 도시에서 상공업에 종사하거나, 광산이나 포구의 임노동자로 전환
        되었다.

(3) 민영수공업의 발달

   ① 발달배경

       ㉠ 상품화폐경제의 발달 : 시장 판매를 위한 수공업제품의 생산이 활발하였다.

       ㉡ 도시인구의 증가 : 제품의 수요가 증가되었으며, 대동법의 실시로 관수품의 수요가 증가
        하였다.

   ② 민영수공업 : 관영수공업이 쇠퇴하고 민영수공업이 증가하였다.

       ㉠ 장인세의 납부로 자유로운 생산활동이 이루어졌다.

       ㉡ 민영수공업자의 작업장은 점(店)이라고 불렸으며 철점과 사기점이 도시를 중심으
        로 발달하였다.

보충학습

타조법과 도조법

㉠ 타조법 : 일정 비율로 소작료를 내는 방식으로 대개 수확량의 2분의 1을 납부한다. 전세와 종자, 농기구가 소작인의 부담으로 불리한 조건이다.

㉡ 도조법 : 일정 액수를 내는 방식으로 대개 수확량의 3분의 1정도를 납부한다. 소작인에게 타조법보다 유리하였다.

③ 농촌수공업 : 전문적으로 수공업제품을 생산하는 농가가 등장하여, 옷감과 그릇을 생산하였다.

④ 수공업 형태의 변화

　㉠ 선대제수공업 : 상인이나 공인으로부터 자금이나 원료를 미리 받고 제품을 생산하는 것이다(종이, 화폐, 철물 등).

　㉡ 독립수공업 : 독자적으로 제품을 생산하고 판매하였다(18세기 후반).

(4) 민영 광산의 증가

① 광산 개발의 변화

　㉠ 조선 전기 : 정부가 독점하여 광물을 채굴하였다.

　㉡ 17세기 : 허가받은 민간인에게 정부의 감독 아래 광물채굴을 허용하였다.

　㉢ 18세기 후반 : 국가의 감독을 받지 않고 민간인이 광물을 자유롭게 채굴하였다.

② 광산 개발의 증가

　㉠ 민영수공업의 발달로 광물의 수요가 증가되었다.

　㉡ 대청 무역으로 은의 수요가 증가하였다.

　㉢ 상업자본의 채굴과 금광 투자가 증가하고, 잠채가 성행하였다.

③ 조선 후기의 광업

　㉠ 경영방식 : 덕대가 상인 물주로부터 자본을 조달받아 채굴업자와 채굴노동자, 제련노동자 등을 고용하여 운영하였다.

　㉡ 덕대 : 광산의 주인과 계약을 맺고 광물을 채굴하여 전문적으로 광산을 경영하였다.

　㉢ 특징 : 굴진·운반·분쇄·제련의 분업화를 기본으로 한 협업으로 진행되었다.

3 ‥ 상품화폐경제의 발달

(1) 사상의 대두

① 상품화폐경제의 발달

　㉠ 배경

　　• 농업생산력이 증대되었다.

　　• 수공업생산이 활발해졌다.

　　• 부세 및 소작료의 금납화 현상으로 상품유통이 활성화되었다.

　㉡ 상업인구의 증가 : 농민의 계층 분화로 도시유입인구가 증가되었고 상업활동은 더욱 활발해졌다.

　㉢ 주도 : 상업활동은 공인과 사상이 주도하였다.

　㉣ 공인의 활동

　　• 공인의 등장 : 대동법의 실시로 등장한 어용상인이다.

　　• 공인의 역할 : 관청의 공가를 받아 수공업자에게 위탁생산한 물품을 납품하여 수공업 성장을 뒷받침하였다.

　　• 도고의 성장 : 서울의 시전과 지방장시를 중심으로 활동하였고, 특정 상품을 집중적·대량으로 취급하여 독점적 도매상인인 도고로 성장하였다.

　　• 조선 후기의 상업활동 주도 : 사상들이 성장하기 이전에는 공인들의 활동이 활발하였다.

② 사상의 성장

　㉠ 초기의 사상(17세기 초) : 농촌에서 도시로 유입된 인구의 일부가 상업으로 생계를 유지하여 시전에서 물건을 떼어다 파는 중도아(中都兒)가 되었다.

기출문제

조선 후기 광업에 대한 설명으로 가장 옳지 않은 것은?

2020. 6. 13. 제2회 서울특별시

① 정부의 통제 정책으로 잠채가 사라졌다.

② 자본과 경영이 분리된 생산 방식이었다.

③ 청과의 무역으로 은의 수요가 증가하였다.

④ 17세기 이후 민간인의 광산 채굴을 허용하였다.

☞ ①

보충학습

잠채… 민간인이 합법적으로 광산경영을 하는 사채와 달리 잠채는 비합법적인 채굴행위를 말한다. 18세기 중엽 이후 지방 수령의 광산착취가 심해지자, 관청의 감시가 덜한 깊은 산속에서 잠채가 성행하였다. 지방의 토호나 부유한 상인들도 수령과 결탁하여 잠채를 하는 경우도 있었다.

  ⓛ **사상의 성장**(17세기 후반) : 시전상인과 공인이 상업활동에서 활기를 띠자 난전이라 불리는 사상들도 성장하였고 시전과 대립하였다.

  ⓒ **시전의 특권 철폐**(18세기 말) : 시전상인들은 금난전권을 얻어내어 사상들을 억압하려 하였으나 사상의 성장을 막을 수 없었던 정부는 육의전을 제외한 나머지 시전의 금난전권을 폐지하였다.

 ③ **사상의 활동**(18세기 이후)

  ㉠ **사상** : 칠패, 송파 등 도성 주변과 개성, 평양, 의주, 동래 등 지방도시에서 활동하였다. 각 지방의 장시와 연결되어 각지에 지점을 설치하여 상권을 확대하였고 청·일본과의 대외무역에도 참여하였다.

  ⓛ **종류** : 개성의 송상, 평양의 유상, 의주의 만상, 동래의 내상 등이 유명하였다.

(2) 장시의 발달

 ① **장시의 증가** : 15세기 말 개설되기 시작한 장시는 18세기 중엽 전국에 1,000여 개 소가 개설되었다.

 ② **장시의 기능**

  ㉠ **지방민들의 교역장소** : 인근의 농민·수공업자·상인들이 일정한 날짜에 일정한 장소에 모여 물건을 교환하였는데, 보통 5일마다 열렸다.

  ⓛ **지역적 시장권을 형성** : 일부 장시는 상설 시장이 되기도 하였지만, 인근의 장시와 연계하여 하나의 지역적 시장권을 형성하는 것이 보통이었다.

  ⓒ **싸게 물건 구입** : 농민들은 행상에게 물건을 파는 것보다 장시를 이용하면 좀 더 싸게 물건을 구입하고 비싸게 팔 수 있어 이를 이용하는 경향이 점차 증가하였다.

 ③ **전국적 유통망 형성** : 18세기 말 광주의 송파장, 은진의 강경장, 덕원의 원산장, 창원의 마산포장 등은 전국적 유통망을 연결하는 상업의 중심지로 발돋움하였다.

 ④ **보부상의 활동**

  ㉠ 농촌의 장시를 하나의 유통망으로 연결시켰고 생산자와 소비자를 이어주는 데 큰 역할을 하였다.

  ⓛ 자신들의 이익을 지키고 단결을 굳게 하기 위하여 보부상단 조합을 결성하였다.

(3) 포구에서의 상업활동

 ① **포구의 성장**

  ㉠ **수로 운송** : 도로와 수레가 발달하지 못하여 육로보다 수로를 이용하였다.

  ⓛ **포구의 역할 변화** : 세곡과 소작료 운송기지에서 상업의 중심지로 성장하였다.

  ⓒ **포구상권의 형성** : 연해안이나 큰 강 유역에 형성되어 있는 포구들 중 인근 포구 및 장시와 연결되었다.

  ⓔ **선상, 객주, 여각** : 포구를 거점으로 상행위를 하는 상인이 등장했다.

 ② **유통권의 형성** : 활발한 선상활동으로 하나의 유통권을 형성하여 갔고 포구가 칠성포, 강경포, 원산포에서는 장시가 열리기도 했다.

 ③ **상업활동**

  ㉠ **선상** : 선박을 이용하여 포구에서 물품을 유통하였다.

  ⓛ **경강상인** : 대표적인 선상으로 운송업에 종사하였으며, 한강을 근거지로 소금, 어물과 같은 물품의 운송과 판매를 장악하여 부를 축적하였고 선박의 건조 등 생산 분야에까지 진출하였다.

  ⓒ **객주, 여각** : 선상의 상품매매를 중개하거나, 운송·보관·숙박·금융 등의 영업을 하였다.

📖 **보충학습**

금난전권 … 시전상인들이 가졌던 전매특권으로 일반 상인이나 다른 시전이 같은 물품을 팔지 못하게 금지할 수 있는 권리이다. 처음에는 육의전에만 허용하였으나 조선 후기에 난전이 본격적으로 전개되어 금난전권이 무의미해졌고, 마침내 정조 15년(1791)의 신해통공으로 육의전을 제외한 시전상인의 금난전권을 철폐하였다.

📄 **기출문제**

다음의 자료에 보이는 시기의 경제 동향에 대한 설명으로 옳지 않은 것은?

2015. 4. 18. 인사혁신처

배에 물건을 싣고 오가면서 장사하는 장사꾼은 반드시 강과 바다가 이어지는 곳에서 이득을 얻는다. 전라도 나주의 영산포, 영광의 법성포, 흥덕의 사진포, 전주의 사탄은 비록 작은 강이나 모두 바닷물이 통하므로 장삿배가 모인다. …(중략)… 그리하여 큰 배와 작은 배가 밤낮으로 포구에 줄을 서고 있다.
－「비변사등록」－

① 강경, 원산 등이 상업 중심지로 성장하였다.
② 선상은 선박을 이용해서 각 지방의 물품을 거래하였다.
③ 객주나 여각은 상품의 매매를 중개하고, 숙박, 금융 등의 영업도 하였다.
④ 상업 활동이 활발해지면서 삼한통보 등의 동전을 만들어 유통하였다.

☞ ④

📖 **보충학습**

객주와 여각·거간

㉠ **객주** : 상인을 유숙시키기도 하고, 그들의 물화를 보관·운송하기도 하며 위탁판매와 대금 결제를 맡아 처리하였다.

ⓛ **여각** : 각지에 산재하던 여인숙이며, 사람을 유숙시키기도 하고 물품교역의 중개역할도 담당했다.

ⓒ **거간** : 매매를 소개·성립시키는 중개인으로, 계약이 성립되면 일정한 보수를 받았다. 상품매매·어음 거간 등을 주로 하였다.

(4) 중계무역의 발달

① 대청 무역 : 17세기 중엽부터 활기를 띠었다.

  ㉠ 형태 : 개시(공적 무역), 후시(사적 무역)가 이루어졌다.
  • 공무역 : 중강개시, 회령개시, 경원개시
  • 사무역 : 중강후시, 책문후시, 회동관후시, 단련사후시

  ㉡ 교역품
  • 수입품 : 비단, 약재, 문방구 등
  • 수출품 : 은, 종이, 무명, 인삼 등

② 대일 무역 : 17세기 이후 국교가 정상화되었다.

  ㉠ 형태 : 왜관개시를 통한 공무역이 활발하게 이루어졌고 조공무역이 이루어졌다.
  ㉡ 교역품 : 조선은 인삼, 쌀, 무명 등을 팔고 청에서 수입한 물품들을 넘겨 주는 중계무역을 하고 일본으로부터 은, 구리, 황, 후추 등을 수입하였다.

③ 상인들의 무역활동 : 활발한 활동을 보인 상인은 의주의 만상, 동래의 내상, 개성의 송상은 청과 일본을 중계하여 큰 이득을 남겼다.

④ 영향 : 수입품 중에는 사치품이 많았고 수출품 중에는 은과 인삼의 비중이 커서 국가재정과 민생에 여러가지 문제를 남겼다.

(5) 화폐 유통

① 화폐의 보급

  ㉠ 배경 : 상공업의 발달에 따라 동전(금속화폐)이 전국적으로 유통되었다.
  ㉡ 과정 : 인조 때 동전이 주조되어, 개성을 중심으로 유통되다가 효종 때 널리 유통되었다. 18세기 후반에는 세금과 소작료도 동전으로 대납이 가능해졌다.

② 동전 발행의 증가

  ㉠ 동광의 개발로 구리의 공급이 증가되고, 동전의 발행이 권장되었다.
  ㉡ 불법으로 사적인 주조도 이루어졌다.

③ 동전 부족(전황) : 지주, 대상인이 화폐를 고리대나 재산 축적에 이용하였다.

  ㉠ 원인 : 상인이나 지주 중에는 화폐를 재산으로 여겨, 늘어난 재산을 화폐로 바꾸어 간직하고 유통시키지 않았다. 이와 같이 화폐가 많이 주조되어도 유통되는 화폐는 계속 부족해지는 현상을 전황이라고 한다.
  ㉡ 실학자 이익은 전황의 폐단을 지적하며 폐전론을 주장하기도 하였다.

④ 신용화폐의 등장 : 상품화폐경제의 진전과 상업자본의 성장으로 대규모 상거래에 환·어음 등의 신용화폐를 이용하였다.

기출문제

조선시대의 대외관계에 대한 설명으로 가장 옳은 것은?

2018. 6. 23. 제2회 서울특별시

① 태조는 북방의 여진족을 몰아내고 4군 6진을 개척하였다.
② 왜란이 끝난 후 조선은 일본에 통신사를 파견하여 국교 재개를 요청하였다.
③ 조선 후기 북학운동의 한계를 느낀 지식인들은 북벌운동을 전개하였다.
④ 조선 후기 중국과의 외교와 무역에 은이 대거 소비되면서 은광이 활발하게 개발되었다.

☞ ④

기출문제

조선 후기의 동전 유통 실태에 대한 설명으로 옳지 않은 것은?

2013. 8. 24. 제1회 지방직

① 숙종 때, 동전이 전국적으로 유통되었다.
② 18세기 전반, 동전 공급 부족으로 전황이 발생하였다.
③ 18세기 후반, 동전으로 세금이나 소작료를 납부하는 비중이 증가하였다.
④ 19세기 전반, 군사비 지출을 보완하기 위하여 당백전을 주조하였다.

☞ ④

1 〈보기〉와 같은 폐단을 해결하기 위해 실시한 제도에 대한 설명으로 가장 옳지 않은 것은?

2019. 6. 15. 제2회 서울특별시

> ─〈보기〉─
>
> 각 고을에서 공물을 상납하려 할 때 각 관청의 사주인들이 여러 가지로 농간을 부려 좋은 것도 불합격 처리를 하기 때문에 바칠 수가 없게 되었습니다. 이리하여 사주인은 자기가 갖고 있는 물품으로 관청에 대신 내고 그 고을 농민들에게는 자기가 낸 물건 값을 턱없이 높게 쳐서 열 배의 이득을 취하니, 이것은 백성의 피와 땀을 짜내는 것입니다.
>
> －「선조실록」 －

① 광해군 시기에 실시하였다.
② 토지 결수를 기준으로 1결당 쌀 12두를 납부하게 하였다.
③ 왕실과 관청에서 필요한 수요품을 구해 납품하는 덕대가 등장하였다.
④ 물품 구매와 상품 수요가 증가하면서 상품 화폐 경제가 한층 발전하였다.

TIP 조선 후기 방납의 폐단이 심해지자 이를 개혁하기 위해 광해군 때 시행된 제도가 대동법이다. 대동법은 특산물 대신 토지 1결당 미곡 12두나 포, 화폐 등으로 대납할 수 있게 만든 제도이다. 대동법 실시 지역은 광해군 때 이후 점차 확대되어 숙종 때에는 평안도와 함경도를 제외하고 전국에서 실시되었으며, 이를 관할하는 관청으로 선혜청을 설치하였다. 국가는 관청수요품을 조달하기 위해 어용 상인인 공인으로부터 물품을 조달하였다. 그 결과 상품 화폐 경제가 발달하는 계기가 되었다.
③ 덕대는 조선 후기 광산을 경영하던 사람이다.

2 밑줄 친 ㉠ ~ ㉣과 관련된 임란 이후 경제에 대한 설명으로 옳지 않은 것은?

2019. 4. 6. 인사혁신처

> • ㉠서울 안팎과 번화한 큰 도시에 파·마늘·배추·오이 밭 따위는 10묘의 땅에서 얻은 수확이 돈 수만을 헤아리게 된다. 서도 지방의 ㉡담배 밭, 북도 지방의 삼밭, 한산의 모시밭, 전주의 생강 밭, 강진의 ㉢고구마 밭, 황주의 지황 밭에서의 수확은 모두 상상등전(上上等田)의 논에서 나는 수확보다 그 이익이 10배에 이른다.
> • 작은 보습으로 이랑에다 고랑을 내는데, 너비 1척, 깊이 1척이다. 이렇게 한 이랑, 즉 1묘 마다 고랑 3개와 두둑 3개를 만들면, 두둑의 높이와 너비는 고랑의 깊이와 너비와 같아진다. 그 뒤 ㉣고랑에 거름 재를 두껍게 펴고, 구멍 뚫린 박에 조를 담고서 파종한다.

① ㉠ － 신해통공을 반포하여 육의전의 금난전권을 폐지하였다.
② ㉡ － 인삼과 더불어 대표적인 상업작물로 재배되었다.
③ ㉢ － 「감저보」, 「감저신보」에서 재배법을 기술하였다.
④ ㉣ － 밭농사에서 농업 생산력의 발전을 가져온 농법이었다.

TIP 신해통공(1791)은 정조 때 시행된 정책으로 육의전을 제외한 모든 시전에서의 금난전권을 폐지하였다. 조선 전기에는 시전에서 불법으로 상행위를 하는 난전을 단속하고 시전 상인들의 상권을 보호하기 위해 금난전권을 시행하였으나, 물가 상승과 사상들의 지속적인 반발로 금난전권을 폐지하였다.

Answer 1.③ 2.①

3 조선시대의 대외관계에 대한 설명으로 가장 옳은 것은?

2018. 6. 23. 제2회 서울특별시

① 태조는 북방의 여진족을 몰아내고 4군 6진을 개척하였다.
② 왜란이 끝난 후 조선은 일본에 통신사를 파견하여 국교 재개를 요청하였다.
③ 조선후기 북학운동의 한계를 느낀 지식인들은 북벌운동을 전개하였다.
④ 조선후기 중국과의 외교와 무역에 은이 대거 소비되면서 은광이 활발하게 개발되었다.

> **TIP** ① 북방의 여진족을 몰아내고 4군 6진을 개척한 것은 세종 때이다.
> ② 왜란이 끝난 후 선조 40년에 일본의 요청으로 통신사를 파견하여 국교를 재개하였다.
> ③ 북학운동은 북벌운동 실패 이후 한계를 느낀 지식인들에 의해 주장되었다.

4 조선 후기 경제 변화에 대한 설명으로 옳지 않은 것은?

2017. 6. 24. 제2회 서울특별시

① 소라 불리는 특수지역에서 수공업이 이루어졌다.
② 도고라 불리는 독점적 도매상인이 활동하였다.
③ 인삼·담배 등의 상품작물이 널리 재배되었다.
④ 금광·은광을 몰래 개발하는 잠채가 번창하였다.

> **TIP** ① 고려시대의 소는 중앙정부에서 필요로 하는 각종 물품을 생산·공급하는 기구였으며, 주민의 신분은 공장(工匠)이었다. 자기소(磁器所)·철소(鐵所)·은소(銀所)·금소(金所)·동소(銅所)·사소(絲所)·지소(紙所)·주소(紬所)·와소(瓦所)·탄소(炭所)·염소(鹽所)·묵소(墨所) 등 수공업 생산의 중요 부분을 차지하였다.

5 다음의 자료에 보이는 시기의 경제 상황에 대한 설명으로 옳지 않은 것은?

2017. 4. 8. 인사혁신처

> 황해도 관찰사의 보고에 따르면, 수안군에는 본래 금광이 다섯 곳이 있었다. 올해 여름에 새로 39개 소의 금혈을 뚫었는데, 550여 명의 광꾼들이 모여들었다. 도내의 무뢰배들이 농사를 짓지 않고 다투어 모여들 뿐만 아니라 다른 지방에서 이익을 좇는 무리들도 소문을 듣고 몰려온다. … (중략) … 금점을 설치한 지 이미 여러 해가 된 곳에는 촌락이 즐비하고 상인들이 물품을 유통시켜 큰 도회지를 이루고 있다.

① 밭농사에서는 견종법이 보급되었다.
② 면화, 담배 등 상품 작물을 재배하였다.
③ 일부 지방에서 도조법으로 지대를 납부하였다.
④ 개간을 장려하기 위해 사패전을 부농층에 분급하였다.

> **TIP** 제시문은 조선 후기 광산 개발과 관련된 내용이다.
> ④ 고려 말의 일이다.

Answer 3.④ 4.① 5.④

6 다음 대화에 나타난 수취 제도에 대한 설명으로 옳은 것은?

2016. 6. 18. 제1회 지방직

> • 갑 : 호(戶)에 부과하던 공물을 토지에 부과하게 되면서 땅이 많은 대가(大家)와 거족(巨族)이 불만을 가져 원망을 하고 있으니 가뜩이나 어려운 시기에 심히 걱정스럽군.
>
> • 을 : 부자는 토지 소유에 비례하여 많은 액수의 세금을 한꺼번에 내기 어렵다고 불평하지만, 수확과 노동력이 많은 부자가 가난한 사람도 여태껏 그럭저럭 납부해온 것을 왜 못 내겠소?

① 광해군 때 경기도에서 처음으로 실시되었다.
② 농민의 군포 부담을 1년에 1필로 줄여 주었다.
③ 지주에게 토지 1결당 2두의 결작미를 징수하였다.
④ 농민 부담을 낮추기 위해 전세를 토지 1결당 미곡 4두로 고정하였다.

> **TIP** 대화에 나타난 수취 제도는 대동법이다.
> ②③ 균역법에 대한 설명이다.
> ④ 영정법에 대한 설명이다.

7 조선 후기 대외무역에 대한 설명으로 옳지 않은 것은?

2015. 3. 14. 사회복지직

① 동래의 내상은 일본과의 사무역을 통해 거상으로 성장하기도 하였다.
② 경강상인은 중강후시나 책문후시를 통해 청과의 사무역에 종사하였다.
③ 17세기 이후 일본과의 관계가 정상화되면서 대일 무역이 활발하게 전개되었다.
④ 청에서 수입하는 물품은 비단, 약재, 문방구 등이었고, 청으로 수출하는 물품은 은, 종이, 무명, 인삼 등이었다.

> **TIP** ② 중강후시나 책문후시를 통해 청과의 사무역에 종사한 상인은 의주상인(만상)이다. 경강상인(강상)은 주로 경강(지금의 서울 한강부근)을 근거로 하여 대동미 운수업 및 각종 상업 활동에 종사하였다.

8 자료에 나타난 경제 활동이 이루어지던 시기에 볼 수 있는 사회 모습으로 가장 옳은 것은?

2014. 3. 8. 법원사무직

> 이른 새벽 보슬비에 담배 심기 참 좋다네
> 담배 모종 옮겨다가 울 밑 밭에 심어 보세
> 금년 봄엔 가꾸는 법 영양법을 배워 들여
> 황금 같은 잎담배를 팔아 일 년 살아보세

① 정전을 받아 농사짓는 농민　　　　② 활구로 토지를 사들이는 귀족
③ 포구에서 물품을 거래하는 객주　　④ 대식국인에게 향료를 구입하는 상인

> **TIP** 담배 농사는 조선 후기에 이루어졌다.
> ① 신라 성덕왕　② 고려 숙종　④ 고려

Answer 6.① 7.② 8.③

1 영조 때 실시된 균역법에 대한 설명으로 옳지 않은 것은?

① 군포를 1년 2필에서 1필로 경감시켰다.
② 균역법의 실시로 모든 양반에게도 군포를 징수하였다.
③ 균역법의 시행으로 감소된 재정은 어장세 · 염전세 · 선박세로 보충하였다.
④ 결작이라 하여 토지 1결당 미곡 2두를 부과하였다.

> **TIP** 균역법의 시행으로 감소된 재정은 결작(토지 1결당 미곡 2두)을 부과하고 일부 상류층에게 선무군관이라는 칭호를 주어 군포 1필을 납부하게 하였으며 선박세와 어장세, 염전세 등으로 보충하였다.
> ② 모든 양반에게도 군포를 징수하는 제도는 흥선대원군 시기 호포법이다.

2 다음의 내용과 관계 깊은 사실은?

> 농민의 부담을 경감하여 유망을 방지하고 부족한 국가재정을 보완함으로써 봉건적 지배체제를 재확립하기 위하여 실시하였으나, 상품화폐 경제를 활성화시킴으로써 오히려 봉건적 지배체제를 무너뜨리는 작용을 하였다.

① 균역법   ② 영정법
③ 대동법   ④ 호포법

> **TIP** 공납의 폐단을 시정하기 위하여 등장한 대동법은 공인이라는 어용상인이 등장하여 조선 후기 상업발달에 크게 기여하였다.

3 다음 중 조선 후기 농업의 변화된 모습으로 옳지 않은 것은?

① 정부는 봄가뭄 때문에 이앙법을 금지시켰으나 계속 확대되어 갔다.
② 광작이 가능해지면서 농민 계층의 분화가 촉진되었다.
③ 도조법의 확대 · 시행으로 소작인의 부담이 증가하였다.
④ 시장에 내다팔아 이익을 얻을 수 있는 상품작물이 재배되었다.

> **TIP** 도조법은 농사의 풍흉에 관계없이 해마다 정해진 일정 지대액을 납부하는 것으로 타조법보다 소작인에게 유리하였다.

4 다음에서 호포제와 균역법의 공통점을 고르면?

① 농민의 부담은 점차 늘어났다.
② 농민의 부담은 줄고 수취 대상은 늘어났다.
③ 농민의 부담은 증가하고 수취 대상은 늘어났다.
④ 농민의 부담은 줄어들고 수취 대상은 변하지 않았다.

> **TIP** 균역법은 1년에 2필씩 납부하던 군포를 1필로 줄인 것이며, 호포제의 실시로 양반들도 군포를 납부하게 되었다.

Answer 1.② 2.③ 3.③ 4.②

5 다음의 폐단을 시정하기 위해 실시한 제도에 대한 설명으로 옳지 않은 것은?

> 나라의 100여 년에 걸친 고질 병폐로서 가장 심한 것은 양역이다. 호포니 구전이니 유포니 결포니 하는 주장들이 분분하게 나왔으나 적당히 따를 만한 것이 없다. 백성은 날로 곤란해지고 폐해는 갈수록 더욱 심해지니, …(중략)… 이웃의 이웃이 견책을 당하고 친척의 친척이 징수를 당하고, 황구는 젖 밑에서 군정으로 편선되고 백골은 지하에서 징수를 당하며 …(후략)…

① 양반들도 군역을 지는 것으로 개선하였다.
② 군역 부담자의 군포 부담을 1필로 정하였다.
③ 균역청에서 관리하다가 선혜청이 통합하여 관리하였다.
④ 재정의 보충을 위해 평안도와 함경도를 제외한 6도의 토지 1결당 쌀 2두씩을 부과하였다.

> **TIP** 지문은 조선 후기 군포의 폐단에 대한 것으로 이 문제를 해결하기 위해 영조가 균역법을 실시하였다.
> ① 양반들도 군포를 부담하게 된 것은 흥선대원군 때 호포법이 실시된 이후부터이다.

6 다음에서 설명하는 밑줄 친 '청(廳)'에 해당하는 것은?

> 영의정 이원익이 의논하기를, "각 고을에서 진상하는 공물이 각 사의 방납인들에 의해 중간에서 막혀 물건 하나의 가격이 몇 배 또는 몇 십배, 몇 백배가 되어 그 폐단이 이미 고질화 되었는데, 기전(畿甸)의 경우는 더욱 심합니다. 그러니 지금 마땅히 별도로 하나의 청(廳)을 설치하여 매년 봄·가을에 백성들에게서 쌀을 거두되, 1결당 매번 8말씩 거두어 본청에 보내면 본청에서는 당시의 물가를 보아 가격을 넉넉하게 헤아려 정해 거두어들인 쌀로 방납인에게 주어 필요한 때에 사들이도록 함으로써 간사한 꾀를 써 물가가 오르게 하는 길을 끊으셔야 합니다. …(후략)…"

① 어영청   ② 상평청
③ 선혜청   ④ 균역청

> **TIP** 임진왜란 후 농민의 공납 부담이 높아지면서 공납의 폐해는 다시 일어났다. 이런 상황에서 광해군이 즉위하자 한백겸은 대공수미법 시행을 제안하고 영의정 이원익이 이를 재청하여 경기도에 한하여 실시할 것을 명하고 선혜법이라는 이름으로 실시되었다. 중앙에 선혜청과 지방에 대동청을 두고 이를 관장하였다.

7 다음 중 조선 후기 광작으로 인한 영향은?

① 선대제수공업   ② 어용상인의 등장
③ 임노동자 출현   ④ 사채 허용

> **TIP** 이앙법의 보급으로 농민들의 경작지 규모의 확대로 광작이 대두하자, 부농층을 발생시킨 반면, 농민의 토지 이탈을 가져와 농민층의 분화를 촉진하였고 임노동자의 출현을 초래하였다.

Answer 5.① 6.③ 7.③

8 다음 그림의 영농방법에 대한 설명 중 옳은 것은?

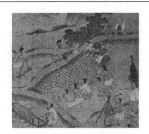

㉠ 주로 밭농사에 이용되었다.
㉡ 벼와 보리의 이모작이 가능해졌다.
㉢ 정부의 적극적 권장으로 널리 보급되었다.
㉣ 노동력 절감으로 1인당 경작 면적이 늘어났다.

① ㉠㉡　　　　　　　　　② ㉠㉢
③ ㉡㉢　　　　　　　　　④ ㉡㉣

TIP ㉠ 이앙법은 주로 논농사에 이용되었다.
　　　㉢ 정부에서는 가뭄에 대한 피해를 고려하여 이앙법을 금지시키고 직파법을 권장하였다.

9 다음 글을 읽고 나눈 대화로서 견해가 타당하지 않은 사람은?

> 근년에 이르러 동전이 매우 귀해지고 물건이 천해지니 농민과 상인이 함께 곤란해져 능히 견디지 못한다.
>
> 「동포문답」

① 미선 – 이게 바로 18세기 초에 나타난 전황(錢荒)현상 이구나!
② 동길 – 동전이 귀해졌다는 건 그만큼 가치가 높아졌다는 거니 물가는 높지 않았겠는데?
③ 선희 – 동전이 귀해진 근본 원인은 조세의 금납화로 인해 농민들이 사용할 화폐가 넉넉하지 못했다는 것에 있었어.
④ 석재 – 이러한 문제는 화폐를 추가 발행하면 해결할 수 있지 않았을까?

TIP 제시된 지문은 정상기의 동포문답으로 조선 후기에 나타난 전황에 대한 설명이다.
　　　③ 전황이 나타나게 된 원인은 동전을 갖고 있는 부자들이 화폐를 재산축적의 수단으로 여겨 유통시키지 않고 쌓아 두었기 때문이다.

10 조선 후기 민영수공업의 발달에 대한 설명으로 옳지 않은 것은?

① 장인의 대다수는 관청의 부역노동에 동원되었다.
② 장인들은 상인 자본에 예속되어 있었다.
③ 시장의 상품 수요를 중심으로 제조하였다.
④ 장인세를 납부하는 수공업자가 증가하였다.

TIP 장인들은 장인세를 납부하여 관청의 부역노동에서 벗어나기 시작하였다.

Answer 8.④ 9.③ 10.①

11 다음의 내용과 관계 깊은 사상은?

> • 전국에 지점 설치
> • 주로 인삼을 재배, 판매
> • 대외무역에 깊이 관여

① 경강상인
② 송상
③ 만상
④ 내상

TIP 개성의 송상은 전국에 송방이라는 지점을 설치하고 그 활동기반을 강화하였는데 주로 인삼을 재배·판매하고, 대외무역에 깊이 관여하여 부를 축적하였다.

12 다음 중 조선 후기 자본주의적 생산관계의 발생에 대한 설명으로 옳지 않은 것은?

① 시전 상인들의 금난전권은 영조 때에 가서 신해통공으로 붕괴되었다.
② 국가의 제반 수취가 전세화되는 경향을 보였다.
③ 상업이 발달하여 상업자본을 축적한 사상들이 나타났다.
④ 수공업분야에서 민영수공업이 발달하였으며, 부분에 따라서는 공장제수공업의 형태로까지 발전하였다.

TIP ① 조선 후기에 들어와 사상층의 도전을 받은 시전상인들은 금난전권을 행사하여 사상들의 자유로운 상업활동을 막지 못하고, 정조 1791년 신해통공 조치로 육의전을 제외한 나머지 시전상인의 금난전권을 인정하지 않게 되었다.

13 다음의 공통점으로 옳은 것은?

> • 용병제의 도입
> • 사채의 허
> • 관영수공업의 쇠퇴

① 부역제의 해이
② 대외무역의 발달
③ 상민의 증가
④ 장시의 발달

TIP 조선후기에 들어서면서 부역제의 해이로 군역이 용병제로 바뀌고 관청 중심의 수공업도 붕괴되어 갔으며 농민들이 부역 동원을 거부하자 사채를 허용하고 세금을 거두는 정책으로 바뀌었다.

14 다음 중 조선 후기 상업에 대한 설명으로 옳은 것은?

① 사상의 성장으로 공인의 활동이 위축되었다.
② 전국적인 유통망을 형성한 상인이 나타났다.
③ 육의전을 비롯한 시전의 금난전권이 철폐되었다.
④ 장인의 대부분은 독자적으로 물품을 제조, 판매하였다.

TIP 송상은 개성을 중심으로 전국에 송방을 설치하여 전국적인 유통망을 형성하였다. 주로 인삼을 재배·판매하였고 대외무역도 하였다.

Answer 11.② 12.① 13.① 14.②

15 다음 중 공인에 대한 설명으로 옳지 않은 것은?

① 대동법 시행 후에 출현하였다.
② 관청별, 품목별로 공동 출자를 하여 계를 조직하였다.
③ 관청에 예속되어 자유로운 활동이 억제되었고, 도고로 성장할 수 없었다.
④ 수공업자에게 물품을 대량으로 주문하였기 때문에 수공업 발달에 기여하였다.

> **TIP** ③ 조선 후기 상업활동의 주역은 공인과 사상으로, 특히 대동법 실시 이후에 등장한 공인은 도고로 성장하여 상업활동을 주도하였다.

16 다음 중 조선 후기 농민생활에 대한 설명으로 옳은 것은?

① 농법의 개량으로 생산력을 증대시켰다.
② 향상된 경제력을 바탕으로 향촌자치에 참여하였다.
③ 개간사업의 장려로 경작규모가 대체로 확대되었다.
④ 향안, 향약, 서원을 토대로 향촌질서를 재확립하는 데 힘썼다.

> **TIP** ① 농민들은 토지 개간에 적극적으로 나섰으며, 수리시설을 복구하고, 농기구와 시비법을 개량하는 한편, 모내기법을 확대하여 벼와 보리의 이모작으로 생산량을 늘려 나갔다.

17 다음 글과 관련한 내용으로 옳지 않은 것은?

> "… (중략) …민폐 중에서 도고가 가장 큰 문제로서, 도고를 혁파하는 것이 백성을 살게 하는 가장 급선무입니다. 금난전권을 가진 육의전이 이 권리를 남용하여, 가격을 배로 취하여도 평민은 살 수 밖에 없습니다. 시전이 아니고서는 물건을 구할 수 없기 때문입니다.… (중략) …"
>
> ─「비변사등록」─

① 시전상인들의 과도한 금난전권의 사용으로 물가가 상승하는 등의 부작용이 발생하자 국가는 재정수입을 늘리고 상공업을 통해 경제력을 키우기 위한 방법을 강구하게 되었다.
② 이러한 문제를 해결하기 위해 신해통공을 실시하게 되었다.
③ 신해통공의 실시로 결과적으로 상인층의 계층분화는 심화되었으며 도고상업은 쇠퇴하게 되었다.
④ 신해통공을 실시한 근본적인 원인은 변화되어가는 상업유통구조와 체제의 변화에 대처하기 위해서이다.

> **TIP** 제시문을 통해 금난전권의 폐해를 알 수 있다. 실학자들의 생각이 채제공과 같은 정권담당자를 통해 정책에 반영된 결과 신해통공이 실시되게 되었다.
> ③ 신해통공의 실시로 인해 이미 진행되고 있던 상인층의 계층분화와 도고상업의 대두는 더욱 촉진되었다.

Answer 15.③ 16.① 17.③

18 다음 내용의 구체적인 근거가 될 수 없는 것은?

> 양 난 이후 조선 정부의 수취제도 개편으로 농촌사회의 동요는 다소 진정되는 듯 하였다. 그러나 농촌사회의 안정을 달성하는 데에는 한계가 있었다. 이에 농민들은 자신들이 직면한 어려움을 스스로 해결해야 하였다.

① 소작료의 형태를 도조법으로 변화시켰다.
② 이모작을 통해 보리 재배를 확대하였다.
③ 지주와 전호 사이의 신분적 관계를 강화하였다.
④ 상품작물을 재배하여 소득을 높여 갔다.

TIP ③ 소작농민들은 보다 유리한 소작조건을 얻기 위해 지주층에 저항했으며, 그 결과 지주와 전호 사이의 관계가 점차 신분적 관계보다 경제적인 관계로 바뀌어 갔다.

19 조선 후기에 상업적 농업이 나타나게 된 배경으로 옳은 것은?

> ㉠ 타조법의 확산   ㉡ 장시의 활성화
> ㉢ 쌀 수요의 감소   ㉣ 도시인구의 증가

① ㉠㉡   ② ㉡㉢
③ ㉡㉣   ④ ㉢㉣

TIP 조선 후기에 농촌인구가 도시로 유입되어 도시의 인구가 증가하였고, 도시인구의 수요를 충족시키기 위해 도시 주변에서 상품작물의 재배가 이루어졌다.

20 다음 중 균역법에 대한 설명으로 옳은 것은?

> ㉠ 양반에게도 군포를 부과하였다.
> ㉡ 결작을 통해 국가재정의 손실을 보충하였다.
> ㉢ 지주계층은 이 제도의 실시에 적극적으로 호응하였다.
> ㉣ 농민들의 군역 부과에 대한 저항을 어느 정도 진정시키는 효과가 있었다.

① ㉠㉢   ② ㉡㉢
③ ㉡㉣   ④ ㉢㉣

TIP 균역법의 실시에 따른 재정 손실을 보충하기 위해서 토지에 결작을 부과하였는데 이로 인해 지주들의 부담은 증가할 수밖에 없었다. 농민들은 군포 부담이 줄어들어 일단 군역 부과에 대한 저항이 진정되었다. 양반에게 군포를 부과한 것은 19세기 후반 대원군 집권 당시 호포법이 실시되면서부터이다.

Answer 18.③ 19.③ 20.③

사회구조와 사회생활

고대의 사회

1 ·· 신분제 사회의 성립

(1) 사회계층과 신분제도

① **신분제도의 출현** : 정복전쟁으로 여러 부족들이 통합되는 과정에서 지배층 사이에 위계서열이 마련되면서 등장하였다.

② **읍락사회의 신분**
  ㉠ 호민 : 경제적으로 부유한 계층
  ㉡ 하호 : 농업에 종사하는 평민
  ㉢ 노비 : 주인에게 예속되어 생활하고 있는 천민

③ **귀족의 등장**
  ㉠ 부여와 초기 고구려에는 가·대가로 불린 권력자들이 있었다.
  ㉡ 호민을 통해 읍락을 지배하는 한편, 자신의 관리와 군사력을 가지고 정치에 참가하였다.
  ㉢ 중앙집권국가가 성립하는 과정에서 귀족으로 편제되었다.

④ **신분제 운영** : 출신 가문의 등급에 따라 관등 승진에 특권을 누리거나 제한을 받았고, 경제적 혜택에 차등이 생기게 되었다.

(2) 귀족·평민·천민

① **삼국시대의 계층구조**
  ㉠ 구성 : 왕족을 비롯한 귀족·평민·천민으로 크게 구분되지만, 기능상으로는 더욱 세분화된 계층으로 나누어진다.
  ㉡ 특징
  • 강한 법적 구속력을 가진다.
  • 지배층은 특권을 유지하기 위하여 율령을 제정하였다.
  • 신분은 능력보다는 그가 속한 친족의 사회적 위치에 따라 결정되었다.

② **귀족·평민·천민의 구분**
  ㉠ 귀족
  • 왕족을 비롯한 옛 부족장 세력이 중앙의 귀족으로 재편성되어 정치권력과 사회·경제적 특권을 향유하였다.
  • 골품제와 같은 지배층만을 대상으로 한 별도의 신분제를 운영하기도 하였다.
  ㉡ 평민
  • 대부분 농민으로서 신분적으로 자유민이었으나 귀족층에 비하여 정치·사회적으로 많은 제약을 받았다.
  • 조세를 납부하고 노동력을 징발당하였기 때문에 생활이 어려웠다.
  ㉢ 천민
  • 노비들은 왕실과 귀족 및 관청에 예속되어 신분이 자유롭지 못하였다.
  • 전쟁포로나 형벌·채무로 노비가 되는 경우가 많았다.

보충학습

호민과 하호 ··· 호민과 하호는 모두 평민이다. 이들은 가, 대가로 불리는 권력자의 지배를 받았으며, 특히 고구려의 하호는 양식과 고기, 소금 등을 대가에게 공물로 납부하였다.

보충학습

고대사회의 성격
㉠ 엄격한 계급사회
• 지배계급 : 왕족과 귀족세력이 정치권력을 독점하고 농지, 산림, 목장 등을 소유하는 등 여러가지 사회적 특권을 누렸다(율령 제정, 엄격한 신분제도 마련).
• 피지배계급 : 평민·노비·천민이 있었으며, 주로 생산활동에 종사하였다.
 -평민 : 인두세와 호세를 부담하는 자영농과 토지를 잃고 몰락한 농민으로 계층이 분화되었다.
 -노비 : 전쟁노비, 부채노비, 형벌노비가 있었다.
㉡ 엄격한 신분제도
• 지배계급은 평민과 노비 등을 다스리기 위해 각종 정치기구와 신분제도, 율령을 마련하였다.
• 개인의 능력보다는 친족의 사회적 지위가 중시된 귀족 중심의 엄격한 신분제사회였다.

❷ ·· 삼국사회의 모습

(1) 고구려의 사회기풍

① **특징** : 산간지역에 위치한 고구려는 식량 생산이 충분하지 않았기 때문에 대외 정복활동이 활발하였고 사회기풍도 씩씩하였다.

② **형법** : 반역을 꾀하거나 반란을 일으킨 자는 화형에 처한 뒤에 다시 목을 베었고, 그 가족들은 노비로 삼았다. 적에게 항복한 자나 전쟁 패배자는 사형에 처했으며 도둑질한 자는 12배를 배상하도록 하였다.

③ **사회계층**
- ㉠ 귀족 : 왕족인 고씨와 5부 출신의 귀족들은 지위를 세습하면서 높은 관직을 맡아 국정 운영에 참여하였다.
- ㉡ 백성 : 대부분 자영농으로 조세 납부·병역·토목공사에 동원되는 의무를 가졌다. 흉년이 들거나 빚을 갚지 못하면 노비로 전락하기도 하였다.
- ㉢ 천민·노비
  - 피정복민이나 몰락한 평민이 대부분이었다.
  - 남의 소나 말을 죽인 자는 노비로 삼았고, 빚을 갚지 못한 자는 그 자식들을 노비로 만들어 변상하게 하였다.

④ **풍습** : 형사취수제, 서옥제가 있었고 자유로운 교제를 통해 결혼하였다.

(2) 백제인의 생활상

① **백제의 생활모습**
- ㉠ 백제의 언어·풍습·의복은 고구려와 유사하며, 중국과 교류하여 선진문화를 수용하기도 하였다.
- ㉡ 백제인들은 상무적인 기풍을 간직하고 말타기와 활쏘기를 좋아하였다.

② **형법** : 반역이나 전쟁의 패배자는 사형에 처하고, 도둑질한 자는 귀양을 보내고 2배를 배상하게 하였으며, 뇌물을 받거나 횡령을 한 관리는 3배를 배상하고 종신토록 금고형에 처하였다.

③ **귀족사회**
- ㉠ 왕족인 부여씨와 8성의 귀족으로 구성되었다.
- ㉡ 중국 고전과 역사서를 탐독하고 한문을 능숙하게 구사하였으며, 관청의 실무에도 밝았고 투호나 바둑 및 장기를 즐겼다.

(3) 신라의 골품제도와 화랑도

① **신라 사회의 특징** : 중앙집권화의 시기가 늦어 여러 부족의 대표들이 정치를 운영하는 초기의 전통을 오랫동안 유지하였다.

② **화백회의**
- ㉠ 기원 : 여러 부족의 대표들이 함께 모여 정치를 운영하였다.
- ㉡ 기능
  - 국왕 추대 및 폐위에 영향력을 발휘하면서 왕권을 견제하기도 하였다.
  - 귀족들의 단결을 굳게 하고 국왕과 귀족 간의 권력을 조절하는 기능을 담당하였다.

③ **골품제도**
- ㉠ 기원 : 고대국가로 발전하는 과정에서 각 지방 족장의 세력정도에 따라 통합, 편제하면서 마련한 신분제도이다.

ⓛ 특징 : 관등 승진의 상한선이 골품에 따라 정해져 있어 개인의 사회활동과 정치활동의 범위를 제한하는 역할을 하였다.
ⓒ 제한 : 골품에 따라 가옥의 규모, 장식물, 수레 등에 제한을 두었다.
ⓔ 중위제 : 골품제의 불만을 무마하기 위해 아찬·대나마·나마에 중위제를 두었다. 그러나 신분의 허구적 이동방법에 불과하였기 때문에 골품제의 모순은 심화되어 갔다.

④ 화랑도
ⓐ 기원 : 원시사회의 청소년 집단에서 유래하였다.
ⓑ 구성
• 귀족의 자제 중에서 선발된 화랑을 지도자로 삼고, 귀족은 물론 평민까지 망라한 많은 낭도들이 그를 따랐다.
• 여러 계층이 같은 조직에서 일체감을 갖고 활동함으로써 계층 간의 대립과 갈등을 조절하고 완화시켰다.
ⓒ 활동 : 전통적 사회규범을 배웠으며, 사냥과 전쟁에 관한 교육을 통해 협동과 단결정신을 기르고 심신을 연마하였다.
ⓓ 국가조직으로 발전 : 진흥왕 때 국가적 차원에서 그 활동을 장려하여 조직이 확대되었고, 원광은 세속오계를 가르쳤으며, 화랑도 활동을 통해 국가가 필요로 하는 인재가 양성되었다.

③ ·· 남북국시대의 사회

(1) 통일신라와 발해의 사회
① 통일 후 신라 사회의 변화
ⓐ 삼국통일의 사회적 기반 : 혈연적 동질성과 언어, 풍습 등 문화적 공통성을 바탕으로 통일사회를 이룩하였다.
ⓑ 신라의 민족통합책 : 백제와 고구려 옛 지배층에게 신라 관등을 부여하였고, 백제와 고구려 유민들을 9서당에 편성시켰다.
ⓒ 통일신라의 사회모습
• 전제왕권의 강화 : 영토와 인구가 증가되고 경제력이 향상되었다. 특히 삼국통일 이후 왕권이 강화되었다.
• 진골귀족사회 : 중앙관청의 장관직을 독점하고, 합의를 통해 국가 중대사를 결정하였다.
• 6두품의 진출 : 학문적 식견과 실무 능력을 바탕으로 국왕을 보좌하였으나 신분의 제약으로 높은 관직 진출에 한계가 있었다.
• 골품제의 변화 : 3두품에서 1두품 사이의 구분은 실질적인 의미를 잃고, 평민과 동등하게 간주되었다.
② 발해의 사회구조
ⓐ 지배층 : 왕족 대씨와 귀족 고씨 등 고구려계가 대부분을 구성하였다.
ⓑ 피지배층 : 대부분 말갈인으로 구성되어 이들 중 일부는 지배층이 되거나 자신이 거주하는 촌락의 우두머리가 되어 국가행정을 보조하였다.
③ 통일신라의 생활
ⓐ 도시의 발달
• 통일신라의 서울인 금성(경주)은 정치와 문화의 중심지로서 귀족들이 모여 사는 대도시로 번성하였다.
• 5소경 : 과거 백제, 고구려, 가야의 지배층과 신라 귀족이 거주하는 문화의 중심지 역할을 하였다.

📖 기출문제

다음 자료에 나타난 통일신라시대의 신분층과 연관된 설명으로 옳은 것은?

2016. 4. 9. 인사혁신처 시행

―――――――――――――――

(그들의) 집에는 녹(祿)이 끊이지 않았다. 노동(奴僮)이 3천 명이며, 비슷한 수의 갑병(甲兵)이 있다. 소, 말, 돼지는 바다 가운데 섬에서 기르다가 필요할 때 활로 쏘아 잡아 먹는다. 곡식을 남에게 빌려 주어 늘리는데, 기간 안에 갚지 못하면 노비로 삼아 부린다.
―「신당서」―

① 관등 승진의 상한은 아찬까지였다.
② 도당 유학생의 대부분을 차지하였다.
③ 돌무지덧널무덤을 묘제로 사용하였다.
④ 식읍·전장 등을 경제적 기반으로 하였다.

☞④

📖 기출문제

발해의 사회 모습에 대한 설명으로 가장 옳지 않은 것은?

2019. 6. 15. 제2회 서울특별시

① 주민은 고구려 유민과 말갈인으로 구성되었다.
② 중앙 문화는 고구려 문화를 바탕으로 당의 문화가 가미된 형태를 보였다.
③ 당, 신라, 거란, 일본 등과 무역하였는데, 대신라 무역의 비중이 가장 컸다.
④ 유학 교육기관인 주자감을 설치하여 귀족 자제에게 유교 경전을 가르쳤다.

☞③

    ○ 귀족생활 : 저택에서 노비와 사병을 거느렸고 지방의 전장(대토지)과 목장에서 수입이 있었으며, 고리대업을 하기도 하였다. 불교를 후원하였고 수입된 사치품을 선호하였다.

    ○ 평민생활 : 자영농이었지만, 귀족의 토지를 빌려 경작하며 생계를 잇거나 귀족에게 빌린 빚을 갚지 못하여 결국 노비가 되는 경우도 적지 않았다.

(2) 통일신라 말의 사회모순

① 통일신라 말의 사회상황

    ㉠ 백성의 생활 곤궁 : 귀족들의 정권 다툼과 대토지 소유 확대로 백성의 생활이 어려워졌다.

    ㉡ 지방세력의 성장 : 지방의 토착세력과 사원들은 대토지를 소유하면서 유력한 신흥 세력으로 성장하였다.

    ㉢ 자영농의 몰락 : 귀족들의 농장이 확대됨에 따라 자영농이 몰락하였다.

    ㉣ 농민의 부담 가중 : 중앙정부의 통치력 약화로 대토지 소유자들은 세금을 부담하지 않는 대신 농민들이 더 많은 조세를 감당하게 되었다.

② 사회모순의 표출

    ㉠ 호족의 등장 : 지방의 유력자들을 중심으로 무장조직이 결성되었고, 이들을 아우른 큰 세력가들이 호족으로 등장하였다.

    ㉡ 정부의 대책 : 수리시설을 정비하고 자연재해가 심한 지역에 조세를 면제해 주었다. 또 굶주리는 농민을 구휼하였으나 큰 효과는 거두지 못하였다.

    ㉢ 빈농의 몰락 : 토지를 상실한 농민들은 소작농이나 유랑민, 화전민이 되었으며, 그들 중의 일부는 노비가 되기도 하였다.

    ㉣ 농민봉기 : 중앙정부의 기강이 극도로 문란해졌으며, 지방의 조세 거부로 국가재정이 고갈되자 국가는 강압적으로 조세 징수를 할 수밖에 없었고, 마침내 전국 각지에서 농민봉기가 일어나게 되었다.

1 삼국의 사회 · 문화에 관한 설명으로 가장 옳지 않은 것은?

2019. 6. 15. 제2회 서울특별시

① 고구려는 영양왕 때 이문진이 유기를 간추려 신집 5권을 편찬했다.
② 백제의 승려 원측은 당나라에 가서 유식론(唯識論)을 발전시켰다.
③ 신라의 진흥왕은 두 아들의 이름을 동륜 등으로 짓고 자신은 전륜성왕으로 자처했다.
④ 백제 말기에는 미래에 중생을 구제한다는 미륵신앙이 유행하기도 하였다.

> **TIP** ② 원측은 7세기 신라의 승려이다.

2 통일신라에 대한 설명으로 가장 옳은 것은?

2018. 6. 23. 제2회 서울특별시

① 통일 후에는 주로 진골귀족으로 구성된 9서당을 국왕이 장악함으로써 왕실이 주도하는 교육 제도를 구축하였다.
② 불교가 크게 융성한 통일신라의 수도인 경주에서는 주로 천태종이 권력과 밀착하며 득세하였다.
③ 신라 중대 때는 주로 원성왕의 후손들이 즉위하면서 비교적 강력한 왕권을 행사하였다.
④ 넓어진 영토를 관리하기 위해 지방행정을 구획하였는데, 5소경도 이에 해당한다.

> **TIP** ① 9서당은 신라인, 고구려인, 백제인뿐만 아니라 말갈인 등 다양한 사람으로 구성되었다.
> ② 의천이 천태종을 창시한 고려 중기 이후, 수도인 개성을 중심으로 권력과 밀착하여 득세하였다.
> ③ 신라 중대 때는 무열왕의 직계 자손들이 즉위하면서 비교적 강력한 왕권을 행사하였다.

3 밑줄 친 인물들이 속한 신분층에 대한 설명으로 옳은 것은?

2017. 12. 16. 지방직 추가선발

> • 진덕여왕 2년, 김춘추가 돌아오는 길에 고구려의 순라병을 만났는데, 종자인 온군해가 대신 피살되었고 그는 무사히 신라로 귀국했다.
> • 마침 알천의 물이 불어 김주원이 왕궁으로 건너오지 못하니, 상대등 김경신이 왕위에 올랐다.
> － 「삼국사기」 －

① 관등과 상관없이 특정 색깔의 관복을 입었다.
② 골품제의 모순을 비판하며 과거제 도입을 주장하였다.
③ 죄를 지으면 본관지로 귀향시키는 형벌이 적용되었다.
④ 중앙 관부와 지방행정 조직의 장관직에 오를 수 있었다.

> **TIP** 밑줄 친 김춘추, 김주원, 김경신은 진골 출신이다. 진골은 성골 다음 계급으로, 왕족이었으나 성골에 밀려 왕위에 오르지 못하다가 진덕여왕을 끝으로 성골이 사라지자 태종무열왕(김춘추)이 즉위하면서 왕위에 오르게 되었다.

Answer 1.② 2.④ 3.④

4 다음 자료에 나타난 나라에 대한 설명으로 옳은 것은?

2017. 4. 8. 인사혁신처

> 진해마다 10월이면 하늘에 제사를 지내는데, 밤낮으로 술을 마시고 노래 부르며 춤을 추니 이를 무천이라 한다. 또 호랑이를 신(神)으로 여겨 제사지낸다. 읍락을 함부로 침범하면 노비와 소, 말로 변상하는데, 이를 책화라 한다.

① 후·읍군·삼로 등이 하호를 통치하였다.
② 국읍마다 천신에 대한 제사를 주관하는 천군이 있었다.
③ 사람이 죽으면 가매장한 다음 뼈만 추려 목곽에 안치하였다.
④ 아이가 출생하면 돌로 머리를 눌러 납작하게 하는 풍습이 있었다.

TIP ① 자료에 나타난 나라는 동예이다.
②④ 삼한 ③ 옥저

5 ㉠과 ㉡ 두 인물의 공통된 신분상의 특징으로 옳은 것은?

2017. 4. 8. 인사혁신처

> • ㉠ 은(는) 신문왕에게 화왕계를 통하여 조언하였다.
> • ㉡ 은(는) 진성여왕에게 시무책 10여 조를 올렸다.

① 왕이 될 수 있는 신분이었다.
② 자색(紫色)의 공복을 착용하였다.
③ 중앙 관부의 최고 책임자를 독점하였다.
④ 관등 승진에서 중위제(重位制)를 적용받았다.

TIP ㉠ 설총, ㉡ 최치원으로 두 인물은 6두품이었다.
④ 중위제는 아찬 이상 승진할 수 없는 6두품의 불만을 해소하기 위한 조치였다. 6두품 아찬의 경우 4중, 5두품 대나마의 경우에도 9중의 중위제를 적용받았다.
① 성골과 진골
②③ 진골

Answer 4.① 5.④

6 다음 자료에 나타난 시기에 대한 설명으로 옳은 것은?

2016. 6. 18. 제1회 지방직

> 곳곳에서 도적이 벌 떼같이 일어났다. 이에, 원종, 애노 등이 사벌주(상주)에 의거하여 반란을 일으키니, 왕이 나마 벼슬의 영기에게 명하여 잡게 하였다.

① 지방에서는 호족 세력이 성장하였다.
② 신진 사대부가 대두하여 권문세족을 비판하였다.
③ 농민들은 전정, 군정, 환곡 등 삼정의 문란으로 고통을 받았다.
④ 봄에 곡식을 빌려 주었다가 가을에 추수한 것으로 갚게 하는 진대법을 실시하였다.

TIP 제시된 자료는 신라 하대 진성여왕 때 발생한 원종·애노의 난에 대한 설명이다.
② 고려 후기 ③ 조선 후기 ④ 고구려 고국천왕

Answer 6.①

1 다음은 고대 사회 귀족들의 합의제도에 대한 내용이다. 각 사회의 모습으로 옳지 않은 것은?

> ㉠ 감옥이 없고 범죄자가 있으면 제가들이 모여서 의논하여 사형에 처하고, 처자는 몰수하여 노비로 삼는다.
> ㉡ 호암사에 정사암이라는 바위가 있다. 국가에서 재상을 뽑을 때 후보자 3~4명의 이름을 써서 상자에 넣어 바위 위에 두었다. 얼마 뒤에 열어 보아 이름 위에 도장이 찍혀 있는 자를 재상으로 삼았다.
> ㉢ 큰일이 있을 때에는 반드시 중의를 따른다. 이를 화백이라 부른다.

① ㉠은 고구려, ㉡은 백제, ㉢은 신라에 대한 설명이다.
② ㉠ 국가는 적에게 항복한 자나 전쟁 패배자를 사형에 처했으며 도둑질한 자에게는 12배를 배상하도록 하였다.
③ ㉡ 국가의 귀족들은 중국 고전과 역사서를 탐독하고 한문을 능숙하게 구사하였으며 관청의 실무에도 밝았다. 또한 투호나 바둑, 장기 등을 즐겼다.
④ ㉢의 기원은 여러 부족의 대표들이 함께 모여 정치를 운영하던 것으로 과반수가 찬성하면 의견이 통과되었다.

> **TIP** ④ 화백 회의는 만장일치에 의해 의결하는 것이 원칙이었다.
> ※ 고대 사회 귀족들의 합의제도
> ㉠ 제가회의 : 고구려 때 국가의 정책을 심의하고 의결하던 귀족회의로 부족국가 시대이던 고구려 초기부터 행해졌다.
> ㉡ 정사암 : 백제 때 정치를 논하고 재상을 뽑던 곳으로 국가에서 재상을 선정할 때 당선 자격자 3~4인의 이름을 봉함하여 바위 위에 두었다가 얼마 후에 펴보아 이름 위에 인적(印蹟)이 있는 자를 재상으로 선출하였다 한다.
> ㉢ 화백 : 진골(眞骨) 귀족 출신의 대등(大等)으로 구성된 신라의 합의체 회의기구로 국가의 중대한 일들을 결정하고 귀족세력과 왕권 사이에서 권력을 조절하는 기능을 했다.

2 다음 그림의 주인공과 관련된 국가의 사회적 특징을 서술한 것 중 옳은 것은?

① 지배층은 왕족인 부여씨와 8성의 귀족으로 이루어져 중국의 고전과 역사책을 즐겨 읽었다.
② 5부족 연맹체를 중심으로 국가를 성립하였으며 점차 왕족과 왕비족의 결합으로 왕권을 강화해 나갔다.
③ 사유재산과 노비소유, 가부장제의 특징을 지닌 4조목의 법률을 통해 사회질서를 유지 하였다.
④ 지배층은 중요 관직을 차지하고 노비와 예속민을 거느렸으며 대부분 말갈인들이 촌락을 담당하였다.

> **TIP** 그림은 양직공도(梁職貢圖)에 등장하는 백제 사신을 묘사한 부분이다. 양직공도는 6세기 중국 양나라 원제에게 조공을 바치러 온 외국의 사신들을 그리고 그 나라의 풍속 등을 간략히 적은 것이다.

♂Answer 1.④ 2.①

3 다음 중 신라의 골품제도에 대한 설명으로 옳지 않은 것은?

① 골품제도는 연맹왕국시기 귀족들을 중앙지배체제로 편입시키기 위해 만들어졌다.
② 부모 중 한쪽만 왕족일 경우에는 진골이다.
③ 6두품은 아찬까지 오를 수 있었다.
④ 강력한 왕권이 바탕이 되어 생겼다.

> **TIP** 신라는 고대국가로 변하면서 기존 연맹왕국시기 맹주들의 사회적 기반을 해체시킬 만큼 왕권이 강하지 못해 골품제와 같은 특이한 제도가 생겼다.

4 다음 국가에 대한 설명 중 맞는 것은?

① 부여 – 군장으로 상가, 고추가 등이 있고, 서옥제의 풍습이 있다.
② 고구려 – 영고라는 제천행사가 있다.
③ 삼한 – 소도의 천군은 농경과 종교에 대한 의례를 주관한다.
④ 옥저 – 한 군현을 정복하고 요동으로 진출하였다.

> **TIP** ①④ 고구려 ② 부여

5 다음과 같은 풍습이 있는 나라의 사회모습으로 옳은 것은?

> 그 풍속은 혼인할 때 구두로 미리 정하고, 여자의 집에서 본채 뒤편에 작은 별채를 짓는데, 그 집을 서옥(壻屋)이라고 부른다. …(중략)… 아들을 낳아서 장성하면 남편은 아내를 데리고 자기 집으로 돌아간다.
>
> – 「삼국지」 위지 동이전 –

① 천민들의 대부분은 피정복민으로 구성되었다.
② 왕족인 부여씨와 8성의 귀족으로 구성되었다.
③ 골품제도로 개인의 사회활동과 정치활동이 제한 받았다.
④ 피지배층 대부분이 말갈인으로 구성되었다.

> **TIP** 사료의 내용은 고구려 서옥제에 대한 사료이다. 활발한 대외정복활동을 펼친 고구려의 천민들은 대부분 피정복민이나 몰락한 평민들로 구성되었다.

6 통일신라 사회에 대한 설명으로 옳지 않은 것은?

① 금성은 귀족들이 모여 사는 곳으로 정치와 문화의 중심지였다.
② 6두품은 중앙관청이나 지방의 장관직으로 올라 정치적 주도권을 장악하였다.
③ 가난한 농민들은 귀족의 토지를 빌려서 경작하며 생계를 유지하였다.
④ 1두품에서 3두품은 평민과 동등하게 간주되었다.

> **TIP** 중앙관청의 장관이나 지방장관직은 진골귀족들의 독점적 전유물이었으며 6두품들은 신분의 제약으로 최대 아찬까지 진출할 수 있었다. 또한 1두품에서 3두품은 골품구분의 실질적 의미를 잃고 평민과 동등하게 간주되었다.

Answer 3.④ 4.③ 5.① 6.②

7 다음 중 신라에 대한 설명으로 옳은 것은?

① 6두품은 신라 중대 왕권과 결탁하여 진골에 대항하였다.
② 골품제도는 삼국통일 과정에 왕권을 강화하기 위해 마련되었다.
③ 화랑은 모두 진골귀족만이 되었다.
④ 골품제도는 씨족사회의 유풍을 계승한 것이다.

> **TIP** ② 골품제도는 중앙집권적 국가체제가 정비될 무렵에 부족장 세력을 통합하고 편제하면서 형성되었다.
> ③ 화랑은 진골을 중심으로 하되 6두품 출신도 있었다.
> ④ 씨족사회의 유풍을 계승한 제도는 화백회의와 화랑제도이다.

8 통일 직후 신라 사회의 변화에 대한 설명으로 옳은 것은?

① 6두품 출신들은 정치에서 배제 당하자 일부가 당으로 건너갔다.
② 백제와 고구려의 옛 지배층은 평민화 되었다.
③ 왕권강화에 장애가 되는 진골귀족들을 숙청하였다.
④ 정복당한 지역의 주민들은 특수지역에 거주하며 천민이 되었다.

> **TIP** 통일 후 신문왕은 왕권강화에 장해가 되는 진골귀족을 김흠돌의 난을 통해 숙청하고 고구려와 백제의 유민들을 포용하여 민족 통합에 노력하였다.

9 다음 사료가 나타내는 것의 설명으로 옳지 않은 것은?

> 왕의 시대에 알천공·임종공·술종공·호림공·염장공·유신공이 있었다. 이들은 남산(南山) 우지암(于知巖)에 모여 나랏일을 논의하였다. …(중략)… 신라에는 4영지(四靈地)가 있어 장차 나라의 큰일을 논의할 때 대신들이 그곳에 모여 논의하면 그 일이 반드시 이루어졌다.
>
> - 「삼국유사」 -

① 만장일치제의 의견통일원칙을 취하였다.
② 계급 간의 대립과 갈등을 조절, 완화하는 기능을 가졌다.
③ 귀족들의 대표자 회의의 변형으로 국가의 주요사항을 회의하던 기구이다.
④ 회의에 참여하던 진골 이상의 귀족을 대등이라 하고, 그 의장을 상대등이라 하였다.

> **TIP** 제시된 사료는 여러 귀족이 모여 나랏일을 논의하는 신라의 만장일치제 귀족회의기구인 화백회의를 나타낸다.
> ② 화랑도에 대한 설명이다. 화랑도는 귀족의 자제 중에서 선발된 화랑과 귀족은 물론 평민까지 포함된 낭도로 구성되었다. 따라서 여러 계층이 같은 조직에서 일체감을 가지고 활동했기 때문에 계급 간의 대립과 갈등을 조절, 온화하는 기능을 가졌다.

Answer 7.① 8.③ 9.②

10 다음 중 통일신라 말기 사회모습으로 옳지 않은 것은?

① 6두품은 진골귀족에 대항하여 왕권과 결탁하였다.
② 지방의 유력자들을 중심으로 호족이 성장하였다.
③ 전국 각지에서 농민봉기가 일어났다.
④ 중앙정부의 지방에 대한 영향력이 약해졌다.

> **TIP** 통일신라 말기 귀족들은 많은 노비와 사병을 거느리고 대토지를 소유하게 된다. 반면 통일신라의 중앙권력은 약해져 지방에 대한 영향력이 약해지자 지방의 유력자들을 중심으로 호족이 성장하게 된다. 이 상황에서 농민들은 자신의 토지를 잃고 소작농이 되거나 노비가 되었으며 과중한 조세부담에 대한 반발로 전국 각지에서 농민봉기가 일어났다.
> ① 6두품은 통일신라 초기에는 진골귀족에 대항하여 왕권과 결탁했으나, 통일신라 말기 왕권의 하락과 더불어 정계에서 완전히 배제되어 지방의 호족들과 결탁하게 된다.

11 다음은 삼국시대 사회상에 대한 설명이다. 다음 중 옳은 추론은?

> • 모든 국토는 왕토라는 사상이 발전하게 되었다.
> • 농민의 몰락을 막기 위하여 진대법이 실시되었다.
> • 귀족들은 국가로부터 식읍이나 녹읍을 지급받았다.
> • 자영농민들이 노비로 몰락하게 되는 사례가 많았다.
> • 농민들은 조·세·역의 무거운 부담을 졌다.

① 국가의 경제생활은 지배계급을 중심으로 이루어졌다.
② 귀족들에게 지급된 식읍과 녹읍은 세습할 수 없었다.
③ 토지국유제의 원칙이 적용되어 사유지는 존재하지 않았다.
④ 농민들은 모두 자영농민으로 구성되어 있었다.

> **TIP** 삼국의 사회상
> ② 식읍과 녹읍은 세습이 가능하였다.
> ③ 사유지가 존재하였다.
> ④ 소작농민이 존재하였다.

12 남북국시대의 사회모습으로 옳은 것은?

① 통일신라의 골품제는 3두품에서 1두품 사이의 구분은 실질적인 의미를 잃고 평민과 동등하게 간주되었다.
② 삼국통일 후 통일신라의 왕권은 더욱 강화되었다.
③ 발해의 지배층은 전부 왕족 대씨와 귀족 고씨 등 고구려계로 구성하였다.
④ 통일신라의 수도인 금성은 정치문화의 중심지로 귀족들이 모여 사는 대도시가 되었다.

> **TIP** ③ 발해의 지배층은 대부분 왕족 대씨와 귀족 고씨 등 고구려계로 구성되었지만 일부 말갈인 역시 지배층이 되기도 하였다.

Answer 10.① 11.① 12.③

13 다음의 ⊙과 ⓒ의 공통점으로 옳은 것은?

> ⊙ 큰 일이 있을 때 반드시 중의에 따랐다. 한 사람이라도 반대하면 통과하지 못하였다.
> ⓒ 화랑을 지도자로 삼고 귀족은 물론 평민까지 망라한 많은 낭도들이 그를 따랐다.

① 국가 형성 초기의 전통을 계승하였다.
② 지배층과 피지배층의 대립과 갈등을 완화시켰다.
③ 외국의 우수한 제도를 실정에 맞게 토착화하였다.
④ 국왕 중심의 중앙집권적인 통치제도를 확립하였다.

TIP ⊙은 화백회의에 대한 내용으로 여러 부족의 대표들이 함께 모여 정치를 운영하고 사회를 이끌어가던 전통을 계승하였고, ⓒ은 원시사회의 청소년 집단에서 기원한 화랑도에 대한 내용이다. 신라는 고구려, 백제에 비하여 왕권이 약해 연맹 왕국시기의 전통을 오랫동안 유지하였다. 그 대표적인 예로 귀족회의인 화백회의와 화랑도를 들 수 있다.

14 다음을 보충하기 위해 조사해야 할 내용으로 가장 적절한 것은?

> 삼국은 중앙집권국가로 발전하면서 귀족, 평민, 천민의 신분구조를 갖추었다. 왕족을 비롯한 귀족들이 정치권력과 사회·경제적 특권을 누렸으며, 이들은 통치질서와 사회기강을 확립하기 위해, 그리고 자신들의 특권을 유지하기 위해 엄격한 법률을 마련하였다.

① 율령
② 진대법
③ 민정문서
④ 골품제도

TIP 제시된 내용은 삼국시대 사회에서 지배층이 엄격한 형법이나 율령을 제정한 목적에 대해 설명하고 있다. 고대사회의 율령은 지배층의 특권을 유지하기 위한 것으로 형법적인 내용을 많이 담고 있다.

Answer 13.① 14.①

중세의 사회

1 ·· 고려의 신분제도

(1) 귀족

① 귀족의 특징
- ㉠ 범위 : 왕족을 비롯하여 5품 이상의 고위 관료들이 주류를 형성하였다.
- ㉡ 사회적 지위 : 음서나 공음전의 혜택을 받으며 고위 관직을 차지하여 문벌귀족을 형성하였다.
- ㉢ 문벌귀족 : 가문을 통해 특권을 유지하고, 왕실 등과 중첩된 혼인관계를 맺었다.
- ㉣ 신진관료 : 지방향리 자제 중 과거를 통해 벼슬에 나아가 신진관료가 됨으로써 어렵게 귀족의 대열에 들 수가 있었다.

② 귀족층의 변화
- ㉠ 무신정변을 계기로 종래의 문벌귀족들이 도태되면서 무신들이 권력을 장악하게 되었다.
- ㉡ 권문세족 : 고려후기에 무신정권이 붕괴되면서 등장한 최고권력층으로서 정계 요직을 장악하고 농장을 소유하였고 음서로 신분을 세습시켰다.

③ 신진사대부
- ㉠ 경제력을 토대로 과거를 통해 관계에 진출한 향리출신자들이다.
- ㉡ 사전의 폐단을 지적하고, 권문세족과 대립하였으며 구질서와 여러가지 모순을 비판하고 전반적인 사회개혁과 문화혁신을 추구하였다.

(2) 중류

① 중류층의 특징
- ㉠ 구성 : 중앙관청의 서리, 궁중 실무관리인 남반, 지방행정의 실무를 담당하는 향리, 하급 장교 등이 해당된다.
- ㉡ 역할 : 통치체제의 하부구조를 맡아 중간 역할을 담당하였다.

② 지방호족 출신의 향리 : 지방의 실질적 지배층으로, 통혼관계와 과거응시자격에 있어서도 하위의 향리와 구별되었다.

③ 말단 행정직 : 남반, 군반(직업군인), 잡류(말단 서리), 하층 향리, 역리 등으로 직역을 세습하고 그에 상응하는 토지를 국가에서 분급받았다.

(3) 양민

① 양민 : 일반 농민인 백정, 상인, 수공업자를 말한다.

② 백정
- ㉠ 국가에서 토지를 지급받지 못하고 자기 소유의 민전을 경작하거나 다른 사람의 토지를 빌려 경작하였다.
- ㉡ 과거 응시에 제약이 없고 전지를 받는 군인으로의 선발이 가능했으며, 조세·공납·역의 의무를 가졌다.

③ 특수집단민 : 양민에 비해 더 많은 세금 부담을 지고 있었고, 다른 지역으로의 거주 이전이 금지되었다.
- ㉠ 향·부곡 : 농업에 종사하였다.
- ㉡ 소 : 수공업과 광업에 종사하였다.
- ㉢ 역과 진의 주민 : 육로교통과 수로교통에 종사하였다.

(4) 천민

① 공노비 : 공공기관에 속하는 노비이다.

   ㉠ 입역노비 : 궁중·중앙관청·지방관아의 잡역에 종사하며 급료를 받는다.

   ㉡ 외거노비 : 지방에 거주하면서 농업에 종사하였으며, 수입 중 규정된 액수를 관청에 납부하였다.

② 사노비 : 개인이나 사원에 예속된 노비이다.

   ㉠ 솔거노비 : 귀족이나 사원에서 직접 부리는 노비로, 잡일을 담당하였다.

   ㉡ 외거노비 : 주인과 따로 살면서 농업에 종사하였고, 일정량을 신공으로 납부하였다. 소작 및 토지 소유가 가능하였으며, 양민 백정과 비슷한 경제생활을 하였다.

③ 노비의 처지 : 매매·증여·상속의 대상이 되었으며, 부모 중 한 쪽이 노비이면 자식도 노비가 될 수밖에 없었다.

❷ ·· 백성들의 생활모습

(1) 농민의 공동조직

① 공동조직 : 일상의례와 공동노동 등을 통해 공동체의식을 함양하였다.

② 향도

   ㉠ 향도의 기원 : 불교의 신앙조직으로, 매향활동을 하는 무리들을 말한다.

   ㉡ 향도의 기능 : 매향활동 외에도 대규모 인력이 동원되는 불상·석탑·사찰 건립 때 주도적 역할을 하였고, 후기에는 노역·혼례·상장례·민속신앙·마을제사 등 공동체생활을 주도하는 농민조직으로 발전되었다.

(2) 사회시책과 사회제도

① 사회시책 : 농민생활의 안정을 통해 체제 유지를 도모하기 위함이다.

   ㉠ 농민 보호
- 농번기에 잡역을 면제하여 농업에 전념할 수 있도록 배려하였고, 재해시에 조세와 부역을 감면해 주었다.
- 법정 이자율을 정하여 고리대 때문에 농민이 몰락하는 것을 방지하였다.

   ㉡ 권농정책 : 황무지나 진전을 개간할 경우 일정 기간 면세해 주었다.

② 사회제도

   ㉠ 의창 : 평시에 곡물을 비치하였다가 흉년에 빈민을 구제하는 고구려 진대법을 계승한 춘대추납제도였으나 고리대를 하기도 하였다.

   ㉡ 상평창 : 물가조절기관으로 개경과 서경 및 각 12목에 설치하였다.

   ㉢ 의료기관 : 동·서대비원(진료 및 빈민 구휼), 혜민국(의약)을 설치하였다.

   ㉣ 구제도감, 구급도감 : 재해 발생 시 백성을 구제하였다.

   ㉤ 제위보 : 기금을 조성하여 이자로 빈민을 구제하였다.

🎓 **보충학습**

매향 : 불교 신앙 중 하나로, 향나무를 땅에 묻는 활동을 하였는데 이는 미륵을 만나 구원받고자 하는 염원에서 시작되었다.

📞 **기출문제**

⑺에 들어갈 기관으로 옳은 것은?

2020. 7. 11. 인사혁신처

5월에 조서를 내리기를 "개경 내의 사람들이 역질에 걸렸으니 마땅히 ⟨⑺⟩을/를 설치하여 이들을 치료하고, 또한 시신과 유골은 거두어 묻어서 비바람에 드러나지 않게 할 것이며, 신하를 보내어 동북도와 서남도의 굶주린 백성을 진휼하라."라고 하였다.

– 「고려사」 –

① 의창   ② 제위보
③ 혜민국   ④ 구제도감

☞④

(3) 법률과 풍속 및 가정생활

① 법률과 풍속

ㄱ 법률 : 중국의 당률을 참작한 71개조의 법률이 시행되었으나 대부분은 관습법을 따랐다. 중요사건 이외에는 지방관이 사법권을 행사할 수 있었다.
- 형벌 : 반역죄와 불효죄는 중죄로 처벌되었다.
- 면제규정 : 귀양형의 경우에는 부모상을 당하면 유형지에 도착하기 전에 7일간의 휴가를 주기도 하고, 노부모를 봉양할 가족이 없는 경우 형벌 집행을 보류하기도 하였다.

ㄴ 장례와 제사 : 정부는 유교적 의례를 권장하였으나, 민간에서는 토착신앙과 융합된 불교의 전통의식과 도교의 풍습을 따랐다.

ㄷ 명절 : 정월 초하루, 삼짇날, 단오, 유두, 추석 등이 있었다.

② 혼인과 여성의 지위

ㄱ 혼인풍습 : 일부일처제가 원칙이었으며, 왕실에서는 근친혼이 성행하였다.

ㄴ 상속 : 부모의 유산은 자녀에게 골고루 분배되었으며, 아들이 없을 경우 딸이 제사를 받들었다.

ㄷ 가족제도 : 태어난 차례대로 호적에 기재하고, 사위가 처가의 호적에 입적하는 것이 가능했다. 또한 사위와 외손자까지 음서의 혜택을 받았으며 여성의 재가를 허용하였을 뿐 아니라 그 소생 자식의 사회적 진출에 차별이 없는 등 남녀에 대한 차별이 없었음을 알 수 있다.

③ ·· 고려후기의 사회 변화

(1) 무신집권기 하층민의 봉기

① 무신정변의 영향

ㄱ 지배층의 변화 : 신분제도의 동요로 하층민에서 권력층이 형성된 자가 많았다.

ㄴ 사회의 동요 : 무신들 간의 대립과 지배체제의 붕괴로 백성들에 대한 통제력이 약화되고 무신들의 농장이 확대되어 수탈이 강화되었다.

② 백성의 저항

ㄱ 형태 : 수탈에 대한 소극적 저항에서 대규모 봉기로 발전하였다.

ㄴ 성격 : 왕조 질서를 부정하고 지방관 탐학을 국가에 호소하는 내용이었다.

ㄷ 천민의 신분해방운동 : 최씨 정권기에 만적의 난 등이 일어났다.

ㄹ 대표적인 농민항쟁 : 공주 명학소의 망이 · 망소이의 봉기, 운문 · 초전의 김사미와 효심의 봉기 등이 대표적이다.

(2) 몽고의 침입과 백성의 생활

① 몽고의 침입에 대항

ㄱ 최씨무신정권 : 강도(강화도)로 서울을 옮기고 장기항전 태세를 갖추었다.

ㄴ 지방의 주현민 : 산성이나 섬으로 들어가 전쟁에 대비하였다.

② 몽고군의 격퇴 : 충주 다인철소, 처인 부곡의 승리가 대표적이다.

③ 백성의 피해 : 몽고군들의 살육으로 백성들은 막대한 희생을 당하였고, 식량 부족으로 굶어 죽었으며, 원과 강화 후 일본 원정에 동원되었다.

보충학습

고려 형벌의 종류

ㄱ 태 : 볼기를 치는 매질

ㄴ 장 : 곤장형

ㄷ 도 : 징역형

ㄹ 유 : 멀리 유배를 보내는 형

ㅁ 사 : 사형으로, 교수형과 참수형이 있음

기출문제

〈보기〉의 ㈀에 해당하는 인물에 대한 설명으로 가장 옳은 것은?

2020. 6. 13. 제2회 서울특별시

〈보기〉

(㈀)의 노비인 만적 등 여섯 명이 북산(北山)에 나무하러 갔다가 공사(公私) 노비들을 모아 놓고 말하기를, "장군과 재상이 어찌 타고난 씨가 따로 있겠는가? 때만 만나면 누구나 될 수 있는 것이다. 우리라고 어찌 뼈 빠지게 일만 하고 채찍 아래에서 고통만 당하겠는가?"라고 하였다. (중략) "각자 자기 주인들을 때려 죽이고 노비 문서를 불태워버리자. 이로써 이 나라에 다시는 천인이 없게 하면, 공경장상을 우리들이 모두 차지할 수 있을 것이다."라고 하였다.

① 교정도감을 설치하여 국정을 장악하는 한편 도방을 통해 군사적 기반을 강화하였다.

② 노비안검법을 실시하여 억울하게 노비가 된 자를 해방하였다.

③ 풍수지리설을 앞세워 서경천도를 적극 추진하였다.

④ 딸들을 왕에게 시집보내어 권력을 잡고 척준경과 함께 난을 일으켰다.

☞ ①

기출문제

무신집권기 지방민과 천민의 동요에 대한 설명으로 가장 옳지 않은 것은?

2018. 6. 23. 제2회 서울특별시

① 조위총은 백제 부흥을 위해 봉기하였다.

② 망이 · 망소이의 난은 일반 군현이 아닌 소에서 일어났다.

③ 경주를 중심으로 한 지역에서는 신라부흥을 내걸고 반란이 일어나기도 했다.

④ 만적은 노비해방을 내세우며 반란을 모의하였다.

☞ ①

(3) 원 간섭기의 사회 변화

① **신흥귀족층의 등장** : 원 간섭기 이후 중류층(역관, 향리, 평민, 부곡민, 노비, 환관) 이하에서 전공을 세우거나 몽고귀족과의 혼인을 통해서 출세한 친원세력이 권문세족으로 성장하였다.

② **몽고풍의 유행** : 원과의 교류 이후 지배층과 궁중을 중심으로 변발, 몽고식 복장, 몽고어 등이 널리 퍼지게 되었다.

③ **고려인의 몽고 이주민 증가** : 전쟁포로 내지는 유이민으로 들어갔거나 몽고의 강요에 의해 어쩔 수 없이 끌려간 사람이 대부분이었으며, 이들에 의해 고려의 의복, 그릇, 음식 등의 풍습이 몽고에 전래되었다.

④ **원의 공녀 요구** : 결혼도감을 통해 공녀로 공출되었고 이는 고려와 원 사이의 심각한 사회문제로 대두되었다.

⑤ **왜구의 출몰(14세기 중반)**
　㉠ 원의 간섭하에서 국방력을 제대로 갖추기 어려웠던 고려는 초기에 효과적으로 왜구의 침입을 격퇴하지 못하였다.
　㉡ 쓰시마섬을 근거로 한 왜구가 자주 경상도 해안에서 전라도 지역, 심지어 개경 부근까지 침입하여 식량과 사람을 약탈해 갔다.
　㉢ 왜구의 침입에 따른 사회 불안은 국가적 문제로 인식되었고 이들을 소탕하는 과정에서 신흥무인세력이 성장하였다.

1 고려시대 귀족의 특징에 대한 설명으로 옳은 것은?

2017. 3. 18. 제1회 서울특별시

① 귀족 세력은 왕족을 비롯하여 7품 이상의 고위 관료가 주류를 형성하였다.
② 귀족은 대대로 고위 관직을 차지하여 사림 세력을 형성하였다.
③ 귀족의 자제는 음서를 통해 관직에 진출할 수 있었다.
④ 향리의 자제는 과거를 통하여 귀족의 대열에 들 수 없었다.

> **TIP** ① 귀족 세력은 왕족을 비롯하여 5품 이상의 고위 관료가 주류를 형성하였다.
> ② 사림 세력은 조선 중기에 정치를 주도한 세력이다.
> ④ 향리의 자제들이 과거를 통해 관료로 진출하고 후에 귀족의 대열에 들기도 하였다.

2 다음 〈보기〉의 (   )에 들어갈 낱말을 바르게 나열한 것은?

2017. 3. 18. 제1회 서울특별시

―― 〈보기〉 ――

고려의 지배층과 피지배층 사이에는 중류층이 자리잡고 있었다. 중앙 관청의 말단 서리인 (㉠), 궁중 실무 관리인 (㉡), 직업 군인으로 하급 장교인 (㉢) 등이 있었다.

	㉠	㉡	㉢
①	잡류	역리	군반
②	남반	군반	역리
③	잡류	남반	군반
④	남반	군반	잡류

> **TIP** 고려의 지배층과 피지배층 사이에는 중류층이 자리 잡고 있었다. 중앙 관청의 말단 서리인 잡류, 궁중 실무 관리인 남반, 직업 군인으로 하급 장교인 군반 등이 있었다. 더하여 지방 행정 실무를 담당하는 향리도 중류층에 해당한다.

3 고려시대 음서에 대한 설명으로 옳은 것만을 모두 고른 것은?

2014. 3. 22. 사회복지직

㉠ 공신의 후손을 위한 음서도 있었다.
㉡ 음서 출신자는 5품 이상의 고위 관직에 오를 수 없었다.
㉢ 10세 미만이 음직을 받은 사례도 있었다.
㉣ 왕의 즉위와 같은 특별한 시기에만 주어졌다.

① ㉠, ㉢   ② ㉠, ㉡
③ ㉡, ㉣   ④ ㉢, ㉣

> **TIP** ㉡ 고려시대 음서 출신자들은 따로 한품제(限品制)와 같은 제약이 없었기 때문에 대부분 5품 이상의 고위관직에 오를 수 있었다.
> ㉣ 5품 이상 문무 관리의 자손을 대상으로 시행된 음서는 연중 어느 때나 주어졌으며 국왕의 즉위 및 복위, 태후·태자의 책봉과 같은 국가 경사 시에 비정기적으로도 시행되었다.

Answer 1.③ 2.③ 3.①

4 고려 사회의 모습으로 옳지 않은 것은?

2015. 4. 18. 인사혁신처

① 천민 출신인 이의민이 무신 정권의 최고 권력자가 되었다.
② 외거 노비가 재산을 늘려, 그 처지가 양인과 유사해질 수 있었다.
③ 지방 향리의 자제가 과거(科擧)를 통해 귀족의 대열에 진입할 수 있었다.
④ 향·부곡·소의 백성도 일반 군현민과 동일한 수준의 조세·공납·역을 부담하였다.

> **TIP** ④ 향·부곡·소 등 특수행정구역의 백성들은 일반 군현민에 비해 과중한 수준의 조세·공납·역을 부담하였다.

5 고려의 형률제도에 대한 설명으로 옳은 것은?

2014. 4. 19. 안전행정부

① 주로 당나라의 것을 끌어다 썼으며, 때에 따라 고려의 실정에 맞는 율문도 만들었다.
② 행정과 사법이 명확하게 분리·독립되어 있었다.
③ 실형주의(實刑主義)보다는 배상제(賠償制)를 우위에 두고 있었다.
④ 기본적으로 태형(笞刑), 장형(杖刑), 도형(徒刑), 유형(流刑)의 4형 체계를 가지고 있었다.

> **TIP** ② 우리나라에서 행정과 사법이 명확하게 분리, 독립하게 된 것은 갑오개혁 이후이다.
> ③ 고려는 실형주의를 더 우위에 두고 있었다.
> ④ 고려는 조선과 같이 태형(笞刑), 장형(杖刑), 도형(徒刑), 유형(流刑), 사형(死刑) 이렇게 오형제도(五刑制度)로 이루어져 있다.

6 다음 자료를 통해 알 수 있는 내용으로 가장 적절한 것은?

2012. 4. 7. 행정안전부

> 삼사에서 말하기를 "지난 해 밀성 관내의 뇌산부곡 등 세 곳은 홍수로 논 밭 작물이 피해를 보았으므로 청컨대 1년치 조세를 면제하십시오."라고 하니, 이를 따랐다.
> • 향·부곡·악공·잡류의 자손은 과거에 응시하는 것을 허락하지 않는다.
> • 익안폐현은 충주의 다인철소인데, 주민들이 몽고의 침입을 막는데 공이 있어 현으로 삼아 충주의 속현이 되었다.
>
> —「고려사」—

① 소의 주민은 주로 농사를 지었다.
② 부곡민은 조세를 부담하지 않았다.
③ 부곡민은 과거에 응시하여 관리가 될 수 있었다.
④ 소의 주민이 공을 세우면 소가 현으로 승격될 수 있었다.

> **TIP** ④ 제시된 사료의 내용 중 '다인철소'의 주민들이 공을 세워 '익안폐현'이 되었다는 점으로 미루어보아 소의 주민이 공을 세우면 소가 현으로 승격되었다는 것을 추론할 수 있다.

Answer 4.④ 5.① 6.④

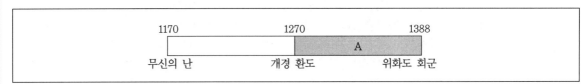

1 다음 연표의 A시기에 집권하였던 세력에 대하여 설명한 것으로 적절하지 못한 것은?

1170	1270	1388
	A	
무신의 난	개경 환도	위화도 회군

① 음서를 통하여 관인 신분을 획득하였다.
② 성리학을 수용하고 불교를 배척하였다.
③ 도평의사사를 독점하여 정권을 장악하였다.
④ 방대한 농장과 많은 노비를 소유하였다.

TIP ② 고려 후기의 지배세력은 권문세족이었다. 무신정변(1170)에 의하여 문벌귀족이 몰락하고 무신이 집권세력이 되었으나, 무신정권이 붕괴(1270)된 후에는 새로운 권문세족이 새로운 지배세력으로 대두하였다. 권문세족은 자신의 지위를 세습하기 위하여 과거보다는 음서제를 활용하였기 때문에 일반적으로 문학적 또는 유학적 소양과는 거리가 멀었다. 뿐만 아니라 권문세족들 가운데는 친원적 성향을 띠면서 원의 앞잡이가 되어 고려에 폐해를 끼친 자들이 많았다. 그리고 이들은 수단ㆍ방법을 가리지 않고 불법적으로 토지를 겸병하여 대토지를 소유함으로써 국가재정을 약화시켰다.

2 다음의 내용과 같은 시기의 상황으로 적절하지 않은 것은?

> (왕이) 변발을 하고 호복을 입고 전상(殿上)에 앉아 있었다. 이연종이 간하려고 문밖에서 기다리고 있었더니, 왕이 사람을 시켜 물었다. (이연종이) 말하기를 "임금 앞에 나아가 직접 대면해서 말씀드리기를 바라나이다."라고 하였다. 이미 들어와서는 좌우를 물리치고 말하기를 "변발과 호복은 선왕의 제도가 아니오니, 원컨대 전하께서는 본받지 마소서."라고 하니 왕이 기뻐하면서 즉시 변발을 풀어버리고 그에게 옷과 요를 하사하였다.
>
> – 「고려사」 –

① 지배층과 궁중을 중심으로 몽고식 풍습이 유행하였다.
② 삼남지방에 사는 많은 농민들이 국경지역으로 이동했다.
③ 권문세족이 성장하는 계기가 된다.
④ 결혼도감을 통해 공녀가 공출되었다.

TIP 해당 사료는 원 간섭기의 공민왕과 이연종의 기록이다. 몽고의 침입으로 부마국이 된 고려에서는 이 시기 많은 사회변화가 있었다. 지배층과 궁중을 중심으로 몽고풍이 유행하였으며, 친원세력이 이후 권문세족으로 성장하게 된다. 또한 원의 공녀 요구로 많은 고려인이 원으로 공출된다.
② 조선 초기 세종은 4군 6진 개척 이후 압록강과 두만강 까지 넓힌 북쪽지역에 삼남지방의 백성들을 이주시켜 토지를 주고 생활하게 하였다. (사민정책)

Answer 1.② 2.②

3 다음 비석과 관련된 설명으로 옳은 것은?

신묘한 결과를 얻고자 하면 행(行)과 원(願)이 서로 도와야한다. 원이 없는 행은 외롭고, 행이 없는 원은 공허하다. 행이 외로우면 과(果)가 없고, 원이 공허하면 복이 없어지니, 행과 원을 함께 닦아야 한다. 천명의 사람이 함께 대원을 발하여 향나무를 묻고 미륵불이 하생하기를 기다린다.

사천매향비

① 조선 후기 향촌에서 성장하고 있던 부농층이 처음으로 세웠다.
② 농민의 교화를 목적으로 향촌 양반들에 의해 세워졌다.
③ 이 비석을 통해 내세의 행운과 현세의 국태민안을 기원하였다.
④ 농민 생활의 안정을 위해 지방관들의 주도로 세워졌다.

TIP 그림은 고려 불교의 신앙조직으로 대표되는 향도를 나타내는 비석이다. 향나무를 묻어(매향) 미륵의 구원을 구하는 향도는 농민들 스스로 만든 공동체 조직으로 노역, 혼례, 상장례 등을 함께 진행하고, 마을 제사를 공동으로 주관하였다.

4 다음 중 고려시대 일반 백성들의 생활모습으로 옳은 것은?

① 여성의 재가가 비교적 자유로웠다.
② 농민들은 향약을 통해 공동체의식을 키워 나갔다.
③ 민간에서의 상장제례는 유교의식을 따랐다.
④ 재산의 상속은 장자 우선의 원칙과 자녀차등분배가 지켜졌다.

TIP ② 고려시대 농민의 공동체조직은 향도였고 조선시대에 와서 농민들은 향약을 통해 공동체의식을 다져가게 되었다.
③ 상장제례는 유교적 규범을 시행하려는 정부의 의도와는 달리, 민간에서는 일반적으로 토착신앙과 불교, 도교가 융합된 풍속을 따랐다.
④ 고려시대에 부모의 유산은 자녀에게 골고루 분배 되었으며, 아들이 없을 경우 양자를 들이지 않고 딸이 제사를 받들었으며, 상복제도에서도 친가와 외가의 차이가 크지 않았다.

5 원 간섭기의 고려사회에 대한 설명으로 옳지 않은 것은?

① 공녀문제를 계기로 조혼풍속이 생겼다.
② 신분의 이동이 빈번하게 일어났다.
③ 고려 후기에는 왜구의 침략이 사라졌다.
④ 원과 고려 사이의 무역이 활발해졌다.

TIP 왜구는 14세기 중반부터 출몰하였으며 원 간섭기에는 군사력에 대한 원의 간섭으로 효과적으로 대처할 수 없었다.

Answer 3.③ 4.① 5.③

6 다음 중 고려시대의 사회상이 아닌 것은?

① 아들이 없으면 양자를 들여 제사를 지냈다.
② 처가생활을 하는 남자가 많았다.
③ 태어난 차례대로 호적에 기재하였다.
④ 재산을 균분상속하였다.

TIP 유교적 가부장적 제례는 조선 중기 이후에 정착되었다.

7 다음 중 고려의 문벌귀족에 대한 설명으로 옳지 않은 것은?

① 음서나 공음전의 혜택을 받았다.
② 왕실과의 중첩된 혼인관계로 신분사회를 유지하였다.
③ 원과 결탁한 친원세력이었다.
④ 문벌귀족사회는 이자겸의 난과 무신정변을 계기로 붕괴되었다.

TIP 원을 바탕으로 권력을 잡은 친원세력은 무신집권기 이후 권문세족들이다.

8 고려시대의 사회기구에 대한 설명 중 옳지 않은 것은?

① 흑창 – 태조 때 평시에 곡물을 비축하였다가 흉년에 빈민을 구제하기 위한 기관이었다.
② 의창 – 성종 때 흑창을 개칭한 것으로 평시에 곡물로 비축하였다가 흉년에 구제하는 기관이다.
③ 상평창 – 광종 때 일정 기금을 만들어 그 이자로 빈민을 구제하는 제도이다.
④ 혜민국 – 백성들이 약을 구할 수 있도록 편의를 제공하였다.

TIP ③ 제위보에 대한 내용이다. 상평창은 물가조절기구로서, 흉년이 들어 곡가가 오르면 시가보다 싼 값으로 내다 팔아 가격을 조절함으로써 백성들의 생활을 안정시켰다. 후에 의창과 같이 춘대추납의 빈민구휼을 하기도 하였다.

Answer 6.① 7.③ 8.③

9 다음 중 고려시대의 향·부곡·소에 대한 설명으로 옳은 것은?

① 부곡 등은 고려시대에 처음 나타났다.
② 무신집권기에는 부곡민의 수가 이전보다 늘어났다.
③ 소와 부곡에는 주로 농민, 향에는 수공업 장인이 살았다.
④ 부곡은 현보다 큰 지역단위를 이루었다.

TIP 고려시대의 향·부곡·소
① 향과 부곡은 삼국시대 이전에 발생하였고, 소는 고려시대에 발생하였다.
② 무신집권기에는 민의 항쟁의 성과로 탐관오리의 제거와 생활안정을 위한 정부의 노력을 어느 정도 이끌어 낼 수 있었고 부곡제 지역이 소멸되기 시작하였다.
③ 향과 부곡에는 농민, 소에는 수공업 장인이 살았다.

10 다음 중 고려후기 사회의 성격으로 옳지 않은 것은?

① 신흥사대부들은 관료주의를 배격하였다.
② 서역문화의 영향으로 기술적 변화가 일어났다.
③ 국가적 시련에 대한 반동으로 국사 내지 역사의식이 고취되었다.
④ 권문세족에 의한 농장이 확대되어 신흥사대부들의 반발이 일어났다.

TIP 고려말 사회의 특징은 농장의 확대, 사대부의 등장, 고려 문화의 질적 확대로 인한 기술·과학의 발달, 유불 교체, 관료주의 발달, 자주역사의식의 강조 등이다.
① 사대부들은 과거와 관료주의를 강조하였다.

Answer 9.④ 10.①

근세의 사회

❶ ·· 양반관료 중심의 사회

(1) 양천제도와 반상제도

① **양천제도** : 양인과 천민으로 구분되는 법제적 신분제도이다.
  ㉠ 양인 : 과거에 응시하고 벼슬길에 오를 수 있는 자유민으로서 조세와 국역의 의무를 지녔다.
  ㉡ 천민 : 비자유민으로 개인이나 국가에 소속되어 천역을 담당하였다.

② **반상제도의 정착** : 양반과 중인이 신분층으로 정착되고, 양반과 상민 간의 차별을 두었다.

③ **신분 간의 이동**
  ㉠ 양인이면 누구나 과거를 통해 관직에 진출할 수 있었고, 양반도 죄를 지으면 노비·중인·상민으로 전락할 수 있었다.
  ㉡ 조선은 고려에 비해 개방된 사회였지만 여전히 신분사회의 틀을 벗어나지는 못했다.

(2) 신분구조

① **양반** : 문반과 무반을 아우르는 명칭으로, 문·무반의 관료와 그 가족 및 가문을 말한다.
  ㉠ 양반 사대부의 신분화
  • 문무양반만 사족으로 인정하였다.
  • 중인층 배제 : 현직 향리층, 중앙관청의 서리, 기술관, 군교, 역리 등은 하급 지배신분인 중인으로 격하시켰다.
  • 서얼 배제 : 양반의 첩에서 난 소생은 관직 진출에 제한을 받았다.
  ㉡ 양반의 지위
  • 정치적으로 관료층으로서 국가정책을 결정하며 과거, 음서, 천거 등을 통해 고위 관직을 독점하였다.
  • 경제적으로 지주층으로서 토지와 노비를 많이 소유하였다.
  • 현직 또는 예비 관료로 활동하였으며, 유학자로서의 소양과 자질을 함양시키는 데 힘썼다.
  • 각종 국역이 면제되었으며, 법률과 제도로써 신분적 특권이 보장되었다.

② **중인** : 좁은 의미로는 기술관, 넓은 의미로는 양반과 상민의 중간계층을 의미한다.
  ㉠ 구성
  • 중인 : 중앙과 지방관청의 서리와 향리 및 기술관은 직역을 세습하고, 같은 신분 안에서 혼인하였으며 관청 주변에 거주하였다.
  • 서얼(중서) : 중인과 같은 신분적 처우를 받았고, 이들은 문과에 응시하는 것이 금지되었으며 무반직에 등용되었다.
  ㉡ 역할 : 전문기술이나 행정실무를 담당하였다.
  • 역관은 사신을 수행하며 무역에 관여하였다.
  • 향리는 토착세력으로서 수령을 보좌하는 일을 하였다.

③ **상민** : 평민, 양인으로도 불리며 백성의 대부분을 차지하는 농민, 수공업자, 상인을 말한다.
  ㉠ 성격 : 과거응시자격은 있으나 과거 준비에는 많은 시간과 비용이 들었으므로 상민이 과거에 응시하는 것은 사실상 어려웠다. 군공을 세워야 신분 상승이 가능했다.

기출문제

다음 향촌 사회 변화에 대응한 양반층의 움직임으로 옳은 것은?

2013. 8. 24. 제1회 지방직

　지금까지 향촌 사회에서 영향력을 행사하였던 양반은 새로 성장한 부농층의 도전을 받았다. 경제력을 갖춘 부농층은 수령을 중심으로 한 관권과 결탁하여 향안에 이름을 올리는가 하면, 향회를 장악하여 향촌 사회에서 영향력을 키우려고 하였다. 부농층은 종래의 재지 사족이 담당하던 정부의 부세제도 운영에 적극 참여하였으며 향임직에 진출하거나 기존 향촌 세력과 타협하면서 상당한 지위를 얻었다.

① 향도를 조직하여 공동으로 신앙활동을 하였다.
② 양반층의 결속을 위한 납속책 확대 시행을 지지하였다.
③ 문중의식을 고양하고 문중서원이나 사우 건립을 확대하였다.
④ 향회를 통한 수령권의 견제와 이서층의 통제를 강화하였다.

☞ ③

기출문제

조선시대 신분제에 대한 설명으로 가장 옳지 않은 것은?

2018. 6. 23. 제2회 서울특별시

① 중앙관직에 진출할 수 있던 고려시대의 향리와 달리 조선의 향리는 수령을 보좌하는 아전으로 격하되었다.
② 유교의 적서구분에 의해 서얼에 대한 차별이 심했기 때문에 서얼은 관직에 진출하지 못하였다.
③ 뱃사공, 백정 등은 법적으로는 양인으로 취급되기도 했으나 노비처럼 천대받으며 특수직업에 종사하였다.
④ 순조는 공노비 중 일부를 양인으로 해방시켜 주었다.

☞ ②

ⓒ 구분
- 농민 : 과중한 조세·공납·부역의 의무를 가졌다.
- 수공업자(공장) : 관영이나 민영수공업에 종사하였으며, 공장세를 납부하였다.
- 상인 : 시전상인과 보부상들로 국가의 통제 아래에서 상거래에 종사하였고, 상인세를 납부하였다.
- 신량역천 : 양인 중에서 천역을 담당하는 계층을 말한다.
④ 천민
　ⓐ 노비의 처지
- 천민의 대부분을 차지하였고, 비자유민으로 교육을 받거나 벼슬에 나아가는 것이 금지되었다.
- 노비는 재산으로 취급되어 매매·상속·증여의 대상이 되었다.
- 부모 중 한 쪽이 노비면 그 자녀도 노비가 되었다.
　ⓑ 노비의 구분
- 공노비 : 국가에 신공을 바치거나 관청에 노동력을 제공하였다.
- 사노비 : 주인과 함께 사는 솔거노비와 독립된 가옥에서 거주하며 주인에게 신공을 바치는 외거노비가 있다.
　ⓒ 기타 : 백정, 무당, 창기, 광대 등도 천민으로 천대받았다.

② ·· 사회정책과 사회시설

(1) 사회정책
① 목적 : 성리학적 명분론에 입각한 사회신분질서의 유지와 농민의 생활을 안정시켜 농본정책을 실시하는 데 그 목적이 있다.
② 배경 : 가혹한 수취체제와 관리 및 양반의 수탈로 농민이 몰락하면서 국가의 안정과 재정의 근간에 위험이 닥치게 되었다.

(2) 사회제도
① 시행배경 … 조세와 역의 대상인 농민의 몰락은 국가의 안정과 재정 근간을 위협하는 요소였으므로 농민의 생활을 안정시키기 위해 노력하였다.
② 사회시책 : 지주의 토지 겸병을 억제하고, 농번기에 잡역의 동원을 금지시켰으며, 재해시에는 조세를 감경해 주기도 했다.
③ 환곡제 실시 : 춘궁기에 양식과 종자를 빌려 준 뒤에 추수기에 회수하는 제도로 의창과 상평창을 실시하여 농민을 구휼하였다.
④ 사창제 : 향촌의 농민생활을 안정시켜 양반 중심의 향촌질서가 유지되었다.
⑤ 의료시설 : 혜민국(약재 판매), 동·서대비원(수도권 안에 거주하는 서민환자 구제), 제생원(지방민의 구호 및 진료), 동·서활인서(유랑자의 수용·구휼) 등이 있었다.

(3) 법률제도
① 형법 : 대명률에 의거하여 당률의 5형 형벌에 글자로 문신을 새기는 자자와 능지처사와 같은 극형을 추가하였다.
　ⓐ 중죄 : 반역죄와 강상죄를 말하며, 연좌제가 적용되었다. 심한 경우에는 범죄가 발생한 고을은 호칭이 강등되고 수령은 파면되기도 하였다.
　ⓑ 형벌 : 태·장·도·유·사의 5종이 기본으로 시행되었다.

신량역천 … 칠반천역이라고도 한다. 수군, 조례(관청의 잡역 담당), 나장(형사 업무 담당), 일수(지방 고을 잡역), 봉수군(봉수 업무), 역졸(역에 근무), 조졸(조운 업무) 등 힘든 일에 종사한 일곱 가지 부류를 말한다.

📖 기출문제

다음 중 조선시대 사회정책에 대한 설명으로 옳지 않은 것은?

2010. 6. 12. 서울특별시

① 농민의 생활이 어려워졌을 때 지방 자치적으로 의창과 상평창을 설치했고, 환곡제를 실시해 농민을 구제했다.
② 범죄 중 가장 무겁게 취급된 것은 반역죄와 강상죄였다.
③ 의료시설로 혜민국, 동·서대비원, 제생원, 동·서활인서 등이 있었다.
④ 재판에 불만이 있을 때 사건의 내용에 따라 다른 관청이나 상부 관청에 소송을 제기할 수 있었다.
⑤ 농본 정책을 실시해 양반 지주들의 토지 겸병을 억제하고, 농민의 토지이탈을 방지하고자 하였다.

☞ ①

② **민법** : 지방관이 관습법에 따라 처리하였다.

③ **상속** : 종법에 따라 처리하였으며, 제사와 노비의 상속을 중요시하였다.

④ **사법기관**

　㉠ 중앙
- 사헌부 · 의금부 · 형조 : 관리의 잘못이나 중대사건을 재판하였다.
- 한성부 : 수도의 치안을 담당하였다.
- 장례원 : 노비에 관련된 문제를 처리하였다.

　㉡ 지방 : 관찰사와 수령이 사법권을 행사하였다.

⑤ **재심 청구** : 상부 관청에 소송을 제기하거나, 신문고 · 징으로 임금에게 직접 호소할 수도 있었으나 일반적으로 시행되지는 않았다.

❸ ·· 향촌사회의 조직과 운영

(1) 향촌사회의 모습

① **향촌의 편제**

　㉠ 향 : 행정구역상 군현의 단위로서, 중앙에서 지방관을 파견하였다.

　㉡ 촌 : 촌락이나 마을을 의미하며 면 · 리가 설치되었으나, 지방관은 파견되지 않았다.

② **향촌자치**

　㉠ 유향소 : 수령을 보좌하고 향리를 감찰하며, 향촌사회의 풍속을 교정하기 위한 기구이다.

　㉡ 경재소 : 중앙정부가 현직 관료로 하여금 연고지의 유향소를 통제하게 하는 제도로서, 중앙과 지방의 연락업무를 맡거나 수령을 견제하는 역할을 하였다.

　㉢ 유향소의 변화 : 경재소가 혁파되면서(1603) 유향소는 향소 또는 향청으로 명칭이 변경되고, 향소의 구성원은 향안을 작성하고 향규를 제정하였다.

③ **향약의 보급** : 지방 사족은 그들 중심의 향촌사회 운영질서를 강구하고 향약의 보급을 통해 면리제와 병행된 향약조직을 형성해 나갔다. 향약은 중종 때 조광조에 의하여 처음 시행된 이후 전국적으로 확산되었으며, 군현 내에서 지방 사족의 지배력 유지수단이 되었다.

(2) 촌락의 구성과 운영

① **촌락** : 농민생활 및 향촌구성의 기본 단위로서 동과 리(里)로 편제되었다.

　㉠ 면리제 : 자연촌 단위의 몇 개 리(里)를 면으로 묶었다.

　㉡ 오가작통제 : 다섯 집을 하나의 통으로 묶고 통수가 관장하였다.

② **촌락의 신분 분화**

　㉠ 반촌 : 주로 양반들이 거주하였으며, 친족 · 처족 · 외족의 동족으로 구성되어 다양한 성씨가 거주하다가 18세기 이후에 동성 촌락으로 발전하였다.

　㉡ 민촌 : 평민과 천민으로 구성되었고 지주의 소작농으로 생활하였다. 18세기 이후 구성원의 다수가 신분 상승을 이루었다.

③ **촌락공동체**

　㉠ 사족 : 동계 · 동약을 조직하여 촌락민을 신분적, 사회 · 경제적으로 지배하였다.

　㉡ 일반 백성 : 두레 · 향도 등 농민조직을 형성하였다.
- 두레 : 공동노동의 작업공동체였다.

기출문제

고려 사회의 모습으로 옳지 않은 것은?

2015. 4. 18. 인사혁신처

① 천민 출신인 이의민이 무신 정권의 최고 권력자가 되었다.

② 외거 노비가 재산을 늘려, 그 처지가 양인과 유사해질 수 있었다.

③ 지방 향리의 자제가 과거(科擧)를 통해 귀족의 대열에 진입할 수 있었다.

④ 향 · 부곡 · 소의 백성도 일반 군현민과 동일한 수준의 조세 · 공납 · 역을 부담하였다.

☞ ④

- 향도 : 불교와 민간신앙 등의 신앙적 기반과 동계조직과 같은 공동체조직의 성격을 모두 띠는 것이었다. 주로 상을 당하였을 때나 어려운 일이 생겼을 때 서로 돕는 활동을 하였다.
④ 촌락의 풍습
  ㉠ 석전(돌팔매놀이) : 상무정신을 함양하는 것으로, 사상자가 속출하여 국법으로는 금지하였으나 민간에서 계속 전승되었다.
  ㉡ 향도계·동린계 : 남녀노소를 불문하고 며칠 동안 술과 노래를 즐기는 일종의 마을 축제였는데, 점차 장례를 도와주는 기능으로 전환되었다.

4 ·· 성리학적 사회질서의 강화

(1) 예학과 족보의 보급
① 예학 : 성리학적 도덕윤리를 강조하고, 신분질서의 안정을 추구하였다.
  ㉠ 배경 : 성리학의 발달과 함께 왕실 위주의 국가질서론과 주자가례에 대한 학문적 연구로 인하여 예학이 발달하였다.
  ㉡ 내용 : 도덕윤리를 기준으로 하는 형식논리와 명분 중심의 가치를 강조하였다.
  ㉢ 기능 : 삼강오륜을 기본 덕목으로 강조하고, 가부장적 종법질서로 구현하여 성리학 중심의 사회질서 유지에 기여하였다.
  ㉣ 역할 : 사림은 예학을 통해 향촌사회에 대한 지배력을 강화하고, 정쟁의 구실로 이용하였다. 또한 양반 사대부의 신분적 우월성을 강조하였으며, 가족과 친족공동체의 유대를 통해서 문벌을 형성하였다.
  ㉤ 영향 : 상장제례의 의식과 유교주의적 가족제도 확립에 기여하였으나 지나친 형식주의와 사림 간의 정쟁의 구실을 제공하는 등의 폐단을 낳았다.
② 보학 : 가족의 내력을 기록하고 암기하는 것을 말한다.
  ㉠ 기능 : 종족의 종적인 내력과 횡적인 종족관계를 확인시켜 준다.
  ㉡ 역할 : 족보를 통해 종족 내부의 결속을 다짐하고 다른 종족이나 하급신분에 대한 우월의식을 고취시킬 수 있었다. 족보는 결혼 상대를 구하거나 붕당을 구별하는 데 있어 중요한 자료가 되며 양반문벌제도의 강화에 기여하였다.
    ※ 현존하는 가장 오래된 족보는 「안동권씨성화보」이다.

(2) 서원과 향약
① 서원
  ㉠ 기원
    • 단순한 교육뿐만 아닌 사묘를 겸한 서원은 중종 때 주세붕이 세운 백운동서원이 기원이다.
    • 이황의 건의로 소수서원으로 사액이 되어 국가의 지원을 받았다.
  ㉡ 목적 : 성리학을 연구하고 선현의 제사를 지내며, 교육을 하는 데 그 목적이 있다.
  ㉢ 기능
    • 유교를 보급하고 향촌 사림을 결집시켰다.
    • 지방유학자들의 위상을 높이고 선현을 봉사하는 사묘의 기능이 있었다.
  ㉣ 영향
    • 서원의 확산은 성리학의 발전과 교육과 학문의 지방 확대를 가져왔다.
    • 향교가 침체되었다.
    • 붕당의 근거지로 변질되어 학벌·지연·당파 간의 분열이 일어났다.
  ㉤ 서원 철폐 : 영조 때 300여 개, 흥선대원군 때 47개를 제외한 600여 개를 철폐하였다.

② 향약

　　㉠ 배경 : 훈구파에 대항하여 향촌의 새로운 운동으로 중종 때 향약운동이 전개되었다.

　　㉠ 보급
　　　• 중종 때 조광조가 송의 여씨향약을 도입하려 하였으나 기묘사화로 좌절되었다.
　　　• 사림이 중앙정권을 잡은 16세기 후반부터 전국적으로 보급되었다.
　　　• 예안향약(이황), 서원향약(이이), 해주향약(이이) 등이 있다.

　　㉡ 내용 : 전통적 공동조직과 미풍양속을 계승하고, 삼강오륜을 중심으로 한 유교윤리를 가미하여 향촌교화 및 질서유지에 더욱 알맞게 구성하였다.

　　㉢ 특징
　　　• 각자 한 지방을 중심으로 그 실정에 맞는 규약이 있었다.
　　　• 조선적 향약은 상하간의 신분적 지배의 강화와 지주제의 유지를 목적으로 하였다.
　　　• 선조 때 이황(예안 향약), 이이(해주 향약)의 노력으로 전국적으로 보급되었다.
　　　• 신분에 관계없이 향민 전원을 대상으로 강제적으로 편성하였다.

　　㉣ 역할
　　　• 조선 사회의 풍속을 교화시키고, 향촌사회의 질서를 유지하며, 치안을 담당하였다.
　　　• 농민에 대한 유교적 교화 및 주자가례의 대중화에 기여하였다.

　　㉤ 성격 : 사림의 지방자치 구현과 농민통제력 강화에 힘을 더하였다.

　　㉥ 문제점 : 향약은 토호와 향반 등 지방 유력자들의 주민 수탈로 위협의 수단이 되었고, 향약 간부들의 갈등을 가져와 풍속과 질서를 해치기도 하였다.

기출문제분석

1 다음 사실이 있었던 시기의 향촌사회에 대한 설명으로 옳지 않은 것은?

2020. 7. 11. 인사혁신처

> 황해도 봉산 사람 이극천이 향전(鄕戰) 때문에 투서하여 그와 알력이 있는 사람들을 무고하였는데, 내용이 감히 말할 수 없는 문제에 저촉되었다.

① 향전의 전개 속에서 수령의 권한이 강화되었다.
② 신향층은 수령과 그를 보좌하는 향리층과 결탁하였다.
③ 수령은 경재소와 유향소를 연결하여 지방통치를 강화하였다.
④ 재지사족은 동계와 동약을 통해 향촌사회에 대한 영향력을 유지하려 하였다.

TIP 향전(鄕戰)은 조선 후기 기존의 향촌 세력과 새로운 향촌 세력 간에 향권(鄕權)을 둘러싸고 나타난 다툼이다. 조선 후기에는 농업 및 상공업이 발달하면서 신흥 지주층이 새로운 향촌 지배 세력(新鄕)이 되고, 기존의 향촌 재지 세력(舊鄕)은 몰락하는 경우가 발생하면서 이들 사이에 향촌의 지배권을 놓고 대립 현상이 빈번하게 나타났다. 이 과정에서 기존의 향회의 권한이 추락하고 향회가 수령의 부세자문 기구로 전락하면서 수령의 권한은 강화되고, 신향층은 수령 및 향리층과 결탁하며 자신의 세를 확장하고자 하였다. 반면 구향은 동계와 동약을 통해 향촌 사회에 대한 영향력을 유지하고자 하였다.
③ 경재소는 유향소를 통제하기 위해 설립되었고, 수령이 경재소와 유향소를 연결하여 지방통치를 강화하려 한 것은 조선 전기이다.

2 다음에서 설명하고 있는 조선 시대 호적에 대한 내용으로 적절한 것을 〈보기〉에서 모두 고른 것은?

2020. 5. 30. 제1차 경찰공무원(순경)

> 국가는 재정의 토대가 되는 수취 체제를 운영하기 위해 토지 대장인 양안과 인구 대장인 호적을 작성하였다. 이를 근거로 전세, 공납, 역을 백성에게 부과하였다.

〈보기〉
ㄱ 호적은 3년에 한 번씩 관청에서 호주의 신고를 받아 작성하였다.
ㄴ 호적에 관료였던 양반은 관직과 품계를 기록하고 관직에 몸담지 않은 양반은 유학이라고 기록하였다.
ㄷ 호적에는 호의 소재지, 호주의 직역과 성명, 호주와 처의 연령, 본관과 4조(부, 조부, 증조부, 외조부) 등을 적었다.
ㄹ 호적에 평민은 보병이나 기병 등 군역을 기록하였으며, 노비는 이름을 기록하였다.

① ㄱ
② ㄱㄴ
③ ㄱㄴㄷ
④ ㄱㄴㄷㄹ

TIP 호적은 조세 수취의 근거 자료이다. 일반적으로 호적은 3년에 한 번씩 관청에서 호주의 신고를 받아 작성하였다. 호적에 관료였던 양반은 관직과 품계를 기록하고 관직에 몸담지 않은 양반은 유학이라고 기록하였다. 호적에는 호의 소재지, 호주의 직역과 성명, 호주와 처의 연령, 본관과 4조(부, 조부, 증조부, 외조부) 등을 적었다. 호적에 평민은 보병이나 기병 등 군역을 기록하였으며, 노비는 이름을 기록하였다. 보기의 내용은 모두 옳은 내용이다.

Answer 1.③ 2.④

3 (개) 교육기관에 대한 설명으로 옳은 것은?

2019. 4. 6. 인사혁신처

> 주세붕이 비로소 [(개)]을/를 창건할 적에 세상에서 자못 의심했으나, 그의 뜻은 더욱 독실해져 무리들의 비웃음을 무릅쓰고 비방을 극복하여 전례 없던 장한 일을 이루었습니다. …(중략)… 최충, 우탁, 정몽주, 길재, 김종직, 김굉필 같은 이가 살던 곳에 [(개)]을/를 건립하게 될 것입니다.
>
> ―「퇴계집」―

① 지방의 군현에 있던 유일한 관학이다.
② 선비와 평민의 자제에게「천자문」등을 가르쳤다.
③ 성적 우수자는 문과의 초시를 면제해 주었다.
④ 학문 연구와 선현의 제사를 위해 설립된 사설 교육기관이다.

TIP (개) 교육기관은 서원이다.
조선 중종 때 풍기군수 주세붕이 건립한 백운동서원이 우리나라 서원의 효시이다. 서원은 선현에 대한 제사와 학문 연구를 위해 설립된 기관으로 조광조가 사림의 지방 세력 기반을 확립하기 위해 전국에 서원과 향약을 보급하려 하였고, 명종 때 이황이 풍기군수로 임명되면서 서원에 대한 국가의 지원이 증가하게 되었다. 후에 서원을 중심으로 향촌 지배 세력의 권한이 강화되면서 강력한 중앙집권체제를 시도한 흥선대원군에 의해 전국의 서원은 47개소만 남기고 모두 철폐되었다.
① 향교 ② 서당 ③ 성균관

4 시대별 지방 행정 제도에 대한 설명으로 옳은 것은?

2018. 4. 7. 인사혁신처

① 통일신라 – 촌의 행정은 촌주가 담당하였다.
② 발해 – 전국 330여 개의 모든 군현에 수령을 파견하였다.
③ 고려 – 촌락 지배 방식으로 면리제가 확립되었다.
④ 조선 – 향리 통제를 위하여 사심관을 파견하였다.

TIP ② 조선 시대에 관한 설명이다.
③ 조선 시대에 관한 설명이다.
④ 고려 시대에 관한 설명이다.

5 고려와 조선의 지방 행정 제도에 대한 설명으로 가장 옳지 않은 것은?

2018. 3. 24. 제1회 서울특별시

① 조선에서 지방관은 행정·사법권을, 별도로 파견된 진장·영장은 군사권을 보유하였다.
② 고려에서 상급 향리는 과거 응시에 제한을 두지 않아 고위 관리가 될 수 있었다.
③ 조선에서 지역 양반은 유향소를 구성하여 향리를 규찰하고 향촌 질서를 바로잡았다.
④ 고려의 지방은 지방관이 파견된 주현과 파견되지 않은 속현으로 구성되었다.

TIP ① 조선의 지방관은 행정·사법권 및 군사권을 포괄적으로 보유하였다.

Answer 3.④ 4.① 5.①

6 밑줄 친 '국왕'의 재위 기간에 있었던 일로 옳은 것은?

2018. 4. 7. 인사혁신처

> 지금 국왕께서 풍속을 바꾸려는 데에 뜻이 있으므로 신은 지극하신 뜻을 받들어 완악한 풍속을 고치
> 고자 합니다. … (중략) … 「이륜행실(二倫行實)」로 말하면 신이 전에 승지가 되었을 때에 간행할 것을
> 청했습니다. 삼강이 중한 것은 아무리 어리석은 부부라도 모두 알고 있으나, 붕우·형제의 이륜에 이르
> 러서는 평범한 사람들이 제대로 모르는 경우가 있습니다.

① 주세붕이 백운동 서원을 세웠다.
② 김시습이 「금오신화」를 저술하였다.
③ 「국조오례의」가 편찬되고 「동국여지승람」이 만들어졌다.
④ 문화와 제도를 유교식으로 갖추기 위해 집현전을 창설하였다.

> **TIP** 제시된 글은 '중종실록'의 기록이다.
> ① 중종 때 풍기군수 주세붕에 의해 백운동서원이 최초로 건립되었다.
> ② 세조
> ③ 성종
> ④ 세종

7 조선 전기(15~16세기) 사림의 향촌을 주도하기 위한 동향으로 옳지 않은 것은?

2015. 4. 18. 인사혁신처

① 도덕과 의례의 기본 서적인 「소학」을 보급하였다.
② 향사례(鄕射禮), 향음주례(鄕飮酒禮)의 실시를 주장하였다.
③ 향회를 통해서 자신들의 결속을 다지고, 향촌을 교화하였다.
④ 촌락 단위의 동약을 실시하고, 문중 중심으로 서원과 사우를 많이 세웠다.

> **TIP** ④ 촌락 단위의 동약을 실시하고, 문중 중심으로 서원과 사우를 많이 세운 것은 조선 후기에 나타난 현상이다.

8 다음에서 서술하고 있는 인물에 대한 설명으로 옳은 것은?

2014. 6. 21. 제1회 지방직

> 이 인물을 중심으로 한 도적 무리는 조선 전기 도적 가운데 그 세력이 가장 컸으며, 명종 14년부터 명
> 종 17년까지 주로 활동하였다. 이들이 거점으로 삼았던 지역은 백정들이 많이 사는 지역과 공물이 운송
> 되며 사신들의 왕래가 빈번하여 농민들의 부담이 무거웠던 역촌(驛村) 지대 및 주변에 갈대밭이 많은 곳
> 등이었다. 이들은 이러한 곳을 거점으로 약탈·살인·방화를 서슴지 않았다.

① 광대 출신으로 승려 세력과 함께 봉기하여 서울로 들어가려고 하였다.
② 허균이 이 인물을 주인공으로 하여 정치의 부패상을 비판한 소설을 썼다.
③ 황해도를 중심으로 경기·강원·평안·함경도 주변 지역에서 활동하였다.
④ 대동계라는 비밀결사를 조직하여 새 왕조를 세우려는 역성혁명을 꿈꾸었다.

> **TIP** 조선 명종 14년부터 명종 17년까지 주로 활동했던 인물은 임꺽정이다. 임꺽정은 황해도 구월산에 본거지를 만들고 황해
> 도·경기도·강원도 일대에서 주로 활동하였다.

Answer 6.① 7.④ 8.③

1 다음의 내용이 설명하는 향약의 덕목은?

> 옛날에는 각 고을에서 장례가 있을 때마다 각 세대에서 일정량의 쌀을 거두어 도와주는 풍속이 있었다.

① 환난상휼(患難相恤)　　　　　　　② 예속상교(禮俗相交)
③ 과실상규(過失相規)　　　　　　　④ 덕업상권(德業相勸)

TIP 향약의 4대 덕목
　㉠ 덕업상권(德業相勸) : 좋은 일은 서로 권한다.
　㉡ 과실상규(過失相規) : 잘못은 서로 규제한다.
　㉢ 예속상교(禮俗相交) : 좋은 풍속은 서로 권한다.
　㉣ 환난상휼(患難相恤) : 어려운 일을 당하면 서로 돕는다.

2 다음 중 서원에 대한 설명으로 옳지 않은 것은?

① 붕당의 근거지로 변질되었다.
② 사묘를 겸한 서원은 유성룡의 병산서원이 기원이다.
③ 이황의 건의로 최초로 사액이 된 서원은 소수서원이다.
④ 유교를 보급하고 향촌 사림을 결집시켰다.

TIP 교육뿐만 아니라 선현을 모시는 사묘를 겸한 서원은 주세붕의 백운동서원이 기원이다.

3 조선시대의 신분제에 대한 설명으로 올바르지 못한 것은?

① 양반은 원래 신분 용어가 아니며, 과거에 급제하여 문반이나 무반에 속하는 사람을 일컫는 용어이다.
② 중인은 넓게는 중간계층, 좁게는 기술관만을 의미하는 것으로 서얼, 향리 등도 이에 속해 있었다.
③ 서얼은 양첩의 자손 '서(庶)' 와 천첩의 자손 '얼(孽)'을 뜻하며 한품서용법에 의해 관직에 한계가 있었다.
④ 상민은 주로 조세와 부역의 대상이 되는 계층으로 칠반천역인(七般賤役人), 칠종천역인(七從賤役人)들도 이에 속하였다.

TIP 칠반천역인은 신분은 양인이나 하는 일이 천한 조건부 양인이며, 칠종천역인은 각종 천한 직종에 종사하는 백정, 기생 등의 천인이다.

4 조선시대 유향소의 설치 목적 및 기능에 대한 설명으로 가장 거리가 먼 것은?

① 지방자치의 기능을 수행하였다.
② 향촌사회의 풍속교정을 담당하였다.
③ 서울의 행정 및 치안 유지를 위해 설치하였다.
④ 향리를 감찰하고 수령을 보좌하였다.

TIP 유향소(향청)는 지방자치를 위하여 설치한 기구로 수령을 보좌하고 향리를 감찰하며 향촌사회의 풍속을 바로잡는 역할을 하였다. 또한 수시로 향회를 소집하여 여론을 수렴하거나 백성을 교화하였다.
③ 한성부에 대한 설명이다.

Answer 1.① 2.② 3.④ 4.③

5 다음 중 양반에 대한 설명으로 옳은 것은?

① 음서제의 폐지로 과거를 통해서만 관료가 될 수 있었다.
② 과거에 응시하고 벼슬에 오를 수 있으며 조세와 국역의 의무를 지녔다.
③ 유학자로서의 소양과 자질을 함양시키는데 힘썼다.
④ 전문기술이나 행정실무를 담당하였다.

> **TIP** ① 조선시대에도 음서제도는 시행되었다.
> ② 조세와 국역의 의무는 평민이 지녔다.
> ④ 전문기술이나 행정실무를 담당한 것은 중인이었다.

6 다음 중 조선시대 사법제도에 대한 내용으로 옳지 않은 것은?

① 지방의 수령이 재판을 담당하였으며, 재판 결과에 불복할 때는 항소할 수 있었다.
② 경국대전이 기본 법전이었다.
③ 사법기관과 행정기관이 원칙적으로 나뉘어 있었다.
④ 형법은 대명률에 의거하여 제정되었다.

> **TIP** 사법기관과 행정기관이 나뉘어 있지 않았으며 관청에서 행정권과 사법권을 함께 행사하였다.

7 조선시대 향촌사회에 대한 설명으로 옳은 것은?

① 향촌 구성의 기본단위로서 동과 리로 편제되었다.
② 주민의 신분과 직역에 관계없이 한 촌락으로 구성되어있었다.
③ 사림 양반은 촌락의 전통적인 민간산업과 풍습을 장려하였다.
④ 일반 백성은 동계 · 동약 등 농민조직을 형성하였다.

> **TIP** 촌락공동체 조직은 사림세력의 성장에 따라 향약으로 대치되었으며, 반촌과 민촌의 구분은 있었으나 함께 섞여 살았다.
> 일반 백성이 만든 농민조직은 두레 · 향도 등이며 주민의 신분과 직역에 따라 특수한 마을이 형성되었다.

8 조선시대 양천제도에 대한 설명으로 옳지 않은 것은?

① 조선 사회는 지배층인 양반과 중인, 피지배층인 상민과 천민으로 존재하는 점에서 신분제사회였다.
② 국가적 수취의 대상인 천민은 비자유민으로서 국가나 개인에 속해 천역을 담당하였다.
③ 관직을 가진 사람을 의미하는 양반은 세월이 지나면서 하나의 신분으로 굳어졌다.
④ 양인은 과거에 응시하고 벼슬길에 오를 수 있는 자유민이었다.

> **TIP** 국가의 주요 수취대상인 계층은 양인이다. 천민의 대부분을 차지했던 노비는 재산으로 취급되어 매매 · 상속 · 증여의 대상이 되었다.

Answer 5.③ 6.③ 7.① 8.②

9 조선 전기 천민에 대한 설명으로 옳은 것은?

① 신분상으로 양인이 아닌 경우 모두 노비였다.
② 조선시대에는 노비가 국가의 생산 활동의 중심을 담당하였다.
③ 양인과 노비가 결혼할 경우 자식은 어머니의 신분을 따랐다.
④ 외거노비는 독립된 경제생활을 하면서 주인에게 신공을 바쳤다.

> **TIP** ① 조선의 신분제도는 양천제를 기본으로 하여 양민과 천민으로 구분하였으며, 천민의 대다수는 노비였으나 무당, 창기, 광대도 포함되었다.
> ② 조선사회는 양인 신분의 자용농이 사회의 근간을 이루었으며, 이들이 생산의 중심이었다.
> ③ 일천즉천(一賤則賤)을 적용하여 부모 중 한 쪽이 노비면 그 자식도 노비가 되었다.
> ※ 신분을 어머니의 것으로 따르는 노비종모법은 조선 후기 영조 시기에 확정되었다.

10 다음 중 조선시대의 호패법에 대한 설명으로 옳지 않은 것은?

① 양반과 노비도 착용하게 하였다.
② 신분에 따라 호패의 재료를 달리하였다.
③ 인력의 징발을 목적으로 하였다.
④ 16세 이상의 남자와 여자에게 발급되었다.

> **TIP** 16세 이상의 모든 남자에게만 호패를 지급하였다.

11 조선시대의 사회시설과 정책에 대한 설명이 옳지 않은 것은?

① 정부는 농민생활의 안정을 위해 의창, 상평창 등의 환곡제를 실시하였다.
② 동·서 대비원은 유랑자의 수용과 구출을 담당하였다.
③ 혜민국은 수도권의 서민환자의 구제를 담당하였다.
④ 형법은 민법이 기본법이며 대명률을 적용한다.

> **TIP** ② 동서대비원은 수도권 서민 환자의 구제를 담당하였다.
> ※ 조선시대 사회시설
> ㉠ 혜민국 : 약재 판매
> ㉡ 동·서 대비원 : 서민환자 구제
> ㉢ 제생원 : 지방민의 구호 및 진료
> ㉣ 동·서 활인서 : 유랑자 수용·구휼

Answer 9.④ 10.④ 11.②

12 다음 중 조선시대의 법률제도에 대한 설명으로 옳지 않은 것은?

① 형벌은 태 · 장 · 도 · 유 · 사의 5종이 기본으로 시행되었다.
② 민법은 지방관이 경국대전에 정해진 대로 처리하였다.
③ 형법은 대명률에 의거하며 당률 5형에 자자와 같은 극형을 추가하였다.
④ 반역죄와 강상죄는 연좌제가 적용되었다.

TIP 민법은 지방관이 관습법에 따라 처리하였다.

13 다음 중 조선 초기의 양인에 대한 설명으로 옳은 것은?

① 향토방위를 담당하는 잡색군에 편입되었다.
② 과전법에 의거하여 민전을 지급받고 국가에 조세를 납부하였다.
③ 향교의 입학과 과거응시가 법제적으로 가능하였으나 실제로는 관직 진출이 어려웠다.
④ 유향소에 참여하여 향촌의 일을 자치적으로 처리할 수 있는 기회를 가졌다.

TIP 조선의 양인은 교육과 과거를 통해 정치적으로 출세할 수 있는 자격이 있었으나, 실제 그렇게 되기는 어려웠다.

Answer 12.② 13.③

사회의 변동

1 ·· 사회구조의 변동

(1) 신분제의 동요
① 조선의 신분제 : 법제적으로 양천제를 채택하였지만, 실제로는 양반, 중인, 상민, 노비의 네 계층으로 분화되어 있었다. 성리학은 이러한 신분제를 정당화하는 이론을 제공하였다.

② 양반층의 분화
 ⊙ 붕당정치가 변질되면서 양반 상호 간의 정치적 갈등은 양반층의 분화를 가져왔다.
 ⓒ 일당전제화가 전개되면서 권력을 장악한 일부의 양반을 제외한 다수의 양반이 몰락하였다.
 ⓒ 몰락 양반은 향촌사회에서나 겨우 위세를 유지하는 향반이 되거나 잔반이 되기도 하였다.

③ 신분별 구성비의 변화 : 부를 축적한 농민들이 양반신분을 사거나 족보를 위조하여 양반으로 행세하는 경우가 많았기 때문에 양반의 수는 증가하였고 상민과 노비의 수는 감소되었다.

(2) 중간계층의 신분상승운동
① 서얼
 ⊙ 성리학적 명분론에 의해 사회활동이 제한되어 불만이 고조되었다.
 ⓒ 임진왜란 이후 차별이 완화되어 납속책이나 공명첩을 통해 관직에 진출하였다.
 ⓒ 신분상승운동이 활발하여 집단상소를 통해 동반이나 홍문관 같은 청요직에의 진출을 허용해 줄 것을 요구하였고, 정조 때 규장각 검서관으로 진출하기도 하였다.

② 중인
 ⊙ 기술직 등 행정실무를 담당했으며 고급 관료로의 진출은 제한되었다.
 ⓒ 축적한 재산과 실무경력을 바탕으로 신분 상승을 추구하는 소청운동을 전개하였다. 비록 실패했지만 전문직으로서의 중요한 역할을 부각시켰다.
 ⓒ 중인 중에서도 역관들은 청과의 외교업무에 종사하면서 서학 등 외래 문물의 수용을 주도하고 성리학적 가치 체계에 도전하는 새로운 사회의 수립을 추구하였다.

(3) 노비의 해방
① 노비 신분의 변화
 ⊙ 군공과 납속 등을 통해 자신의 신분을 상승시키려는 움직임이 활발하였다.
 ⓒ 국가에서는 공노비 유지에 비용이 많이 들어 효율성이 떨어지자 공노비를 입역노비에서 신공을 바치는 납공노비로 전환시켰다.
 ⓒ 아버지가 노비, 어머니가 양민이면 자식은 양민으로 삼았다(종모법).

② 도망 노비의 증가
 ⊙ 신분의 속박으로부터 탈피하여 임노동자, 머슴, 행상 등으로 생계를 유지하였다.
 ⓒ 도망 노비의 신공은 남아 있는 노비에게 부과되어 노비의 부담은 오히려 증가하였다.
 ⓒ 노비의 도망이 빈번해지자 정부는 신공의 부담을 경감하기도 하고, 도망 노비를 색출하려 하였지만 성과를 거두지 못하였다.

③ 공노비 해방 : 노비의 도망과 합법적인 신분 상승으로 공노비의 노비안이 유명무실한 것이 되자, 순조 때 중앙관서의 노비를 해방시켰다.

④ 노비제의 혁파 : 사노비에 대한 가혹한 수탈과 사회적 냉대로 도망이 일상적으로 일어났으며, 결국 갑오개혁(1894) 때 노비제는 폐지되었다.

(4) 가족제도의 변화와 혼인

① 가족제도의 변화

㉠ 조선 중기
- 혼인 후에 남자가 여자 집에서 생활하는 경우가 있었다.
- 아들과 딸이 부모의 재산을 똑같이 상속받는 경우가 많았다.
- 제사는 형제가 돌아가면서 지내거나 책임을 분담하였다.

㉡ 17세기 이후
- 성리학적 의식과 예절이 발달하여 부계 중심의 가족제도가 확립되면서 혼인 후 곧바로 남자 집에서 생활하는 제도가 정착되었다.
- 제사는 반드시 장자가 지내야 한다는 의식이 확산되었고, 재산 상속에서도 큰 아들이 우대를 받았다.

㉢ 조선 후기
- 부계 중심의 가족제도가 더욱 강화되었다. 양자 입양이 일반화되었다.
- 부계 위주로 족보가 편찬되었고, 동성 마을이 형성되기도 하였다. 따라서 이 때에는 종중의식이 확산되었다.

② 가족윤리 : 효와 정절을 강조하였고, 과부의 재가는 금지되었으며, 효자와 열녀를 표창하였다.

③ 혼인풍습 : 일부일처를 기본으로 하였으나 남자의 축첩은 허용되었다. 서얼의 차별이 있었으며 혼사는 가장이 결정하였는데, 법적 혼인연령은 남자 15세, 여자 14세였다.

❷·· 향촌질서의 변화

(1) 양반의 향촌지배 약화

① 향촌사회의 변화
㉠ 농촌사회가 분화되고 신분제가 붕괴되면서 양반계층의 구성이 복잡하게 바뀌었고, 사족 중심의 향촌질서도 변화되었다.
㉡ 평민과 천민 중에는 일부가 부농층으로 성장하거나, 양반 중에는 토지를 잃고 전호나 임노동자로 전락하는 경우가 발생하였다.

② 양반층의 동향
㉠ 족보를 제작하고 양반의 명단인 청금록과 향안을 작성하여 향약 및 향촌자치기구의 주도권을 장악하였다.
㉡ 거주지 중심으로 촌락 단위의 동약을 실시하거나 족적 결합을 강화함으로써 자기들의 지위를 지켜 나가고자 하였다.

③ 향촌지배력의 변화
㉠ 부농층의 도전 : 부농층은 관권과 결탁하여 성장의 기반을 굳건히 하면서 향안에 참여하고 향회를 장악하고자 하였다.
㉡ 관권을 실질적으로 장악하고 있던 향리세력이 강화되었다.
㉢ 종래 양반의 이익을 대변해 왔던 향회가 수령의 조세징수 자문기구로 전락하였다.

(2) 부농층의 대두

① **부농층의 등장** : 경제적 능력으로 납속이나 향직의 매매를 통해 신분 상승을 이루고 향임을 담당하여 양반의 역할을 대체하였다.

② **부농층의 동향**

㉠ 정부의 부세제도 운영에 적극적으로 참여하여 향임을 담당하였다.

㉡ 향임직에 진출하지 못한 곳에서도 수령이나 기존의 향촌세력과 타협하여 상당한 지위를 확보하였다.

❹ ·· 농민층의 변화

(1) 농민층의 분화

① **조선 후기의 농민구성**

㉠ 상층(중소지주층)은 자기가 소유한 토지를 다른 사람에게 빌려 주어 소작제를 경영하여 몰락한 양반이나 중인층보다 윤택한 생활을 하는 계층이다.

㉡ 대다수의 농민은 작은 규모의 자영농이거나 다른 사람의 땅을 빌려 경작하고 소작료를 내던 소작농이었다.

② **농민의 사회적 현실**

㉠ 여러 가지 의무를 부과하였고, 호패법으로 이동을 억제시켰다. 토지에 묶인 농민들은 대대로 한 곳에 정착하여 자급자족적인 생활을 하였다.

㉡ 양 난 이후 국가의 재정 파탄과 기강 해이로 인한 수취의 증가는 농민의 생활을 어렵게 하였고, 사회 혼란을 타개하기 위한 대동법과 균역법이 효과를 거두지 못하자 농민의 불만은 커져 갔다.

③ **농민층의 분화** : 농업 경영을 통하여 부농으로 성장하거나, 상공업으로 생활을 영위하기도 하고, 도시나 광산의 임노동자가 되기도 했다.

(2) 지주와 임노동자

① **지주(대부분이 양반으로 구성)**

㉠ 대지주의 등장 : 상품화폐경제가 발달하고, 이윤 추구의 경제적 욕구가 상승하자 광작을 하는 대지주가 등장하게 되었다.

㉡ 부농층의 등장

• 스스로 농업에 종사하여 농지를 확대하고, 영농방법을 개선하여 부를 축적하였다.

• 재력을 바탕으로 공명첩을 사거나 족보를 위조하여 양반의 신분을 획득하였다. 양반이 되면 자신은 물론 후손까지 군역을 면제받았으며 지주층의 수탈을 피하였고 부를 축적하기 위한 경제활동에서 각종 편의를 제공받을 수 있었다. 경제적으로 양반신분을 사들인 농민들은 향촌사회에서의 자신들의 영향력을 강화하였다.

• 결과 : 양반신분의 사회적 권위가 하락하고 양반 중심의 신분체제가 크게 흔들렸다.

② **임노동자(토지에서 밀려난 다수의 농민)**

㉠ 부역제의 해이 : 16세기 중엽 이래로 부역제가 해이해져서 17 ~ 18세기에는 국가에서 필요로 하는 노동력마저 동원이 어려워지면서 임노동자를 고용했다.

㉡ 품팔이 노동력 : 부농층이 1년 단위로 임노동자를 고용하였다.

보충학습

향전 ··· 기존의 양반층(구향)과 신향이 향촌사회의 지배권을 두고 벌인 다툼이다. 신향은 소외되었던 양반, 서얼, 부농층 등이 포함되었으며, 이들은 세력을 형성하여 수령과 타협적인 관계를 유지하였다.

기출문제

다음 중 조선 후기의 사회변화에 대한 설명으로 옳지 않은 것은?

2010. 6. 12. 서울특별시

① 향촌사회에서는 수령의 권한이 약화되었고, 관권을 받아보던 향리의 역할도 비례하여 축소되었다.

② 정조 때 유득공, 이덕무, 박제가 등 서얼 출신이 규장각 검서관으로 등용되어 능력을 발휘했다.

③ 유교적 명분론이 설득력을 잃어가자 도참 등의 예언 사상이 유행했다.

④ 양반 중에는 토지를 잃고 몰락해 전호가 되거나 임노동자로 전락하는 경우도 있었다.

⑤ 지배층의 압제에 대한 농민의 저항은 벽서, 괘서의 형태에서 점차 농민 봉기로 변화되어 갔다.

☞ ①

❺ ·· 사회 변혁의 움직임

(1) 사회불안의 심화

① 사회의 동요
  ㉠ 지배층과 농민층의 갈등이 심화되고 지배층의 수탈이 심해지면서 농민경제의 파탄을 가져왔다.
  ㉡ 농민의식이 향상되어 곳곳에서 적극적인 항거운동이 발생하였다.
② 농민생활의 궁핍 : 정치기강이 문란해지고, 재난과 질병이 거듭되어 굶주려 떠도는 백성이 속출하였다.
③ 민심의 불안
  ㉠ 비기와 도참설이 유행하고, 서양의 이양선이 출몰하자 민심은 극도로 흉흉해져 갔다.
  ㉡ 화적들은 지방의 토호나 부상들을 공격하고, 수적들은 배를 타고 강이나 바다를 무대로 조운선과 상선을 약탈하는 등 도적이 창궐하였다.

(2) 예언사상의 대두

① 비기·도참을 이용하여 말세의 도래, 왕조의 교체 및 변란을 예고 등 근거 없이 낭설이 횡행하였다.
② 무격신앙과 미륵신앙의 확장 : 현세의 어려움을 미륵신앙에서 해결하려는 움직임이 있었으며, 미륵불을 자처하며 서민을 현혹하는 무리가 등장하였다.

(3) 천주교의 전파

① 17세기에 중국을 방문한 우리나라 사신들에 의해 서학으로 소개되었다.
② 초기 활동 : 18세기 후반 남인계열의 실학자들이 천주교 서적을 읽고 신앙생활을 하게 되었으며, 이승훈이 베이징에서 영세를 받고 돌아온 이후 신앙활동이 더욱 활발해졌다.
③ 천주교 신앙의 전개
  ㉠ 초기 : 천주교가 유포된 이후 조상에 대한 제사 거부, 양반 중심의 신분질서 부정, 국왕에 대한 권위 도전을 이유로 사교로 규정하였다.
  ㉡ 정조 때 : 시파의 집권으로 천주교에 관대하여 큰 탄압이 없었다.
  ㉢ 순조 때 : 노론 강경파인 벽파의 집권으로 대탄압을 받았다. 이 사건으로 실학자와 양반계층이 교회를 떠나게 되었다.
  ㉣ 세도정치기 : 탄압이 완화되어 백성들에게 전파되고, 조선 교구가 설정되고 서양 신부의 포교활동으로 교세가 점차 확장되었다.
④ 교세 확장의 배경 : 세도정치로 인한 사회 불안과 어려운 현실에 대한 불만, 신 앞에 모든 인간은 평등하다는 논리, 내세신앙 등의 교리에 일부 백성들이 공감을 가졌던 것이다.
⑤ 천주교의 박해
  ㉠ 신해박해(정조, 1791)
   • 최초의 박해
   • 진산 사건 : 윤지충의 신주 소각 사건이 발단
   • 천주교에 관대하던 시파의 시기라 큰 탄압은 없었음

ⓛ 신유박해(순조, 1801)
- 노론 벽파가 남인 시파를 축출하며 정치적으로 박해→시파 위축, 실학 쇠퇴
- 이승훈, 이가환, 정약종(남인), 청나라 신부 주문모→사형
- 정약전, 정약용→유배
- 황사영 백서사건 : 북경 프랑스 주교에서 북경의 군대를 동원해 조선의 신앙과 포교의 자유를 보장받게 해달라는 서신이 발각 → 탄압이 심해짐
- 조선 교구의 설립(1831)
ⓒ 기해박해(현종, 1839)
- 풍양 조씨가 세도하면서 천주교 탄압
- 프랑스 신부(모방, 샤스탕), 정하상(정약전 아들) = 순교
- 오가작통법 실시 – 연대 책임제
- 척사윤음 발표 – 사교를 배격하자는 내용
- 정하상의 '상재상서' : 재상에게 올리는 글이라는 뜻으로, 천주교 교리의 정당성을 알리고자 작성.
ⓔ 병오박해(현종, 1846) – 한국인 최초의 신부 김대건 순교
ⓜ 병인박해(고종, 1866)
- 최대의 박해
- 프랑스 신부 9인, 남종삼 등 수천 명 순교→프랑스 침입, 병인양요 발발의 구실

(4) 동학의 발생

① 창시 : 1860년 경주의 몰락양반 최제우가 창시하였다.

② 교리와 사상
  ㉠ 유·불·선을 바탕으로 주문과 부적 등 민간신앙의 요소들이 결합되었다.
  ㉡ 사회모순을 극복하고 일본과 서양국가의 침략을 막아내자고 주장하였다.
  ㉢ 시천주(侍天主)와 인내천사상 : 신분 차별과 노비제도의 타파, 여성과 어린이의 인격 존중을 추구하였다.
  ㉣ 보국안민을 통해 일본이나 서양세력을 경계하였다.

③ 정부의 탄압 : 혹세무민(세상을 어지럽히고 백성을 현혹한다)을 이유로 최제우를 처형하였다.

(5) 농민의 항거

① 배경 : 사회 불안이 고조되자 유교적 왕도정치가 점점 퇴색되었고 탐관오리의 부정, 삼정의 문란, 극도에 달한 수령의 부정은 중앙권력과 연결되어 갈수록 심해져 갔다. 농민들은 유랑민, 화전민, 도적으로 전락하였고, 지배층의 압제에 대하여 적극적으로 대응하였다.

② 홍경래의 난(1811)
  ㉠ 내용 : 몰락한 양반 홍경래의 지휘 아래 영세농민과 중소상인, 광산노동자들이 합세하여 일으킨 봉기였으나 5개월 만에 평정되었다.
  ㉡ 결과 : 홍경래의 난 이후에도 사회 불안으로 농민봉기가 계속되었고, 관리들의 부정과 탐학은 시정되지 않았다.

③ 임술농민봉기(1862)
  ㉠ 경과 : 진주에서 시작되어 탐관오리와 토호의 탐학에 저항하였으며 한때 진주성을 점령하기도 하였다.
  ㉡ 결과 : 임술농민봉기를 계기로 함흥에서 제주까지 전국적으로 농민항거가 발생하였다.
  ㉢ 의의 : 농민의 사회의식이 성장하고, 양반 중심의 통치체제가 붕괴되었다.

📖 기출문제

다음 자료에 나타난 사상에 대한 설명으로 옳은 것은?

2020. 7. 11. 인사혁신처

사람이 곧 하늘이라. 그러므로 사람은 평등하며 차별이 없나니, 사람이 마음대로 귀천을 나눔은 하늘을 거스르는 것이다. 우리 도인은 차별을 없애고 선사의 뜻을 받들어 생활하기를 바라노라.

① 이 사상에 대해 순조 즉위 이후 대탄압이 가해졌다.
② 이 사상을 바탕으로 「동경대전」과 「용담유사」가 편찬되었다.
③ 이 사상을 근거로 몰락한 양반의 지휘 아래 평안도에서 난이 일어났다.
④ 이 사상을 근거로 단성에서 시작된 농민봉기는 진주로 이어졌다.

☞ ②

1 ㈎에 들어갈 내용으로 옳은 것은?

2021. 9. 11. 제1회 서울특별시

> 조선 후기에는 아버지 쪽의 혈연이 중시되면서 외가나 처가 쪽 친척은 특별한 경우가 아니면 족보에 기재하지 않았고, 아들이 없으면 양자를 들이는 경우가 많았으며, ㈎

① 제사는 아들과 딸이 돌아가며 지냈다.
② 재산은 아들과 딸에게 고르게 분배하였다.
③ 같은 성씨의 사람이 모여 사는 동족 마을이 생겨났다.
④ 신랑이 신붓집으로 가 혼례를 올리고 거기서 생활하였다.

TIP 조선 전기의 사회문화 현상은 고려의 풍습이 이어져 재산 상속이나 제례 문화에 있어서 여성의 사회적 지위가 남성과 대등하였다. 하지만 점차 유교 문화가 정착되면서 조선 후기에는 남성 중심의 가부장제 특징이 반영되었다. 외가나 처가 쪽 친척은 족보에 기재되지 않았고, 아들이 없는 경우 양자를 들여 제사를 지냈으며 재산 상속에 있어서도 아들과 딸의 균등 상속이 아닌 아들 우대 풍습이 정착되었다. 또한 부계 중심의 집성촌이나 동족촌이 발달하기도 하였다.
①②④ 조선 중기까지의 풍습이다.

2 밑줄 친 '서양의 사설'에 대한 설명으로 옳은 것은?

2021. 9. 11. 제1회 서울특별시

> 서양의 사설(邪說)이 언제부터 나왔으며 누구를 통해 전해진 것인지 모르겠으나, 세상을 현혹하고 백성을 속이며 윤리와 강상을 없애고 어지럽히는 것이 어찌 진산(珍山)의 권상연, 윤지충보다 더한 자가 있겠습니까. 제사를 폐지하는 것으로도 부족해서 위패를 불태우고, 조문을 거절하는 것에 그치지 않고 그 부모의 시신을 내버렸으니, 그 죄악을 따져 보자면 어찌 하루라도 이 하늘과 땅 사이에 그대로 살려 둘 수 있겠습니까.
>
> – 『정조실록』 –

① 왜양일체론을 주장하였다.
② 남인 계열의 일부 학자가 신앙으로 받아들였다.
③ 새로운 세상을 열어 줄 진인(眞人)의 출현을 예고하였다.
④ 인내천(人乃天) 사상을 내세워 인간의 평등성을 강조하였다.

TIP 제시문의 서양의 사설은 천주교이다. 서양 선교사들에 의해 서양의 학문과 기술을 소개하며 전래된 천주교는 전례 문제(제사)로 청에서 탄압을 받았고 조선도 이와 다르지 않았다. 조선의 천주교 역시 서학으로 전래되어 남인과 소론 계열에 의해 수용되어 종교화되었지만 제사 거부와 평등 사상을 주장하여 사교로 지정되어 탄압받았다. 전라도 진산에서 윤지충과 그의 외사촌인 권상연이 윤지충 모친상 때 신주를 불사르고 천주교 의식을 행하여 천주교가 탄압받은 사건(신해사옥. 진산사건) 등이 대표적이다.
① 위정척사파
③ 비기 도참설
④ 동학

Answer 1.③ 2.②

3 ㈎에 들어갈 단체는?

> 신분제가 폐지된 후에도 백정에 대한 차별은 쉽게 사라지지 않았다. 백정의 자녀는 차별로 인해 학교에 다니기도 쉽지 않았다. 이러한 차별을 철폐할 필요가 있다고 생각한 사람들은 1923년 진주에서 ㈎ 를/을 조직하였다. 이 단체의 활동은 언론의 지지에 힘입어 전국적인 운동으로 발전하였다.

① 근우회
② 조선 형평사
③ 조선 청년 총동맹
④ 조선 노동 총동맹

> **TIP** 제시문의 단체는 조선형평사(1923)이다. 갑오개혁에서 법제적으로 신분제가 철폐되었지만 실생활 속에서는 여전히 신분 차별이 잔존하여 진주의 이학찬, 신현수, 강상호 등이 주도하여 백정에 대한 차별 반대 운동을 전개하였다. 이후 평등 사회 건설을 위한 전국적 운동으로 확대되기도 하였다.
> ① 근우회(1927) : 신간회의 자매 단체로 항일 독립 운동 및 여성 운동을 전개
> ③ 조선 청년 총동맹(1924) : 1920년대 사회주의 사상의 유입으로 조직된 사회주의 청년 단체
> ④ 조선 노동 총동맹(1927) : 조선노농총동맹(1924)에서 분화된 노동 단체

4 조선 후기 서학과 관련한 설명으로 옳지 않은 것은?

① 이승훈이 북경에서 영세를 받았다.
② 윤지충 사건을 계기로 하여 기해박해가 일어났다.
③ 안정복이 천주교를 비판하는 「천학문답」을 저술하였다.
④ 최초의 한국인 신부 김대건이 귀국하여 포교 중 순교하였다.

> **TIP** ② 윤지충으로 인해 발생한 천주교 탄압 사건은 정조 때 일어난 신해박해(1791)이다. 신해박해는 최초의 카톨릭 교도 탄압 사건이다. 기해박해(1839)는 조선 헌종 때 발생한 사건이다.

5 조선시대 신분제에 대한 설명으로 가장 옳지 않은 것은?

① 중앙관직에 진출할 수 있던 고려시대의 향리와 달리 조선의 향리는 수령을 보좌하는 아전으로 격하되었다.
② 유교의 적서구분에 의해 서얼에 대한 차별이 심했기 때문에 서얼은 관직에 진출하지 못하였다.
③ 뱃사공, 백정 등은 법적으로는 양인으로 취급되기도 했으나 노비처럼 천대받으며 특수직업에 종사하였다.
④ 순조는 공노비 중 일부를 양인으로 해방시켜 주었다.

> **TIP** ② 유교의 적서구분에 의해 서얼에 대한 차별이 있었으나 신분 상승 운동으로 정조 때부터 서얼들을 관리로 등용하기 시작했다.

Answer 3.② 4.② 5.②

6 밑줄 친 '우리'에 해당하는 계층의 활동으로 옳은 것은?

2015. 4. 18. 인사혁신처

> 아! 우리는 본시 모두 사대부였는데 혹은 의(醫)에 들어가고 혹은 역(譯)에 들어가 7, 8대 또는 10여
> 대를 대대로 전하니 …(중략)… 문장과 덕(德)은 비록 사대부에 비길 수 없으나, 명공(名公) 거실(巨室)
> 외에 <u>우리</u>보다 나은 자는 없다.

① 집단으로 상소하여 청요직(淸要職) 허통(許通)을 요구하였다.
② 형평사를 창립하고, 평등한 대우를 요구하는 형평운동을 펼쳤다.
③ 관권과 결탁하고 향회를 장악하여, 향촌사회에서 영향력을 키우려 하였다.
④ 유향소를 복립하여 향리를 감찰하고 향촌사회의 풍속을 바로잡으려 하였다.

> **TIP** 의(醫) 혹은 역(譯)관에 종사한다는 것으로 보아 밑줄 친 '우리'는 중인들이다. 정조시기 서얼허통으로 서얼들이 관직에
> 진출하자, 중인들도 축적한 재산과 실무경력을 바탕으로 청요직 허통을 요구하는 등 소청운동을 전개하지만 그 세력이
> 부족해 실패하였다.

7 다음 상황이 벌어지던 시기의 사회 모습으로 옳지 않은 것은?

2015. 3. 14. 사회복지직

> • 근래 사족들이 향교에 모여 의논하여 수령을 쫓아내는 것이 고질적인 폐단입니다.
> • 영덕의 구향(舊鄕)은 사족이며, 소위 신향(新鄕)은 모두 향리와 서리의 자식입니다. 근래 신향들이 향
> 교를 주관하면서 구향들과 서로 마찰을 빚고 있습니다.

① 부농층이 성장하여 향임직에 진출하였다.
② 농촌 공동체 생활을 주도하는 향도가 등장하였다.
③ 수령이 세금을 부과할 때 향회가 자문 역할을 하였다.
④ 촌락 단위의 동약이 실시되고 동족 마을이 만들어졌다.

> **TIP** 제시된 상황은 조선 후기 신분제의 동요로 인해서 발생된 향전(신향과 구향의 갈등)에 대한 설명이다.
> ② 신라, 고려 때 일이다.
> ①③④ 조선 후기 때 일이다.

Answer 6.① 7.②

8 밑줄 친 ㉠과 직접 관련된 천주교 박해에 대한 설명으로 옳은 것은?

2015. 6. 13. 서울특별시

> 프란치스코 교황은 16일 오전 순교자 124위 시복미사에 앞서 한국 최대 순교 성지이자 이번에 시복될 124위 복자 중 가장 많은 27위가 순교한 서소문 성지를 참배했다. 이곳은 본래 서문 밖 순교지로 불리는 천주교 성지였다. 한국에 천주교가 들어온 후 박해를 당할 때마다 이곳에서 많은 사람들이 처형당했으니 …… 「황사영백서」로 알려진 ㉠황사영도 이곳에서 처형되었다.
>
> – 한국일보, 2014년 8월 16일 –

① 모친상을 당해 신주를 불태운 것이 알려지면서 박해가 일어났다.

② 함께 붙잡혀 박해를 받은 정하상은 「상재상서」를 통해 포교의 정당함을 주장하였다.

③ 순조 즉위 후 정권을 장악한 노론 벽파가 반대파를 정계에서 제거하려고 박해를 일으켰다.

④ 대원군 집권기에 발생한 대규모 박해로, 프랑스 선교사를 비롯한 수천 명의 희생자를 낳았다.

TIP 밑줄 친 내용은 황사영 백서사건으로 신유박해(1801)에 대한 설명이다. 순조 때 노론 벽파는 천주교 신자가 많은 남인을 제거하기 위해 천주교 탄압을 강행하여 박해를 일으켰다.
① 신해박해(1791)에 대한 설명이다.
② 기해박해(1839)에 대한 설명이다.
④ 병인박해(1866)에 대한 설명이다.

Answer 8.③

1 조선 후기의 다음과 같은 현상으로 인한 사회상으로 옳은 것은?

> • 붕당정치가 변질되면서 일당전제화의 추세가 나타났다.
> • 이앙법과 견종법의 실시로 노동력이 절감되어 광작이 성행하였다.
> • 납포장이 등장하고, 특정 물품을 대량으로 취급하는 도고가 성장하였다.

① 경제적인 부에 따라 신분이 결정되었다.
② 신분 이동의 가능성이 점차 줄어들었다.
③ 계층 분화 현상으로 신분 내부의 동질성이 약화되었다.
④ 개인적 이동의 가능성이 줄고 구조적 이동의 가능성이 높아졌다.

TIP 일당전제화로 소수의 가문만이 권력을 독점하게 되어 양반층의 분화가 일어났고, 광작과 도고로 일부 농민·상인이 부를 축적하여 납속 등을 통해 신분상승을 하였다. 이러한 계층의 분화는 계층별 위화감을 일으키게 하였다.

2 조선 후기 노비에 대한 설명으로 옳지 않은 것은?

① 아버지나 어머니 중 누구 하나라도 노비라면 자식은 노비가 되었다.
② 군공과 납속을 통해 신분이 양인으로 상승 되었다.
③ 도망을 통해 임노동자, 머슴, 행상 등으로 생계를 유지하였다.
④ 국가에서는 공노비를 신공노비화 하였다.

TIP 조선 후기 신분제가 해이해져 양역인구가 감소하자 양인을 확보하기 위하여 영조시기 어머니가 양인이면 자식도 양인으로 삼는 노비종모법이 확정되었다.

3 다음으로 인하여 나타난 변화로 옳은 것은?

> • 조선후기 이앙법이 전국적으로 시행되면서 광작이 가능해졌으며, 경영형 부농이 등장하였다.
> • 대동법의 시행으로 도고가 성장하였으며, 상업자본이 축적되었다.

① 정부의 산업주도   ② 양반의 지위하락
③ 신분구조의 동요   ④ 국가재정의 확보

TIP 조선 후기에 이르러 경제상황의 변동으로 부를 축적한 양민들이 신분을 매매하여 양반이 되는 등 신분제의 동요가 발생하였다.

Answer 1.③ 2.① 3.③

4 조선 후기에 사족의 지배에서 수령과 향리의 지배로 바뀌면서 나타난 현상은?

① 아전, 서리 등 향리에 의한 농민수탈이 증가되었다.
② 부농층과 관권세력이 극심하게 대립하여 농촌의 혼란이 가중되었다.
③ 부농층이 향안에 참여하여 관권세력이 쇠퇴하였다.
④ 공동납제가 폐지되면서 농민의 부담이 줄었다.

> **TIP** 조선 후기에는 사족들의 향촌지배력이 약화되고 관권이 강화되었다. 관권의 성장과 함께 향리의 세력도 강화되면서 이들에 의한 농민 수탈이 심화되었다.

5 지문이 설명하는 조선시대 신분에 대한 설명 중 옳은 것은?

> • 조선시대 기술직이나 행정사무직에 종사하였다.
> • 역관, 의관, 향리, 서리가 그 예이다.
> • 지배층의 자기 도태과정에서 하나의 신분층으로 고정되었다.

① 조선 후기 신분상승을 위한 소청운동을 전개하였다.
② 개항 반대를 내세우며 위정척사운동을 벌였다.
③ 직업적 전문성보다 인문적 교양을 중시하였다.
④ 지주전호제의 모순을 시정하려고 민란을 일으켰다.

> **TIP** 제시된 내용은 중인층에 대한 내용이다. 주로 기술직이었던 중인들은 축적한 재산과 실무경력을 바탕으로 신분상승을 요구하는 소청운동을 벌였지만, 실패하였다.

6 다음 문서에 대해 바르게 설명한 것을 고르면?

① 양 난 이후 국가의 재정을 충당하기 위해 부유층에게 돈이나 곡식을 받고 관직을 팔기 위해 제작된 문서이다.
② 임진왜란 중 지방의 수령들에게 임시로 각 지방의 군대를 통솔할 수 있는 권한을 부여한 직첩이다.
③ 과거에 급제한 자들에게 주어 지방관들을 감찰하고 징치할 수 있는 권한을 준 문서이다.
④ 낙향 선비들 중 인품이 훌륭하고 학문이 뛰어난 인물에게 주어 국가 정책에 의견을 개진할 수 있는 권한을 준 문서이다.

> **TIP** 위 문서는 공명첩이다. 조선 후기 사회혼란으로 국가 재정이 크게 악화되자 문제를 해결하기 위해 납속책을 실시하고 공명첩을 발급하였다. 납속책은 관에 재산을 바치고 신분을 해방할 수 있는 정책이었으며, 공명첩 역시 재산을 바치고 관직을 사서 양반이 될 수 있도록 한 첩지였다. 공명첩, 납속책 모두 조선 후기 부농층이 합법적으로 신분을 상승시킬 수 있었던 제도였다.

Answer 4.① 5.① 6.①

7 다음 중 조선 후기 향촌사회의 변화로 옳은 것은?

① 지방사족이 향촌자치의 주도세력이었다.
② 면리제와 함께 향약조직을 형성하였다.
③ 부농층이 향촌사회를 주도하던 사족에 도전하였다.
④ 매향활동을 하는 사람들이 향도를 형성하였다.

> **TIP** 조선 후기에는 양반층이 분화되었으며 새로운 부농층이 신분상승을 도모하면서 향촌질서가 새롭게 편성되었다.
> ①② 조선 초기 ④ 고려시기

8 세도정치기의 사회상으로 옳지 않은 것은?

① 벽파와 시파 간의 정쟁이 치열하였다.
② 이양선이 해안에 출몰하여 통상을 요구하였다.
③ 농민들의 소청운동과 벽서운동이 빈번하였다.
④ 조선왕조를 부정하는 동학이 발생하였다.

> **TIP** 세도정치는 특정 가문의 인물들이 권력을 독점하는 정치형태이며, 붕당정치는 붕괴되었다.

9 다음 사료의 사건에 대한 설명으로 옳지 않은 것은?

> 평서대원수(平西大元帥)는 급히 격문을 띄우노니 우리 관서의 부로자제(父老子弟)와 공사천민(公私賤民)은 모두 이 격문을 들으시라. …(중략)…지금 나이 어린 임금이 위에 있어서 권세 있는 간신배가 날로 치성하여 김조순(金祖淳)·박종경(朴宗慶)의 무리가 국가의 권력을 제멋대로 하니 어진 하늘이 재앙을 내린다. …(중략)…성문을 활짝 열어 우리 군대를 맞으라. 만약 어리석게도 항거하는 자가 있으면 기마병의 발굽으로 밟아 무찔러 남기지 않으리니 마땅히 명령을 따라서 거행함이 좋으리라.
> － 「패림」 순조기사 －

① 천주교와 동학이 유포되어 농민들을 자극하였다.
② 정주성을 거점으로 5개월간 항거한 조선후기의 최대 민란이다.
③ 잔반과 중소상인, 유랑농민, 임노동자들이 합세하였다.
④ 삼정의 문란과 서북민에 대한 차별대우에 항거하여 일어났다.

> **TIP** 사료는 김조순, 박종경 등 세도정치시기에 일어난 대표적 민란인 홍경래의 난이다. 홍경래의 난은 종교적인 문제가 아니라 세도정치의 폐단과 서북민에 대한 차별대우에 항거하여 일어났다.

Answer 7.③ 8.① 9.①

10 다음 중 양반층 급증의 원인에 해당하는 것을 모두 고르면?

> ㉠ 공노비 해방   ㉡ 세도가문의 성장
> ㉢ 향약의 실시   ㉣ 족보의 매매와 위조
> ㉤ 공명첩의 발행

① ㉠㉡   ② ㉠㉣
③ ㉡㉢   ④ ㉣㉤

TIP 조선 후기 부농층은 경제력을 바탕으로 양반으로부터 족보를 사거나 위조하고 공명첩을 통해 양반의 신분을 획득하였다.

11 다음 중 동학사상에 대한 설명으로 옳지 않은 것은?

① 철학적으로는 주기론, 종교적으로는 샤머니즘과 도교에 가까운 편이었다.
② 서학을 배격하고 서양과 일본의 침투를 경계하여 정부로부터 환영을 받았다.
③ 전통적인 민족신앙을 토대로 유·불·도교사상 등을 종합하였다.
④ 인내천사상과 운수사상을 바탕으로 봉건적 사회체제에 반대하였다.

TIP ② 동학은 인간평등사상을 제창하고, 운수사상을 내세워 조선 왕조를 부정하였기 때문에 정부는 교주인 최제우를 혹세무민의 죄목으로 처형하였다.

12 다음과 같은 사회현상의 배경으로 옳지 않은 것은?

> • 천주교의 확산
> • 정감록의 유행
> • 무격신앙과 미륵신앙의 확장

① 성리학적 명분론의 유행
② 삼정의 문란
③ 탐관오리의 탐학과 횡포
④ 이양선의 출몰

TIP 19세기 이후에 세도정치가 전개되면서 정치질서가 부패하고 농민들의 생활이 어렵게 되자 새로운 사회질서를 열망하는 분위기가 나타났다. 이러한 사회변화에 성리학이 대처하지 못하면서 성리학의 명분론은 설득력을 잃어 갔다.

Answer 10.④ 11.② 12.①

13 다음 중 조선 후기 천주교에 대한 설명으로 옳은 것은?

① 서양 선교사들의 입국을 계기로 전파되기 시작하였다.
② 학문적 연구가 이루어진 후에 신앙운동으로 발전하였다.
③ 처음에는 천민과 노비들이 믿기 시작하였다.
④ 평등사상을 바탕으로 조선 왕조를 부정하는 혁명사상을 전파하였다.

> **TIP** 우리나라의 천주교는 서학으로 소개되었다가 나중에 신앙으로 받아들여졌으며, 전례문제로 인해 정부의 탄압을 받았다. 천주교는 처음에 일부 실학자들에 의해 받아들여졌으며, 나중에는 일반 백성들에게 널리 포교되었다.

14 다음 중에서 19세기 전반에 일어난 홍경래의 난의 원인으로 옳은 것은?

㉠ 지역 차별	㉡ 외세의 침탈
㉢ 지주제의 모순	㉣ 붕당간의 차별
㉤ 세도정권의 부패	

① ㉠, ㉡, ㉢
② ㉠, ㉢, ㉤
③ ㉡, ㉢, ㉣
④ ㉢, ㉣, ㉤

> **TIP** 홍경래의 난(1811)은 봉건체제의 모순의 격화, 서북인에 대한 정치적 차별, 수령권에 대한 봉기, 세도정치로 인한 민심의 이반 등을 원인으로 일어났다.

15 다음은 대구지방의 신분별 인구 변동을 나타낸 것으로 이러한 인구 변동은 조선 후기에 다른 지역에서도 유사하게 나타났다. 이러한 인구 변동과 관련된 내용으로 옳지 않은 것은?

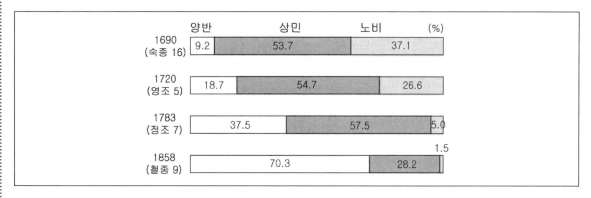

① 이 변화의 결과 양반이 누리던 특권이 크게 축소되었다.
② 이 변화를 계기로 소작인과 임노동자의 수가 크게 감소하였다.
③ 1000여 개에 이르는 장시의 발달이 이 변화를 촉진하였다.
④ 이앙법, 견종법의 보급과 상업적 농업의 전개가 이 변화의 중요한 배경이 되었다.

> **TIP** ② 조선 후기 영농 방법의 개선과 상품화폐 경제의 발달은 부농층을 탄생시켰으나 다른 한편으로는 부농들의 광작으로 말미암아 대부분의 영세농들은 소작지조차 얻지 못하여 임노동자로 전락하였다.

🔑Answer 13.② 14.② 15.②

민족문화의 발달

고대의 문화

1 ·· 학문과 사상·종교

(1) 한자의 보급과 교육

① 한자의 전래
  ㉠ 한자는 철기시대부터 지배층을 중심으로 사용되었다.
  ㉡ 한자의 뜻과 소리를 빌려 우리말을 기록하는 이두·향찰이 사용되었고, 이로써 한문이 토착화되고 한문학이 널리 보급되어 갔다.

② 교육기관의 설립과 한자의 보급
  ㉠ 고구려
   • 태학(수도) : 유교경전과 역사서를 가르쳤다.
   • 경당(지방) : 청소년에게 한학과 무술을 가르쳤다.
  ㉡ 백제
   • 5경 박사·의박사·역박사 : 유교경전과 기술학 등을 가르쳤다.
   • 한문 문장 : 북위에 보낸 국서는 매우 세련된 한문 문장으로 쓰여졌으며, 사택지적 비문에는 불당을 세운 내력을 기록하고 있다.
  ㉢ 신라 : 임신서기석을 통해 청소년들이 유교경전을 공부하였던 사실을 알 수 있다.

③ 유학의 교육
  ㉠ 삼국시대 : 학문적으로 깊이 있게 연구된 것이 아니라, 충·효·신 등의 도덕규범을 장려하는 정도였다.
  ㉡ 통일신라
   • 유학교육기관 : 신문왕 때 국학이라는 유학교육기관을 설립하였고, 경덕왕 때는 국학을 태학이라고 고치고 박사와 조교를 두어 논어와 효경 등 유교경전을 가르쳤는데, 이것은 충효일치의 윤리를 강조한 것이었다.
   • 독서삼품과 : 원성왕 때 학문과 유학의 보급을 위해 마련하였다.
  ㉢ 발해 : 주자감을 설립하여 귀족 자제들에게 유교경전을 교육하였다.

(2) 역사 편찬과 유학의 보급

① 삼국시대
  ㉠ 역사 편찬의 목적 : 학문이 점차 발달되고 중앙집권적 체제가 정비됨에 따라 자기 나라의 전통을 이해하고 왕실의 권위를 높이며 나라에 대한 백성들의 충성심을 모으기 위해 편찬하였다.
  ㉡ 역사 편찬의 내용
   • 고구려 : 유기, 이문진의 신집 5권
   • 백제 : 고흥의 서기
   • 신라 : 거칠부의 국사

② 통일신라
  ㉠ 김대문 : 화랑세기, 고승전, 한산기를 저술하여 주체적인 문화의식을 드높였다.
  ㉡ 6두품 유학자 : 강수(외교문서를 잘 지은 문장가)나 설총(화왕계 저술)이 활약하여 도덕적 합리주의를 제시하였다.
  ㉢ 도당 유학생 : 김운경, 최치원이 다양한 개혁안을 제시하였다. 특히 최치원은 당에서 빈공과에 급제하고 계원필경 등 뛰어난 문장과 저술을 남겼으며, 유학자이면서도 불교와 도교에 조예가 깊었다.

③ 발해 : 당에 유학생을 파견하였고 당의 빈공과에 급제한 사람도 여러 명 나왔다.

보충학습

발해의 학문
㉠ 학문의 발달
 • 당과 교역하면서 당으로부터 많은 서적을 수입하고, 당에 유학생도 보내어 학문이 일찍부터 발달하였다.
 • 유학생 중에서 당의 빈공과에 급제하는 사람이 나왔고, 외교사신이나 승려 중에는 한시에 능한 사람도 많았다. 이거정 등은 당에서 유학하고 돌아와 유교 지식인으로 활동하였다.
㉡ 발해 문자 사용 : 동경성에서 발견된 압자와(押字瓦, 압자기와) 중에 한자와는 다른 발해 문자가 있었으나, 아직 판독되지 않고 있다. 비록 독자적인 문자를 가졌다고 해도, 대외적 외교문서는 물론 국내외 공식기록은 한문을 사용하였다.
㉢ 발해의 금석문
 • 근래에 발견된 정혜공주 묘지와 정효공주 묘지가 세련된 4·6변려체로 쓰여 있는 점으로 보아, 발해에서 능숙한 한문을 구사하고 있었음을 알 수 있다.
 • 정혜공주와 정효공주는 문왕의 둘째 딸과 넷째 딸이며, 각각의 묘지가 1949년과 1980년에 만주 화룡현에서 출토되었는데, 그것은 발해 문화 연구에 중요한 자료가 되고 있다.

기출문제

밑줄 친 '이 시기'에 볼 수 있었던 모습으로 옳은 것은?

2020. 6. 2. 소방공무원

혜공왕 이후 진골 귀족들의 왕위 쟁탈전이 치열해진 이 시기에는 집사부 시중보다 상대등의 권한이 강화되었고, 20명의 왕이 교체되는 등 정치적인 혼란이 거듭되었다. 또한 중앙 정부의 통제력이 약화되면서 김헌창의 난 등이 발생하였다.

① 우산국을 정벌하는 장군
② 「계원필경」을 저술하는 6두품
③ 김흠돌의 난을 진압하는 군인
④ 노비안검법 시행을 환영하는 농민

☞ ②

(3) 불교의 수용

① **불교의 전래와 공인** : 중앙집권적 국가체제를 정비할 무렵인 4세기에 전래되었다.
   ㉠ **고구려** : 소수림왕 때 중국의 전진에서 전래되었다(372).
   ㉡ **백제** : 침류왕 때 동진에서 전래되었다(384).
   ㉢ **신라** : 고구려에서 전래되었고(457), 법흥왕 때 공인하였다(527).

② **불교의 영향**
   ㉠ 새로운 국가정신의 확립과 왕권 강화의 결과를 가져왔다. 신라의 경우는 불교식 왕명이나 세속 5계를 통해 발전하게 되었다.
   ㉡ 삼국은 사상·음악·미술·건축·공예·의학 등의 선진문화를 수용할 수 있었고 새로운 문화를 창조하게 되었다.

③ **신라의 불교** : 업설(왕즉불사상), 미륵불신앙(불국토사상 – 화랑제도의 정신적 기반)이 불교의 중심교리였다.

④ **도교의 전래** : 산천숭배나 신선사상과 결합하여 귀족사회에 전래되었다. 고구려의 사신도, 백제의 산수무늬벽돌, 금동대향로를 통해 알 수 있다.

(4) 불교사상의 발달

① **통일신라** : 다양하고 폭넓은 불교사상에 대한 본격적인 이해기반을 확립하기 시작하였다.
   ㉠ **원효** : 불교의 사상적 이해기준을 확립시켰고(금강삼매경론, 대승기신론소), 종파 간의 사상적인 대립을 극복하고 조화시키려 애썼으며, 불교의 대중화에 이바지하였다(아미타신앙).
   ㉡ **의상** : 화엄일승법계도를 통해 화엄사상을 정립하였고, 현세에서 고난을 구제한다는 관음사상을 외치기도 하였다.
   ㉢ **혜초** : 인도에 가서 불교를 공부하였으며, 왕오천축국전을 저술하기도 하였다.
   ㉣ **원측** : 당나라에서 섭론종을 익혔으며 현장에게서 신유식을 배워 유식학을 독자적으로 발전시켰다.

② **발해** : 왕실과 귀족을 중심으로 성행하였고, 문왕은 스스로를 불교적 성왕으로 일컬었다.

(5) 선종과 풍수지리설

① **선종** : 통일 전후에 전래되어 신라말기에 유행하였다.
   ㉠ **성격** : 경전의 이해를 통하여 깨달음을 추구하는 교종과는 달리 선종은 문자를 뛰어 넘어(不立文字) 구체적인 실천 수행을 통하여 각자의 마음 속에 내재된 깨달음을 얻는다(見性成佛)는 실천적 경향이 강하였다.
   ㉡ **선종 9산** : 지방의 호족세력과 결합하여 각 지방에 근거지를 두었다.
   ㉢ 지방문화의 역량을 증대시키고 고려 사회 건설의 사상적 바탕이 되기도 하였다.

② **풍수지리설** : 신라 말기의 도선과 같은 선종 승려들이 중국에서 풍수지리설을 들여왔다.
   ㉠ **성격** : 도읍, 주택, 묘지 등을 선정하는 인문지리적 학설을 말하며, 도참사상과 결합하기도 하였다.
   ㉡ 경주 중심에서 벗어나 다른 지방의 중요성을 자각하는 계기가 되었고, 국토를 지방 중심으로 재편성하는 주장을 펴기도 하였다. 이는 신라 정부의 권위를 약화시키는 역할을 하기도 하였다.

② ·· 과학기술의 발달

(1) 천문학과 수학

① 천문학의 발달 : 천체 관측을 중심으로 발달하였다.
- ㉠ 배경 : 농경과 밀접한 관련을 가졌으며, 왕의 권위를 하늘과 연결시켰다.
- ㉡ 발달
  - 고구려 : 별자리를 그린 천문도가 만들어졌다.
  - 신라 : 세계에서 가장 오래된 천문대인 첨성대를 세워 천체를 관측하였다.
- ㉢ 일월식, 혜성의 출현, 기상 이변들이 삼국사기에 기록되어 있는데 매우 정확한 기록으로 밝혀지고 있다.

② 수학의 발달 : 수학적 지식을 활용한 조형물을 통해 높은 수준으로 발달했음을 알 수 있다.
- ㉠ 고구려 : 고분의 석실과 천장의 구조
- ㉡ 백제 : 정림사지 5층 석탑
- ㉢ 신라 : 황룡사지 9층 목탑, 석굴암의 석굴구조, 불국사 3층 석탑, 다보탑

(2) 목판인쇄술과 제지술의 발달

① 배경 : 불교문화의 발달에 따라 불경을 대량으로 인쇄하기 위한 목판인쇄술과 질 좋은 종이를 만들 수 있는 제지술이 발달하였다.

② 무구정광대다라니경 : 세계에서 가장 오래된 목판인쇄물이며, 닥나무 종이를 사용하였다.

(3) 금속기술의 발달

① 고구려 : 철의 생산이 중요한 국가적 산업이었으며, 우수한 철제 무기와 도구가 출토되었다. 고분벽화에는 철을 단련하고 수레바퀴를 제작하는 기술자의 모습이 묘사되어 있다.

② 백제 : 금속공예기술이 발달하였다(칠지도, 백제 금동대향로).

③ 신라 : 금세공기술이 발달하고(금관), 금속주조기술도 발달하였다(성덕대왕 신종).

(4) 농업기술의 혁신

① 철제 농기구의 보급을 통해 농업생산력이 증가하였으며, 이는 중앙집권적 귀족 국가로 발전하는 경제적 기반이 되었다.

② 삼국의 농업기술 : 쟁기, 호미, 괭이 등의 농기구가 보급되어 농업 생산이 증가되었다.
- ㉠ 고구려 : 쟁기갈이, 보습의 사용으로 농업이 발달하였다(4세기).
- ㉡ 백제 : 수리시설의 축조, 철제농기구의 개량을 통해 논농사가 발전하였다(4~5세기).
- ㉢ 신라 : 우경의 보급 및 확대로 생산량이 증가하였다(5~6세기).

기출문제

삼국시대 금속 제작기술에 대한 설명으로 옳지 않은 것은?

2016. 3. 19. 사회복지직

① 철광석 생산이 풍부하고 제작기술이 발달한 가야에서는 철로 만든 불상이 유행하였다.

② 백제에서 제작해 왜에 보낸 칠지도는 강철로 만들고 금으로 글씨를 상감해 새겨 넣었다.

③ 고구려 고분 벽화에는 철을 단련하고 수레바퀴를 제작하는 인물의 모습이 그려져 있다.

④ 신라 고분에서 출토된 금관은 뛰어난 제작기법과 형태를 보여주고 있다.

☞ ①

❸ ·· 고대인의 자취와 멋

(1) 고분과 고분벽화

① 고구려

  ㉠ 초기 : 돌을 정밀하게 쌓아 올린 돌무지무덤으로, 다듬은 돌을 계단식으로 7층까지 쌓아 올린 장군총이 대표적인 무덤이다.

  ㉡ 후기 : 굴식 돌방무덤은 돌로 널방을 짜고 그 위에 흙으로 덮어 봉분을 만든 것으로, 내부에 벽화를 그리기도 하였다. 이런 무덤은 만주 집안, 평안도 용강, 황해도 안악 등에 분포되었으며 무용총(사냥그림), 강서대묘(사신도), 쌍영총, 각저총(씨름도) 등이 대표적이다.

  ㉢ 고분벽화 : 당시의 생활, 문화, 종교 등을 파악할 수 있다. 초기에는 무덤 주인의 생활을 표현한 그림이 많았고 후기로 갈수록 점차 추상화되어 상징적 그림으로 변하였다.

② 백제

  ㉠ 한성시대 : 계단식 돌무지무덤으로서 서울 석촌동에 있는 고구려 초기의 고분과 유사하다.

  ㉡ 웅진시대 : 굴식 돌방무덤과 벽돌무덤(금관장식과 지석으로 꾸며진 중국 남조의 영향을 받은 무덤)이 유행하였다.

  ㉢ 사비시대 : 규모는 작지만 세련된 굴식 돌방무덤을 만들었다.

③ 신라 : 거대한 돌무지 덧널무덤(천마총의 천마도)을 만들었으며, 삼국통일 직전에는 굴식 돌방무덤도 만들었다.

④ 통일신라 : 불교의 영향으로 화장이 유행하였으며, 거대한 돌무지 덧널무덤에서 점차 규모가 작은 굴식 돌방무덤으로 바뀌었다. 그리고 무덤의 봉토 주위를 둘레돌로 두르고, 그 둘레돌에는 12지신상을 조각하였다.

⑤ 발해

  ㉠ 정혜공주묘 : 굴식 돌방무덤으로 모줄임 천장구조가 고구려 고분과 닮았고, 이곳에서 나온 돌사자상은 매우 힘차고 생동감이 있다.

  ㉡ 정효공주묘 : 벽돌무덤으로 완전한 형태의 묘비와 당시 발해인의 모습을 알 수 있는 벽화가 발견되었다.

(2) 건축과 탑

① 삼국시대

  ㉠ 궁궐 : 평양의 안학궁은 고구려 남진정책의 기상을 보여준다.

  ㉡ 사원 : 신라의 황룡사는 진흥왕의 팽창의지를 보여주고, 백제의 미륵사는 무왕이 추진한 백제의 중흥을 반영하는 것이다.

  ㉢ 가옥 : 고구려의 고분벽화에는 가옥구조가 잘 나타나 있다.

  ㉣ 성곽 : 산성이 대부분이었으며 방어를 위해 축조하였다.

  ㉤ 탑 : 불교의 전파와 함께 부처의 사리를 봉안하여 예배의 주대상으로 삼았다.

  • 고구려 : 주로 목탑을 건립했는데 이제는 남아 있는 것이 없다.

  • 백제 : 목탑형식의 석탑인 익산 미륵사지 석탑, 부여 정림사지 5층 석탑이 대표적인 석탑이다.

  • 신라 : 몽고의 침입 때 소실된 황룡사 9층 목탑과 벽돌모양의 석탑인 분황사탑이 유명하다.

② 통일신라
ㄱ 건축 : 궁궐과 가옥은 남아있는 것이 거의 없다.
• 불국사 : 불국토의 이상을 조화와 균형감각으로 표현한 사원이다.
• 석굴암 : 아름다운 비례와 균형의 조화미로 건축분야에서 세계적인 걸작으로 손꼽힌다.
• 조경술 : 인공 연못인 안압지는 화려한 귀족생활을 보여 준다.
ㄴ 탑 : 목탑과 전탑의 양식을 계승하고 발전시켰다. 2중 기단 위에 3층의 석탑이 있는 형식이 유행하였다(감은사지 3층 석탑, 불국사 석가탑, 양양 진전사지 3층 석탑).
ㄷ 승탑과 승비 : 신라 말기에 선종이 유행하면서 승려들의 사리를 봉안하는 승탑과 승비가 유행하였다. 승탑과 승비는 세련되고 균형감이 뛰어나 이 시기 조형미술을 대표하며, 신라 말기 지방호족들의 정치적 역량이 성장하였음을 보여 준다.
③ 발해 : 외성을 쌓고, 주작대로를 내고, 그 안에 궁궐과 사원을 세웠다. 사찰은 높은 단 위에 금당을 짓고 그 좌우에 건물을 배치하였다.

(3) 불상 조각과 공예
① 삼국시대 : 불상으로는 미륵보살반가상을 많이 제작하였다. 그 중에서도 금동미륵보살반가상은 날씬한 몸매와 자애로운 미소로 유명하다.
ㄱ 고구려 : 연가 7년명 금동여래입상(중국 북조의 영향을 받았으나 강인한 인상과 은은한 미소에는 고구려의 독창성이 보임)
ㄴ 백제 : 서산 마애삼존불상(부드러운 자태와 온화한 미소)
ㄷ 신라 : 경주 배리석불입상(푸근한 자태와 부드럽고 은은한 미소)
② 통일신라
ㄱ 석굴암의 본존불과 보살상 : 사실적 조각으로 불교의 이상세계를 구현하는 것이다.
ㄴ 조각 : 태종 무열왕릉비의 받침돌, 불국사 석등, 법주사 쌍사자 석등이 유명하다.
ㄷ 공예 : 상원사 동종, 성덕대왕 신종, 특히 성덕대왕 신종은 맑고 장중한 소리, 경쾌하고 아름다운 비천상으로 유명하다.
③ 발해
ㄱ 불상 : 흙을 구워 만든 불상과 부처 둘이 앉아 있는 불상이 유명한데, 고구려 양식을 계승하고 있다.
ㄴ 조각 : 벽돌과 기와무늬(고구려 영향), 석등(팔각기단)이 유명하다.
ㄷ 공예 : 자기공예가 독특하게 발전하였고 당에 수출하기도 했다.

(4) 글씨·그림과 음악
① 서예
ㄱ 광개토대왕릉 비문 : 웅건한 서체로 쓰여졌다.
ㄴ 김생 : 질박하면서도 굳센 신라의 독자적인 서체를 열었다.
② 그림
ㄱ 천마도 : 신라의 힘찬 화풍을 보여준다.
ㄴ 솔거 : 황룡사 벽에 그린 소나무 그림에 날아가던 새들이 앉으려 하였다.
ㄷ 화엄경 변상도 : 섬세하고 유려한 모습은 신라 그림의 높은 수준을 보여 준다.
③ 음악과 무용(종교 및 노동과 밀접한 관련)
ㄱ 고구려 : 왕산악은 거문고를 만들고 악곡을 지었다.
ㄴ 신라 : 백결 선생은 방아타령을 지어 가난한 사람들을 달랬다.
ㄷ 가야 : 우륵은 가야금을 만들고 12악곡을 지었다.

기출문제

다음과 같은 불교 사상의 영향을 받아 만들어진 문화재는?

2018. 5. 19. 제1회 지방직

이 불교 사상은 개인적 정신 세계를 추구하는 경향이 강하였기 때문에 지방에서 독자적인 세력을 이루어 성주나 장군을 자처하던 자들로부터 큰 호응을 받았다.

① 성덕대왕신종
② 쌍봉사 철감선사탑
③ 경천사지 십층석탑
④ 금동미륵보살 반가사유상

☞ ②

(5) 한문학과 향가

① 삼국시대

   ⊙ 한시 : 황조가(고구려, 유리왕의 이별의 슬픔을 노래함), 오언시(을지문덕이 수의 장수에게 보냄)가 전해지고 있다.

   ⓒ 노래 : 구지가(무속신앙과 관련), 회소곡(노동과 관련), 정읍사(백제), 혜성가(신라의 향가) 등이 유행하였다.

② 통일신라

   ⊙ 향가 : 화랑에 대한 사모의 심정, 형제 간의 우애, 공덕이나 불교에 대한 신앙심을 담고 있으며 삼대목을 편찬하였다.

   ⓒ 설화문학 : 에밀레종 설화, 설씨녀 이야기, 효녀 지은 이야기 등을 통해 종교와 백성들의 어려운 삶을 찾아볼 수 있다.

③ 발해 : 4 · 6변려체로 쓰여진 정혜 · 정효공주의 묘비문을 통해 높은 한자문학의 수준을 알 수 있고, 시인으로 양태사(다듬이 소리)가 유명하다.

❹ ·· 일본으로 건너간 우리 문화

(1) 삼국문화의 일본 전파

① 일본 고대문화 성립과 발전에 큰 영향을 끼쳤다.

② 백제

   ⊙ 아직기와 왕인 : 4세기에 아직기는 일본의 태자에게 한자를 가르쳤고, 뒤이어 왕인은 천자문과 논어를 가르쳤다.

   ⓒ 노리사치계 : 6세기에 불경과 불상을 전하였다. 그 결과 일본은 고류사 미륵반가사유상과 호류사 백제관음상을 만들 수 있었다.

   ⓒ 5경박사, 의박사, 역박사, 화가, 공예 기술자가 파견되어 이들에 의해 목탑이 건립되었고, 백제가람양식이 생겨났다.

③ 고구려

   ⊙ 담징 : 종이와 먹의 제조방법을 전하였고, 호류사의 벽화를 그렸다.

   ⓒ 혜자 : 소토쿠 태자의 스승이 되었다.

   ⓒ 혜관 : 불교 전파에 큰 공을 세웠다.

   ⓔ 다카마쓰 고분벽화가 수산리 고분벽화와 흡사한 점에서 고구려의 영향력을 살펴볼 수 있다.

④ 신라 : 축제술(한인의 연못)과 조선술을 전해주었다.

⑤ 삼국의 문화는 야마토 정권과 아스카 문화의 형성에 큰 영향을 주었다.

(2) 일본으로 건너간 통일신라 문화

① 통일신라 문화의 전파는 일본에서 파견해 온 사신을 통해 이루어졌다.

② 원효, 강수, 설총이 발전시킨 유교와 불교문화는 일본 하쿠호문화의 성립에 기여하였다. 불상, 탑, 가람배치, 율령과 정치제도 등의 분야에서 통일신라의 불교와 유교의 영향이 컸다.

③ 심상에 의하여 전해진 화엄사상은 일본 화엄종의 토대가 되었다.

1 삼국시대 문화에 대한 설명으로 옳지 않은 것은?

2019. 6. 15. 제1회 지방직

① 선덕여왕 때에 첨성대를 세웠다.
② 목탑 양식의 미륵사지석탑이 건립되었다.
③ 가야 출신의 우륵에 의해 가야금이 신라에 전파되었다.
④ 사신도가 그려진 강서대묘는 돌무지무덤으로 축조되었다.

> **TIP** 강서대묘는 굴식돌방무덤으로 고구려 후기 무덤 양식이다. 고분 벽화가 그려질 수 있는 무덤은 굴식돌방무덤이다. 돌무지무덤은 고구려 초기 무덤 양식으로 장군총이 대표적이다.

2 밑줄 친 '그'에 대한 설명으로 옳은 것은?

2019. 6. 15. 제1회 지방직

> 그는 중국 유학을 마치고 귀국한 다음, 국왕에게 황룡사에 9층탑을 세울 것을 건의했다. 그가 9층탑 건립을 건의한 데에는 주변 나라의 침입을 막고자 하는 호국정신이 담겨 있다.

① 화랑이 지켜야 할 세속오계를 지었다.
② 대국통으로 있으면서 계율을 지키는 일에 힘을 보탰다.
③ 통일 이후의 사회갈등을 통합으로 이끄는 화엄사상을 강조하였다.
④ 일심(一心) 사상을 주장하여 불교 교리의 대립을 극복하고자 하였다.

> **TIP** 신라 선덕여왕 때 자장율사이다. 자장율사는 당에 들어가 구법수도한 이후 귀국하여 선덕여왕에게 황룡사 9층 목탑 건립을 제안하였다. 선덕여왕은 자장을 대국통에 임명하여 모든 승려들의 규범에 관한 일을 주관하도록 위임하였다. 이후 자장은 오대산 월정사를 창건하였다.
> ① 원광 ③ 의상 ④ 원효

3 〈보기〉에서 제시된 인물의 공통점으로 가장 옳은 것은?

2018. 6. 23. 제2회 서울특별시

> ─── 〈보기〉 ───
> ㉠ 김운경   ㉡ 최치원
> ㉢ 최언위   ㉣ 최승우

① 고려 출신으로 당나라에서 유학했다.
② 7세기와 8세기에 활약했던 신라의 대문장가이다.
③ 숙위학생으로 당 황제의 호위무사가 되었다.
④ 당나라의 빈공과에 급제한 후 귀국하였다.

> **TIP** 〈보기〉의 인물들은 6두품 출신으로 모두 당나라의 빈공과에 급제하였다.

Answer 1.④ 2.② 3.④

4 다음 설명에 해당하는 인물로 옳은 것은?

2015. 3. 14. 사회복지직

> 이 인물은 불교 서적을 폭넓게 이해하고, 모든 것이 한마음에서 나온다는 일심 사상을 바탕으로, 다른 종파들과의 사상적 대립을 조화시키고 분파 의식을 극복하려고 노력하였다. 「대승기신론소」, 「십문화쟁론」 등을 저술하기도 하였다.

① 원측　　　　　　　　　　　② 원광
③ 의천　　　　　　　　　　　④ 원효

> **TIP** 지문에서 설명하는 인물은 원효이다. 원효는 금강삼매경론, 대승기신론소, 십문화쟁론 등을 저술하여 불교의 사상적 이해기준을 확립시키고 화쟁논리에 의한 일심(一心)사상으로 종파간의 사상적인 대립을 극복하고 조화시켰다.

5 다음에 설명한 무덤 양식에 해당하지 않는 것은?

2015. 3. 14. 사회복지직

> 돌로 방을 만들고 그것을 통로로 연결한 무덤으로 그 위에 흙으로 덮어 봉분을 만들었다. 일반적으로 앞방과 널방으로 구분하고 벽에 그림을 그려 넣기도 하였다.

① 쌍영총　　　　　　　　　　② 무용총
③ 각저총　　　　　　　　　　④ 장군총

> **TIP** 돌로 널방을 짜고 입구와 통로로 연결한 다음 흙으로 봉분을 덮는 무덤은 고구려 후기의 대표적인 무덤인 굴식돌방무덤이다. 대표적인 굴식돌방무덤으로는 무용총, 강서대묘, 쌍영총, 각저총 등이 있다.
> ④ 장군총은 고구려 초기에 돌을 계단식으로 쌓아올린 돌무지무덤(적석총)이다.

6 신라 승려 ㉠과 ㉡에 대한 설명으로 옳지 않은 것은?

2015. 4. 18. 인사혁신처

> (㉠)은(는) 불교 서적을 폭넓게 이해하고, 일심(一心) 사상을 바탕으로 여러 종파들의 사상적 대립을 조화시키며, 분파 의식을 극복하려고 노력하였다. 한편 (㉡)은(는) 모든 존재가 상호 의존적인 관계에 있으면서 서로 조화를 이룬다는 화엄 사상을 정립하고, 교단을 형성하여 많은 제자를 양성하였다.

① ㉠은 미륵 신앙을 전파하며 불교 대중화의 길을 열었다.
② ㉠은 무애가라는 노래를 유포하며 일반 백성을 교화하였다.
③ ㉡은 관음 신앙과 함께 아미타 신앙을 화엄 교단의 주요 신앙으로 삼았다.
④ ㉡은 국왕이 큰 공사를 일으켜 도성을 새로이 정비하려 할 때 백성을 위해 이를 만류하였다.

> **TIP** ㉠은 원효, ㉡은 의상이다.
> ① 원효는 아미타 신앙에 근거하여 불교 대중화의 길을 열었다.

7 다음에서 설명하는 사찰과 관련이 있는 것은?

2013. 9. 7. 서울특별시

> 이 절은 의상이 세웠으며, 공포가 주심포 양식인 유명한 건축물이 있고, 조사당에는 고려 시대의 사천왕상 벽화가 유명하다.

① 거대한 미륵보살입상이 있다.
② 신라 양식을 계승한 불상이 있다.
③ 지눌이 수선사 결사 운동을 전개하였다.
④ 금속 활자인 직지심체요절이 간행되었다.
⑤ 김부식이 지은 대각국사비가 세워져 있다.

> **TIP** 주어진 자료에서 설명하는 사찰은 신라 문무왕 때 의상이 왕명을 받아 창건한 부석사이다.
> ② 고려 때 부석사 무량수전에 신라 양식을 계승한 소조아미타여래좌상을 만들었다.
> ① 관촉사에는 고려 최대의 석불 입상인 석조미륵보살입상이 있다.
> ③ 지눌은 수선사를 중심으로 선종 계통의 새로운 신앙운동을 전개하였다.
> ④ 「직지심체요절」은 청주 흥덕사에서 간행되었다.
> ⑤ 김부식이 비문을 지은 대각국사비는 북한의 영통사에 있다.

8 신라 하대 불교계의 새로운 경향을 알려주는 다음의 사상에 대한 설명으로 옳은 것은?

2014. 4. 19. 안전행정부

> 불립문자(不立文字)라 하여 문자를 세워 말하지 않는다고 주장하고, 복잡한 교리를 떠나서 심성(心性)을 도야하는 데 치중하였다. 그러므로 이 사상에서 주장하는 바는 인간의 타고난 본성이 곧 불성(佛性)임을 알면 그것이 불교의 도리를 깨닫는 것이라는 견성오도(見性悟道)에 있었다.

① 전제왕권을 강화해주는 이념적 도구로 크게 작용하였다.
② 지방에서 새로이 대두한 호족들의 사상으로 받아들여졌다.
③ 왕실은 이 사상을 포섭하려는 노력에 관심을 기울이지 않았다.
④ 인도에까지 가서 공부해 온 승려들에 의해 전파되었다.

> **TIP** 위에 설명된 사상은 신라 하대에 유행한 선종(禪宗)에 관한 것으로 선종은 문자에 의존하지 않고 오직 좌선만을 통해 부처의 깨달음에 이르려는 종파이다. 6세기 초에 인도에서 중국으로 건너 온 보리달마를 초조(初祖)로 한다. 선종사상은 절대적인 존재인 부처에 귀의하려는 것이 아니라 각자가 가지고 있는 불성(佛性)의 개발을 중요시하는 성향을 지녔기에 신라 하대 당시 중앙정부의 간섭을 배제하면서 지방에서 독자적인 세력을 구축하려 한 호족들의 의식구조와 부합하였다. 이로 인해 신라 말 지방호족의 도움으로 선종은 크게 세력을 떨치며 새로운 사회의 사상적 토대를 마련하였다.

Answer 7.② 8.②

01 핵심예상문제

1 다음과 같은 구조를 가지고 있는 무덤양식에 대해 바르게 설명한 것은?

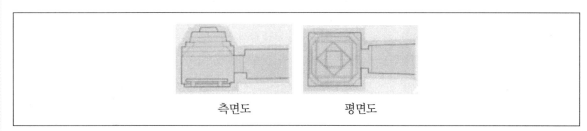

| 측면도 | 평면도 |

① 고구려 초창기에 조성된 대표적인 무덤양식이다.
② 횡혈식(橫穴式) 석실고분이라는 명칭으로도 불리었다.
③ 백제 건국세력이 고구려 계통임을 뒷받침하는 근거가 되었다.
④ 중국 남조의 영향을 받았으며 공주 송산리 6호분이 대표적이다.

> **TIP** 제시된 무덤양식은 굴식 돌방무덤으로 횡혈식 석실고분이라고도 한다. 이 양식은 고대의 대표적인 무덤양식으로 다른
> 무덤양식과 달리 벽화가 많이 그려져 있다.
> ① 고구려 초창기는 돌무지무덤을 조성하였다.
> ③ 백제의 무덤양식은 초창기에 돌무지무덤으로 백제가 고구려 계통임을 보여주는 근거가 된다.
> ④ 공주 송산리 6호분은 무령왕릉이다. 무령왕릉은 중국 남조의 영향을 받은 벽돌무덤이다.

2 삼국의 학문에 대한 설명으로 옳지 않은 것은?

① 교육 기관을 설치하고 한학을 가르쳤다.
② 유학의 보급으로 관리 선발제도가 보편화되었다.
③ 한자를 대신해서 이두와 향찰로 우리말을 기록하였다.
④ 삼국의 학문연구는 지배층을 중심으로 이루어졌다.

> **TIP** 유학의 보급을 통한 관리 선발제도는 과거제도에 대한 설명이다. 과거제도는 고려 광종 때부터 도입되었다.

3 다음은 한 비석에 적힌 내용의 일부이다. 이와 관련된 설명으로 옳은 것은?

> 임신년 6월 16일 두 사람이 함께 맹세하여 기록한다. 하느님 앞에 맹세한다. …… 만일 나라가 편안
> 하지 않고, 세상이 크게 어지러워지면 모름지기 충성을 행할 것을 맹세한다. 「시경」, 「상서」, 「예기」,
> 「좌전」을 차례로 습득하기를 맹세하되 3년으로 하였다.
>
> 〈임신서기석〉

① 초기에 신라는 유학 교육기관으로 국학을 설립하여 유교경전을 가르쳤다.
② 이 비석은 신라의 화랑도들이 유교 경전을 공부했음을 알려준다.
③ 비슷한 예로 사택지적비문과 광개토대왕비가 있다.
④ 이 시기에 신라는 박사와 조교를 두고 유학의 보급과 윤리를 국가적으로 강조하였다.

> **TIP** 임신서기석
> ① 유학교육기관이 설립된 것은 통일신라 신문왕 시기이다.
> ③ 광개토대왕비는 영토의 확장을 보여주는 유물이다.
> ④ 통일신라 신문왕은 국학을 설치하였다.

Answer 1.② 2.② 3.②

4 다음 중 삼국시대의 예술을 잘못 설명한 것은?

① 벽돌무덤이 삼국의 공통된 분묘양식이다.
② 불상조각이나 사원건축예술이 발달하였다.
③ 삼국이 각기 다른 특색을 지니면서 발달하였다.
④ 민간에서는 설화나 노래 등에 그들의 전통적인 성격이 그대로 남아 있었다.

TIP ① 벽돌무덤은 중국 남조의 영향을 받은 것으로 백제 웅진시대에 발달하였다.

5 다음 중 통일신라 사상과 문화에 대한 설명으로 옳지 않은 것은?

① 원효는 일심사상을 바탕으로 십문화쟁론을 지었다.
② 신라 말의 풍수지리설은 왕권전제화를 강화시켰다.
③ 균형미와 조화미의 건축물로 석굴암이 대표적이다.
④ 석탑의 특징은 높은 기단 위에 3층 4각탑의 형태로 만들어졌다.

TIP 신라 말의 풍수지리설은 경주 외에 다른 지방의 중요성을 자각하는 계기가 되었으며 이는 신라 정부의 권위를 약화시키는 역할을 했다.

6 다음 지문에서 설명하는 유물은 무엇인가?

> • 세계에서 가장 오래된 목판인쇄물
> • 닥나무 종이를 이용해 제작
> • 석가탑 보수작업에서 발견되었다.

① 직지심체요절
② 무구정광대다라니경
③ 재조대장경
④ 대방광불화엄경

TIP 무구정광대다라니경은 세계에서 가장 오래된 목판 인쇄물로서 1966년 석가탑 보수작업 도중에 발견되었다. 무구정광대다라니경을 통해 신라의 발전된 불교문화와 불경을 대량으로 인쇄하기 위한 목판인쇄술, 질 좋은 종이를 대량으로 만들수 있는 제지술이 발달했음을 알 수 있다.

Answer 4.① 5.② 6.②

7 다음과 같은 사상에 대한 설명으로 알맞은 것은?

> ㉠ 일(一)안에 일체(一切)요, 다(多)안에 일(一)이며, 일(一)이 곧 일체(一切)요, 다(多)가 곧 일(一)이다.
> ㉡ 불교의 길은 일심(一心)으로 귀환케 하는데 있는데, 그러기 위하여 긍정과 부정의 두 면이 있게 됨은 자연스러운 현상이다.

① ㉠ – 성리학이 수용될 수 있는 기틀을 마련하였다.
② ㉠ – 내외겸전(內外兼全)을 통해 종파의 통합을 추구하였다.
③ ㉡ – 전제왕권의 강화에 기여한 바가 크다.
④ ㉡ – 정토신앙을 통해 대중불교로 나아갔다.

TIP ㉠은 의상의 화엄사상, ㉡은 원효의 일심사상에 대한 설명이다. 원효는 극락에 가고자 하는 아미타신앙(정토신앙)을 통해 불교대중화의 길을 열었다.
① 조계종은 좌선 등을 통한 심성의 도야를 강조함으로써 점차 성리학을 받아들일 수 있는 기반을 마련하였다.
② 내외겸전을 통해 종파의 통합을 추구한 사람은 의천이다.
③ 화엄종에 대한 설명이다.

8 다음 중 고대시대 문화에 관한 설명으로 옳지 않은 것은?

① 고구려 – 초기에는 고유한 양식인 돌무지무덤이 만들어 졌으나, 후기로 갈수록 흙을 덮어 봉분을 만들었다.
② 백제 – 남조의 영향을 받아 돌방무덤이 유행하였다.
③ 신라 – 초기에는 고구려의 영향을 받았으나, 뒤에는 백제의 영향을 많이 받았다.
④ 통일신라 – 3층 석탑이 유행하였다.

TIP 남조의 영향을 받아 만들어진 백제무덤은 벽돌무덤이며 대표적으로 무령왕릉과 송산리 6호분이 있다.

9 다음 중 신라의 유학자들과 그 활동으로 옳지 않은 것은?

① 최치원 – 관리 선발을 위한 독서삼품과의 실시를 주장하였다.
② 김대문 – 신라의 문화를 주체적으로 인식하고자 하였다.
③ 설총 – 화왕계를 저술하여 도덕적 합리주의의 중요성을 강조하였다.
④ 강수 – 외교 문서를 잘 지은 문장가로 유명하였다.

TIP 최치원은 진성여왕 때 문란해진 정치를 바로 잡고자 개혁안 10여 조를 건의하였으나 받아들여지지 않았다.

Answer 7.④ 8.② 9.①

10 우리 문화의 일본 전파와 관련된 내용으로 옳지 않은 것은?

① 백제가람은 백제가 일본에서 유행시킨 건축양식이다.
② 신라의 조선술·축제술이 전파되었다.
③ 고구려 노리사치계는 6세기에 종이와 먹의 제조방법을 전해주었다.
④ 삼국 문화의 일본 전파는 야마토정권과 아스카문화 형성에 영향을 주었다.

TIP 노리사치계는 백제의 달솔(2품 관직)로서 성왕의 명을 받아 일본에 불교를 전수해 주었다.
③ 고구려의 담징은 종이와 먹의 제조방법을 전하였으며, 유명한 호류사금당벽화를 남겼다. 또한 혜자는 일본 쇼토쿠태
자의 스승이었으며, 혜관은 일본으로 불교를 전파하는데 큰 영향을 주었다.

11 다음의 설명과 관계 깊은 승려가 남긴 업적을 모두 고르면?

> • 화쟁사상 주장
> • 정토종의 보급
> •「금강삼매경론」,「대승기신론소」저술

> ㉠ 불교를 이해하는 기준의 확립
> ㉡ 화엄 종단에서 관음사상 주도
> ㉢ 귀족 중심의 불교 사상체계 수립
> ㉣ 일심사상을 통해 종파 간의 분파의식 극복 노력

① ㉠, ㉣   ② ㉡, ㉣
③ ㉡, ㉢   ④ ㉢, ㉣

TIP 설명에서 말하는 승려는 원효이다. 원효는「금강삼매경론」,「대승기신론소」와 같은 명저를 남겨 불교를 이해하는 기준
을 확립하였으며, 일심사상을 바탕으로 다른 종파들과의 사상적 대립을 조화시키고 분파의식을 극복하려는「십문화쟁론」
을 지었다.

12 신라의 독서삼품과에 대한 설명으로 옳은 것은?

① 이 제도는 적절하게 실시되어 유학의 발달에 큰 공헌을 하였다.
② 6두품을 관리로 선발하려는 목적에서 시행되었다.
③ 골품보다 유학실력에 따라 관리를 채용하려는 제도이다.
④ 이 제도의 실시로 골품이 낮은 사람이나 평민이 관리로 많이 채용되었다.

TIP ③ 신라 하대(원성왕 때)에 실시된 독서삼품과는 학문성적에 따라 관리를 임명하는 새로운 제도였다.

Answer 10.③ 11.① 12.③

13 삼국시대의 불교에 대한 설명 중 중앙집권화와 관련이 깊은 내용은?

> 삼국에 수용된 불교에 따라 형성된 하나의 불법에 귀의하는 같은 신도라는 신념은, 국왕을 받드는 길은 신민이라는 생각을 가지게 해 중앙집권화에 큰 역할을 하였다.

> ㉠ 부족과 부족을 통합할 수 있는 이념을 제시하였다.
> ㉡ 세속 5계를 정하여 이를 청년들에게 가르쳤다.
> ㉢ 도교에 대항하기 위하여 열반종을 개창하였다.
> ㉣ 교종의 전통과 권위를 부정하는 선종이 유행하였다.

① ㉠㉡   ② ㉠㉢
③ ㉠㉣   ④ ㉡㉢

TIP 중앙집권체제의 확립과 지방세력의 통제에 힘쓰던 4세기에 불교는 새로운 국가정신의 확립에 기여하고 왕즉불 사상으로 강화된 왕권을 뒷받침해 주는 역할을 하였다. 왕권이 강화되면서 부족장 세력이 통합되었고, 세속오계는 원광법사가 화랑에게 가르친 계율로서 불교와 유교의 내용이 가미된 당시 신라의 시대정신이었다고 볼 수 있다.

Answer 13.①

중세의 문화

1 ·· 유학의 발달과 역사서의 편찬

(1) 유학의 발달

① 고려 초기 : 유교주의적 정치와 교육의 기틀이 마련되었다.
  ㉠ 태조 : 신라 6두품 계열의 유학자들이 활약하였다.
  ㉡ 광종 : 유학에 능숙한 관료를 등용하는 과거제도를 실시하였다.
  ㉢ 성종 : 최승로의 시무 28조를 통해 유교적 정치사상이 확립되고 유학교육기관이 정비되었다.

② 고려 중기 : 문벌귀족사회의 발달과 함께 유교사상이 점차 보수적 성격을 띠게 된다.
  ㉠ 최충 : 9재학당(사학)을 세워 유학교육에 힘썼고, 고려의 훈고학적 유학에 철학적 경향을 가미하기도 하였다.
  ㉡ 김부식 : 보수적이고 현실적인 성격의 유학을 대표하였다.
  ㉢ 특징 : 시문을 중시하는 귀족 취향의 경향이 강하였고, 유교경전에 대한 전문적 이해가 깊어져 유교문화는 한층 성숙되었다.
  ㉣ 위축 : 무신정변이 일어나 문벌귀족세력이 몰락함에 따라 고려의 유학은 한동안 크게 위축되었다.

(2) 교육기관

① 초기(성종)
  ㉠ 지방 : 지방관리와 서민의 자제를 교육시키는 향교를 설치하였다.
  ㉡ 중앙 : 국립대학인 국자감(국학)이 설치되었다. 국자감은 국자학, 태학, 사문학을 연구하는 유학부와 율학, 서학, 산학을 연구하는 기술학부로 나뉘었다.

② 중기
  ㉠ 사학 12도 : 최충의 9재 학당 등의 사학 12도가 융성하여 관학이 위축되었다.
  ㉡ 관학진흥책
    • 도서 출판을 담당하는 서적포를 설치하였다.
    • 전문강좌인 7재를 개설하였다.
    • 장학재단인 양현고와 도서관 겸 학문연구소의 역할을 담당하는 청연각을 설치하였다.
    • 개경에 경사 6학과 향교를 중심으로 지방교육을 강화시켰다.

③ 후기 : 교육재단인 섬학전을 설치하고, 국자감을 성균관으로 개칭하였으며, 공민왕 때에는 성균관을 순수 유교교육기관으로 개편하였다.

(3) 역사서의 편찬

① 유학이 발달하고 유교적인 역사서술체계가 확립되어 많은 역사서가 편찬되었다.

② 초기 : 고려왕조실록이 편찬되었으나 거란의 침입으로 불타버렸고, 7대실록이 편찬되었으나 오늘날 전해지지 않는다.

③ 중기 : 김부식의 삼국사기는 현존하는 우리나라 최고(最古)의 역사서로서, 고려 초에 쓰여진 구삼국사를 기본으로 유교적 합리주의 사관에 기초하여 기전체로 서술되었다.

④ 후기
  ㉠ 무신정변 이후 : 민족적 자주의식을 바탕으로 전통문화를 올바르게 이해하려는 경향이 대두하였다. 이는 무신정변 이후의 사회적 혼란과 몽고 침략의 위기를 겪은 후에 나타난 변화이다.

기출문제

다음 고려시대 조서의 의도에 부합하지 않는 것은?

2011. 4. 9. 행정안전부

중앙에 있는 문신은 매달 시 3편·부 1편을, 지방관은 매년 시 30편·부 1편씩을 바치도록 하라.

① 국자감 설치
② 제술업 시행
③ 음서제 시행
④ 수서원 설립

☞ ③

기출문제

다음과 같은 역사인식에 따라서 편찬된 역사서에 대한 설명으로 옳은 것은?

2013. 7. 27. 안전행정부

대저 옛 성인은 예악으로 나라를 일으키고 인의로 가르쳤으며 괴력난신(怪力亂神)은 말하지 않았다. 그러나 제왕이 장차 일어날 때는 부명(符命)과 도록(圖籙)을 받게 되므로 반드시 남보다 다른 일이 있었다. 그래야만 능히 큰 변화를 타고 대업을 이룰 수 있는 것이다. …(중략)… 그러니 삼국의 시조가 모두 신비하고 기이한 일을 연유하여 태어났다는 것을 어찌 괴이하다 할 수 있겠는가. 이것이 신이(神異)로써 이 책의 앞 머리를 삼은 까닭이다.

① 정통 의식과 대의명분을 강조하였다.
② 유교적 합리주의 사관에 기초하여 기전체로 서술하였다.
③ 고구려 계승 의식을 반영하고 고구려의 전통을 노래하였다.
④ 우리의 고유 문화와 전통을 중시하였으며 단군신화를 수록하였다.

☞ ④

- 해동고승전(각훈) : 삼국시대의 승려 30여명의 전기를 수록하였다.
- 동명왕편(이규보) : 고구려 건국의 영웅인 동명왕의 업적을 칭송한 영웅서사시로서, 고구려 계승의식을 반영하고 고구려의 전통을 노래하였다.
- 삼국유사(일연) : 단군의 건국 이야기를 수록하였고, 우리의 고유문화와 전통을 중시하였으며 불교사를 중심으로 서술되었다.
- 제왕운기(이승휴) : 우리나라 역사를 단군으로부터 서술하면서 우리 역사를 중국사와 대등하게 파악하는 자주성을 나타내었다.
ⓛ 성리학적 유교사관의 대두
- 배경 : 신진사대부의 성장 및 성리학의 수용과 더불어 정통의식과 대의명분을 강조하는 성리학적 유교사관이 대두되기 시작하였다.
- 사략(이제현) : 개혁을 단행하여 왕권을 중심으로 국가질서를 회복하려는 의식이 반영되었다.

(4) 성리학의 전래

① **성리학** : 남송의 주희가 집대성한 성리학은 종래 자구의 해석에 힘쓰던 훈고학이나 사장 중심의 유학과는 달리 인간의 심성과 우주의 원리문제를 철학적으로 탐구하는 신유학이었다.

② **성리학의 전래과정** : 충렬왕 때 안향이 소개하고, 그 후 백이정이 원에서 성리학을 배워와 이제현·박충좌에게 전수하였으며, 이색으로 이어졌고, 그는 정몽주·권근·정도전에게 전래하였다.

③ **영향**
  ㉠ 현실 사회의 모순을 시정하기 위한 개혁사상으로 신진사대부들은 성리학을 수용하게 된다.
  ㉡ 유교적인 생활관습을 시행하는 소학과 주자가례를 중시하여 일상생활에 관계되는 실천적 기능을 강조하게 되었다.
  ㉢ 권문세족과 불교의 폐단을 비판하였다(정도전의 불씨잡변).
  ㉣ 국가사회의 지도이념이 불교에서 성리학으로 바뀌게 되었다.

② ·· 불교사상과 신앙

(1) 불교정책

① **태조**
  ㉠ 사원 건립 : 불교를 적극 지원하면서 개경에 여러 사원을 세웠다.
  ㉡ 불교에 대한 국가의 지침 제시 : 훈요 10조에서 불교를 숭상하고, 연등회와 팔관회 등 불교행사를 개최할 것을 당부하였다.

② **광종**
  ㉠ 승과제도의 실시 : 합격한 자에게는 품계를 주고 승려의 지위를 보장하였다.
  ㉡ 국사·왕사제도의 실시 : 왕실의 고문역할을 맡도록 하였다.

③ **사원** : 국가가 토지를 지급했으며, 승려에게 면역의 혜택을 부여하였다.

(2) 불교통합운동과 천태종

① **초기**
  ㉠ 화엄종의 성행 : 화엄사상을 정비하고 보살의 실천행을 폈던 균여의 화엄종이 성행하였고 선종에 대한 관심도 높았다. 또한 귀법사를 창건하여 분열된 종파를 수습하려 하였다.

기출문제

밑줄 친 '이 책에 대한 설명으로 옳은 것은?

2020. 7. 11. 인사혁신처

신(臣)이 <u>이 책</u>을 편수하여 바치는 것은 … (중략) … 중국은 반고부터 금국에 이르기까지, 동국은 단군으로부터 본조(本朝)에 이르기까지 처음 일어나게 된 근원을 간책에서 다 찾아보아 같고 다른 것을 비교하여 요점을 취하고 읊조림에 따라 장을 이루었습니다.

① 성리학적 유교 사관이 반영되어 대의명분을 강조하였다.
② 국왕, 훈신, 사림이 서로 합의하여 통사체계를 구성하였다.
③ 원 간섭기에 중국과 구별되는 우리 역사의 독자성을 강조하였다.
④ 왕명으로 단군조선에서 고려 말까지의 역사를 노래 형식으로 정리하였다.

☞ ③

보충학습

고려의 신앙관
㉠ 귀족 : 불교에 큰 관심을 보였으며 정치이념으로 삼았던 유교와 신앙인 불교를 서로 배치되는 것으로 생각하지 않았다.
㉡ 일반인 : 현세적인 기복신앙으로 불교를 널리 신봉하였고 지방의 신앙공동체던 향도에는 불교와 함께 토속신앙의 면모도 보이며 불교와 풍수지리설이 융합된 모습도 보인다.

ⓒ **의통과 제관**: 의통은 중국 천태종의 13대 교조가 되었고, 제관은 천태종의 기본교리를 정리한 천태사교의라는 명저를 저술하였다.

② 중기

　　㉠ **불교의 번창**: 개경에서는 흥왕사나 현화사와 같은 왕실과 귀족들의 지원을 받는 큰 사원이 세워져 불교가 번창하였다.

　　㉡ **화엄종과 법상종의 융성**: 보수적이고 귀족적이다.

　　　• 법상종의 발달: 불교의식에 치중하는 법상종은 귀족들의 애호를 받아 발전하였다.

　　　• 화엄종의 융성: 의천은 귀족들의 호화로운 불교의식의 폐단을 시정하기 위하여 불교혁신운동을 전개하였고, 흥왕사의 주지가 되어 이곳을 중심으로 화엄종의 교세를 크게 진작시켰다.

③ 의천의 교단통합운동

　　㉠ **교단통합운동**: 11세기에 이미 종파적 분열상을 보인 고려 불교계에 문종의 왕자로서 승려가 된 의천은 교단통합운동을 펼쳤다.

　　㉡ **특징**

　　　• 토대: 원효의 화쟁사상을 토대로 하여 불교사상을 통합하려 하였다.

　　　• 천태종 창시: 흥왕사를 근거지로 삼아 화엄종을 중심으로 교종을 통합하려 하였으며, 선종을 통합하기 위하여 국청사를 창건하여 천태종을 창시하였다.

　　　• 사상적 바탕: 이론의 연마와 실천을 아울러 강조하는 교관겸수(教觀兼修)를 제창하였다.

　　　• 성과: 천태종에 많은 승려가 모이는 등 새로운 교단 분위기를 형성하는 일정한 성과를 거두었다.

　　　• 한계: 사회·경제적으로 문제가 되고 있던 불교의 폐단을 적극적으로 시정하는 대책이 뒤따르지 않아 의천이 죽은 뒤 교단은 다시 분열되고 귀족 중심의 불교가 지속되었다.

(3) 결사운동과 조계종

① **결사운동**: 무신집권 이후의 사회변동기를 지나 불교계에서도 본연의 자세 확립을 주창하는 결사운동이 전개되었다.

② 지눌

　　㉠ **수선사결사운동의 제창**: 승려 본연의 자세로 돌아가 경과 선 수행, 노동에 고루 힘쓰자는 개혁운동이다.

　　㉡ **조계종의 성립(조계종 중심의 선·교통합운동)**

　　　• 돈오점수(頓悟漸修)·정혜쌍수(定慧雙修)를 제창하여 참선(선종)과 지혜(교종)를 함께 수행하였다.

　　　• 독경, 선수행, 노동을 강조하여 불교개혁운동을 펼쳤다.

　　　• 선종을 중심으로 교종을 포용하여 선·교 일치사상을 완성시켰다.

③ **혜심**: 유불일치설과 심성의 도야를 강조하여 성리학 수용의 사상적 토대를 마련하였다.

④ **요세의 백련결사 제창**: 자신의 행동을 진정으로 참회하는 법화신앙에 중점을 두어 수선사와 양립하며 고려 후기 불교계를 이끌었다.

⑤ **불교의 세속화**: 원간섭기에 들어서자 혁신운동이 단절되고, 사원은 막대한 토지와 노비를 소유하며 상업에 관여하기에 이르렀다. 보우가 교단을 정비하려 노력했으나 실패로 돌아가고 새로운 세력인 신진사대부는 불교계의 사회·경제적인 폐단을 크게 비판하였다.

🎓 **보충학습**

화엄종과 법상종 … 화엄종은 화엄사상을 바탕으로 하는 종파이고, 법상종은 유식사상을 중심으로 하는 종파이다. 교종인 이 두 종파는 선종과 함께 고려 불교의 주축을 이루었다.

기출문제

다음 ㉠~㉣에 들어갈 인물을 바르게 연결한 것은?

2019. 6. 15. 제1회 지방직

• (㉠)는/은 「신편제종교장총록」을 편찬하였다.

• (㉡)는/은 원의 불교인 임제종을 들여와서 전파시켰다.

• (㉢)는/은 강진에 백련사를 결사하여 법화신앙을 내세웠다.

• (㉣)는/은 「목우자수심결」을 지어 마음을 닦고자 하였다.

	㉠	㉡	㉢	㉣
①	수기	보우	요세	지눌
②	의천	각훈	요세	수기
③	의천	보우	요세	지눌
④	의천	요세	각훈	수기

☞ ③

기출문제

다음 인물에 대한 설명으로 옳은 것은?

2020. 6. 20. 소방공무원

• 승과 합격

• 승려 10여 명과 신앙 결사를 약속

• 결사문 완성

• 신앙 결사 운동 전개

• 돈오점수·정혜쌍수 강조

① 「천태사교의」를 저술하였다.

② 조계산에서 수선사를 개창하였다.

③ 속장경의 제작에 주도적으로 참여하였다.

④ 참회수행과 염불을 통한 백련결사를 주장하였다.

☞ ②

(4) 대장경 간행

① 초조대장경 : 현종 때 거란의 퇴치를 염원하며 간행하였으나 몽고의 침입으로 소실되었다.

② 속장경(의천) : 교장도감을 설치하고 불서목록인 신편제종교장총록을 작성하여 속장경을 간행하였지만 몽고의 침입으로 소실되고 말았다.

③ 팔만대장경(재조대장경) : 최우가 대장도감을 설치하여 부처의 힘으로 몽고의 침입을 극복하고자 간행하였다. 합천 해인사에 보관되어 있다.

(5) 도교와 풍수지리설

① 도교의 발달

　㉠ 특징 : 불로장생과 현세구복을 추구하였다. 초제가 성행하고 도교사원을 건립하여 국가의 안녕과 왕실의 번영을 기원하였다.

　㉡ 한계 : 불교적 요소와 도참사상이 수용되었지만 일관성이 결여되고 교단이 성립되지 못하여 민간신앙으로 전개되었다. 국가적으로 이름난 명산대천에 제사를 지내는 팔관회는 도교, 민간신앙, 불교가 어우러진 행사였다.

② 풍수지리설

　㉠ 도참사상이 가미되어 크게 유행하였다. 개경과 서경이 명당이라는 설이 유포되어 서경천도와 북진정책 추진의 이론적 근거가 되었다.

　㉡ 개경세력과 서경세력의 정치적 투쟁에 이용되어 묘청의 서경천도운동을 뒷받침하기도 하였다.

　㉢ 북진정책의 퇴조와 함께 한양명당설이 대두하여 이곳을 남경으로 승격하고 궁궐을 지어 왕이 머물기도 하였다.

❸ ‥ 과학기술의 발달

(1) 천문학과 의학

① 과학 : 국자감에서 잡학(율학, 서학, 산학 등)을 교육하였으며, 과거에서도 잡과를 실시하였다. 이는 천문학, 의학, 인쇄술, 상감기술, 화약무기제조술 등의 과학기술의 발전을 가져왔다.

② 천문학 : 천문 관측과 역법 계산을 중심으로 발달하였다. 사천대(서운관)를 설치하여 첨성대에서 관측업무를 수행하였고, 당의 선명력이나 원의 수시력 등 역법을 수용하였다.

③ 의학 : 태의감에서 의학을 교육하였고, 의과를 시행하였으며, 향약구급방과 같은 자주적 의서를 편찬하였다.

(2) 인쇄술의 발달

① 목판인쇄술 : 고려대장경의 판목은 고려의 목판인쇄술이 최고의 수준에 이르렀음을 입증해 주고 있다.

② 금속활자인쇄 : 상정고금예문(1234)은 서양보다 200여 년이나 앞서 이루어진 것이나 오늘날 전해지지 않고 있으며, 직지심체요절(1377)은 현존하는 세계 최고(最古)의 금속 활자본이다.

③ 제지술의 발달 : 닥나무의 재배를 장려하고 종이 제조의 전담관시를 설치하여 우수한 종이를 제조하고 중국에 수출하기도 하였다.

보충학습

고려시대의 풍수지리설

㉠ 비보사탑설 : 지맥이 약한 곳이나 산세가 험한 곳에 사찰이나 탑을 세움으로 불력으로서 힘 있고 순하게 할 수 있는 주장이다.

㉡ 지기쇠왕설 : 지기가 왕성할 때 그 곳에 자리잡은 왕조나 개인은 흥성하고, 쇠퇴할 때는 멸망한다는 것이다.

기출문제

다음의 역사적 사실과 시기적으로 가장 가까운 것은?

2010. 5. 22. 상반기 지방직

목판 인쇄술의 발달, 청동 주조 기술의 발달, 인쇄에 적합한 먹과 종이의 제조 등이 어우러져 세계 최초로 금속 활자를 주조하여 고금상정예문을 인쇄하였다.

① 난립한 교종의 종파를 화엄종 중심으로 재확립하기 위해 균여를 귀법사의 주지로 임명하였다.

② 삼별초는 개경 환도에 반대하여 반기를 들었으며, 진도로 거점을 옮겨 항몽전을 전개하였다.

③ 사림원을 설치하여 개혁정치를 추진하고, 관료정치를 회복하기 위해 관제를 바꾸었다.

④ 화약 무기의 필요성을 절감하고, 화통도감을 설치하여 각종 화약무기를 제조하였다.

☞ ②

(3) 농업기술의 발달

① **권농정책** : 농민생활의 안정과 국가재정의 확보를 위해 실시하였다. 광종은 토지 개간을 장려하였고, 성종은 무기를 농기구로 만들어 보급하기도 하였다.

② **농업기술의 발달**

    ㉠ **토지의 개간과 간척** : 중기까지는 묵은땅, 황무지, 산지 등을 개간하였으나, 후기에는 해안지방의 저습지를 간척하였다(강화도).

    ㉡ **수리시설의 개선** : 김제의 벽골제와 밀양의 수산제를 개축하고, 제언(저수지)을 확충시켰으며, 해안의 방조제 등이 만들어져 수리시설과 농업기술이 점차 발전하였다.

    ㉢ **농업기술의 발달** : 1년 1작이 기본이었으며 논농사의 경우는 직파법을 실시하였으나, 말기에 남부 일부 지방에 이앙법이 보급되어 실시되기도 하였다. 밭농사는 2년 3작의 윤작법과 우경에 의한 깊이갈이가 보급되어 휴경기간의 단축과 생산력의 증대를 가져왔다.

    ㉣ **시비법의 발달** : 가축이나 사람의 배설물을 거름으로 이용하였다.

    ㉤ **녹비법의 시행** : 콩과 작물을 심은 뒤에 갈아 엎어 비료로 사용하는 녹비법이 시행되었다.

    ㉥ **농서의 도입** : 이암은 원의 농상집요를 소개·보급하였다.

    ㉦ **목화의 재배** : 문익점이 원에서 목화씨를 들여와 목화 재배를 통해 의생활의 혁신을 가져왔다.

(4) 화약무기의 제조와 조선기술

① 최무선은 화통도감을 설치하여 화약과 화포를 제작하였고 진포싸움에서 왜구를 격퇴하였다.

② 대형 범선이 제조되었고 대형 조운선이 등장하였다.

④ ·· 귀족문화의 발달

(1) 문학의 성장

① **전기**

    ㉠ **한문학** : 광종 때부터 실시한 과거제로 한문학이 크게 발달하였고, 성종 이후 문치주의가 성행함에 따라 한문학은 관리들의 필수교양이 되었다. 이 시기의 한문학은 중국의 형식을 모방하는 것에서 벗어나 독자적 성격을 가지기 시작하였다.

    ㉡ **향가** : 균여의 보현십원가가 대표적이며, 향가는 점차 한시에 밀려 사라지게 되었다.

② **중기** : 귀족화되면서 당의 시나 송의 산문을 숭상하는 풍조가 퍼져 당시 귀족문화의 사대성과 보수성을 강화하는 결과를 가져왔다.

③ **무신집권기**

    ㉠ **수필형식의 저술** : 낭만적이고 현실도피적인 경향을 보였다.

    ㉡ **새로운 문학 경향의 대두** : 이규보와 최자 등의 문신들에 의하여 형식보다는 내용에 치중하여 현실을 표현하였다.

④ **후기** : 신진사대부와 민중이 주축이 되었다.

    ㉠ **한시·한문학** : 수필문학, 패관문학, 한시가 발달하였다.

    ㉡ **사대부문학**

      • 향가 형식을 계승한 경기체가를 창작하여 유교정신과 자연의 아름다움을 담았다(한림별곡, 관동별곡, 죽계별곡).

- 민간에 구전되는 이야기를 고쳐 한문으로 기록한 패관문학이 유행하였다(이규보의 백운소설, 이제현의 역옹패설).
  - © 민중문학 : 자유분방한 서민의 감정을 표현한 장가(속요)가 유행하였다(청산별곡, 가시리, 쌍화점).

(2) 건축과 조각

① 건축 : 궁궐과 사원이 중심이 되었으며, 축대를 높이 쌓고 계단식 배치를 한 웅장하고 장엄한 형식이다.
  - ㉠ 봉정사 극락전 : 주심포 양식으로 현존하는 최고의 목조건물이다.
  - ㉡ 부석사 무량수전, 수덕사 대웅전 : 주심포 양식으로 주변 자연과 어우러진 외관과 잘 다듬은 부재의 배치가 만들어 내는 경건한 내부공간으로 유명하다.
  - ㉢ 성불사 응진전 : 후기 건물로 조선시대 건축에 영향을 끼쳤으며 다포식 건물이다.
② 석탑 : 신라 양식을 일부 계승하였으나 독자적인 조형감각을 가미하여 다양한 형태로 제작되었다. 다각 다층탑이 많았고 안정감은 부족하나 자연스러운 모습을 띠었다(불일사 5층 석탑, 월정사 팔각 9층 석탑, 경천사 10층 석탑).
③ 승탑 : 선종의 유행과 관련이 있다(고달사지 승탑, 법천사 지광국사 현묘탑).
④ 불상 : 균형을 이루지 못하여 조형미가 다소 부족한 것이 많았다(광주 춘궁리 철불, 관촉사 석조 미륵보살 입상, 안동 이천동 석불, 부석사 소조아미타여래 좌상).

(3) 청자와 공예

① 자기공예
  - ㉠ 신라와 발해의 전통과 기술을 토대로 송의 자기기술을 받아들여 독특한 미를 완성시켰다.
  - ㉡ 청자의 발달 : 초기에는 순수 청자였으나 12세기 중엽에는 상감청자가 발달하였다. 원 간섭기 이후에는 퇴조되어 점차 소박한 분청사기가 등장하게 되었다(고려의 청자는 자기를 만들 수 있는 흙이 생산되고 연료가 풍부한 지역에서 구워졌는데, 전라도 강진과 부안이 유명하였다).
② 금속공예 : 은입사 기술이 발달하였다(청동 은입사 포류수금문 정병, 청동향로).
③ 나전칠기 : 경함, 화장품갑, 문방구 등이 현재까지 전해진다.

(4) 글씨·그림과 음악

① 서예
  - ㉠ 전기 : 구양순체가 유행했는데 탄연의 글씨가 특히 뛰어났다.
  - ㉡ 후기 : 송설체(조맹부)가 유행했는데, 이암이 뛰어났다.
② 회화 : 도화원에 소속된 전문 화원의 그림과 문인이나 승려의 문인화로 나뉘었다.
  - ㉠ 전기 : 뛰어난 화가로는 예성강도를 그린 이령과 그의 아들 이광필이 있었다.
  - ㉡ 후기 : 사군자 중심의 문인화가 유행하였고, 공민왕은 천산대렵도를 그렸는데, 이것은 당시의 그림에 원대 북화가 영향을 끼쳤음을 알려 준다.
③ 음악
  - ㉠ 아악 : 송에서 수입된 대성악이 궁중음악으로 발전된 것으로, 오늘날까지도 격조 높은 전통음악을 이루고 있다.
  - ㉡ 향악(속악) : 우리의 고유 음악이 당악의 영향을 받아 발달한 것으로 당시 유행한 민중의 속요와 어울려 수많은 곡을 낳았다. 동동·대동강·한림별곡이 유명하다.

 보충학습

주심포 양식과 다포 양식

㉠ 주심포 양식 : 지붕의 무게를 기둥에 전달하면서 건물을 치장하는 공포가 기둥 위에만 짜여져 있는 방식이다. 하중이 공포를 통해 기둥에만 전달되기 때문에, 자연히 그 기둥은 굵고 배흘림이 많은 경향을 보이는 대신 간소하고 명쾌하다.

㉡ 다포 양식 : 기둥 위와 기둥 사이에도 공포가 짜여져 있는 방식이다. 하중이 기둥과 평방(平枋)의 공포를 통해 벽체에 분산되므로, 지붕의 크기가 더욱 커져 중후하고 장엄한 모습이다.

🖋 기출문제

다음 일이 있었던 시대의 문화에 대한 설명으로 가장 적절하지 않은 것은?

2020. 5. 30. 제1차 경찰공무원(순경)

박유가 왕에게 글을 올려 말하기를 "[중략] 청컨대 여러 신하, 관료들로 하여금 여러 처를 두게 하되, 품계에 따라 그 수를 줄이도록 하여 보통 사람에 이르러서는 1인 1첩을 둘 수 있도록 하며 여러 처에게서 낳은 자식들도 역시 본가가 낳은 아들처럼 벼슬을 할 수 있게 하기를 원합니다."라고 하였다. [중략] 당시 재상들 가운데 그 부인을 무서워하는 자들이 있었기 때문에 그 건의는 결국 실행되지 못하였다.

① 단아하고 균형 잡힌 석등이 꾸준히 만들어졌으며 법주사 쌍사자 석등이 대표적인 작품이다.

② 다포 양식 건물이 등장하여 지붕을 웅장하게 얹거나 건물을 화려하게 꾸밀 때 쓰였다.

③ 자기 제작에 상감기법이 개발되어 무늬를 내는 데 활용되었으나 원 간섭기 이후에는 퇴조하였다.

④ 이 시대에는 불화가 많이 그려졌는데 혜허의 관음보살도가 유명하다.

☞ ①

1 고려시대의 역사적 사실들을 오래된 것부터 바르게 나열한 것은?

2020. 5. 30. 제1차 경찰공무원(순경)

㉠ 팔만대장경(재조대장경) 완성	㉡ 「삼국유사」 편찬
㉢ 「향약구급방」 간행	㉣ 황룡사 9층 목탑 소실

① ㉠㉡㉣㉢   ② ㉠㉣㉡㉢

③ ㉢㉣㉠㉡   ④ ㉣㉠㉢㉡

TIP ㉢ 「향약구급방」 간행 : 고려 고종(1236)
㉣ 황룡사 9층 목탑 소실 : 고려 고종(1238)
㉠ 팔만대장경(재조대장경) 완성 : 고려 고종(1251)
㉡ 「삼국유사」 편찬 : 고려 충렬왕(1281)

2 다음 (가)에 대한 설명으로 옳지 않은 것은?

2018. 4. 7. 인사혁신처

> 예전에 성종이 (가) 시행에 따르는 잡기가 정도(正道)에 어긋나는데다가 번거롭고 요란스럽다 하여 이를 모두 폐지하였다. … (중략) … 이것을 폐지한 지가 거의 30년이나 되었는데, 이때에 와서 정당문학 최항이 청하여 이를 부활시켰다.

① 국제 교류의 장이었다.
② 정월 보름에 개최되었다.
③ 토속 신에게 제사를 지냈다.
④ 훈요 10조에서 시행할 것을 강조하였다.

TIP (가) 팔관회
② 연등회에 관한 설명이다.

3 고려시대 불교계의 동향과 관련된 설명으로 가장 옳지 않은 것은?

2019. 6. 15. 제2회 서울특별시

① 백련결사를 제창한 요세는 참회와 수행에 중점을 두는 등 복잡한 이론보다 종교적 실천을 강조했다.
② 재조대장경은 고려 전기에 만들어졌던 대장경 판목이 거란의 침입으로 불타버렸기 때문에 무신집권기에 다시 만든 것이다.
③ 각훈은 삼국시대 이래 승려들의 전기를 정리하여 해동고승전을 지었다.
④ 지눌은 깨달음과 더불어 실천을 강조하는 돈오점수를 주장했다.

TIP 재조대장경은 무신집권기인 고려 고종 때 최우가 대장도감을 설치하여 완성하였다. 당시 몽고의 침입으로 전기에 제작된 초조대장경이 불타자 불교의 힘으로 외세의 침입을 막아내고자 만들었다. 초조대장경의 소실은 거란이 아닌 몽고의 침입으로 발생했다.

Answer 1.③ 2.② 3.②

4 〈보기〉에서 밑줄 친 '그'가 활동하던 시대상황에 대한 설명으로 가장 옳지 않은 것은?

2019. 6. 15. 제2회 서울특별시

─────────── 〈보기〉 ───────────

그가 북산에서 나무하다가 공, 사노비를 불러 모아 모의하기를, "나라에서 경인, 계사년 이후로 높은 벼슬이 천한 노비에게서 많이 나왔으니, 장수와 재상이 어찌씨가 따로 있으랴. 때가 오면 누구나 할 수 있는데, 우리들이 어찌 고생만 하면서 채찍 밑에 곤욕을 당해야 하겠는가?"라고 하니, 여러 노비들이 모두 그렇게 여겼다.

– 「고려사」 –

① 최충의 9재 학당을 비롯한 사학 12도가 융성하였다.
② 경주 일대에서 고려 왕조를 부정하는 신라부흥운동이 일어났다.
③ 정혜쌍수와 돈오점수를 주장하는 수선결사운동이 전개되었다.
④ 소(所)의 거주민은 금, 은, 철 등 광업품이나 수공업 제품을 생산하여 바치기도 하였다.

> **TIP** 고려 최씨 무신집권 초기(고려 신종, 1198) 최충헌의 노비였던 만적이 일으킨 난이다. 무신집권기에는 하극상이 빈번하여 사회가 극도로 혼란하였고, 만적을 비롯한 사노비들이 이 틈을 이용해 신분 해방 운동을 전개했지만 실패하였다. 이 외에도 무신집권기에는 농민들에 대한 무신의 수탈 강화와 집권 세력의 일탈로 민생이 불안정해지자 전국에서 각종 민란이 발생하였다. 공주 명학소의 망이·망소이의 난, 운문·초전의 김사미·효심의 난 등이 대표적이다.
> ① 고려 문종(1046~1083)

5 다음 내용이 실린 사서에 대한 설명으로 옳은 것은?

2019. 4. 6. 인사혁신처

제왕이 장차 일어날 때는 하늘의 명령과 상서로운 기운을 받아서 반드시 보통 사람과는 다른 점이 있으니, 그런 뒤에야 능히 큰 변화를 타서 제왕의 지위를 얻고 대업을 이루었다. … (중략) … 삼국의 시조들이 모두 신이(神異)한 일로 탄생했음이 어찌 괴이하겠는가. 이것이 책 첫머리에 「기이(紀異)」편이 실린 까닭이며, 그 의도도 여기에 있는 것이다.

① 불교 승려의 전기를 수록한 고승전이다.
② 불교 중심의 고대 민간 설화를 수록하였다.
③ 고조선부터 고려 말까지의 역사를 정리하였다.
④ 유교적 사관에 기초하여 기전체로 서술하였다.

> **TIP** 삼국유사는 고려 후기 충렬왕 때 승려 일연이 저술하였다. 삼국유사는 기사본말체 사서로서 고조선부터 삼국시대의 여러 사건을 순서에 맞게 배열하였다. 특히 고조선의 역사를 다루고 있다는 점에서 민족적, 자주적 의식을 고취시킨 점에서 그 의의가 있다.
> ① 각훈의 「해동고승전」 (고려 고종)
> ③ 서거정의 「동국통감」 (조선 성종)
> ④ 김부식의 「삼국사기」 (고려 인종)

Answer 4.① 5.②

6 **고려의 문화에 대한 설명 중 가장 옳은 것은?**

2018. 6. 23. 제2회 서울특별시

① 고려의 귀족문화를 대표하는 백자는 상감기법을 이용한 것이다.
② 고려는 세계 최초로 금속활자를 발명하였다.
③ 팔만대장경판은 거란의 침입을 물리치기 위한 염원을 담아 만든 것이다.
④ 고려는 불교국가여서 유교문화가 발전하지 못하였다.

> **TIP** ② 고종 때에 금속활자로 「상정고금예문」(1234)을 인쇄했다.
> ① 고려의 귀족문화를 대표하는 것은 청자로, 상감기법을 이용하였다.
> ③ 팔만대장경은 몽골의 침입을 물리치기 위한 염원을 담아 만든 것이다. 거란의 침입을 물리치기 위한 염원을 담아 만든 것은 초조대장경이다.
> ④ 고려는 정치이념으로 유교를 채택하였다.

7 **고려시대에 편찬된 역사서에 대한 설명으로 옳은 것은?**

2015. 3. 14. 사회복지직

① 「삼국유사」는 인종 때 왕명으로 편찬되었다.
② 「삼국사기」는 고구려 정통의식을 반영하였다.
③ 「동명왕편」은 단군의 건국이야기를 수록하였다.
④ 「제왕운기」는 우리 역사를 중국사와 대등하게 파악하였다.

> **TIP** ① 「삼국유사」는 고려 후기 승려 일연이 고조선에서 후삼국까지의 유사(遺事)를 모아 편찬한 역사서이며, 인종 때 왕명에 의해 편찬된 책은 김부식의 「삼국사기」이다.
> ② 김부식의 「삼국사기」는 신라를 정통국가로 부각시켰다.
> ③ 이규보의 「동명왕편」은 고구려 건국의 영웅인 동명왕의 업적을 칭송한 영웅서사시로서 고구려 계승의식을 반영하고 고구려의 전통을 노래했다.

Answer 6.② 7.④

1 (개)와 (내)에 들어갈 역사서에 대한 설명으로 옳은 것은?

> • (개)는(은) 현존하는 우리나라의 가장 오래된 역사서로 고려 인종 때 편찬되었다. 본기 28권, 연표 3권, 지 9권, 열전 10권 등 총 50권으로 구성되어 있다.
> • (내)는(은) 충렬왕 때 한 승려가 일정한 역사 서술 체계에 구애받지 않고 자유로운 형식으로 저술한 역사서이다. 총 5권으로 구성되었으며, 민간 설화와 불교에 관한 내용들이 많이 수록되어 있다.

① (개) – 고조선의 역사를 중시하였다.
② (개) – 고구려 계승의식을 강조 하였다.
③ (내) – 민족적 자주의식을 고양하였다.
④ (내) – 도덕적 합리주의를 표방하였다.

> **TIP** (개)는 인종 때 김부식에 의해 저술된 삼국사기이며, (내)는 충렬왕 때 일연에 의해 저술된 삼국유사이다. 삼국사기는 신라 계승의식을 강조하였으며, 삼국유사는 단군조선을 계승한 자주의식에 입각하여 서술되었다.

2 다음 중 고려 초기 유교정치사상을 옳게 설명한 것은?

① 성리학의 새로운 이해를 통해 불교를 공격하기 시작하였다.
② 중국의 한학을 모방하던 최치원의 학풍을 그대로 계승하였다.
③ 유교사상이 보수 세력과 연결되면서 사대적인 성격을 갖게 되었다.
④ 새로운 사회와 문화를 건설하는 과정에서 자주적인 유교 정치사상이 성립되었다.

> **TIP** ④ 초기에 유교는 독자적이고 진취적이며 강한 주체성을 나타내었다.

3 다음 중 고려시대 역사서에 대한 내용으로 옳지 않은 것은?

① 각훈은 해동고승전을 편찬하여 삼국시대 승려 30명의 전기를 수록했다.
② 이승휴는 제왕운기에서 우리나라 역사를 단군에서부터 서술하였다.
③ 김부식은 삼국사기에서 삼국 중에 고구려가 고려의 정통으로 보았다.
④ 이규보는 동명왕편에서 고구려건국의 영웅 동명왕의 업적을 칭송했다.

> **TIP** 삼국사기를 편찬한 김부식은 신라 정통의식을 반영했다.

Answer 1.③ 2.④ 3.③

4 고려시대 성리학의 영향으로 옳지 않은 것은?

① 국가사회의 지도 이념이 불교에서 성리학으로 바뀌게 된다.
② 권문세족과 불교의 폐단을 비판하였다.
③ 현실사회의 모순을 시정하기 위한 개혁사상으로써 신진사대부 중심으로 수용하였다.
④ 주자가례를 중시하여 형이상학적 학문적 도야를 강조하게 되었다.

> **TIP** 고려시대 전해진 초기 성리학은 유교적인 생활관습을 시행하는 소학과 주자가례를 중시하여 일상생활에 관계되는 실천적 기능을 강조한다.

5 다음 중 고려 불교에 대한 서술로 옳지 않은 것은?

① 지눌은 조계종을 중심으로 선종과 교종을 통합하였다.
② 무신집권기의 불교는 세속화되었다.
③ 무신정권은 선종을 사상적 기반으로 삼았다.
④ 의천은 교관겸수를 주장하여 화엄교단을 정비하였다.

> **TIP** 무신집권기에는 불교계의 모순과 폐단을 자각하고 이를 개혁하기 위해 지눌은 수선사결사운동을 펼쳤으며, 요세는 백련결사를 일으켰다. 그러나 원 간섭기에 들어서면서 이런 노력이 줄어들어 점차 세속화 되었다.

6 다음 중 불교 사상과 각 시대 승려들의 활동으로 옳은 것은?

① 의상 – 인도를 다녀온 구법승으로 왕오천축국전을 남겼다.
② 원효 – 화엄종을 개창하여 왕권의 전제화에 기여하였다.
③ 지눌 – 독경과 선 수행을 강조하는 수선결사를 제창하였다.
④ 의통 – 중국 천태종의 13대 교조가 되었고, 천태사교의를 남겼다.

> **TIP** 무신집권기 이후 지눌은 세속화된 불교를 비판하고 승려 본연의 자세로 돌아가 독경과 선 수행, 노동에 힘 쓸 것을 주장하는 수선결사를 송광사를 중심으로 제창하였다. 또한 정혜쌍수와 돈오점수를 통해 선종을 중심으로 한 불교 통합을 이루었다.
> ① 왕오천축국전은 혜초에 대한 내용이다.
> ② 화엄종을 개창한 승려는 의상이다.
> ④ 천태사교의는 제관이 저술하였다.

7 다음 고려시대 목조건축물 중 기둥양식이 다른 하나는 무엇인가?

① 성불사 응진전   ② 부석사 무량수전
③ 수덕사 대웅전   ④ 봉정사 극락전

> **TIP** ① 기둥과 기둥 사이에 공포를 짜 올리는 다포양식의 건물이다.
> ②③④ 기둥 위에만 공포를 짜 올리는 주심포 양식으로 지어진 건물이다.

Answer 4.④ 5.② 6.③ 7.①

8 고려시대 농업기술의 발달로 옳지 않은 것은?

① 농가집성을 통해 이랑과 이랑사이에 파종하는 견종법이 널리 확산되었다.
② 소를 이용한 깊이갈이가 보급되었다.
③ 남부 일부지방에 이앙법이 보급되었다.
④ 콩과 작물을 심은 뒤에 갈아엎어 비료로 사용하는 녹비법이 시행되었다.

> **TIP** 농가집성은 조선 효종시기 신속이 편찬한 농서로 벼농사에 원예학, 특수작물, 나무의 생육과 쓰임새 등 우리나라의 풍토에 맞추어 편찬되었다. 특히 보리의 견종재배는 농가집성에 처음 나오는 내용으로 18세기 이후 견종법 확산에 크게 일조하였다.

9 고려시대 도교에 대한 설명으로 옳지 않은 것은?

① 나라의 안녕과 왕실의 번영을 비는 국가적인 도교행사가 행해졌다.
② 불교적인 요소와 함께 도참사상도 융합되어 일관된 체계가 없었다.
③ 몽고 침입 이후 교단이 형성되어 민간에 널리 퍼졌다.
④ 예종 때 도교사원이 처음으로 건립되었다.

> **TIP** 도교는 일관된 체계가 없었으며 교단도 성립되지 못하여 민간신앙으로 전개되었다.

10 다음에 해당하는 유학이 고려에 수용된 후 나타난 문화 현상으로 옳지 않은 것은?

> • 우주의 근원과 인간의 심성문제를 철학적으로 규명하려는 학문이다.
> • 불교의 선종사상을 유학에 접목한 것으로, 5경보다는 사서를 중시한 학문이다.

① 소학과 주자가례에 대한 인식이 새롭게 강조되었다.
② 훈고학적인 유학이 철학적인 유학으로 바뀌게 되었다.
③ 가묘의 건립과 유교의식을 보급하려는 노력이 행해졌다.
④ 선종을 중심으로 교종을 통합하려는 움직임이 나타나게 되었다.

> **TIP** ④ 제시된 내용은 성리학에 관한 것이며, 성리학의 영향으로 불교는 인륜에 어긋나는 도라 하여 배척당하였다.

Answer 8.① 9.③ 10.④

11 다음 중 고려 음악의 특징에 대해 바르게 설명한 것은?

> ㉠ 향악곡은 안민가, 제망매가 등이 있다.
> ㉡ 향악은 국가의 큰 의식에서 아악과 함께 연주되었다.
> ㉢ 아악은 악장가사, 악학궤범 등에 전해지고 있다.
> ㉣ 아악은 중국에서 수입된 대성악 궁중음악으로 발전한 것이다.

① ㉠㉡
② ㉠㉣
③ ㉡㉣
④ ㉢㉣

TIP ㉠ 안민가, 제망매가는 향가이다.
㉢ 악장가사, 악학궤범은 향악이다.

12 다음과 같은 특색을 지닌 종교의 유행과 관련하여 만들어진 고려시대의 문화재로 볼 수 없는 것은?

> • 개인적인 정신세계를 찾는 경향이 강했으며, 사승(師僧)을 중시하였다.
> • 기성 사상체계에 의존하지 않고, 스스로 사색하여 진리를 깨닫는 것을 중시하였다.

① 경천사지 10층 석탑
② 구례의 연곡사지 북부도
③ 정토사 홍법국사 실상탑
④ 법천사 지광국사 현묘탑

TIP 제시된 내용은 선종의 유행과 관련된 장엄하고 수려한 부도들이 많이 건립된 것을 설명하고 있으며 경천사지 10층 석탑
은 원의 석탑을 본뜬 것으로 조선시대로 이어졌다.

Answer 11.③ 12.①

13 고려시대의 과학기술과 그 발달배경을 바르게 연결한 것은?

> ㉠ 화약과 화포 – 왜구의 침략
> ㉡ 인쇄술의 발달 – 지식의 대중화
> ㉢ 수시력 채용 – 외래문물의 수용 요구
> ㉣ 대형 범선 제조 – 송과의 해상무역 발달

① ㉠㉡ ② ㉠㉣
③ ㉡㉢ ④ ㉢㉣

TIP ㉠ 고려 말의 최무선은 왜구의 침입을 격퇴하기 위해서 화약제조기술의 습득에 힘을 기울였다.
㉡ 우리나라 인쇄술의 발달은 지식의 대중화에 기여하지 못했다. 일반 백성들이 한자로 된 서적을 활용하기에는 어려움이 있었기 때문이다.
㉢ 원의 수시력을 채용한 것은 천재지변을 예측하고, 농사를 위한 천체 운행과 기후 관측에 필요했기 때문이다.
㉣ 송과의 해상무역이 발달하면서 길이가 96척이나 되는 대형 범선이 제조되었다.

14 다음은 어느 시대 예술의 경향에 관한 것이다. 이 시기의 예술품에 해당하는 설명이 아닌 것은?

> 예술의 주인공이었던 문벌귀족이 몰락하고, 불교에 있어서도 선종이 성행함으로써 예술은 퇴보의 길을 걷게 되었다. 그러나 이러한 추세에도 불구하고 이 때에는 불교 종풍의 변화와 함께 원 예술의 영향을 받아 조형미술의 형태와 양식에서 특색있는 작품들이 제작되었다.

① 높은 기단 위에 3층 석탑을 세웠는데, 각 층의 폭과 높이를 과감하게 줄여 독특한 입체미를 나타내었다.
② 기둥 위에만 공포를 짜 올리는 주심포 양식과 기둥 사이에도 공포를 짜 올리는 다포 양식의 건축이 모두 나타났다.
③ 호복을 입은 기마 인물이 말을 힘차게 몰아가는 장면과 원대의 북종화적인 잡목이 짙은 채색으로 그려졌다.
④ 물방울 같은 후광을 배경으로 오른손에 버들가지를 들고 서 있는 관음보살의 우아한 몸매에 투명한 옷자락과 호화 장식이 능란하게 묘사되어 있다.

TIP 제시된 내용은 고려 후기의 예술 경향에 대한 설명이다.
① 높은 기단의 3층 석탑은 신라시대의 예술품이다.

Answer 13.② 14.①

근세의 문화

1 ·· 민족문화의 융성

(1) 발달배경
① 과학기술과 실용적 학문을 중시하여 민생 안정과 부국 강병을 추구하였다.
② 한글을 창제하여 민족문화의 기반을 넓힘과 동시에 발전할 수 있는 터전을 닦았다.
③ 성리학을 지도이념으로 내세웠으나 성리학 이외의 학문과 사상이라도 중앙집권체제의 강화나 민생 안정과 부국 강병에 도움이 되는 것은 어느 정도 받아들였다.

(2) 한글의 창제
① **배경**: 우리말을 한자로 빌려 표현하기 어색하고 백성에게 문자를 가르쳐 도덕적으로 교화시키는 데 목적이 있었다.
② **창제와 반포**: 세종대왕은 1443년 훈민정음을 만들어 3년간 다듬은 뒤 1446년 반포하고 정음청을 설치하여 훈민정음 관계 사무를 담당하게 하였다.
③ **보급**
  ㉠ 용비어천가(왕실 조상의 덕을 찬양) · 월인천강지곡(부처님의 덕을 기림) 등을 지어 한글로 간행하였다.
  ㉡ 불경, 농서, 윤리서 병서 등을 한글로 번역하거나 편찬하였다.
  ㉢ 서리 채용에 훈민정음을 시험으로 치르게 하였다.
  ㉣ 세조 때 간경도감을 설치하여 불경 번역과 보급을 하였다.
④ **의의**: 백성들도 문자생활이 가능하게 되었으며, 문화민족으로서의 긍지와 자부심을 갖게 되었고 민족문화의 기반을 확대하는 데 큰 의의가 있었다.

(3) 역사서의 편찬
① **건국 초기**: 왕조의 정통성에 대한 명분을 밝히고 성리학적 통치규범을 정착시키기 위하여 국가적 차원에서 역사서의 편찬에 힘썼다. 정도전의 고려국사와 권근의 동국사략이 대표적이다.
② **15세기 중엽**: 사회의 안정과 국력 성장의 바탕 위에서 성리학적 대의명분보다는 민족적 자각을 일깨우고, 왕실과 국가위신을 높이며, 문화를 향상시키는 방향에서 시도되어 고려사, 고려사절요, 동국통감이 간행되었다.
③ **16세기**: 사림의 존화주의적, 왕도주의적 정치 · 문화의식을 반영하는 동국사략, 기자실기 등이 편찬되었다.
④ **조선왕조실록의 편찬**: 국왕 사후에 춘추관에 실록청을 설치하여 사초나 시정기를 참고자료로 삼아 편년체로 기록하였다(태조 ~ 철종).

(4) 지리서의 편찬
① **목적**: 중앙 집권과 국방 강화를 위하여 지리지와 지도의 편찬에 힘썼다.
② **지도**: 혼일강리역대국도지도(세계지도), 팔도도(전국지도), 동국지도(양성지 등이 세조 때 완성, 과학기구 이용, 압록강 이북 포함, 북방에 대한 관심 표현), 조선방역지도(16세기 대표적 지도) 등이 있다.
③ **지리지**: 신찬팔도지리지(세종), 동국여지승람(성종, 군현의 연혁 · 지세 · 인물 · 풍속 · 산물 · 교통 등 수록), 신증동국여지승람(중종), 해동제국기(일본 견문기) 등이 있다.

기출문제

㉠과 ㉡ 사이의 시기에 있었던 사실로 가장 적절하지 않은 것은?

2020. 5. 30. 제1차 경찰공무원(순경)

㉠ 지리서의 편찬이 추진되어 「신찬팔도지리지」를 편찬하였다.
㉡ 조선 전기를 대표하는 「동국지도」를 완성하였다.

---

① 고조선부터 고려 말까지 역사를 정리한 「동국통감」을 간행하였다.
② 고려의 역사를 자주적 입장에서 정리한 「고려사절요」를 편찬하였다.
③ 역대의 전쟁을 체계적으로 정리한 「동국병감」을 편찬하였다.
④ 우리 풍토에 알맞은 약재와 치료 방법을 개발하여 정리한 「향약집성방」을 편찬하였다.

☞ ①

보충학습

동국지도 ··· 세조시기 양성지 등이 만든 전국지도로 우리나라 최초의 실측지도이다. 산맥과 강이 매우 자세하게 그려져 있으며, 두만강, 압록강 이북의 흑룡강 지역까지 포함되어 있다. 또한 도로, 부, 군, 현, 병영 등 인문현상 까지 자세히 기록되어 있다.

(5) 윤리·의례서와 법전의 편찬

① 윤리·의례서
- ㉠ 목적 : 유교적인 사회질서 확립을 위해 편찬하였다.
- ㉡ 윤리서 : 삼강행실도, 이륜행실도, 동몽수지 등이 있다.
- ㉢ 의례서 : 국가의 행사의례를 정비한 국조오례의가 있다.

② 법전의 편찬
- ㉠ 목적 : 유교적 통치규범을 성문화하기 위해 편찬하였다.
- ㉡ 법전의 편찬
  - 초기 법전 : 정도전의 조선경국전, 경제문감, 조준의 경제육전이 편찬되었다.
  - 경국대전(성종 때 완성)
    - ─6전체제로 구성 : 이·호·예·병·형·공전으로 구성된 기본법전이다.
    - ─유교적 통치질서와 문물제도가 완성되었음을 의미한다.

❷ ‥ 성리학의 발달

(1) 성리학의 정착

① 15세기의 시대적 과제 : 대내외적인 모순을 극복하고 새로운 문물제도를 정비하며 부국 강병을 추진하는 것이었다.

② 관학파(훈구파) : 정도전, 권근 등의 관학파는 성리학에만 국한하지 않고, 한·당 유학, 불교, 도교, 풍수지리사상, 민간신앙 등을 포용하여 시대적 과제를 해결하려고 하였으며, 특히 주례를 국가의 통치이념으로 중요하게 여겼다.

③ 사학파(사림파) : 길재와 그의 제자들은 형벌보다는 교화에 의한 통치를 강조하였으며, 공신과 외척의 비리와 횡포를 성리학적 명분론에 입각하여 비판하고, 당시의 사회모순을 성리학적 이념과 제도의 실천으로 극복해 보려고 하였다.

(2) 성리학의 융성

① 이기론의 발달
- ㉠ 주리론 : 기(氣)보다는 이(理)를 중심으로 이론을 전개하였다.
  - 도덕적 원리에 대한 인식과 그 실천을 중요시하여 신분질서를 유지하는 도덕규범 확립에 크게 기여하였다.
  - 임진왜란 이후 일본 성리학의 발전과 위정척사사상 등에 영향을 주었다.
- ㉡ 주기론 : 이(理)보다는 기(氣)를 중심으로 세계를 이해하고, 불교와 노장사상에 대해서 개방적 태도를 지녔다.
  - 인간의 경험적 현실세계를 중요시하였다.
  - 북학파 실학과 개화사상에 영향을 주었다.

② 성리학의 정착
- ㉠ 이황
  - 주자의 이론에 조선의 현실을 반영시켜 나름대로의 체계를 세우려고 하였다.
  - 도덕적 행위의 근거로서의 인간의 심성을 중시하였고, 근본적이며 이상주의적 성격이 강하였다.
  - 우리나라뿐만 아니라 일본의 성리학에도 영향을 끼쳤다.
  - 주자서절요, 성학십도 등을 저술하여 이기이원론을 더욱 발전시켜 주리철학을 확립하였다.
- ㉡ 이이
  - 기의 역할을 강조하여 현실적이고 개혁적인 성격이 강했다.
  - 통치체제의 정비와 수취제도의 개혁을 제시하였다.

• 동호문답, 성학집요 등을 저술하였다.
• 일원론적인 이기이원론을 주장하였다.

(3) 학파의 형성과 대립

① 배경 : 16세기 중반부터 성리학에 대한 이해가 심화되면서 학설과 지역에 따라 서원을 중심으로 학파가 형성되기 시작하였다.

② 정파의 형성 : 서경덕, 이황, 조식, 이이, 성혼학파가 형성되었고, 사림이 중앙 정계의 주도 세력으로 등장하는 선조 때 정파가 형성되었다.

  ㉠ 동인과 서인의 형성
  • 동인 : 서경덕, 이황, 조식학파가 동인을 형성하였으며, 정여립 모반사건으로 남인(이황학파)과 북인(서경덕학파, 조식학파)으로 분파되었다.
  • 서인 : 이이, 성혼학파가 서인을 형성하였다.

  ㉡ 북인 : 광해군 때 집권한 북인은 임진왜란으로 인한 피해를 극복하기 위하여 대동 법의 시행과 은광 개발 등 사회경제정책을 추진하였으며, 중립외교를 추진하는 등 성리학적 의리명분론에 크게 구애받지 않았으며, 이는 서인과 남인의 반발을 가져왔다.

  ㉢ 서인과 남인
  • 인조반정으로 서인이 정국을 주도하자 서경덕·조식의 사상, 양명학, 노장사상은 배척을 당 하고 주자 중심의 성리학만이 조선 사상계에서 확고한 우위를 차지하게 되는 계기를 마련 하였다.
  • 서인과 남인은 명에 대한 의리명분론을 강화하고, 반청정책을 추진하여 병자호란을 초래하 기도 하였다.
  • 서인 : 송시열 이후 척화론과 의리명분론이 대세를 이루었다.

(4) 예학의 발달

① 16세기 중반 : 주자가례 중심의 생활규범서가 출현하고, 주자가례에 대한 학문적 연구도 활발해져감에 따라 성리학자들의 예에 대한 관심이 증대하였다.

② 17세기 : 양 난으로 인하여 흐트러진 유교적 질서의 회복이 강조되면서 예가 더 욱 중시되었다.

③ 주자가례를 모범으로 하여 김장생, 정구 등이 발전시켰다.

④ 예에 관한 각 학파 간의 입장의 차이가 예송논쟁을 통해 표출되기도 하였다.

③ ·· 불교와 민간신앙

(1) 불교의 정비

① 정비과정

  ㉠ 태조 : 도첩제를 실시하여 승려로의 출가를 제한하였다.
  ㉡ 태종 : 사원을 정리하고 사원의 토지와 노비를 몰수하여 전국에 242개의 사원만을 인정 하였다.
  ㉢ 세종 : 교단을 정리하면서 선종과 교종 모두 36개의 절만 인정하였다.
  ㉣ 성종 : 도첩제를 폐지하고 출가를 금지하였다. 사림들의 적극적인 불교 비판으로 불교는 점차 왕실에서 멀어져 산 속으로 들어가게 되었다.
  ㉤ 중종 : 승과를 폐지하였다.

② **명맥 유지** : 불교를 보호하기 위하여 왕실의 안녕과 왕족의 명복을 비는 행사를 시행하게 되었다. 세조 때에는 한글로 불경을 간행하고 보급하기 위한 간경도 감을 설치하고, 명종 때에는 불교회복정책으로 승과를 부활시켰다.

③ **한계** : 전반적으로 사원의 경제적 기반 축소와 우수한 인재들의 출가 기피는 불교의 사회적 위상을 크게 약화시키는 결과를 가져왔다.

(2) 도교와 민간신앙

① **도교**
  ㉠ 소격서를 설치하고 참성단에서 일월성신에 대해 제사를 지내는 초제가 시행되었다.
  ㉡ 사림의 진출 이후에는 도교행사가 사라지게 되었다.

② **풍수지리설과 도참사상** : 한양 천도에 반영되었고, 산송문제를 야기시키기도 하였다.

③ **기타 민간신앙**
  ㉠ 무격신앙, 산신신앙, 삼신숭배, 촌락제가 성행하게 되었다.
  ㉡ 세시풍속 : 유교이념과 융합되어 조상숭배의식과 촌락의 안정을 기원하였다.

❹ ·· 과학기술의 발달

(1) 천문 · 역법과 의학

① **발달배경** : 부국 강병과 민생 안정을 위하여 국가적으로 과학기술을 지원하고, 우리나라의 전통적 문화를 계승하면서 서역 및 중국의 과학기술을 수용하였다.

② **각종 기구의 발명 제작**
  ㉠ 천체관측기구 : 혼의, 간의
  ㉡ 시간측정기구 : 해시계(앙부일구), 물시계(자격루)
  ㉢ 강우량측정기구 : 측우기(세계 최초)
  ㉣ 토지측량기구 : 인지의, 규형(토지 측량과 지도 제작에 활용)

③ **천문도의 제작**
  ㉠ 천상열차분야지도 : 고구려의 천문도를 바탕으로 돌에 새겼다.
  ㉡ 세종 때 새로운 천문도를 제작하였다.

④ **역법**
  ㉠ 칠정산 : 중국의 수시력과 아라비아의 회회력을 참고로 하여 만든 역법서이다.
  ㉡ 서울을 기준으로 천체운동을 정확히 계산한 것이다.

⑤ **의학분야** : 향약집성방(국산약재와 치료방법을 개발 · 정리)과 의방유취(의학백과사전)가 편찬되어 민족의학이 발전하게 되었다.

(2) 활자인쇄술과 제지술

① **발달배경** : 각종 서적을 국가적으로 편찬하는 사업을 추진하게 되었다.

② **활자인쇄술의 발전**
  ㉠ 태종 : 주자소를 설치하고 구리로 계미자를 주조하였다.
  ㉡ 세종 : 구리로 갑인자를 주조하고 식자판을 조립하는 방법을 창안하여 인쇄능률을 향상시켰다.

③ **제지술의 발달** : 조지서를 설치하여 다양한 종이를 대량으로 생산할 수 있게 되었고, 출판문화의 수준이 향상되었다.

기출문제

(가)가 편찬된 시기의 과학 기술에 대한 설명으로 옳은 것을 <보기>에서 고른 것은?

2013. 9. 7. 서울특별시

정초, 정인지 등이 원의 수시력을 참고하여 한양을 기준으로 태양과 달의 운동, 태양의 입출입 시각 등을 상세히 기록한 새로운 역법인 (가)을(를) 만들었다.

〈보기〉
㉠ 농촌 생활 백과 사전인 임원경제지가 편찬되었다.
㉡ 밀랍 대신 식자판을 조립하는 방법이 창안되었다.
㉢ 한글로 석가모니의 일대기를 풀이한 책이 저술되었다.
㉣ 현존하는 최고(最古) 의학 서적인 향약구급방이 편찬되었다.

① ㉠㉡   ② ㉠㉢
③ ㉡㉢   ④ ㉡㉣
⑤ ㉢㉣

☞ ③

기출문제

<보기>에서 설명하는 책의 제목으로 가장 옳은 것은?

2020. 6. 13. 제2회 서울특별시

〈보기〉
• 1433년(세종 15)에 편찬되었다.
• 각종 병론(病論)과 처방을 적었다.
• 전통적인 경험에 기초했다.
• 조선의 약재를 중시했다.

① 향약집성방   ② 동의보감
③ 금양잡록   ④ 칠정산

☞ ①

(3) 농서의 편찬과 농업기술의 발달

① 농서의 편찬
　㉠ 농사직설(세종) : 왕명으로 정초, 변효문 등이 편찬한 우리나라 최초의 농서로서 씨앗의 저장법, 토질의 개량법, 모내기법 등 우리의 실정에 맞는 독자적인 농법을 정리하였다.
　㉡ 금양잡록(성종) : 금양(시흥)지방을 중심으로 한 경기지방의 농사법을 정리하였다.

② 농업기술의 발달
　㉠ 밭농사의 경우 조·보리·콩의 2년 3작이 보편화되었고, 논농사로는 남부지방 일부에서 모내기와 이모작이 실시되었다.
　㉡ 봄철에 비가 적은 기후조건 때문에 마른 땅에 종자를 뿌려 일정한 정도 자란 다음에 물을 대주는 건사리(건경법)와 무논에 종자를 직접 뿌리는 물사리(수경법)가 시행되었다.
　㉢ 밑거름과 뒷거름을 주는 시비법이 발달하여 농경지가 상경화되었으며 휴경제도는 소멸되었다.
　㉣ 농작물 수확 후에 빈 농지를 갈아 엎어 다음해 농사를 준비하는 가을갈이 농사법이 보급되었다.

③ 목화 재배가 확대되어 백성들은 주로 무명옷을 입게 되었고, 무명은 화폐처럼 사용되었다.

④ 삼·모시의 재배도 성행하였으며 누에고치도 전국적으로 확산되고 양잠에 관한 농서도 편찬되었다.

(4) 병서 편찬과 무기 제조

① 병서의 편찬
　㉠ 총통등록 : 화약무기의 제작과 그 사용법을 정리하였다.
　㉡ 병장도설 : 군사훈련지침서로 사용되었다.
　㉢ 동국병감 : 고조선에서 고려말까지의 전쟁사를 정리한 것이다.

② 무기 제조 : 최해산은 화약무기의 제조를 담당하였고, 신기전이라는 로켓 추진 화살을 최대 100발까지 연달아 발사할 수 있는 화차를 개발하였다.

③ 병선 제조 : 태종 때에는 거북선과 비거도선을 제조하여 수군의 전투력을 향상시켰다.

④ 16세기 이후 기술 경시의 풍조로 과학기술은 침체되기 시작하였다.

❺ ·· 문학과 예술

(1) 다양한 문학

① 특징
　㉠ 15세기 : 격식을 존중하고 질서와 조화를 내세우는 경향의 문학이 유행하였다.
　㉡ 16세기 : 개인적인 감정과 심성을 표현하는 한시와 가사, 시조 등이 발달하였다.

② 악장과 한문학 : 조선 왕조 건설에 참여했던 관료 문인들은 조선의 탄생과 자신들의 업적을 찬양하고, 용비어천가·월인천강지곡·동문선 등을 통해 우리 민족의 자주의식을 표출하였다.

③ 시조문학 : 15세기에는 김종서·남이·길재·원천석의 작품이, 16세기에는 황진이·윤선도의 작품이 손꼽힌다.

〔기출문제〕

조선전기에는 고려시대의 농업 기술이 개량되면서 생산력이 향상되었다. 옳지 않은 것은?
2010. 6. 12. 서울특별시

① 밭농사, 조·보리·콩의 2년 3작이 널리 행해졌다.
② 시비법이 발달해 경작지를 묵히지 않고 계속 농사를 지을 수 있었다.
③ 쟁기·낫·호미 등의 농기구가 개량되었다.
④ 목화의 재배가 확대되어 의생활이 개선되었다.
⑤ 모내기가 전국적으로 보급되어 벼, 보리의 이모작이 가능해졌다.

☞ ⑤

〔보충학습〕

조선초기 예술의 특징
㉠ 건축 : 건축의 규모 제한, 검소하고 안정감이 있으며 자연미를 최대로 표현, 궁궐과 성문 등이 주가 되었고, 16세기에는 서원의 건축이 대표적이다.
㉡ 회화 : 산수화·인물화 중심으로 양반과 도화서 화원의 그림으로 크게 구분되었다.
㉢ 서예 : 문인·귀족의 교양으로 중시되었고, 그림과 함께 겸하는 경우가 많았다.
㉣ 공예 : 소박하고 은근하며 서민적·실용적이다. 주로 사대부의 생필품·문방사우와 관련해 발달하였다.
㉤ 음악 : 관습도감(아악 정리), 악학궤범 편찬, 민간에서는 탈춤인 사대놀이와 인형극인 꼭두각시놀음이 유행하였다.
㉥ 문학 : 초기에는 한문학으로서 시조문학이 발달, 16세기경에는 불우한 일부 지식인·중인·부녀층이 많았고 산천의 아름다움이나 은둔생활상을 주제로 한 것이 대부분이다.

---

④ 설화문학 : 관리들의 기이한 행적이나 서민들의 풍속, 감정, 역사의식을 담았다. 대표적인 작품으로는 필원잡기(서거정), 용재총화(성현), 금오신화(김시습), 패관잡기(어숙권)가 있으며, 이러한 설화문학은 불의를 폭로하고 풍자하는 내용이 많아서 당시 서민사회를 이해하려는 관리들의 자세와 노력을 엿볼 수 있다.

⑤ 가사문학 : 송순, 정철, 박인로에 의해 발달하였다. 정철은 관동별곡, 사미인곡, 속미인곡 같은 작품에서 관동지방의 아름다운 경치와 왕에 대한 충성심을 읊은 것으로 유명하다.

⑥ 여류문인의 활동 : 신사임당, 허난설헌, 황진이가 대표적이다.

(2) 왕실과 양반의 건축

① 15세기 : 궁궐·관아·성곽·성문·학교건축이 중심이 되었고, 건물은 건물주의 신분에 따라 일정한 제한을 두었다.

② 16세기 : 사림의 진출과 함께 서원의 건축이 활발해졌다. 서원건축은 가람배치양식과 주택양식이 실용적으로 결합된 독특한 아름다움을 지녔으며, 옥산서원(경주)·도산서원(안동)이 대표적이다.

(3) 분청사기, 백자와 공예

① 성격 : 소박하고 실용적인 성격(의식주의 필수품, 사대부의 문방구)을 지녔다.

② 종류
  ㉠ 도자기 : 15세기에는 회청색의 분청사기, 16세기에는 백자가 대표적이다.
  ㉡ 목공예 : 장롱, 문갑 등은 재료의 자연미를 살린 실용성과 예술성이 조화된 작품이었다.
  ㉢ 기타 : 쇠뿔을 쪼개어 무늬를 새긴 화각공예, 자개공예(나전칠기), 자수와 매듭공예 등이 유명하였다.

(4) 글씨와 그림

① 글씨 : 안평대군(송설체), 양사언(초서), 한호(석봉체)가 유명하였다.

② 그림
  ㉠ 15세기
    • 특징 : 그림은 도화서에 소속된 화원들의 그림과 문인이었던 선비들의 그림으로 나눌 수 있다. 이들은 중국 화풍을 선택적으로 수용하여 독자적 화풍을 형성하였고, 이는 일본 무로마치시대의 미술에 큰 영향을 주었다.
    • 화가 : 안견(몽유도원도), 강희안(고사관수도), 강희맹 등이 있다.
  ㉡ 16세기
    • 특징 : 산수화와 사군자가 유행하였다.
    • 화가 : 이암(모견도), 이정(묵죽도), 황집중(묵포도도), 어몽룡(매화), 신사임당(초충도)이 유명하였다.

(5) 음악과 무용

① 음악
  ㉠ 박연 : 악기를 개량하거나 만들어 아악을 정리하였다.
  ㉡ 세종 : 여민락 등 악곡을 짓고, 소리의 장단과 높낮이를 표현할 수 있는 정간보를 창안하였다.
  ㉢ 성현 : 악학궤범을 편찬하였다.

② 무용
  ㉠ 궁중과 관청 : 행사에 따라 매우 다양하였는데, 처용무는 전통춤을 우아하게 변용시켰다.
  ㉡ 민간 : 농악무·무당춤·승무 등 전통춤을 계승하고 발전시켜 나갔으며, 산대놀이와 꼭두각시놀이도 유행하였다.

조선 전기 문화에 대한 설명으로 옳은 것은?

2020. 7. 11. 인사혁신처

① 「어우야담」을 비롯한 야담·잡기류가 성행하였다.
② 유서(類書)로 불리는 백과사전이 널리 편찬되었다.
③ 「동문선」이 편찬되어 우리 문학의 독자성을 강조하였다.
④ 중인층을 중심으로 시사가 결성되어 문학 활동을 벌였다.

☞ ③

기출문제

다음 중 해외로 유출된 우리 문화재는?

2014. 6. 21. 제1회 지방직

① 신윤복의 미인도
② 안견의 몽유도원도
③ 정선의 인왕제색도
④ 강희안의 고사관수도

☞ ②

기출문제

다음 중 고려·조선시대 음악에 대한 설명으로 옳은 것은?

2011. 5. 14. 상반기 지방직

① 고려시대 향악은 주로 제례 때 연주되었다.
② 고려시대에는 동동, 대동강, 오관산 등이 창작 유행되었다.
③ 조선시대에는 정간보를 만들어 음악의 원리와 역사를 체계화하였다.
④ 조선시대 가사, 시조, 가곡 등은 아악을 발전시켜 연주한 것이다.

☞ ②

1 다음의 지도가 편찬된 당시에 재위한 왕의 업적으로 옳은 것은?

2020. 6. 20. 소방공무원

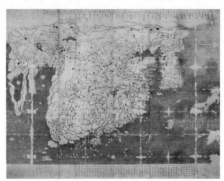

이 지도는 아라비아 지도학의 영향을 받아 만들어진 원나라의 세계 지도를 참고하고 여기에 한반도와 일본 지도를 첨가한 것이다. 현재 원본은 전하지 않으며 후대에 그린 모사본이 일본에 전한다.

① 집현전을 설치하였다.
② 호패법을 실시하였다.
③ 「경국대전」을 반포하였다.
④ 진관 체제를 도입하였다.

> **TIP** 조선 태종 대에 제작된 혼일강리역대국도지도이다. 혼일강리역대국도지도는 당시의 세계관을 반영한 세계지도로 조선과 중국, 일본, 아프리카, 유럽, 인도 등이 묘사되어 있다. 태종 대에는 강력한 중앙집권체제를 확립하기 위하여 6조직계제를 실시하고 사병을 혁파하였다. 또한 백성 통제를 위해 호패법을 실시하기도 하였다.
> ① 조선 세종
> ③ 조선 성종
> ④ 조선 세조

2 조선 전기에 편찬된 서적으로 가장 옳지 않은 것은?

2018. 6. 23. 제2회 서울특별시

① 「본조편년강목」   ② 「의방유취」
③ 「삼국사절요」   ④ 「농사직설」

> **TIP** ① 「본조편년강목」: 고려 후기 1317년(충숙왕 4) 민지가 저술한 고려왕조에 관한 역사책
> ② 「의방유취」: 조선 세종 때 왕명으로 편찬된 동양 최대의 의학사전
> ③ 「삼국사절요」: 1476년(성종 7) 노사신 · 서거정 등이 편찬한 단군조선으로부터 삼국의 멸망까지를 다룬 편년체의 역사서
> ④ 「농사직설」: 조선 세종 때의 문신인 정초 · 변효문 등이 왕명에 의하여 편찬한 농서

Answer 1.② 2.①

3 〈보기〉에서 조선 전기 건축물을 모두 고른 것은?

2018. 3. 24. 제1회 서울특별시

────────────────── 〈보기〉 ──────────────────
㉠ 무위사 극락전   ㉡ 법주사 팔상전
㉢ 금산사 미륵전   ㉣ 해인사 장경판전

① ㉠, ㉣   ② ㉡, ㉣
③ ㉢, ㉣   ④ ㉠, ㉢

TIP ㉠ 무위사 극락전(세종 12년), ㉣ 해인사 장경판전(15세기)
법주사 팔상전(㉡)과 금산사 미륵전(㉢)은 17세기 건축물이다.

4 왕의 수신 교과서인 「성학십도」를 집필한 인물에 대한 설명으로 가장 옳은 것은?

2018. 6. 23. 제2회 서울특별시

① 아동용 수신서인 「동몽선습」을 편찬하였다.
② 그의 학설을 따르는 이들이 처음에는 서인을 형성하였다.
③ 기(氣)보다는 이(理)를 중시했고, 예안향약을 만들었다.
④ 「주자대전」의 중요 부분을 발췌하여 「주자문록」을 편찬하였다.

TIP 「성학십도」를 집필한 인물은 '이황'이다. 이황은 이기이원론을 계승하여 기(氣)보다는 이(理)를 중시하였으며, 예안향약을 만들었다.
① 박세무 ② 이이 ④ 기대승

5 밑줄 친 '왕'의 재위 기간에 있었던 사실로 옳지 않은 것은?

2016. 6. 18. 제1회 지방직

──
　왕이 이순지, 김담 등에게 명하여 중국의 선명력, 수시력 등의 역법을 참조하여 새로운 역법을 만들게 하였다. 이 역법은 내편과 외편으로 구성되었다. 내편은 수시력의 원리와 방법을 해설한 것이며, 외편은 회회력(이슬람력)을 해설, 편찬한 것이다.
──

① 천체 관측 기구인 혼의, 간의 등을 제작하였다.
② 경기 지역의 농사 경험을 토대로 금양잡록을 편찬하였다.
③ 경자자(庚子字), 갑인자(甲寅字) 등 금속 활자를 주조하였다.
④ 우리 풍토에 맞는 약재와 치료법을 정리한 향약집성방을 편찬하였다.

TIP 밑줄 친 왕은 조선의 세종으로, 제시된 내용은 세종 때 만든 칠정산에 대한 설명이다.
② 금양잡록은 조선 성종 때 강희맹이 편찬하였다.

Answer 3.① 4.③ 5.②

6 조선시대의 교육제도에 관한 설명으로 옳지 않은 것은?

2017. 3. 18. 제1회 서울특별시

① 왕세자는 궁 안의 시강원에서 교육을 받았다.
② 성균관에는 생원이나 진사만 입학할 수 있었다.
③ 서울에는 서학, 동학, 남학, 중학이 설치되었다.
④ 향교의 교생 가운데 시험 성적이 나쁜 사람은 군역에 충정 되기도 하였다.

> **TIP** ② 생원이나 진사가 우선적으로 입학하고, 승보나 음서에 의해 입학하기도 하였다.

7 조선시대 의궤에 대한 설명으로 옳지 않은 것은?

2014. 6. 21. 제1회 지방직

① 왕실의 행사에 사용된 도구, 복식 등을 그림으로 남겨 놓았다.
② 이두와 차자(借字) 및 우리의 고유한 한자어(漢字語) 연구에도 귀중한 자료이다.
③ 왕실 혼례와 장례, 궁중의 잔치, 국왕의 행차 등 국가의 중요한 행사를 기록하였다.
④ 프랑스 국립도서관에는 신미양요 때 프랑스군이 약탈해 간 어람용 의궤가 소장되어 있다.

> **TIP** ④ 신미양요는 1871년(고종 8)에 미국 극동함대가 강화도에 쳐들어 온 사건이며 프랑스군이 침입한 사건은 병인양요
> (1866, 고종 3)이다. 또한 병인양요 때 프랑스 군이 약탈해 간 외규장각의궤는 2011년 프랑스 국립도서관에 있던 것을
> 우리나라가 5년 단위 임대 형식으로 반환받았다.

Answer 6.② 7.④

1 다음 글과 관련된 시기의 문화에 대한 설명으로 옳지 않은 것은?

> 농서를 참조하여 시기에 앞서서 미리 조치하되, 너무 이르게도 너무 늦게도 하지 말고, 다른 부역을 일으켜서 그들의 농사시기를 빼앗을 수도 없는 것이니 각각 자신의 마음을 다하여 백성들이 근본에 힘쓰도록 인도하라.
>
> 「세종실록」

① 그림을 그려 설명을 붙인 윤리서 삼강행실도를 간행하였다.
② 측우기, 자격루, 앙부일구 등 농업과 관련된 기구들이 발명, 제작되었다.
③ 팔도도, 조선방역지도 등의 지도가 편찬되었다.
④ 한글이 창제되었으며 훈민정음을 반포하였다.

TIP ③ 조선방역지도는 16세기에 만들어졌다.
　　※ 지리서의 편찬
　　　㉠ 지도 : 혼일강리역대국도(태종), 팔도도(세종), 동국지도(세조)
　　　㉡ 지리지 : 신찬팔도지리지(세종), 동국여지승람(성종), 신증동국여지승람(중종)

2 다음 중 한글에 대해 옳지 않은 것은?

① 숭유억불 정책으로 인해 불교관련 내용은 한글로 간행되지 못했다.
② 피지배층을 도덕적으로 교화시키는데 목적이 있었다.
③ 세종은 정음청을 설치하고 한글을 창제하였다.
④ 백성들도 문자생활이 가능해졌다.

TIP 한글을 보급함에 있어 불경, 농서, 윤리서, 병서 등이 한글로 번역·편찬되었다. 특히 월인천강지곡은 부처님의 덕을 기리는 한글로 지은 악장이다.

3 다음 중 조선시대 역사서에 대한 내용으로 옳지 않은 것은?

① 조선 건국 초기에는 정도전의 고려국사 등 왕조의 정통성 확보를 위해 역사서를 편찬했다.
② 15세기에는 민족적 자각과 왕실의 위신을 높이기 위해 고려사, 고려사절요, 동국통감이 간행 되었다.
③ 16세기에는 사림의 왕도주의적 정치·문화의식을 반영하는 동국사략, 기자실기 등이 편찬 되었다.
④ 국왕 사후 춘추관에 실록청을 설치하여 사초나 시정기를 참고하여 기년체 역사서인 조선왕조실록을 편찬하였다.

TIP 조선왕조실록은 편년체 사서이다.

4 조선 전기에 각종 지도와 지리서가 제작·편찬된 목적으로 가장 옳은 것은?

① 유교적인 사회질서 확립을 위해
② 중앙집권과 국방강화를 위해
③ 성리학적 통치규범을 성문화하기 위해
④ 호패법과 오가작통법의 강화를 위해

TIP 지리서의 편찬목적은 중앙집권과 국방강화를 위한 것이다. 이 시기 편찬된 지도는 혼일강리역대국도지도, 팔도도, 동국지도, 조신빙역지도 등이 있으며, 지리지로는 신찬팔도지리지, 동국여지승람, 신증동국여지승람, 해동제국기 등이 있다.

Answer 1.③ 2.① 3.④ 4.②

5 **다음에서 설명하는 학자와 관련된 내용으로 옳은 것은?**

> • 주자서절요, 성학십도를 저술하였다.
> • 임진왜란 이후 일본 성리학 발전에 영향을 주었다.

① 이(理)보다는 기(氣)의 역할을 강조하는 주기론적 사상이다.
② 현실적이며 개혁적인 사상을 가지고 있었다.
③ 정파 중에 서인을 형성하게 된다.
④ 주자의 이론에 조선의 현실을 반영시켜 그 체계를 세우려 하였다.

TIP 제시된 내용은 이황에 대한 설명이다.
① 기(氣)보다는 이(理)를 강조하는 주리론적 성향을 보였다.
② 이이에 대한 내용이다.
③ 서경덕, 이황, 조식학파는 동인을 형성한다.

6 **다음이 설명하는 관서기구는 무엇인가?**

> • 한글로 불경을 간행하고 보급하였다.
> • 세조 때에 만들어 졌다.

① 정포병감   ② 간경도감
③ 식목도감   ④ 교정도감

TIP 세조 때에 한글로 불경을 간행하고 보급하기 위해 간경도감을 설치하였다.
① 고려시기 군사들의 의복을 관장하는 기구이다.
③ 고려시기 입법기구이다.
④ 무신집권기 최충헌이 설립한 최고통수기관이다.

7 **조선시대 과학기술의 발달에 대한 설명으로 옳지 않은 것은?**

① 금속활자인쇄술이 크게 발달하였다.
② 서울을 기준으로 천체운동을 정확히 계산한 칠정산의 달력이 편찬되었다.
③ 농사직설, 금양잡록 등의 농서가 편찬되었다.
④ 과학기술에 대한 높은 관심으로 16세기 이후 급속도로 발전하였다.

TIP 16세기 이후 기술경시의 풍조로 과학기술은 침체되기 시작하였다.

Answer 5.④ 6.② 7.④

8 조선의 문화에 대한 설명으로 옳은 것은?

① 초기의 집권층은 부국강병보다는 성리학에 관심을 가졌다.
② 초기에는 성리학적 이념에 토대를 둔 관념적인 문화가 발달하였다.
③ 15세기 관학파는 성리학을 중심으로 학문과 사상을 수용하였다.
④ 15세기에는 민족적이면서 실용적인 성격의 문화가 발달하였다.

TIP ① 초기 집권층은 관학파(훈구파)로 부국강병에 관심이 많았다.
② 16세기에 대한 설명이다.
③ 관학파는 성리학 이외의 학문에 비교적 관대하였다.

9 다음 역사책 중에서 성리학적 가치를 가장 강하게 반영한 책은?

① 고려사
② 동사강목
③ 동국사략
④ 삼국사절요

TIP • 권근의 동국사략 : 태종의 명에 따라 권근·하륜 등이 단군에서 삼국시대의 역사를 편년체로 엮은 동국사략은 왕조개창을 정당화하고 성리학적 통치규범을 정착시키기 위해 성리학적 대의명분을 합리화 하는 방향으로 편찬된 사서이다.
• 박상의 동국사략 : 16세기 박상에 의해 편찬된 동국사략은 단군에서 고려까지 역사를 기록한 동국사략은 사림의 존화주의적·왕도주의적 정치의식과 문화의식을 반영한 사서이다.

10 15세기와 16세기 조선의 미술에 대한 설명으로 옳지 않은 것은?

① 그림은 도화서의 화원들과 문인 선비들의 것으로 나눌 수 있다.
② 진경산수화라는 독자적 화풍을 만들어 냈다.
③ 글씨로는 안평대군, 양사언, 한호가 유명하였다.
④ 16세기에는 산수화와 사군자가 유행하였다.

TIP 진경산수화는 조선 후기에 나타난 화풍이다. 15세기 화가들은 중국화풍을 선택적으로 수용하였고, 이는 일본 무로마치 시대의 미술에 큰 영향을 주었다.

Answer 8.④ 9.③ 10.②

11 다음의 음악에 대한 설명과 관련시켜 보았을 때 옳은 것은?

> • 국악만이 아니라 동양음악을 이론적으로 정리하였다.
> • 악곡과 악보를 새로 정리하여 궁중음악의 기초를 확립하였다.

① 양반 중심의 사회가 강화되면서 나온 경향이다.
② 음악의 주체가 궁중에서 서민사회로 옮겨갔다.
③ 유교적 질서를 향촌사회에 확립하려는 목적이다.
④ 국가의 각종의례를 정비하는 과정에서 만들어졌다.

TIP 음악은 통치체제의 정비와 관련되어 있어 각종 의례를 정비하는 조선 초기에 궁중음악과 아악의 정리가 이루어졌다.

12 다음은 조선시대에 편찬된 어떤 책의 서문이다. 이 책이 편찬된 국왕 때에 일어난 일이 아닌 것은?

> 전하께서는 …… 신 서거정 등에게 명해 제가(諸家)의 작품을 뽑아 한 질을 만들게 하셨습니다. 저희들은 전하의 위촉을 받아 삼국시대로부터 지금에 이르기까지 사(辭), 부(賦), 시(詩), 문(文) 등 여러 문체를 수집하여 이 중 문장과 이치가 순정하여 교화에 도움이 되는 것을 취하고 분류하여 130권을 편찬해 올립니다.

① 사창제를 폐지하였다.
② 서울의 원각사 안에 대리석 10층탑을 건립하였다.
③ 재가녀 자손의 관리 등용을 제한하는 법을 공포하였다.
④ 정읍사, 처용가 등이 한글로 수록된 악학궤범이 편찬되었다.

TIP 제시문은 서거정의 「동문선」으로 성종(1478) 때 편찬된 시문선집이다.
　　② 세조의 업적이다.

Answer 11.④ 12.②

13 16세기 학문의 경향으로 옳은 설명은?

① 역사학 – 성리학적 대의명분보다는 민족적 자각을 일깨우고 왕실과 국가의 위신을 높였다.
② 문학 – 사장이 중시되고 시조가 발달하였다.
③ 유학 – 학문 대립이 정치 대립으로 연장되었다.
④ 보학 – 양반문벌제도의 해체에 기여하였다.

TIP ① 사림의 존화주의적, 왕도주의적 정치·문화의식을 반영하였다.
② 16세기 사림은 경학을 중시하였다.
④ 보학은 양반문벌체제를 강화시켰다.

14 다음의 미술품들이 제작되었던 시대의 역사관을 골라 바르게 짝지은 것은?

⑦ 안견의 몽유도원도	④ 신사임당의 수박도
ⓒ 김홍도의 씨름도	④ 공민왕의 천산대렵도

① 고증사학의 토대 확립
ⓒ 존화주의적·왕도주의적 역사 서술
ⓒ 정통과 명분을 중시하는 성리학적 사관의 대두
ⓒ 근대 계몽사학의 성립
ⓒ 단군을 시조로 하는 통사의 편찬

① ⑦ – ⓒ, ④ – ⓒ   ② ⑦ – ①, ⓒ – ⓒ
③ ⑦ – ⓒ, ④ – ⓒ   ④ ⓒ – ⓒ, ④ – ⓒ

TIP ⑦ 15세기 – ⓒ ④ 16세기 – ⓒ ⓒ 18세기 – ① ④ 14세기 – ⓒ

Answer 13.③ 14.③

문화의 새 기운

1 ·· 성리학의 변화

(1) 성리학의 교조화 경향

① 성리학의 절대화

　㉠ 서인 : 인조반정 이후 정국의 주도권을 잡은 서인은 의리명분론을 강화하여 주자 중심의 성리학을 절대화함으로써 자신들의 학문적 기반을 공고히 하려 하였다.

　㉡ 송시열 : 주자의 본뜻에 충실함으로써 당시 조선 사회의 모순을 해결하려 하였다.

② 성리학의 상대화

　㉠ 경향 : 주자 중심의 성리학을 상대화하고 6경과 제자백가 등에서 모순 해결의 사상적 기반을 찾으려는 경향이 본격화되었다(17세기 후반).

　㉡ 학자

　　• 윤휴는 유교경전에 대해 독자적인 해석을 펼쳤다.

　　• 박세당은 양명학과 노장사상의 영향을 받아 「사변록」을 통해 주자의 학설을 비판하였다.

　㉢ 결과 : 주자의 학문체계와는 다른 모습을 보였기 때문에 당시 권력을 장악하고 있던 서인(노론)의 공격을 받아 사문난적(斯文亂賊)으로 몰려 죽었다.

　㉣ 기타 : 정약용은 주자의 해석에 구애되지 않고 고주(古註)를 참작하여 공자 · 맹자의 본뜻을 찾으려고 노력하여 성리학과 다른 독자적인 철학체계를 수립하였다.

③ 성리학의 발달

　㉠ 이기론 중심 : 이황학파의 영남 남인과 이이학파인 노론 사이에 성리학의 이기론을 둘러싼 논쟁이 치열하게 전개되었다.

　㉡ 심성론 중심 : 인간과 사물의 본성이 같은가 다른가 등의 문제를 둘러싸고 충청도 지역의 호론과 서울 지역의 낙론이 대립하였다.

　㉢ 주자 중심의 성리학을 절대시한 노론과는 달리, 소론은 성혼의 사상을 계승하고 양명학과 노장사상을 수용하는 등 성리학의 이해에 탄력성을 가지게 되었다.

(2) 양명학의 수용

① 수용 : 성리학의 교조화와 형식화를 비판하였고, 지행합일(知行合一)의 실천성을 강조한 양명학은 중종 때 전래하였다.

② 확산 : 명과의 교류가 활발해지면서 주로 서경덕 학파와 종친들 사이에 확산되었다. 그러나 이황이 「전습록변」에서 양명학을 이단으로 비판한 것을 계기로 몇몇 학자들만이 관심을 기울였으나 17세기 후반 소론 학자(최명길, 장유)들에 의하여 본격적으로 수용되었다.

③ 강화학파의 형성 : 18세기 초 정제두가 강화도로 옮겨 살면서 양명학 연구와 제자 양성에 힘써 강화학파라 불리는 하나의 학파를 이루었다. 양반 신분제의 폐지를 주장하고 일반민을 도덕 실체의 주체로 상정하였으나 제자들이 정권에서 소외된 소론이었기 때문에 그의 학문은 집안의 후손들과 인척을 중심으로 가학(家學)의 형태로 계승되었다.

④ 영향 : 역사학 · 국어학 · 서화 · 문학 등에서 새로운 경지를 개척하게 되어 실학자들과 서로 영향을 주고 받았다. 또한 박은식, 정인보 등 한말 일제시기의 민족운동에 영향을 주게 되었다.

4 ·· 실학의 발달

(1) 실학의 등장

① **실학의 개념** : 17 ~ 18세기의 사회·경제적 변동에 따른 사회 모순에 직면하여 그 해결책을 구상하는 과정에서 대두한 학문과 사회개혁론이다.

② **등장배경**

　㉠ 통치질서의 와해 : 조선 사회는 양 난을 겪으면서 크게 모순을 드러냈으나, 위정자들은 근본적 대책을 모색하지 못하였다. 이에 진보적 지식인들은 국가체제를 개편하고 민생을 안정시킬 수 있는 개혁방안을 제시하게 되었던 것이다.

　㉡ 성리학의 사회적 기능 상실 : 조선 후기에는 양반사회의 모순이 심각해졌음에도 불구하고 당시의 지배 이념이었던 성리학은 현실문제를 해결할 수 있는 기능을 수행하지 못하였다.

　㉢ 현실문제를 탐구하려는 움직임 : 성리학의 한계성을 자각하고 이를 비판하면서 현실생활과 직결되는 문제를 탐구하려는 움직임이 나타나게 되었다.

　㉣ 경제적 변화와 발전 : 전쟁피해의 복구과정에서 피지배층은 끊임 없는 노력으로 경제적 발전을 추구하였는데, 이를 촉진하고 대변하는 사상으로 나타났다.

　㉤ 신분 변동 : 조선 후기 사회는 신분질서가 급속히 붕괴되어 정권에서 소외된 양반층의 생계 대책과 서민층의 생존문제에 주목하게 되었다.

　㉥ 서학의 영향 : 17세기 이래 중국에서 간행된 각종 서학서적들이 조선에 전래되어 당시 지식인들에게 과학적이고 합리적인 사상을 전하였다.

　㉦ 청의 고증학의 영향 : 고증학에는 실사구시(實事求是)를 내세워 학문 연구에서 실증적 방법을 강조하였다.

③ **실학의 태동** : 17세기에 성리학의 사회적 기능이 상실되자 현실문제와 직결된 문제를 탐구하면서 등장하게 되었다. 이수광의 지봉유설, 한백겸의 동국지리지 등에 의하여 제기되었다.

④ **실학의 연구** : 실학은 농업 중심의 개혁론, 상공업 중심의 개혁론, 국학 연구 등을 중심으로 확산되었으며, 청에서 전해진 고증학과 서양과학의 영향을 받기도 하였다.

⑤ **실학의 특징** : 18세기를 전후하여 실증적·민족적·근대지향적 특성을 지닌 학문이었다. 이는 19세기 후반 개화사상으로 이어지게 되었다.

(2) 농업 중심의 개혁론(경세치용학파)

① **특징** : 농촌사회의 안정을 위하여 농민의 입장에서 토지제도의 개혁을 강조하여 자영농 육성을 주장하였다.

② **주요 학자와 사상**

　㉠ 유형원(농업 중심 개혁론의 선구자)

　　• 균전론 주장 : 반계수록에서 관리, 선비, 농민 등에 따라 차등 있게 토지를 재분배하고 조세와 병역도 조정하자고 주장하였다.

　　• 군사·교육제도 개편 : 자영농을 바탕으로 농병 일치의 군사조직과 사농 일치의 교육제도를 확립해야 한다고 하였다.

　　• 신분제 비판 : 양반문벌제도, 과거제도, 노비제도의 모순을 비판하였다.

　　• 유학적 한계성 : 사·농·공·상의 직업적 우열과 농민의 차별을 전제로 하면서 개인의 능력을 존중하는 사회를 지향하여 유교적 생각에서 크게 벗어나지 못했다.

보충학습

실학의 역사적 의미

㉠ 학문영역 : 18세기를 전후하여 크게 융성하였던 실학의 연구는 성리학적 질서를 극복하려는 움직임이었기 때문에 실학자들의 학문영역은 매우 넓어져서 정치, 경제, 철학, 지리, 역사 등 미치지 않는 분야가 없었다.

㉡ 역사적 의의 : 실학은 성리학의 폐단과 조선 후기 사회의 각종 부조리를 개혁하려는 현실개혁의 사상이었다.

• 민족주의 성격 : 성리학은 중국 중심의 세계관으로서 우리 문화가 중국 문화의 일부로밖에 인식되지 않았으나, 실학자들은 우리 문화에 대한 독자적 인식을 강조하였다.

• 근대지향적 성격 : 실학자들은 사회체제의 개혁, 생산력의 증대를 통해 근대사회를 지향하고 있었다.

• 실증적 성격 : 문헌학적 고증의 정확성을 존중하고 과학적이고 객관적인 학문 태도를 중시하였다.

• 민중적 성격(피지배층 처지 옹호) : 성리학이 봉건적 지배층의 지도원리였다면 실학은 피지배층의 편에서 제기된 개혁론이었다. 실학자들은 농민을 비롯한 피지배층의 생활에 관심이 많았고 그들의 권익 신장을 위해 노력하였다.

㉢ 한계 : 실학은 대체로 정치적 실권과 거리가 먼 몰락 지식층의 개혁론이었고, 이를 지지해 줄 광범한 사회적 토대가 미약하였다.

• 실학자들의 학문과 사상은 당시의 정책에 반영되지 못하여 역사의 흐름을 바꾸어 놓지 못했다.

• 유교적 한계를 벗어나지 못하였고 성리학의 가치관을 극복하지 못하여 근대적 학문으로 발전되지 못하였다.

ⓛ 이익(실학의 학파 형성)

- 이익학파의 형성 : 성호사설, 곽우록 등을 저술하고 유형원의 실학사상을 계승·발전시켰으며, 안정복, 이중환, 이가환, 정약용 등의 제자를 길러 학파를 형성하였다.
- 한전론 주장 : 한 가정의 생활을 유지하는 데 필요한 일정한 토지를 영업전으로 정하고, 영업전은 법으로 매매를 금지하고 나머지 토지만 매매를 허용해야 한다고 주장하였다.
- 6종의 폐단 지적 : 양반문벌제도, 노비제도, 과거제도, 사치와 미신, 승려, 게으름을 지적하였다.
- 폐전론과 사창제도 주장 : 당시 농민을 괴롭히고 있던 고리대와 화폐의 폐단에 대하여 비판적인 입장을 취하고 환곡제도 대신 사창제도의 실시를 주장하였다.

ⓒ 정약용(실학의 집대성)

- 여전론 주장 : 한 마을을 단위로 하여 토지를 공동 소유·경작하고 그 수확량을 노동량을 기준으로 분배하는 일종의 공동농장제도를 주장하였다.
- 정전론 주장 : 국가가 장기적으로 토지를 사들여 가난한 농민에게 나누어 줌으로써 자영농민을 육성하고 아직 국가가 사들이지 못한 지주의 토지는 병작농민에게 골고루 소작하게 하는 방안을 주장하였다.
- 민본적 왕도정치 주장 : 백성의 이익과 의사를 반영해야 한다는 주장이다.
- 군사제도 : 농민의 생활 안정을 토대로 향촌단위방어체제를 강화하고자 하였다.
- 저술 : 18세기 말 정조 때 벼슬하였으나 신유박해 때에 연루되어 전라도 강진에 유배된 뒤 18년 동안 귀양살이를 하였는데, 여유당전서에 500여 권의 저술을 남겼다.
  - 목민심서 : 목민관의 치민(治民)에 관한 도리를 논한 책이다.
  - 경세유표 : 중앙정치제도의 폐해를 지적하고, 그 개혁의 의견을 기술한 책이다.
  - 흠흠신서 : 형옥(刑獄)에 관한 법률 지침서로, 특히 형옥의 임무를 맡은 관리들이 유의할 사항을 예를 들어 설명하였다.
  - 탕론 : 은의 탕왕이 하의 걸왕을 무찌른 고사를 들어 민(民)이 정치의 근본임을 밝힌 논설로서 역성혁명(易姓革命)을 내포하고 있으며, 존 로크(J. Locke)의 사회계약론에서 보여 주는 시민혁명사상이 깃들어 있다.
  - 원목 : 통치자는 백성을 위해 존재한다는 이론으로서 통치자의 이상적인 상(像)을 제시하였다.
  - 전론 : 독특한 부락 단위의 여전제를 주장, 농업협동방법과 집단방위체제를 제시하였다.
  - 기예론 : 인간이 금수와 다른 것은 기술을 창안하고, 이를 실생활에 이용할 줄 아는 데 있다고 보고 기술의 혁신, 기술교육 등을 촉구하였다.

(3) 상공업 중심의 개혁론(이용후생학파, 북학파)

① 특징 : 청나라 문물을 적극적으로 수용하여 부국 강병과 이용 후생에 힘쓰자고 주장하였다.

② 주요 학자와 사상

ⓐ 유수원(상공업 중심 개혁론의 선구자)

- 부국책 : 우서에서 중국과 우리나라의 문물을 비교하면서 여러 개혁안을 제시하였다. 상공업 진흥과 기술 혁신을 강조하고, 사농공상의 직업적 평등과 전문화를 주장하였다.
- 농업론 : 농업의 상업적 경영과 기술 혁신을 통해 생산성을 높이고자 하였다.
- 상공업진흥책 : 상인 간의 합자를 통한 경영규모의 확대와 상인이 생산자를 고용하여 생산과 판매를 주관할 것을 제안하였다.

ⓑ 홍대용(성리학적 세계관 부정)

- 임하경륜, 의산문답 등을 저술하였다.
- 균전제를 주장하였다.
- 기술의 혁신과 문벌제도의 철폐를 주장하였다.
- 성리학 극복을 주장하고, 중국 중심의 세계관을 비판하였다(지전설 제기).

기출문제

다음은 정약용의 토지제도 개혁안의 일부이다. ⊙과 ⓛ에 들어갈 말로 옳은 것은?

2017. 3. 18. 제1회 서울특별시

(⊙)법은 시행할 수 없다. (⊙)은 모두 한전이었는데, 수리시설이 갖춰지고 메벼와 찰벼가 맛이 좋으니 수전을 버리겠는가. (⊙)이란 평평한 농지인데 나무를 베어 내노라 힘을 들였고 산과 골짜기가 이미 개간되었으니, 이러한 밭을 버리겠는가.

(ⓛ)법은 시행할 수 없다. (ⓛ)은 농지와 인구를 계산하여 분배해 주는 것인데, 호구의 증감이 달마다 다르고 해마다 다르다. 금년에는 갑의 비율로 분배하였다가 명년에는 을의 비율로 분배해야 하므로 조그마한 차이는 산수에 능한 자라도 살필 수 없고 토지의 비옥도가 경마다 묘마다 달라 한정이 없으니, 어떻게 균등하게 하겠는가.

	⊙	ⓛ		⊙	ⓛ
①	한전	균전	②	정전	여전
③	여전	한전	④	정전	균전

☞ ④

기출문제

밑줄 친 '그'의 저술로 옳은 것은?

2020. 6. 13. 제1회 지방직/제2회 서울특별시

서울의 노론 집안에서 태어난 그는 「양반전」을 지어 양반사회의 허위를 고발하였다. 그는 또한 한전론을 주장하였으며, 상공업 진흥에도 관심을 기울여 수레와 선박의 이용 등에 대해서도 주목하였다.

① 「북학의」　　② 「과농소초」
③ 「의산문답」　　④ 「지봉유설」

☞ ②

ⓒ 박지원(북학사상의 발전)
- 농업생산력 증대 : 과농소초, 한민명전의 등을 통해 영농방법의 혁신, 상업적 농업의 장려, 수리시설의 확충 등을 통하여 농업생산력을 높이는 데 관심을 기울였다.
- 상공업의 진흥 : 청에 다녀와 열하일기를 저술하고 상공업의 진흥을 강조하면서 수레와 선박의 이용, 화폐유통의 필요성을 강조하였다.
- 양반문벌제도의 비생산성을 비판하였다.
ⓔ 박제가(박지원의 사상을 보다 확충)
- 북학의를 저술하여 청나라 문물의 적극적 수용을 주장하였다.
- 청과의 통상 강화, 수레와 선박의 이용, 상공업의 발달을 주장하였다.
- 절검보다 소비를 권장하여 생산의 자극을 유도하였다.

▶ 실학사상

구분	중농학파	중상학파
학파	경세치용학파(남인 계열)	이용후생학파, 북학파(노론 계열)
목표	유교적인 이상국가론	보다 적극적인 부국강병책 제시
계보	유형원→이익→정약용	유수원→홍대용→박지원→박제가
차이점	• 토지 분배에 관심(자영농 육성) • 지주제 반대 • 화폐 사용에 부정적	• 생산력 증대에 관심 • 지주제 긍정 • 상공업 진흥(국가 통제하에서의 상공업 육성) • 화폐 사용 강조
영향	애국계몽사상가, 국학자	개화사상가
공통점	• 부국 강병, 민생 안정 • 문벌제도 · 자유상공업 비판 • 농업 진흥(방법론이 다름)	

(4) 국학 연구의 확대

① 연구배경 : 실학의 발달과 함께 민족의 전통과 현실에 대한 관심이 깊어지면서 우리의 역사, 지리, 국어 등을 연구하는 국학이 발달하게 되었다.

② 역사학 연구
  ㉠ 이익 : 실증적이며 비판적인 역사 서술을 제시하고 중국 중심의 역사관에서 벗어나 우리 역사를 체계화하여 민족사의 주체적인 자각을 높이는 데 이바지했다.
  ㉡ 안정복 : 동사강목을 저술하였고 이익의 역사의식을 계승하여 우리 역사의 독자적 정통론을 세워 체계화하였으며, 고증사학의 토대를 닦았다.
  ㉢ 한치윤 : 외국 자료를 인용하여 해동역사를 편찬하였는데, 이는 민족사 인식의 폭을 넓히는 데 이바지하였다.
  ㉣ 이긍익 : 조선시대의 정치와 문화를 정리하여 연려실기술을 저술하였다.
  ㉤ 이종휘와 유득공 : 이종휘의 동사와 유득공의 발해고는 각각 고구려사와 발해사 연구를 중심으로 고대사의 연구 시야를 만주지방까지 확대하여 한반도 중심의 협소한 사관을 극복하고자 했다.
  ㉥ 김정희 : 금석과안록을 지어 북한산비가 진흥왕순수비임을 고증하였다.

③ 국토에 대한 연구
  ㉠ 지리서 : 역사지리서로 한백겸의 동국지리지, 정약용의 아방강역고 등이 나왔고, 인문지리서로 이중환의 택리지가 편찬되었다.
  ㉡ 지도 : 서양식 지도가 전해짐에 따라 정밀하고 과학적인 지도가 많이 제작되었다. 동국지도(정상기), 대동여지도(김정호)가 유명하다.

기출문제

〈보기〉의 글을 쓴 학자의 주장에 대한 설명으로 가장 옳은 것은?

2020. 6. 13. 제2회 서울특별시

〈보기〉

검소하다는 것은 물건이 있어도 남용하지 않는 것을 말하는 것이지 자신에게 물건이 없다 하여 스스로 단념하는 것을 말하는 것이 아니다. 지금 우리나라 안에는 구슬을 캐는 집이 없고 시장에 산호 따위의 보배가 없다. 또 금과 은을 가지고 가게에 들어가도 떡을 살 수 없는 형편이다. … 이것은 물건을 이용하는 방법을 모르기 때문이다. 이용할 줄 모르니 생산할 줄 모르고, 생산할 줄 모르니 백성은 나날이 궁핍해지는 것이다.

① 균전론을 내세워 사농공상 직업에 따라 토지를 분배하여 자영농을 육성할 것을 주장하였다.
② 상공업을 육성하고 선박, 수레, 벽돌 등 발달된 청의 기술을 적극적으로 수용하자고 제안하였다.
③ 처음에는 여전론, 이후에는 정전제를 내세워 자영농육성을 위한 토지제도 개혁을 주장하였다.
④ 통일 신라와 발해가 병립한 시기를 남북국 시대로 설정하여 발해를 우리 역사의 체계 속에 적극적으로 포용하였다.

☞ ②

④ 언어에 대한 연구 : 신경준의 훈민정음운해, 유희의 언문지, 우리의 방언과 해외 언어를 정리한 이의봉의 고금석림이 편찬되었다.

⑤ 백과사전의 편찬

저서	저자	시기	내용
지봉유설	이수광	광해군	천문·지리·군사·관제 등 문화의 각 영역을 25부문으로 나누어 기술
성호사설	이익	영조	천지·만물·경사·인사·시문의 5개 부분으로 정리
청장관전서	이덕무	정조	이덕무의 시문 전집으로 중국의 역사, 풍속, 제도 등을 소개
오주연문장전산고	이규경	헌종	우리나라와 중국 등 외국의 고금, 사물에 대해 고증한 책
임원경제지	서유구	헌종	농업의 경제·경영에 대해 정리
동국문헌비고	홍봉한	영조	왕명으로 우리나라의 지리·정치·경제·문화를 체계적으로 정리한 한국학 백과사전

❸ ·· 과학기술의 발달

(1) 서양문물의 수용

① 수용과정

㉠ 중국을 왕래하던 사신들을 통한 전래 : 17세기경부터 중국을 왕래한 사신들이 전래하기 시작했다. 이광정은 세계지도, 정두원은 화포·천리경·자명종을 전하였다.

㉡ 실학자들의 관심 : 천주교까지 수용한 사람들도 있었으나, 대부분의 학자들은 서양의 과학기술을 받아들이면서도 천주교는 배척하였다.

㉢ 서양인의 표류

• 벨테브레 : 훈련도감에 소속되어 서양식 대포의 제조법·조종법을 가르쳐 주었다.

• 하멜 : 하멜표류기를 지어 조선의 사정을 서양에 전하였다.

② 한계 : 18세기까지는 어느 정도 이루어졌으나 19세기에 이르러서는 더 이상 진전되지 못한 채 정체되고 말았다.

(2) 천문학과 지도제작기술의 발달

① 천문학

㉠ 지전설

• 이익·정약용 : 서양 천문학에 큰 관심을 가지고 연구하였다.

• 김석문 : 지전설을 우리나라에서 처음으로 주장하여 우주관을 크게 전환시켰다.

• 홍대용 : 과학 연구에 힘썼으며, 지전설과 지구가 우주의 중심이 아니라는 무한우주론을 주장하였다.

㉡ 의의 : 서양 과학의 영향을 받아 크게 발전하였고 전통적 우주관에서 벗어나 근대적 우주관으로 접근해 갔으며, 이들의 지전설은 성리학적 세계관을 비판하는 근거가 되기도 하였다.

② 역법

㉠ 시헌력 제작 : 서양 선교사인 아담 샬이 중심이 되어 만든 것으로서, 청나라에서 사용되고 있었는데, 종전의 역법보다 한 걸음 더 발전할 것이었다.

(기출문제)

조선 후기 과학 문화에 대한 설명으로 옳지 않은 것은?

2012. 4. 7. 행정안전부

① 유클리드 기하학을 중국어로 번역한 기하원본이 도입되기도 하였다.

② 지석영은 서양의학의 성과를 토대로 서구의 종두법을 최초로 소개하였다.

③ 곤여만국전도 같은 세계지도가 전해짐으로써 보다 과학적이고 정밀한 지리학의 지식을 가지게 되었다.

④ 서호수는 우리 고유의 농학을 중심에 두고 중국 농학을 선별적으로 수용하여 한국 농학의 새로운 체계화를 시도하였다.

☞ ②

ⓛ 시헌력의 채용 : 김육 등의 노력으로 조선에서는 약 60여 년간의 노력 끝에 시헌력을 채용하였다.

③ 수학

　ⓐ 기하원본 도입 : 마테오 리치가 유클리드 기하학을 한문으로 번역한 것이다.

　ⓛ 최석정·황윤석 : 전통 수학을 집대성하였다.

　ⓒ 홍대용 : 주해수용을 저술하여 조선, 중국, 서양 수학의 연구 성과를 정리하였다.

④ 지도 : 서양 선교사들이 만든 곤여만국전도와 같은 세계 지도가 중국을 통하여 전해짐으로써 지리학에서도 보다 과학적으로 정밀한 지식을 가지게 되었고, 지도 제작에서도 더 정확한 지도가 만들어졌다. 이를 통하여 조선 사람들의 세계관이 확대될 수 있었다.

(3) 의학의 발달과 기술의 개발

① 의학의 발달 : 종래 한의학의 관념적인 단점을 극복하고, 실증적인 태도에서 의학 이론과 임상의 일치에 주력하였다.

　ⓐ 17세기 : 허준은 동의보감을 저술하여 의학 발전에 큰 공헌을 하였다. 이 책은 우리의 전통 한의학을 체계적으로 정리한 것으로서 우리나라뿐만 아니라 중국과 일본에서도 간행되어 뛰어난 의학서로 인정되었다. 같은 시기의 허임은 침구경험방을 저술하여 침구술을 집대성하였다.

　ⓛ 18세기 : 정약용은 마진(홍역)에 대한 연구를 진전시키고 이 분야의 의서를 종합하여 마과회통을 편찬하였으며, 박제가와 함께 종두법을 연구하여 실험하기도 하였다.

　ⓒ 19세기 : 이제마는 동의수세보원을 저술하여 사상의학을 확립하였다. 이는 사람의 체질을 구분하여 치료하는 체질의학이론으로 오늘날까지 한의학계에서 통용되고 있다.

② 정약용의 기술 개발

　ⓐ 기술관 : 과학과 기술의 중요성을 확신하고 기술의 개발에 앞장섰던 사람은 정약용이었다. 그는 인간이 다른 동물보다 뛰어난 것은 기술 때문이라고 보고, 기술의 발달이 인간생활을 풍요롭게 한다고 믿었다.

　ⓛ 기계의 제작·설계

　　• 거중기 제작 : 서양 선교사가 중국에서 펴낸 기기도설을 참고하여 거중기를 만들었는데, 이 거중기는 수원 화성을 만들 때 사용되어 공사기간을 단축하고 공사비를 줄이는 데 크게 공헌하였다.

　　• 배다리(舟橋) 설계 : 정약용은 정조가 수원에서 행차할 때 한강을 안전하게 건너도록 배다리를 설계하였다.

(4) 농서의 편찬과 농업기술의 발달

① 농서의 편찬

　ⓐ 신속의 농가집성 : 벼농사 중심의 농법이 소개되고, 이앙법 보급에 기여하였다.

　ⓛ 박세당의 색경 : 곡물재배법, 채소, 과수, 원예, 축산, 양잠 등의 농업기술을 소개하였다.

　ⓒ 홍만선의 산림경제 : 농예, 의학, 구황 등에 관한 농서이다.

　ⓔ 서유구 : 해동농서와 농촌생활 백과사전인 임원경제지를 편찬하였다.

② 농업기술의 발달

　ⓐ 이앙법, 견종법의 보급으로 노동력이 절감되고 생산량이 증대되었다.

　ⓛ 쟁기를 개선하여 소를 이용한 쟁기를 사용하기 시작하였다.

　ⓒ 시비법이 발전되어 여러 종류의 거름이 사용됨으로써 토지의 생산력이 증대되었다.

ㄹ 수리시설의 개선으로 저수지를 축조하였다(당진의 합덕지, 연안의 남대지 등).
ㅁ 황무지 개간(내륙 산간지방)과 간척사업(해안지방)으로 경지면적을 확대시켰다.

❹‥ 문학과 예술의 새 경향

(1) 서민문화의 발달

① 서민문화의 대두와 배경 : 상공업의 발달과 농업생산력의 증대를 배경으로 서당 교육이 보급되고, 서민의 경제적·신분적 지위가 향상됨에 따라 서민문화가 대두하였다.

② 참여층의 변화 : 중인층(역관·서리), 상공업 계층, 부농층의 문예활동이 활발해졌고, 상민이나 광대들의 활동도 활기를 띠었다.

▶ 조선시대의 문예활동

구분	조선전기	조선후기
창작의 주체	양반 중심	중인, 상민의 활동 활발
내용 및 성격	• 성리학의 윤리관 강조 • 양반들의 교양·여가	• 인간 감정의 적나라한 묘사 • 부정과 비리에 대한 고발
문학의 주인공	영웅적인 존재	서민적인 인물
문학의 배경	비현실적인 세계	현실적인 인간세계

③ 서민문화의 발달
  ㄱ 한글소설의 보급 : 영웅이 아닌 평범한 인물이 주인공인 경우가 많았고 대부분 현실적인 세계가 배경이 되는 데 영향력이 매우 컸다.
  ㄴ 판소리와 탈춤 : 서민문화를 확대하는 데 크게 기여하였다.
  ㄷ 풍속화와 민화 : 저변이 확대되어 유행하였다.
  ㄹ 음악과 무용 : 감정을 대담하게 표현하는 경향이 짙었다.

(2) 판소리와 가면극

① 판소리
  ㄱ 특징
  • 구체적인 이야기를 창과 사설로 엮어 가기 때문에 감정 표현이 직접적이고 솔직하였다.
  • 분위기에 따라 광대가 즉흥적으로 이야기를 빼거나 더할 수 있었고, 관중들이 추임새로써 함께 어울릴 수 있었다.
  ㄴ 판소리 작품 : 열두 마당이 있었으나, 지금은 춘향가, 심청가, 흥보가, 적벽가, 수궁가 등 다섯 마당만 전하고 있다.
  ㄷ 판소리 정리 : 신재효는 19세기 후반에 판소리 사설을 창작하고 정리하였다.
  ㄹ 의의 : 서민을 포함한 넓은 계층으로부터 호응을 받을 수 있었다. 이런 이유로 판소리는 서민문화의 중심이 되었다.

② 가면극
  ㄱ 탈놀이 : 향촌에서 마을 굿의 일부로서 공연되어 인기를 얻었다.
  ㄴ 산대놀이 : 산대(山臺)라는 무대에서 공연되던 가면극이 민중오락으로 정착되어 도시의 상인이나 중간층의 지원으로 성행하게 되었다.
  ㄷ 내용 : 지배층과 그들에게 의지하여 살아가는 승려들의 부패와 위선을 풍자하기도 하고 양반의 허구를 폭로하고 욕보이기까지 하였었다.

기출문제

조선 후기의 문화에 대한 설명으로 옳지 않은 것은?

2016. 3. 19. 사회복지직

① 주자학에 대한 비판이 높아짐에 따라 역사서술에서 강목체는 사라졌다.
② '진경산수'가 유행하여 우리 산천에 대한 사실적인 묘사가 많아졌다.
③ 서양인이 제작한 세계지도의 전래로 조선인들의 세계관이 확대되었다.
④ 판소리나 탈춤이 유행하여 서민들의 문화생활을 풍요롭게 하였다.

☞ ①

③ 의의 : 상품유통경제의 활성화와 함께 성장하여 당시 사회적 모순을 예리하게 드러내면서 서민 자신들의 존재를 자각하는 데 기여하였다.

(3) 한글소설과 사설시조

① 한글소설 : 홍길동전, 춘향전, 별주부전, 심청전, 장화홍련전 등이 유명하였다.
  ㉠ 홍길동전 : 서얼에 대한 차별의 철폐와 탐관오리의 응징을 통한 이상사회의 건설을 묘사하는 등 당시의 현실을 날카롭게 비판하였다.
  ㉡ 춘향전 : 신분 차별의 비합리성을 통해 인간평등의식을 강조하였다.

② 사설시조 : 서민들의 감정이나 남녀 간의 애정표현을 솔직하게 나타내었고, 현실에 대한 비판을 거리낌 없이 표현하였다.

③ 한문학 : 실학의 유행과 함께 사회의 부조리한 현실을 예리하게 비판하였다.
  ㉠ 정약용 : 삼정의 문란을 폭로하는 시를 남겼다.
  ㉡ 박지원 : 양반전, 허생전, 호질, 민옹전 등의 한문소설을 써서 양반의 위선적 생활을 풍자하여 실용적 태도를 강조하고, 현실을 올바르게 표현할 수 있는 문체로 혁신할 것을 주장하였다.

④ 시사(詩社)의 조직 : 중인, 서민층의 문학창작활동이 활발해지면서 동인들이 모여 조직하였다.

(4) 진경산수화와 풍속화

① 진경산수화
  ㉠ 특징 : 중국 남종과 북종화법을 고루 수용하여 우리의 고유한 자연과 풍속에 맞춘 새로운 화법으로 창안한 것이다. 우리의 자연을 사실적으로 그려 회화의 토착화를 이룩하였다.
  ㉡ 유행배경 : 17세기부터 우리 문화에 대한 자부심이 높아졌고 이런 의식은 우리의 고유 정서와 자연을 표현하려는 예술운동으로 나타났다.
  ㉢ 정선 : 인왕제색도와 금강전도에서 바위산은 선으로 묘사하고 흙산은 묵으로 묘사하는 기법을 사용하여 산수화의 새로운 경지를 이룩하였다.

② 풍속화 : 사람들의 생활정경과 일상적인 모습을 생동감 있게 표현하였다.
  ㉠ 김홍도 : 밭갈이, 추수, 씨름, 서당 등 서민의 생활모습을 소탈하고 익살스러운 필치로 묘사하였으며, 18세기 후반의 생활상과 활기찬 사회의 모습을 반영하였다.
  ㉡ 신윤복 : 양반 및 부녀자들의 생활과 유흥, 남녀의 애정을 감각적이고 해학적으로 표현하였다.

③ 민화의 유행 : 민중의 기복적 염원과 미의식을 표현하고 생활공간을 장식하기 위하여 민화가 유행하였다. 민화에는 한국적 정서가 짙게 반영되어 있다.

④ 서예 : 이광사(동국진체), 김정희(추사체)가 대표적이었다.

⑤ 기타 : 강세황(서양화 기법), 장승업(강렬한 필법과 채색법 발휘)은 뛰어난 기량을 발휘하였다.

(5) 건축의 변화

① 양반, 부농, 상공업 계층의 지원을 받아 많은 사원이 건립되었고, 정치적 필요에 의해 대규모 건축물들이 건립되기도 하였다.

② 사원 건축

㉠ 17세기
- 특징 : 규모가 큰 다층 건물로 내부는 하나로 통하는 구조를 가지고 있는데, 불교의 사회적 지위 향상과 양반지주층의 경제적 성장을 반영하였다.
- 건축물 : 금산사 미륵전, 화엄사 각황전, 법주사 팔상전 등을 대표로 꼽을 수 있다.

㉡ 18세기
- 특징 : 부농과 상인의 지원을 받아 그들의 근거지에 장식성이 강한 사원이 세워졌다.
- 건축물 : 논산의 쌍계사, 부안의 개암사, 안성의 석남사 등이 있다.

③ 수원 화성

㉠ 서양식 축성법 가미 : 거중기를 사용하여 정조 때 새롭게 만든 화성은 이전의 성곽과는 달리 방어뿐만 아니라 공격을 겸한 성곽으로서 우리나라의 전통적인 성곽 양식의 장점을 살린 바탕 위에 서양식 건축기술을 도입하여 축조된 특색 있는 건축물이다.

㉡ 종합적인 계획도시 : 주위의 경치와 조화를 이루며 평상시의 생활과 경제적 터전까지 조화시켜 건설되었다.

④ 19세기의 건축 : 국왕의 권위를 과시할 목적으로 재건한 경복궁 근정전, 경회루가 화려하고 장중한 건물로 유명하다.

(6) 백자 · 생활공예와 음악

① 자기공예 : 백자가 민간에까지 널리 사용되었고, 다양한 문양의 도자기가 제작되었다(청화, 철화, 진사백자 등). 제기와 문방구 등 생활용품이 많았고, 서민들은 옹기를 많이 사용하였다.

② 목공예 : 장롱, 책상, 문갑, 소반, 의자, 필통 등 나무의 재질을 살리면서 기능을 갖춘 작품들이 만들어졌다.

③ 화각공예 : 쇠뿔을 쪼개어 무늬를 새기는 것으로 독특한 우리의 멋을 풍기는 작품들이 많았다.

④ 음악 : 전반적으로 감정을 솔직하게 표현하였다.
㉠ 음악의 향유층이 확대되어 다양한 음악이 출현하였다.
㉡ 양반층은 가곡 · 시조를 애창하였고 서민들은 민요를 즐겨 불렀다.
㉢ 광대나 기생들은 판소리 · 산조 · 잡가를 창작하여 발전시켰다.

1 〈보기〉의 의서(醫書)를 편찬된 순서대로 바르게 나열한 것은?

2019. 6. 15. 제2회 서울특별시

〈보기〉

ⓐ 동의보감(東醫寶鑑)　　　　　　　ⓑ 마과회통(麻科會通)
ⓒ 의방유취(醫方類聚)　　　　　　　ⓓ 향약구급방(鄕藥救急方)

① ㉠ - ㉡ - ㉢ - ㉣　　　　　　　　② ㉢ - ㉣ - ㉡ - ㉠
③ ㉣ - ㉢ - ㉠ - ㉡　　　　　　　　④ ㉣ - ㉢ - ㉡ - ㉠

TIP ㉠ 동의보감 : 조선 광해군(1610)
㉡ 마과회통 : 조선 정조(1798)
㉢ 의방유취 : 조선 세종(1445)
㉣ 향약구급방 : 고려 고종(1236)

2 〈보기〉의 토지 개혁안을 주장한 조선 후기 실학자를 옳게 짝지은 것은?

2019. 6. 15. 제2회 서울특별시

〈보기〉

㉠ 지금 농사를 하고자 하는 사람은 토지를 얻고, 농사를 하지 않는 사람은 토지를 얻지 못하도록 한다.
즉 여전(閭田)의 법을 시행하면 나의 뜻을 이룰 수 있을 것이다. … 무릇 1여의 토지는 1여의 사람들
로 하여금 공동으로 경작하게 하고, 내 땅 네 땅의 구분 없이 오직 여장의 명령만을 따른다. 매 사람
마다의 노동량은 매일 여장이 장부에 기록한다. 가을이 되면 무릇 오곡의 수확물을 모두 여장의 집으
로 보내어 그 식량을 분배한다. 먼저 국가에 바치는 공세를 제하고, 다음으로 여장의 녹봉을 제하며,
그 나머지를 날마다 일한 것을 기록한 장부에 의거하여 여민들에게 분배한다.
㉡ 국가는 마땅히 한 집의 재산을 헤아려 전(田) 몇 부(負)를 한정하여 1호(戶)의 영업전(永業田)을 삼기
를 당나라의 조제(租制)처럼 해야 한다. 그렇다고 해서 많이 소유한 자의 것을 줄이거나 빼앗지 않고,
모자라게 소유한 자라고 해서 더 주지 않는다. 돈이 있어 사고자 하는 자는 비록 천백 결(結)이라도
모두 허가하고, 토지가 많아 팔고자 하는 자도 단지 영업전 몇 부 이외에는 역시 허가한다.

	㉠	㉡		㉠	㉡
①	정약용	이익	②	박지원	유형원
③	정약용	유형원	④	이익	박지원

TIP ⑺는 정약용의 여전론, ⑻는 이익의 한전론이다. 정약용과 이익은 유형원과 더불어 조선 후기를 대표하는 중농주의 실
학자들이다. 이들은 토지 개혁을 통한 민생 안정을 주장하였다. 정약용은 마을 단위로 토지의 공동 소유와 공동 분배를
주장하였다. 이익은 토지 소유의 하한선을 주장하며 영업전을 보장하여 이의 매매를 금지할 것을 주장하였다. 유형원은
토지 소유의 균등한 분배를 추구하는 균전론을 주장하였다.

Answer 1.③　2.①

3 조선 후기 지도 편찬에 대한 설명으로 가장 옳지 않은 것은?

2019. 6. 15. 제2회 서울특별시

① 김정호는 대동여지도를 편찬하기 이전에 이미 청구도 등을 제작하였다.
② 정상기는 백리척을 이용하여 동국지도를 제작하였다.
③ 모눈종이를 이용한 정밀한 지도도 제작되었다.
④ 대동여지도가 완성되자 나라의 기밀을 누설시킬 우려가 있다고 하여 판목은 압수 소각되었다.

> **TIP** 대동여지도는 철종 때 김정호에 의해 제작된 지도이다. 김정호는 기존의 청구도를 수정 및 보완하여 대동여지도를 완성했고, 목판본으로 제작하였고 현재 그 일부는 남아있다.

4 다음에서 설명하는 인물의 저술로 옳은 것은?

2018. 5. 19. 제1회 지방직

> • 종래의 조선 농학과 박물학을 집대성하였다.
> • 전국 주요 지역에 국가 시범 농장인 둔전을 설치하여 혁신적 농법과 경영 방법으로 수익을 올려서 국가 재정을 보충할 것을 제안했다.

① 색경   ② 산림경제
③ 과농소초   ④ 임원경제지

> **TIP** 제시된 글에서 설명하고 있는 인물은 서유구이다. 「임원경제지」는 홍만선의 「산림경제」를 토대로 한국과 중국의 저서 900여 종을 참고하여 엮어낸 백과전서다.
> ① 1676년 박세당이 지은 농서이다.
> ② 조선 숙종 때 실학자 홍만선이 엮은 농서 겸 가정생활서이다.
> ③ 조선 후기에 농업정책과 자급자족의 경제론을 편 실학적 농촌경제 정책서이다.

5 조선시대에 편찬된 서적과 관련된 설명으로 옳은 것을 〈보기〉에서 모두 고른 것은?

2018. 3. 24. 제1회 서울특별시

> ─────── 〈보기〉 ───────
> ㉠ 「경국대전」 : 조선의 통치 규범과 법을 정리하였다.
> ㉡ 「동문선」 : 우리 풍토에 맞는 약재와 치료법을 정리하였다.
> ㉢ 「동의수세보원」 : 중국과 일본의 자료를 참고하여 민족사 인식을 확대하였다.
> ㉣ 「금석과안록」 : 북한산비가 진흥왕 순수비임을 밝혔다.

① ㉠, ㉡   ② ㉡, ㉢
③ ㉠, ㉣   ④ ㉡, ㉣

> **TIP** ㉡ 「동문선」 : 1478년(성종 9) 성종의 명으로 서거정 등이 중심이 되어 편찬한 우리나라 역대 시문선집
> ㉢ 「동의수세보원」 : 1894년에 이제마가 지은 의서로, '동의'는 중국의 의가(醫家)와 구별하기 위한 것이며, '수세'는 온 세상 인류의 수명을 연장시킴을 뜻한다.

Answer 3.④ 4.④ 5.③

6 〈보기〉의 백과사전(유서)을 편찬한 순서대로 바르게 나열한 것은?

2018. 3. 24. 제1회 서울특별시

─── 〈보기〉 ───

㉠ 대동운부군옥   ㉡ 지봉유설
㉢ 성호사설   ㉣ 오주연문장전산고

① ㉠→㉡→㉢→㉣
② ㉡→㉢→㉣→㉠
③ ㉠→㉢→㉡→㉣
④ ㉠→㉣→㉢→㉡

TIP ㉠ 대동운부군옥 : 1589년에 권문해가 편찬한 일종의 백과전서
㉡ 지봉유설 : 1614년에 이수광이 편찬한 일종의 백과사전
㉢ 성호사설 : 조선 후기 실학자 이익이 평소에 기록해 둔 글과 제자들의 질문에 답한 내용을 1740년경에 집안 조카들이 정리한 것
㉣ 오주연문장전산고 : 19세기의 학자 이규경이 쓴 백과사전 형식의 책

7 〈보기〉의 내용을 주장한 인물에 대한 설명으로 가장 옳은 것은?

2018. 3. 24. 제1회 서울특별시

─── 〈보기〉 ───

국가는 마땅히 한 집의 생활에 맞추어 재산을 계산해서 토지 몇 부(負)를 한 호의 영업전으로 한다. 그러나 땅이 많은 자는 빼앗아 줄이지 않고 미치지 못하는 자도 더 주지 않으며, 돈이 있어 사고자 하는 자는 비록 천백 결이라도 허락해 주고, 땅이 많아서 팔고자 하는 자는 다만 영업전 몇 부 이외에는 허락한다.

① 「목민심서」를 저술하는 등 실학을 집대성하였다.
② 발해사를 우리나라 역사로 체계화할 목적으로 「발해고」를 저술하였다.
③ 전국의 자연환경과 인물, 풍속 등을 정리한 「택리지」를 저술하였다.
④ 천지 · 인사 · 만물 · 경사 · 시문 등 5개 부문으로 나누어 우리나라와 중국의 문화를 백과사전식으로 소개 · 비판한 「성호사설」을 저술하였다.

TIP 〈보기〉의 내용을 주장한 인물은 '이익'이다.
① 정약용 ② 유득공 ③ 이중환

Answer 6.① 7.④

1 다음 글을 쓴 사람에 대한 설명으로 옳은 것은?

> 오늘날 백성을 다스리는 자는 백성에게서 걷어 들이는 데만 급급하고 백성을 부양하는 방법은 알지 못한다. …(중략)… '심서(心書)'라고 이름 붙인 까닭은 무엇인가? 백성을 다스릴 마음은 있지만 몸소 실행할 수 없기 때문에 그렇게 이름 붙인 것이다.

① 우리나라에서 처음으로 지전설을 주장하였다.
② 농가집성을 펴내 이앙법 보급에 공헌하였다.
③ 홍역 관련 의서를 종합해 마과회통을 저술하였다.
④ 조선시대의 역사를 서술한 열조통기를 편찬하였다.

TIP 제시된 사료는 정약용의 목민심서의 일부이다. 정약용은 신유박해에 연루되어 전라도 강진에서 귀양생활을 하는 동안 많은 책을 저술하였다.
• 목민심서 : 지방관이 백성을 잘 다스리는 것에 대한 책
• 경세유표 : 중앙정치제도의 폐해를 지적하고 개혁에 대한 의견을 기술한 책
• 흠흠신서 : 형옥(刑獄)에 관한 법률 지침서
• 탕론 : 백성이 정치의 근본임을 지적한 논설
• 원목 : 이상적인 통치자 상을 제시
• 전론 : 독특한 부락 단위의 여전제를 주장
• 기예론 : 기술의 혁신 및 기술교육을 촉구
• 마과회통 : 마진(홍역) 치료법에 대한 의학서

2 다음 실학자와 맞는 내용으로 짝지어진 것은?

① 이익 – 중상주의 실학자로 상공업의 발달을 강조하였다.
② 박제가 – 절약과 저축의 중요성을 강조하였다.
③ 박지원 – 우서에서 우리나라와 중국의 문물을 비교·분석하여 개혁안을 제시하였다.
④ 정약용 – 토지의 공동소유 및 공동경작 등을 통한 집단농장체제를 주장하였다.

TIP ① 이익은 중농주의 실학자로 토지소유의 상한선을 정하여 대토지소유를 막는 한전론을 주장하였다.
② 박제가는 소비와 생산의 관계를 우물물에 비교하면서 검약보다 소비를 권장하였다.
③ 유수원에 관한 설명이다.

3 조선 후기 화풍에 관한 설명으로 옳지 않은 것은?

① 중국의 화풍을 수용하여 독자적으로 재구성하였다.
② 민중의 기복적 염원과 미의식을 표현한 민화가 발달하였다.
③ 강세황의 작품에서는 서양화법의 영향이 드러난다.
④ 뚜렷한 자아의식을 바탕으로 우리의 자연을 직접 눈으로 보고 사실적으로 그리려는 화풍의 변화가 나타났다.

TIP ① 조선 전기 화풍의 특징이다.

Answer 1.③ 2.④ 3.①

4 다음 중 서민 문화로 옳지 않은 것은?

① 잡가 ② 승무
③ 판소리 ④ 처용무

TIP 처용무는 궁중 나례나 중요 연례 때 처용의 탈을 쓰고 추던 춤으로 신라 헌강왕 처용설화에서 유래되었다.

5 다음 중 조선 후기에 유행한 사상에 관한 설명으로 옳지 않은 것은?

① 굿과 같은 현세구복적인 무속신앙이 유행하였다.
② 말세도래와 왕조교체 등의 내용이 실린 정감록과 같은 비기 · 도참서가 유행하였다.
③ 인내천, 보국안민, 후천개벽을 내세운 동학이 창시되었다.
④ 서학은 선교사에 의해 전해져 하층민을 중심으로 수용되었다.

TIP 서학(천주교)은 사신들에 의해 전래되어 문인들의 학문적 호기심에 의해 자발적으로 수용되었다.

6 다음과 같은 문학과 예술이 등장하게 된 배경으로 옳은 것은?

> 서민들의 감정을 솔직하게 나타내는 경향의 판소리와 사설시조가 등장하였으며, 양반의 허구를 폭로하고 현실에 대한 비판을 하였다.

① 상업 발달에 따른 상인문화가 발달하였다.
② 성리학이 현실문제 해결능력을 잃어버렸기 때문이다.
③ 서민의 사회 · 경제적 지위가 향상되었다.
④ 인간의 심성을 중시하고 이상주의적 성격이 강하였다.

TIP 조선 후기 서당교육이 보급되고 서민의 경제적 · 사회적 지위가 향상됨에 따라 서민문화가 대두하였다.

7 다음 중 조선 후기 실학자와 그들이 주장하는 바에 대한 설명이다. 옳지 않은 것을 모두 고른 것은?

> ㉠ 정약용 : 농업 중심 개혁론의 선구자로 균전론을 제시하였다.
> ㉡ 홍대용 : 무역선을 파견하여 청에서 행해지는 국제무역에도 참여해야 한다고 주장하였다.
> ㉢ 유수원 : 우서를 저술하여 상공업의 진흥을 위한 사농공상의 직업적 평등과 전문화를 주장하였다.
> ㉣ 유형원 : 자영농 육성을 위한 토지제의 개혁뿐만 아니라 양반문벌제도, 과거제, 노비제의 모순도 지적하였다.

① ㉠, ㉡ ② ㉠, ㉢
③ ㉡, ㉢ ④ ㉡, ㉣

TIP 조선 후기 실학자
㉠ 정약용은 여전론(閭田論)과 정전론(井田論)을 주장하였고 균전론을 주장한 사람은 유형원이다.
㉡ 박제가가 「북학의(北學議)」에서 주장한 내용이다.

Answer 4.④ 5.④ 6.③ 7.①

8 다음의 사상가가 주장했던 것은?

> 국가에서 일가 소요의 기준량을 정하여 그에 상당한 전지를 한정하고, 1호(戶)에 영업전을 지정해 주어 그 매매는 금하나 제한된 영업전 이외의 전지는 매매를 허락하여 점차로 토지소유의 평등을 이루도록 하자는 것이다. 즉, 영업전 이외의 전지만 매매로 이동될 뿐 토지겸병 등의 폐단이 없어져 균등하게 토지가 분배된다는 것이다.

① 청의 선진문화 수용
② 소비를 통한 생산의 자극
③ 화폐금융을 통한 국부 증대
④ 양반제도, 노비제도, 과거제도의 폐단 시정

> **TIP** 제시된 내용은 이익이 주장한 한전론에 대한 설명으로, 그는 나라를 좀먹는 여섯 가지 폐단(노비제, 과거제, 양반문벌제, 사치와 미신, 승려, 게으름)을 지적하였다.

9 다음 중 조선 후기 농서와 저자가 바르게 연결되지 않은 것은?

① 색경 – 이규경
② 산림경제 – 홍만선
③ 임원경제지 – 서유구
④ 과농소초 – 박지원

> **TIP** 색경은 곡물재배법, 채소·과수·화초의 재배법, 목축, 양장기술 등 농사 전반에 걸친 해설서로 박세당이 저술하였다.

10 다음과 같이 주장한 조선 후기의 실학자에 대한 설명으로 옳은 것은?

> 천체가 운행하는 것이나 지구가 자전하는 것은 그 세가 동일하니, 분리해서 설명할 필요가 없다. 생각건대 9만리의 둘레를 한 바퀴 도는데 이처럼 빠르며, 저 별들과 지구와의 거리는 겨우 반경(半徑)밖에 되지 않는데도 오히려 몇 천만 억의 별들이 있는지 알 수가 없다. 하물며 은하계 밖에도 또 다른 별들이 있지 않겠는가!

① 「북학의」에서 소비를 권장하여 생산을 촉진하자고 주장하였다.
② 「임하경륜」에서 성인남자에게 2결의 토지를 나누어 주자고 주장하였다.
③ 「반계수록」에서 신분에 따라 토지를 차등 있게 재분배하자고 주장하였다.
④ 「우서」에서 상업적 경영을 통해 농업 생산성을 높여야 한다고 주장하였다.

> **TIP** 제시문은 지전설과 함께 홍대용이 주장한 무한우주론에 대한 설명이다. 홍대용은 「임하경륜」에서 성인 남자에게 2결의 토지를 나누어 주자는 균전제를 주장하였다.
> ① 박제가
> ③ 유형원
> ④ 유수원

Answer 8.④ 9.① 10.②

11 19세기는 서민문학의 전성기라고 할 수 있다. 이에 관한 설명 중 옳지 않은 것은?

① 종합예술적 성격을 띤 가면극이 유행했다.
② 판소리는 사대부층을 중심으로 크게 환영받았다.
③ 판소리 사설의 창작과 정리에 공이 큰 사람은 신재효였다.
④ 한 편의 이야기를 창과 이야기로 엮어 나가면서 불렀던 판소리가 중심이었다.

TIP ② 판소리는 사대부층보다는 일반 서민층으로부터 크게 환영받았다.

12 조선 후기의 과학기술에 대한 내용이다. 이를 토대로 조선 후기의 과학기술의 영향으로 옳은 것은?

> • 농학 – 농가집성, 색경 등의 농서가 저술되었다.
> • 천문학 – 김석문, 홍대용 등은 지전설을 주장하였다.
> • 의학 – 동의보감, 침구경험방, 마과회통 등이 편찬되었다.
> • 지리학 – 김정호가 청구도, 대동여지도를 제작하였고, 중국에서 만국지도가 전래되었다.

> ㉠ 과학기술은 통치의 한 방편으로 연구되었다.
> ㉡ 서양의 과학기술은 전통적 과학기술을 압도하였다.
> ㉢ 국민들의 생활 개선을 중요시하는 경향이 생겨났다.
> ㉣ 중국 중심의 세계관을 벗어나는 데 기여하였다.

① ㉠㉡   ② ㉠㉢
③ ㉡㉢   ④ ㉢㉣

TIP 조선 후기의 과학분야는 국민생활 개선에 중점을 두었고, 우리에게 맞는 새로운 구성의 노력이 두드러졌다.

13 조선 후기에 만들어진 다음 저서의 공통된 성격은?

> • 이중환의 택리지   • 유희의 언문지
> • 정상기의 동국지도   • 안정복의 동사강목

① 화이관적 세계관의 반영
② 실증적인 과학적 탐구방법
③ 부국 강병을 위한 실용적 성격
④ 민족의 전통과 현실에 대한 관심

TIP 조선 후기에는 우리 민족의 전통과 현실에 대한 관심이 커져서 우리의 역사, 강토, 언어에 대한 연구가 활발해졌다.

Answer 11.② 12.④ 13.④

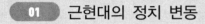

근현대사의 흐름

근현대의 정치 변동

❶ ·· 개화와 자주운동

(1) 조선 말기의 국내 정세

① 19세기 중엽의 정세

㉠ 대내적 상황 : 세도정치의 폐단이 극에 달하여 무능한 양반지배체제에 저항하는 민중세력이 성장하고 있었다.

㉡ 대외적 상황 : 일본과 서양 열강의 침략적 접근이 일어나고 있었다.

② 흥선대원군의 집권 : 실추된 왕권을 회복하고 국가적 위기를 극복하기 위하여 노력하였다.

㉠ 내정개혁

• 세도정치의 타파 : 세도가문의 인물들을 몰아내고 인재를 고르게 등용하였다.

• 비변사의 폐지 : 비변사를 폐지하여 의정부와 삼군부의 기능을 회복시켰다.

• 서원의 정리 : 붕당의 온상인 서원을 철폐·정리하여 국가재정을 확충하고 양반과 유생들의 횡포를 막았다.

• 경복궁의 중건 : 왕권 강화를 위해 경복궁을 중건하였다.

• 삼정의 개혁 : 양전사업을 실시하여 전정을 바로잡고, 군역제도를 개혁하여 호포법을 실시하였으며, 환곡제를 사창제로 개혁하였다.

• 법전 정비 : 대전회통과 육전조례 등의 법전을 정비·간행하였다.

• 국방력의 강화 : 훈련도감에 포수를 선발하여 군사력을 증강하고 수군통제사의 지위를 격상시키고 수군을 강화하였다.

• 한계 : 국가기강을 바로잡고 민생을 안정시키는 데 어느 정도 기여하였으나 전통체제 내에서의 개혁이다.

㉡ 대외정책

• 통상수교거부정책

– 국방력을 강화하고, 통상수교 요구를 거부하는 한편, 천주교를 탄압하였다.

– 병인양요와 신미양요를 겪었지만 강화도에서 격퇴하였으며, 전국 각지에 국권 수호의 의지를 다지기 위해 척화비를 건립하였다.

• 한계 : 외세의 침략을 일시적으로 저지하는 데는 성공하였으나, 조선의 문호 개방이 지연되었다.

(2) 개항과 개화정책

① 개항

㉠ 배경 : 흥선대원군이 물러나고 통상개화론자들이 대두하면서 문호 개방의 여건이 마련되어 갔다.

㉡ 강화도조약과 개항(1876) : 운요호사건을 계기로 조약을 맺어 처음으로 문호를 개방하였다. 우리나라 최초의 근대적 조약으로 부산, 원산, 인천 등 세 항구의 개항이 이루어졌으나, 치외법권, 해안측량권, 조일 통상장정의 체결을 내용으로 한 일본 침략의 발판을 마련한 불평등 조약이었다.

㉢ 각국과의 조약 체결 : 미국과 조·미수호통상조약을 맺은 것을 시작으로 영국·독일·러시아·프랑스와 외교관계를 수립하였지만, 대부분 치외법권을 인정하고 최혜국 대우를 약속한 불평등 조약이었다.

📚 **보충학습**

신미양요(1871)

• 미국 제너럴셔먼호가 대동강에서 침몰(1866)

• 이를 빌미로 미국 로저스 공격

• 어재연이 강화도의 광성진, 초지진, 덕진진에서 승리(미군이 전리품으로 수자기를 가지고 감)

📚 **보충학습**

강화도조약의 내용 및 의도

㉠ 청의 종주권 부인 : 조선은 자주국으로 일본과 평등한 권리를 가진다고 규정했지만, 그것은 조선에 대한 청의 종주권을 부인함으로써 일본의 조선 침략을 용이하게 하려는 것이었다.

㉡ 침략의도 표출 : 부산 외에 두 항구의 개항, 일본인의 국내 통상활동 허가와 조선 연해의 자유로운 측량 등을 규정하였다. 그것은 단순한 통상교역의 경제적 목적을 넘어 정치적·군사적 거점을 마련하려는 일본의 침략의도를 드러낸다.

㉢ 주권 침해 : 개항장에서의 일본인 범죄를 일본 영사가 재판하는 영사재판권, 즉 치외법권조항을 설정함으로써 조선 내 거주 일본인의 불법행위에 대한 조선의 사법권을 배제시켰다. 특히 치외법권, 해안측량권 등은 조선의 주권에 대한 침해였다.

② 개화정책의 추진
- ㉠ 수신사의 파견 : 1차로 김기수, 2차로 김홍집이 일본을 다녀왔다. 일본의 발전상과 세계 정세의 변화를 알고, 개화의 필요성을 더욱 느끼게 되었다. 이에 정부는 대외관계와 근대 문물의 수입 등 여러가지의 과제를 해결하기 위하여 개화파 인물들을 정계에 기용하였고, 이들을 중심으로 개화정책을 추진해 나갔다.
- ㉡ 제도의 개편
  - 관제의 개편 : 개화정책을 전담하기 위한 기구로 1880년 통리기무아문을 설치하고, 그 아래에 12사를 두어 외교 · 군사 · 산업 등의 업무를 분담하게 하였다(청의 관제 모방).
  - 군제의 개혁 : 종래의 5군영을 무위영, 장어영의 2영으로 통합 · 개편했으며, 신식군대의 양성을 위하여 별도로 별기군을 창설하였고, 일본인 교관을 채용하여 근대적 군사훈련을 시키고, 사관생도를 양성하였다.
- ㉢ 근대문물 수용사절의 파견
  - 신사유람단(조사시찰단) 파견(1881) : 일본의 정부기관, 각종 산업시설을 시찰하였다.
  - 영선사 파견(1881) : 김윤식과 유학생들을 청국의 톈진에 유학시켜 무기제조법, 근대적 군사훈련법을 배우게 하였다.
③ 위정척사운동
- ㉠ 전개과정
  - 1860년대 : 서양의 통상 요구에 대응하여 서양과의 교역을 반대하는 통상반대운동을 전개하고, 서양의 무력 침략에 대항하여 척화주전론(斥和主戰論)으로 나타나 대원군의 통상수교거부를 뒷받침하였다.
  - 1870년대 : 문호 개방을 전후해서는 최익현을 비롯한 유생들이 왜양일체론(倭洋一體論), 개항불가론을 들어 개항반대운동을 전개하였다.
  - 1880년대 : 정부의 개화정책 추진과 조선책략의 유포에 반발하여 개화반대운동을 전개하였다.
  - 1890년대 이후 : 일본의 침략에 저항하는 항일의병운동으로 계승되었다.
- ㉡ 의의
  - 긍정적 의미 : 정치적 · 경제적인 면에서 강력한 반침략 · 반외세의 의지를 가지고 있었다.
  - 부정적 의미 : 조선 왕조의 전제주의적 정치제제, 지주 중심의 봉건적 경제제제, 양반 중심의 차별적 사회체제, 성리학적 유일사상체제를 유지시키려는 데 목적을 두고 있었다.
- ㉢ 한계 : 외세의 침략을 막으려는 반외세 자주운동이었지만 전통적인 사회체제를 그대로 유지하려고 하여 시대의 흐름에 뒤떨어진 한계를 지니고 있었다.
④ 임오군란의 발발(1882)
- ㉠ 원인 : 개화파와 보수파의 대립, 구식군대의 차별 대우에 대한 불만으로 일어났다.
- ㉡ 영향 : 일본과 제물포조약을 체결하여 배상금을 물고, 청의 내정 간섭을 초래하였으며, 조선은 친청정책으로 기울어져서 개화정책은 후퇴하였다.
⑤ 갑신정변(1884)
- ㉠ 배경 : 친청세력의 개화당 탄압, 조선 주둔 청군의 철수, 일본 공사의 지원 약속, 청의 내정간섭과 개화정책의 후퇴 등에 대한 반발로 급진개화파들은 갑신정변을 일으켰다.
- ㉡ 개혁요강의 내용 : 청에 대한 사대관계 폐지, 인민평등권의 확립, 지조법의 개혁, 모든 재정의 호조 관할(재정의 일원화), 경찰제도의 실시, 내각중심정치의 실시 등이다.
- ㉢ 경과 : 개혁주체의 세력기반이 미약하였고, 외세에 의존해서 권력을 잡으려 했으며, 청의 무력 간섭의 심화로 인해 실패하였으며, 개화세력이 도태되고 말았다.
- ㉣ 결과 : 한성조약(보상금 지불과 공사금 신축비 부담)과 톈진조약(청 · 일 양국군의 철수와 조선 파병시 상대국에 미리 알릴 것)이 체결되었다.

(가) 시기에 있었던 일로 옳은 것은?

2020. 6. 13. 제1회 지방직 / 제2회 서울특별시

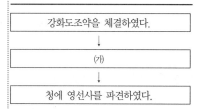

① 군국기무처를 두고 여러 건의 개혁안을 처리하였다.
② 개화 정책을 추진할 기구로 통리기무아문을 설치하였다.
③ 국정 개혁의 기본 방향을 담은 홍범 14조를 공포하였다.
④ 구본신참의 개혁 원칙을 정하고 대한국국제를 선포하였다.

☞ ②

기출문제

위정척사 운동에 대한 설명으로 가장 옳지 않은 것은?

2019. 6. 15. 제2회 서울특별시

① 최익현은 왜양일체론을 내세우며 개항 반대 운동을 전개하였다.
② 이항로는 척화주전론을 주장하며 통상 반대 운동을 전개하였다.
③ 기정진 등 영남 유생들이 만인소를 올려 조선책략을 들여온 김홍집의 처벌을 요구하였다.
④ 홍재학은 주화매국의 신료를 처벌하고 서양물품과 서양서적을 불태울 것을 주장하였다.

☞ ③

ㅁ 역사적 의의
- 정치면 : 중국에 대한 전통적인 외교관계를 청산하려 하였고, 전제군주제를 입헌군주제로 바꾸려는 정치 개혁을 최초로 시도하였다.
- 사회면 : 문벌을 폐지하고 인민평등권을 확립하여 봉건적 신분제도를 타파하려 하였다.
- 근대화운동의 선구 : 근대국가 수립을 목표로 하는 최초의 정치개혁운동이었고, 역사 발전에 합치되는 민족운동의 방향을 제시하였다.

(3) 동학농민운동의 전개

① 배경
- ㉠ 정부의 대책 미미 : 정부의 개화정책 추진이나 개화운동, 유생층의 위정척사운동은 점점 격화되어 열강의 침략 경쟁에 효과적으로 대응하지 못하였다.
- ㉡ 농촌경제의 파탄 : 근대 문물의 수용과 배상금 지불 등으로 국가재정이 궁핍해져 농민에 대한 수탈이 심해졌고, 일본의 경제적 침투로 농촌경제가 파탄에 이르게 되었다.
- ㉢ 농민층의 불안과 불만의 팽배 : 정치·사회의식이 급성장한 농촌지식인과 농민들 사이에 사회 변혁의 욕구가 높아졌다.
- ㉣ 동학의 교세 확산 : 동학의 인간평등사상과 사회개혁사상은 새로운 사회로의 변화를 갈망하는 농민의 요구에 부합되었고, 농민들은 동학의 조직을 통하여 대규모의 세력을 모을 수 있었다.

② 경과 : 동학농민군은 보국안민과 제폭구민을 외치며 고부봉기를 일으키고 전주를 점령하였다(1894). 집강소에서 폐정개혁을 실천하였으나 정부의 개혁이 부진하고 일본의 침략과 내정 간섭이 강화되자 서울로 북상하였고, 우금치전투는 관군·일본군에게 패하여 실패로 돌아갔다.

③ 의의
- ㉠ 개혁정치를 요구하고 외세의 침략을 물리치려 한 아래로부터의 반봉건적·반침략적 민족운동이라는 성격을 가진다.
- ㉡ 동학농민의 요구는 갑오개혁에 일부 반영되었으며, 농민군의 잔여세력은 항일의병항쟁에 가담하였다.

(4) 근대적 개혁의 추진

① 내정 개혁의 필요성이 대두되어 정부는 교정청을 설치하여 자주적인 개혁에 착수하였다.

② 갑오개혁(1894)
- ㉠ 배경 : 일본은 내정 개혁을 강요하였고, 군대를 동원하여 경복궁을 점령하였으며, 친일 내각과 군국기무처를 설치하였고 갑오개혁을 추진하였다.
- ㉡ 내용
  - 정치면 : 내각의 권한이 강화되고 왕권을 제한하였다.
  - 사회면 : 신분제를 철폐하고 전통적인 폐습을 타파하였다.
- ㉢ 한계 : 군사면의 개혁과 농민들이 요구한 토지제도의 개혁은 거의 이루어지지 않았다.

③ 을미개혁 : 명성황후 시해사건(을미사변) 이후에 을미개혁과 단발령을 시행하였다. 이에 유생층과 농민들은 의병을 일으켰으며, 아관파천으로 중단되었다(1896).

④ 의의 : 갑오개혁과 을미개혁은 일본에 의한 강요도 있었으나, 개화파 인사들과 동학농민층의 개혁의지가 반영된 근대적 개혁이었다.

기출문제

다음 내용은 1894년 동학 농민 운동과 관련된 사실들이다. ㉠과 ㉡ 사이의 시기에 있었던 사실로 가장 적절한 것은?

2020. 5. 30. 제1회 경찰공무원(순경)

㉠ 일본군이 경복궁을 점령한 데 이어 선전 포고도 없이 청일전쟁을 일으켰다.

㉡ 공주 우금치 전투에서 농민군은 잘 훈련된 일본군과 그들의 최신 병기 앞에서 수천 명에 이르는 희생자를 낸 채 끝내 패하고 말았다.

① 홍계훈이 이끄는 경군 선발대가 장성 황룡촌 전투에서 농민군에 패하였다.
② 손병희의 북접 농민군과 전봉준의 남접 농민군이 충청도 논산에서 합류하였다.
③ 농민군은 청·일 양군에 대한 철병 요구와 폐정 개혁을 조건으로 관군과 전주 화약을 맺고 해산하였다.
④ 농민군은 전봉준을 총대장으로, 김개남·손화중을 총관령으로, 김덕명과 오시영을 총참모로 정하는 등 지휘 체계와 조직을 세우고 백산에 '호남창의대장소'를 설치하였다.

☞ ②

보충학습

폐정개혁 12개조
1. 동학도는 정부와의 원한을 씻고 서정에 협력한다.
2. 탐관오리는 그 죄상을 조사하여 엄징한다.
3. 횡포한 부호를 엄징한다.
4. 불량한 유림과 양반의 무리를 징벌한다.
5. 노비문서를 소각한다.
6. 7종의 천인 차별을 개선하고, 백정이 쓰는 평량갓은 없앤다.
7. 청상과부의 개가를 허용한다.
8. 무명의 잡세는 일체 폐지한다.
9. 관리 채용에는 지벌을 타파하고 인재를 등용한다.
10. 왜와 통하는 자는 엄징한다.
11. 공사채를 물론하고 기왕의 것을 무효로 한다.
12. 토지는 평균하여 분작한다.

▶ 개혁의 추진

갑신정변(14개조 정강)	동학농민운동(폐정개혁안)	갑오개혁(홍범14조)	을미개혁
문벌 폐지	노비문서 소각	문벌 폐지(신분제 폐지)	단발령 공포
지조법의 개혁	무명잡세 폐지	납세법정주의	종두법 실시
능력에 따른 관리 임명	지벌 타파, 인재 등용	과거제도 폐지	태양력 사용
청에 대한 사대 청산	과부 개가 허용	과부 개가 허용	연호 사용(건양)
재정의 일원화 (호조)	왜와 통한 자 엄징	재정의 일원화 (탁지부)	우편제 실시
혜상공국 폐지	토지 평균 분작	군사개혁 소홀	소학교 설치
경찰제 실시	공사채 면제	경찰제 일원화	친위대·진위대
부정한 관리의 치죄	탐관오리 엄징	도량형 개정·통일	–

(5) 항일의병투쟁의 시작

① 을미의병 : 명성황후시해사건(을미사변)과 단발령으로 유생층의 불만이 최고조에 이르렀고 농민과 동학농민군까지 가세하여 전국적으로 확대되었다.

② 아관파천 이후 단발령이 철회되고, 고종의 해산 권고로 을미의병은 자진 해산을 하게 되었다.

❷ ·· 주권수호운동의 전개

(1) 독립협회와 대한제국

① 독립협회(1896)

㉠ 배경 : 아관파천 이후 열강의 이권 침탈이 심화되었다.

㉡ 창립 : 서재필 등은 자유민주주의적 개혁사상을 민중에게 보급하고 국민의 힘으로 자주독립국가를 건설하기 위하여 독립신문을 창간하고 독립협회를 창립하였다. 근대사상과 개혁사상을 지닌 진보적 지식인과 도시 시민층이 중심이 되었다.

㉢ 독립협회의 주요 활동
• 민중에 기반을 둔 사회단체로 발전하여 강연회와 토론회를 개최하였다.
• 신문과 잡지를 발간하고 자주국권운동, 자유민권운동, 국민참정권운동을 전개하였다.
• 만민공동회와 관민공동회를 개최하여 헌의 6조를 결의함으로써 중추원을 개편하여 의회를 만들려고 하였다.

㉣ 해산 : 서구식 입헌군주제의 실현을 추구하여 보수세력의 반발을 샀으며 보수세력은 황국협회를 이용하여 독립협회를 탄압하였고, 독립협회는 3년 만에 해산되었다.

㉤ 의의 및 한계
• 근대적 민족주의 사상과 자유민권의 민주주의 이념을 알렸으며 후에 애국 계몽 운동에 영향을 주게 된다.
• 외세 배척이 러시아에만 치중되어 있었고 미·영·일에 대해서는 비교적은 우호적이었으며, 의병 활동이나 동학 농민 운동에 대해서는 부정적인 태도를 가지고 있었다.

② 대한제국(1897) : 환궁 후 대한제국을 선포하고 연호를 광무라 하였다.

㉠ 개혁
• 구본신참 : 옛 제도를 근본으로 하고 새로운 제도를 참작한다는 구본신참을 시정방향으로 제시하였다.

〈보기〉는 동학농민군이 제시한 「폐정개혁안」 12개조 중 일부이다. 이 중 갑오개혁에 반영된 것을 모두 고른 것은?

2020. 6. 13. 제2회 서울특별시

〈보기〉
㉠ 무명의 잡다한 세금은 일체 거두지 않는다.
㉡ 토지는 균등히 나누어 경작한다.
㉢ 왜와 통하는 자는 엄중히 징벌한다.
㉣ 젊어서 과부가 된 여성의 재혼을 허용한다.

① ㉠, ㉡　　　　　② ㉠, ㉣
③ ㉡, ㉢　　　　　④ ㉢, ㉣

☞ ②

다음과 같은 주제로 토론회를 개최한 단체에 대한 설명으로 옳은 것은?

2020. 6. 13. 제1회 지방직 / 제2회 서울특별시

일자	주제
1897. 8. 29.	조선에 급선무는 인민의 교육
1897. 9. 5.	도로 수정하는 것이 위생에 제일 방책
⋮	⋮
1897. 12. 26.	인민의 귀로 듣고 눈으로 보는 것을 개명케 하려면 우리나라 신문지며 다른 나라 신문지를 널리 반포하는 것이 제일 긴요함

① 헌정연구회의 활동을 계승하여 월보를 간행하고 지회를 설치하였다.
② 국민 계몽을 위해 회보를 발간하고 만민공동회 등 대규모 집회를 열었다.
③ 보부상 중심의 단체로 황권 강화를 통한 부국강병을 행동지침으로 삼았다.
④ 일본이 황무지 개간을 구실로 토지를 약탈하려 하자 대중적 반대 운동을 벌였다.

☞ ②

- 대한국 국제를 제정하여 전제황권을 강화하고자 하였다.
- 양전사업을 실시하고 지계를 발급하여 근대적 토지소유제도를 마련하였으며 상공업진흥책을 추진하였다.
  ⓛ 한계 : 집권층의 보수성과 열강의 간섭으로 실패로 돌아갔다.

(2) 항일의병전쟁의 전개

① **을사조약(1905) 폐기운동**
  ㉠ 조병세는 조약의 폐기를 요구하는 상소운동을 벌였다.
  ㉡ 민영환은 자결로써 항거하였다.
  ㉢ 5적 암살단(나철, 오기호)이 조직되어 5적의 집을 불사르고 일진회 사무실을 습격하였다.

② **을사의병(1905)** : 민종식, 최익현, 신돌석(평민 의병장) 등의 활약이 두드러졌으며, 이들은 조약의 폐기와 친일내각의 타도를 주장하였다.

③ **정미의병(1907)** : 고종의 강제 퇴위로 군대가 해산되자, 해산군인들이 의병에 합류하였다. 활동영역은 간도, 연해주 등 국외로까지 확산되었다.

④ **서울진공작전** : 전국 의병부대가 연합하여 서울진공작전을 시도하였다. 간도와 연해주 일대의 의병들은 국내진입작전을 꾀하기도 하였고, 일본군들은 남한대토벌작전을 펼쳤으며, 의병들은 간도·연해주로 이동하여 항일독립군을 형성하였다.

⑤ **의의** : 의병전쟁은 국권 회복을 위한 무장투쟁으로서 항일독립투쟁의 정신적 기반이 마련되는 계기가 되었다.

⑥ **한계** : 양반 유생층이 전통적 지배질서의 유지를 고집하여 대다수 농민의병들과 갈등을 빚기도 해 소기의 성과를 거두지는 못하였다.

(3) 애국계몽운동의 전개

① **초기** : 개화·자강계열 단체들이 설립되어 구국민족운동을 전개하였다.
  ㉠ 보안회 : 일제의 황무지개간권 요구를 좌절시켰다.
  ㉡ 헌정연구회 : 입헌정체의 수립을 목적으로 설립되었다.

② **1905년 이후** : 국권 회복을 위한 애국계몽운동을 전개하였다.
  ㉠ 대한자강회 : 교육과 산업을 진흥시켜 독립의 기초를 만들 것을 목적으로 국권 회복을 위한 실력양성운동을 전개하였으나 고종의 강제퇴위반대운동으로 해산되었다.
  ㉡ 대한협회 : 교육의 보급, 산업 개발 및 민권 신장 등을 강령으로 내걸고 실력양성운동을 전개하였다.
  ㉢ 신민회 : 비밀결사조직으로 국권 회복과 공화정체의 국민국가 건설을 목표로 하였다. 국내적으로 문화적·경제적 실력양성운동을 펼쳤으며, 국외로 독립군기지 건설에 의한 군사적인 실력양성운동에 힘쓰다가 105인사건으로 해체되었다.

③ **의의** : 민족독립운동의 이념과 전략을 제시하였으며, 장기적인 민족독립운동의 기반이 마련되었다.

④ **한계** : 일제에 의하여 정치적으로 예속된 상태에서 전개되어 항일투쟁의 성과면에서 한계가 있었다.

📋 기출문제

〈보기〉의 사설이 발표되는 계기가 된 사건에 대한 설명으로 가장 옳은 것은?

2020. 6. 13. 제2회 서울특별시

〈보기〉
　… 그러나 슬프도다. 저 개돼지만도 못한 이른바 우리 정부의 대신이란 자들은 자기 일신의 영달과 이익이나 바라면서 위협에 겁먹어 머뭇대거나 벌벌 떨며 나라를 팔아먹는 도적이 되기를 감수하였던 것이다. 아, 4,000년의 강토와 500년의 사직을 다른 나라에 갖다 바치고, 2,000만 국민을 타국의 노예가 되게 하였으니, … 아! 원통한지고, 아! 분한지고. 우리 2,000만 타국인의 노예가 된 동포여! 살았는가, 죽었는가? 단군, 기자 이래 4,000년 국민정신이 하룻밤 사이에 갑자기 망하고 말 것인가. 원통하고 원통하다. 동포여! 동포여!

① 친러 성향의 내각이 수립되어 러시아의 정치적 간섭이 강화되었고, 열강의 이권 침탈도 심해졌다.
② 러일전쟁 승리 이후 일본은 대한제국의 외교권을 박탈하는 조약을 체결하여 대한제국을 일본의 보호국 으로 만들었다.
③ 일본은 헤이그 특사 파견을 문제 삼아 고종 황제를 강제로 퇴위시키고, 대한제국의 군대를 해산하는 조약을 체결했다.
④ 총리 대신 이완용과 조선 통감 데라우치 사이에 조약이 체결되어 국권을 상실하였다.

☞ ②

📋 기출문제

일제의 식민지 정책을 시기 순으로 바르게 나열한 것은?

2011. 4. 9. 행정안전부

㉠ 농촌경제의 안정화를 명분으로 농촌진흥운동을 전개하였다.
㉡ 학도지원병 제도를 강행하여 학생들을 전쟁터로 내몰았다.
㉢ 회사령을 철폐하여 일본 자본이 조선에 자유롭게 유입될 수 있게 하였다.
㉣ 토지의 소유권과 가격에 대한 대대적인 조사를 진행하였다.

① ㉢ - ㉣ - ㉠ - ㉡
② ㉢ - ㉣ - ㉡ - ㉠
③ ㉣ - ㉢ - ㉠ - ㉡
④ ㉣ - ㉢ - ㉡ - ㉠

☞ ③

❸ ·· 민족의 수난과 항일독립운동

(1) 국권의 피탈과 민족의 수난

① 일제의 국권 피탈

- ㉠ **한·일 의정서(1904)** : 러·일 전쟁의 위기가 닥쳐오자, 대한제국은 중립을 선언하였다. 그러나 일본은 이를 무시하고 조약을 체결하여 군사 전략상 필요한 곳을 마음대로 사용하게 되었다.

- ㉡ **제1차 한·일 협약(한·일 협정서, 1904)** : 러·일 전쟁에서 일본이 승기를 잡으면서, 일본은 고문 정치를 실시하여 대한제국에 재정 고문으로 일본인 메가타, 외교 고문으로 친일 미국인 스티븐스를 앉혔다.

- ㉢ **제2차 한·일 협약(을사조약, 1905)** : 러·일 전쟁에서 승리한 일본은 외국으로부터 조선에 대한 독점적 권리를 인정받았다(가쓰라·태프트 밀약, 제2차 영·일 동맹, 포츠머스 회담). 이후 일본은 조약 체결에 반대하는 고종을 감금하고 외부대신 박제순의 이름으로 불법적 조약을 체결하였다. 이 조약에 따라 대한제국에는 통감부가 설치되어 초대 통감으로 이토 히로부미가 부임하였고, 외교권을 박탈당하였다. 고종은 조약의 무효를 선언하고 미국에 조약 무효 친서를 전달했으나 외면당했다.

- ㉣ **한·일 신협약(제3차 한·일 협약, 정미 7조약, 1907)** : 고종은 헤이그 만국 평화 회의에 특사를 파견하여 을사조약의 부당함을 호소하려 했으나 오히려 이를 계기로 강제 퇴위당하였다. 이후 일제는 통감의 내정 간섭을 강화했으며 차관 정치를 실시하였다. 또한 정미 7조약의 비밀 각서에 의해 대한제국의 군대가 해산되어 일제가 군사권을 장악하였다.

- ㉤ **기유각서(1909)** : 대한제국의 사법권이 박탈당하고 재판소가 폐지되었다. 또한 감옥 사무도 일본으로 이관되었다.

- ㉥ **헌병 경찰 파견(1910)** : 일제는 헌병 경찰을 파견하여 대한제국의 경찰권을 박탈하였다.

- ㉦ **한·일 병합 조약(1910)** : 일제는 총독부를 설치하고, 국권을 피탈하였다.

② 무단 통치(1910~1919)

- ㉠ **조선총독부** : 입법·행정·사법·군대통수권을 장악하고, 한국인 회유책으로 중추원을 설치하였다.

- ㉡ **헌병경찰통치(1910~1919)** : 헌병경찰이 경찰의 임무를 대행하고, 독립운동가를 색출하여 처단하였으며 즉결처분권을 가졌다. 독립운동을 탄압하여 105인사건이 일어나기도 했다.

③ 문화통치(1919~1931) : 3·1운동과 국제 여론의 악화로 제기되었다.

- ㉠ **내용**
  - • 문관총독의 임명을 약속하였으나 임명되지 않았다.
  - • 헌병경찰제를 보통경찰제로 바꾸었지만 경찰 수나 장비는 증가하였다.
  - • 교육은 초급의 학문과 기술교육만 허용되었다.
- ㉡ **본질** : 소수의 친일분자를 키워 우리 민족을 이간하여 분열시켰다.

④ 민족말살통치(1931~1945)

- ㉠ **병참기지화 정책** : 한반도를 대륙 침략의 병참기지로 삼고 태평양전쟁을 도발하면서 식민지 수탈을 강화하였다.

- ㉡ **민족말살정책** : 내선일체·일선동조론·황국신민화 등을 내세워 국사·국어교육의 금지, 황국신민서사암송, 궁성요배, 신사참배, 일본식 성명 사용을 강요하였다. 또한 강제 징병·징용을 하였으며, 정신대라는 이름으로 젊은 여성들을 군수공장 등에서 혹사시키고 일본군 위안부로 삼는 만행을 저질렀다.

(2) 3 · 1운동

① **국권 회복 노력** : 국내적으로는 독립의군부 · 대한광복회 · 조선국권회복단 등 수많은 항일결사를 조직하여 일제에 대항하였고, 국외적으로는 독립운동기지를 건설하여 무장투쟁의 전통을 계승하고 독립전쟁의 기반을 다져나갔다.

② **독립선언** : 민족지도자들은 민족자결주의와 2 · 8도쿄독립선언에 고무되어 민족대표 33인의 독립선언서를 발표하였다. 서울과 지방에서 학생과 시민들이 중심이 되어 만세시위를 전개하였고, 지방도시에서 농촌으로 확산되었으며 무력적 저항운동으로 변모하게 되었다. 또한 이 운동은 국외로 확산되어 만주와 연해주, 미국, 일본 등지에서도 시위가 전개되었다.

③ **의의** : 3 · 1운동은 전 민족이 참여한 거족적 대규모의 독립운동이었고, 독립의 희망과 자신감을 갖게 하였으며, 민족의 주체성을 확인하는 계기가 되었다.

(3) 대한민국임시정부

① **정부 통합** : 한성정부와 대한국민의회가 통합되어 상하이에 대한민국임시정부가 수립되었다. 이는 3권분립과 민주공화제 정부의 성격을 가졌으며 주석 · 부주석 체제를 갖추었다.

② **임시정부의 활동**
　㉠ 비밀행정조직망인 연통제와 교통국이 설치되어 군자금 모금과 정보 수집에 기여하였다.
　㉡ 파리강화회의에 대표를 파견하거나 구미위원부를 설치하는 등 외교활동도 활발하였다.
　㉢ 독립신문과 한일관계 사료집을 간행하는 사료편찬소도 설치하였다.

(4) 국내의 항일운동

① **6 · 10만세운동(1926)** : 일제의 수탈정책과 식민지교육에 대한 반발로 일어났으며, 순종의 장례식이 전국적 만세시위로 확대된 것이다.

② **광주학생항일운동(1929)** : 광주에서 발생한 한 · 일 학생 간의 충돌을 경찰이 편파적으로 처리하자 일제히 궐기하였으며 전국 규모의 항일 투쟁으로 확대되었다.

③ **무장항일투쟁** : 보합단(평북 동암산), 천마산대(평북 천마산), 구월산대(황해도 구월산) 등이 대표적인 무장단체였으며, 이들의 목표는 일제의 식민통치기관을 파괴하고 친일파를 처단하는 것이었다.

(5) 항일독립전쟁의 전개

① **독립운동기지의 건설** : 만주의 삼원보, 밀산부의 한흥동, 블라디보스토크의 신한촌이 대표적인 독립운동기지였다.

② **항일독립전쟁** : 봉오동 · 청산리전투(1920)가 가장 유명하다. 독립군은 군자금 모금, 밀정 처단, 친일파 숙청 등의 활동을 벌이기도 하였다.

③ **독립군의 시련** : 간도참변(1920), 자유시참변(1921)으로 독립군은 큰 타격을 받게 되었다.

④ **3부의 성립** : 독립군 통합운동을 추진하여 참의부 · 정의부 · 신민부를 결성하였다.

⑤ **한 · 중연합작전** : 한국독립군과 조선혁명군이 중국군과 연합하였다.

⑥ **한국광복군의 창설(1940)** : 조선의용대를 흡수하여, 대일선전포고(1941)를 하기도 했다. 인도와 미얀마전선에 참전하였고, 미국 전략 정보국(OSS)의 지원으로 국내 정진군을 편성하여 국내진공작전을 준비하였다.

보충학습

한 · 중 연합작전
• 만주사변(1931)계기
• 한국독립군(총사령 : 지청천)
　- 중국 호로군과 연합
　- 쌍성보 전투, 대전자령 전투, 사도하자 전투 등에서 승리
• 조선혁명군(총사령 : 양세봉)
　- 중국 의용군과 연합
　- 영릉가, 흥경성 전투

❹ ‥ 대한민국의 발전

(1) 광복 직후의 국내정세

① 광복 직전의 건국준비활동
- ㉠ 대한민국임시정부 : 대한민국건국강령을 제정·공포하였다.
- ㉡ 중국 화북지방의 사회주의 계열 독립운동가 : 민주공화국의 수립을 강령으로 내세우고 건국준비에 나섰다.
- ㉢ 국내 : 조선건국동맹이 조직되어 일제 타도와 민주주의 국가 건설을 추구하였다.

② 국토의 분단 : 미군과 소련군의 군정이 시작되었고, 신탁통치가 모스크바 3상회의에서 결의되었다. 이에 좌익과 우익은 격렬하게 대립하였으며, 남한과 북한에서 각각 단독정부를 수립하려는 움직임이 활발하였다.

③ 통일정부 수립 추진 : 분단을 우려한 인사들이 좌우합작운동과 남북협상(김구)을 벌였으나 실패로 돌아갔다.

🚩 **모스크바 3국 외상 회의 결정서**

> 1. 조선을 독립 국가로 재건하기 위해 조선 민주주의 임시 정부를 수립한다.
> 2. 조선 임시 정부 수립과 이에 대한 방침을 강구하기 위해 미·소 공동 위원회를 설치한다.
> 3. 공동 위원회의 제안은 조선 임시 정부와 타협한 후 미.영.소.중 정부에 제출하여 최고 5년 간의 4개국 조선 신탁 통치에 관한 협정을 할 것이다.

(2) 대한민국정부의 수립(1948. 8. 15)

① 과정
- ㉠ 5·10총선거의 실시 : 남한만의 단독선거가 실시되었다.
- ㉡ 제헌국회의 구성 : 민주공화국 체제의 헌법이 제정되었다.
- ㉢ 대한민국 정부 수립 : 제헌국회에서 대통령으로 선출된 이승만이 정부를 구성하고 대한민국 수립을 선포하였다.

② 건국 초기 국내정세
- ㉠ 제주도 4·3사건과 여수·순천 10·19사건 : 정부 수립을 전후 한 시기에 좌우익의 대립이 격화되어 일어났다.
- ㉡ 이승만의 반공정책 강화 : 이승만 정부는 좌우갈등을 극복하고 사회질서를 확립한다는 명분으로 반공정책을 강화하였다.
- ㉢ 반민족행위처벌법의 제정
  - 목적 : 제헌국회에서 친일파를 처벌하여 민족정기를 바로잡기 위해서 제정하였다.
  - 내용 : 반민족행위특별조사위원회를 설치하여 일제시대에 친일행위를 한 사람들을 처벌하고 공민권을 제한하는 것 등이었다.
  - 결과 : 반공정책을 우선시하였던 이승만 정부의 소극적인 태도와 친일세력의 방해공작, 일본 경찰 간부의 반미특위습격사건으로 성과를 거두지 못하였다.

(3) 민주주의의 시련과 발전

① 4·19혁명(1960) : 자유당 정권의 부정선거로 인해 학생과 시민 중심의 전국적인 시위가 발생하였으며 그 결과 이승만 정권은 붕괴되었다.

② 장면 정부 : 내각책임제와 양원제 국회의 권력구조였으며, 사회 무질서와 혼란은 지속되었다.

📝 **기출문제**

〈보기〉의 어록을 남긴 인물의 활동으로 가장 옳은 것은?

2018. 6. 23. 제2회 서울특별시

〈보기〉

"대전자령의 공격은 이천만 대한인민을 위하여 원수를 갚는 것이다. 총알 한 개 한 개가 우리 조상 수천 수만의 영혼이 보우하여 주는 피의 사자이니 제군은 단군의 아들로 굳세게 용감히 모든 것을 희생하고 만대 자손을 위하여 최후까지 싸우라."

① 화북 조선 독립동맹의 주석으로 선출되어 활동하였다.
② 조선 혁명군을 이끌고 영릉가 전투에서 대승을 거두었다.
③ 한국 독립군을 이끌고 쌍성보 전투에서 일본군을 격파하였다.
④ 조선 의용대를 결성하고 대적 심리전 등에서 크게 활약하였다.

☞ ③

📝 **기출문제**

다음의 사건을 시기순으로 바르게 나열한 것은?

2020. 6. 13. 제1회 지방직 / 제2회 서울특별시

(가) 제헌국회가 구성되어 헌법을 제정하였다.
(나) 여운형과 김규식은 좌우합작위원회를 조직하였다.
(다) 조선건국동맹을 기반으로 조선건국준비위원회가 조직되었다.
(라) 민주주의 임시정부 수립을 논의하기 위해 제1차 미·소공동위원회가 열렸다.

① (가) - (다) - (나) - (라)
② (나) - (다) - (라) - (가)
③ (다) - (라) - (나) - (가)
④ (라) - (나) - (가) - (다)

☞ ③

③ 5 · 16군사정변(1961) : 박정희 정부는 대통령 중심제와 단원제 국회의 권력구조로 헌법을 개정하였다.

④ 10월유신(1972) : 박정희는 종신 집권을 위해 유신체제를 구축하였고 민중의 끊임 없는 저항을 받았다. 그리고 마침내 10 · 26사태가 일어나 유신체제는 막을 내렸다.

⑤ 전두환 정부 : 5 · 18민주화운동을 진압하면서 전두환 정부가 탄생하였으나, 민주화운동을 탄압하고 각종 부정과 비리가 발생했으며, 결국 6월민주항쟁(1987)으로 국민의 요구가 수용되어 6 · 29민주화선언이 발표되었고 대통령 직선제로 개헌하였다.

⑥ 노태우 정부 : 북방정책을 추진, 남북한이 유엔에 동시 가입하는 등 적극적인 외교를 펼쳤다.

⑦ 김영삼 정부 : 금융실명제와 지방자치제를 실시하였다.

⑧ 김대중 정부 : 외환위기를 극복하고, 민주주의와 시장경제의 병행 발전을 도모하였다.

⑨ 노무현 정부 : 과거사 진상 규명법을 통해 친일파와 독재에 대한 청산을 시도하였다.

⑩ 이명박 정부 : 한미 FTA를 체결하였고 G20 정상 회의를 개최하였다. 기업 활동 규제를 완화, 호주제를 폐지하였다.

(4) 북한의 변화

① 1960년대 : 중공업 · 경공업의 병진정책을 추진하였고, 천리마운동을 전개하였으며 4대 군사노선과 주체노선을 강조하였다.

② 1970년대 : 강경노선이 완화되고 실무형 관료와 혁명 2세대가 등장하였다.

③ 1980년대 : 김정일의 후계체제를 확립하였고, 경제 위기를 맞았다.

④ 1990년대 : 김정일이 권력을 승계하였고, 외국 기업과의 합작과 자본 도입을 추진하였지만 실효를 거두지 못하였다.

⑥ 2007년 : 제2차 남북 정상 회담에서 10 · 4 남북 공동 선언으로 종전 선언에 대한 합의를 도출하였다.

(5) 통일을 위한 노력

① 4 · 19혁명 이후 : 중립화 통일론이나 남북협상론이 제기되었지만 5 · 16군사정변으로 통일 논의는 진전되지 못하였다.

② 1970년대 : 7 · 4남북공동성명을 발표하여 자주 · 평화 · 민족 대단결의 통일원칙을 내세웠다.

③ 1980년대 : 상호신뢰 · 협력을 추구하는 7 · 7선언이 발표되고, 남한의 민족화합민주통일방안과 북한의 고려민주주의 연방공화국방안이 제시되었으며, 남북의 이산가족이 서울과 평양을 방문하였다.

④ 1990년대 : 남북한 사이에 화해와 불가침 및 교류 · 협력에 관한 합의서와 한반도 비핵화 공동선언이 채택되고, 1991년 남북한이 동시에 유엔에 가입하였다.

⑤ 2000년 : 6 · 15남북공동선언이 발표되고 남북 간의 긴장 완화와 화해 협력이 진전되었다.

기출문제

다음은 같은 해에 벌어졌던 사건들이다. 이러한 사건들로 말미암아 나타난 사실로 옳은 것은?

2013. 7. 27. 안전행정부

• 박종철 사건
• 4 · 13 호헌 조치
• 6 · 10 국민 대회 개최
• 민주헌법쟁취 국민운동본부 결성

① 국가보위 비상대책위원회가 구성되었다.
② 5년 단임의 대통령 직선제 개헌이 이루어졌다.
③ 전국에 계엄령을 선포하고, 모든 정치활동을 정지시켰다.
④ 대통령의 중임 제한을 없애고 간선제를 골자로 하는 헌법을 제정하였다.

☞ ②

기출문제

다음 중 1950년대 북한의 상황에 대한 설명으로 옳지 않은 것은?

2011. 6. 11. 서울특별시

① 김일성에 의해 박헌영 등 남로당계 간부들이 숙청되었다.
② 김일성의 개인숭배를 반대한 이른바 '8월 종파사건'이 있었다.
③ 주민들의 생산노동 참여를 경쟁시키기 위해 '천리마 운동'을 전개하였다.
④ 노동당의 유일사상으로 '주체사상'을 규정하였다.
⑤ 농업협동화를 위한 협동농장 건설이 추진되었다.

☞ ④

기출문제

(가) 시기에 있었던 사실로 옳은 것은?

2020. 6. 20. 소방공무원

7 · 4 남북공동성명을 발표하였다.
↓
(가)
↓
남북한이 유엔에 동시 가입하였다.

① 금강산 해로 관광이 시작되었다.
② 6 · 15 남북공동선언이 발표되었다.
③ 최초로 이산가족 상봉을 위한 남북 적십자 회담이 열렸다.
④ 민족자존과 통일 번영을 위한 특별 선언(7 · 7선언)이 발표되었다.

☞ ④

1 ㈎에 대한 설명으로 옳은 것은?

2021. 9. 11. 제1회 서울특별시

> 일제는 을사늑약을 강요하여 대한제국의 외교권을 빼앗고 통감부를 설치했다. 이처럼 일제의 침략이 본격화됨에 따라 국권을 빼앗길 수 있다는 위기감이 높아졌다. 이러한 가운데 안창호와 양기탁 등은 공화정에 바탕을 둔 국가 건설을 목표로 ㄴㄴㄴ ㈎ ㄴ를/을 조직하였다. 이 단체는 태극서관을 통해 대중을 계몽하기 위한 서적을 보급하였으며, 산업 육성을 목적으로 평양에 자기회사를 설립해 운영하기도 하였다. 이 단체는 일제가 조작한 105인 사건으로 국내 활동을 이어갈 수 없게 되었다.

① 이인영을 중심으로 서울 진공 작전을 주도하였다.
② 국정 개혁의 기본 강령인 「홍범 14조」를 채택하였다.
③ 무장 투쟁을 위해 독립운동 기지 건설을 준비하였다.
④ 만민공동회를 열어 러시아의 절영도 조차 시도를 막아냈다.

TIP 제시문의 ㈎는 신민회(1907~1911)이다. 을사늑약(1905) 체결을 전후로 애국계몽운동이 전개되었고 신민회 역시 실력 양성을 통한 애국계몽 운동을 전개하였다. 안창호와 양기탁이 중심이 되어 설립한 신민회는 공화정에 입각한 근대국가 설립을 목표로 결성된 비밀 결사 단체로 교육 진흥(오산 학교, 대성 학교), 민족 산업(태극서관, 자기회사 운영)을 육성하였다. 또한 일제에 저항하기 위한 군사적 기반 마련을 위해 남만주 삼원보에 신흥강습소를 설치하는 등 국외 독립운동기지 건설을 주도하였지만 이후 일제가 조작한 105인 사건으로 조직이 해체되었다.
① 정미의병(13도 창의군)
② 2차 갑오개혁
④ 독립협회

2 밑줄 친 '개혁'의 내용으로 옳은 것은?

2021. 9. 11. 제1회 서울특별시

> 일본이 경복궁을 점령한 후에 들어선 김홍집 내각은 군국기무처를 설치했다. 이 기구는 신분제 폐지를 비롯한 여러 가지 개혁 안건을 의결하였다.

① 과거제 폐지
② 「헌의 6조」 채택
③ 광무 양전 시행
④ 「대한국 국제」 발표

TIP 일제의 경복궁 무단 점령 후 김홍집 내각을 중심으로 군국기무처를 설치하여 개혁을 강요한 것은 1차 갑오개혁(1894)이다. 정치적으로는 왕실 사무(궁내부)와 국정 사무(의정부) 분리, 6조를 8아문으로 개편, 과거제를 폐지하였다. 사회적으로는 신분제 철폐(공사 노비제 혁파), 봉건적 악습 타파(조혼 금지, 과부 재가 허용), 고문 및 연좌제를 폐지하였다. 경제적으로는 탁지아문으로 재정 일원화, 은 본위 화폐제 채택, 도량형 통일, 조세 금납화를 시행하였다.
② 독립협회
③④ 광무개혁

Answer 1.③ 2.①

3 ㈎에 들어갈 사실은?

2021. 9. 11. 제1회 서울특별시

> 전봉준이 이끄는 농민군이 황토현에서 관군을 물리쳤다.
> ⇩
> ㈎
> ⇩
> 농민군이 공주 우금치에서 벌어진 전투에서 관군과 일본군에 패하였다.

① 구식 군인들에 의해 임오군란이 일어났다.
② 농민군을 이끌던 전봉준이 관군에 체포되어 처형되었다.
③ 농민군과 관군이 폐정 개혁을 조건으로 전주 화약을 맺었다.
④ 일본 공사관에 경비병을 둔다는 내용의 제물포 조약이 체결되었다.

> **TIP** 동학농민운동(1894)은 교조신원운동 이후 동학교세가 확장되면서 발생하였다. 고부군수 조병갑의 횡포에 저항하여 전봉준을 중심으로 고부민란(1894. 2)이 발생했지만 사태 수습을 위해 부임한 안핵사 이용태의 폭정으로 동학농민군은 백산에서 재봉기(1차 봉기)하였다. 이후 황토현, 황룡촌(1894. 5) 전투에서 동학농민군이 승리하며 전주성까지 진격하여 전주성을 점령하였다. 이에 위협을 느낀 정부는 청에 원군을 요청했고 갑신정변 이후 체결된 톈진조약에 의거하여 일본도 동시에 군대를 파견했다. 하지만 정부와 동학농민군 사이에 전주화약이 체결(1894. 6)하고 집강소가 설치되었다. 그 해 7월 일본군이 청일전쟁을 일으키며 경복궁을 무단 점령하였고, 이에 손병희를 중심으로 한 북접과 전봉준의 남접이 충남 논산에서 집결하여 일본군을 몰아내기 위해 서울로 진격하였다. 하지만 충남 공주 우금치 전투에서 일본군에 패배하며 동학농민운동은 실패하였다.
> ① **임오군란**(1882) : 신식군대에 대한 구식군대의 차별 대우에 구식군인이 불만을 품고 일으킨 사건
> ② 전봉준이 관군에 체포되어 처형된 것은 동학농민운동 이후이다.(1895)
> ④ **제물포조약**(1882) : 임오군란 이후 일본과 체결한 조약으로 일본에 배상금 지불, 일본 공사관 경비를 위한 일본군 주둔을 허용하였다.

4 밑줄 친 '이 시기'에 있었던 사실로 옳은 것은?

2021. 9. 11. 제1회 서울특별시

> 3 · 1 운동을 계기로 강압적인 통치를 이어갈 수 없다고 판단한 일제는 무단통치방침을 버리고 이른바 '문화정치'를 표방하였다. 당시 일제는 저항을 무마할 목적으로 또 헌병경찰제를 없애는 3 · 1 운동으로 확인된 한국인의 친일 세력을 양성하고자 하였다. 대신 보통경찰의 수를 늘렸다. 일제가 '문화정치'라는 방침을 내세웠던 <u>이 시기</u>에는 산미 증식계획이 시행되기도 하였다.

① 전국적으로 국채 보상 운동이 전개되었다.
② 한글 연구를 목적으로 국문 연구소가 설립되었다.
③ 백동화 유통을 정지한 화폐 정리 사업이 시작되었다.
④ 「조선일보」와 「동아일보」 등 한국인 발행 신문이 창간되었다.

> **TIP** 제시문은 1920년대 일제의 문화통치기이다. 이전의 무단통치로 인하여 3 · 1 운동이 발발하자 일제는 기만적 식민통치 체제인 문화통치로 전환하였다. 헌병경찰제의 보통경찰제로의 전환, 문관 총독 임명 가능 규정 신설, 보통학교의 수업 연한 연장, 언론 · 집회 · 출판 · 결사의 자유를 부분적으로 허용하는 등의 정책을 시행하였지만 실효성이 없는 정책이었다. 이 과정에서 신문 발간을 허용하여 「조선일보」, 「동아일보」가 창간되었지만 이전 보다 검열을 강화하고 식민통치를 인정하는 범위 내에서만 허용되는 등의 부작용이 나타났다.
> ① 국채 보상 운동(1907) ② 국문 연구소(1907) ③ 화폐 정리 사업(1905)

Answer 3.③ 4.④

5 **㈎에 속한 인물의 활동으로 옳은 것은?**

2021. 9. 11. 제1회 서울특별시

> 1919년 김원봉 등은 일제 식민 통치 기관을 파괴하고 그 주요 인물을 응징하는 의열 투쟁을 전개하고
> 자 ㉠ 를/을 조직했다. 이 단체는 김원봉의 요청으로 신채호가 작성한 「조선혁명선언」을 받아들여 활
> 동을 펼쳐나갔다.

① 이봉창이 일왕의 행렬에 폭탄을 던졌다.
② 이회영이 삼원보에 신흥강습소를 세웠다.
③ 김익상이 조선총독부 건물에 폭탄을 투척하였다.
④ 임병찬이 고종의 밀명을 받아 독립 의군부를 조직하였다.

TIP 제시문의 단체는 김원봉이 중심이 되어 결성된 의열단(1919)이다. 의열단은 만주에서 조직된 항일독립운동단체로 투탄
의거 활동을 일으켰는데, 김상옥은 종로경찰서, 나석주는 동양척식주식회사, 김익상은 조선총독부, 최수봉은 밀양경찰서,
박재혁은 부산경찰서 등을 대상으로 하였다. 한편 신채호는 「조선혁명선언」을 통해 의열단 선언문을 작성하였다.
① 한인애국단(1931)
② 신민회(1907)
④ 독립의군부(1912)

6 **㈎의 활동에 대한 설명으로 옳은 것은?**

2021. 9. 11. 제1회 서울특별시

> 모스크바 3국 외상 회의의 결정에 따라 미국과 소련은 1946년에 미·소 공동위원회를 열어 민주주의
> 임시정부 수립 문제를 논의하였다. 이 자리에서 양측은 민주주의 임시정부 수립 문제를 논의할 협의 대
> 상 선정 문제에 대해 이견을 드러냈다. 양측의 의견 대립이 지속한 결과, 미·소 공동위원회는 성과를
> 내지 못하고 휴회하였다. 이후 여운형과 김규식은 좌우의 이견을 조율하고 미·소공동위원회 재개를 촉
> 구하기 위해 ㉠ 를/을 구성하였다.

① 조선 건국 준비 위원회를 조직하였다.
② 좌우 합작 7원칙을 만들어 발표하였다.
③ 「반민족 행위 처벌법」을 제정해 시행하였다.
④ 삼균주의에 바탕을 둔 「대한민국 건국 강령」을 공포하였다.

TIP 제시문의 단체는 좌우합작위원회(1946)이다. 광복 이후 개최된 모스크바 3상 회의(1945. 12)에서 한반도에 대한 신탁통
치안이 결정되자 국내에서는 좌익과 우익 중심의 찬탁과 반탁으로 국론이 분열되어 대립과 갈등이 심화되었다. 이에 미
국과 소련은 1차 미소공동위원회를 열어 신탁통치에 대한 문제를 논의하고자 하였지만 미소 의견 대립으로 회담이 결렬
되자 여운형과 김규식을 중심으로 좌우합작위원회가 조직되어 미소공동위원회 재개를 촉구하고 좌우합작 7원칙을 제시
하였다. 좌우합작 7원칙에는 토지개혁과 친일파 처단을 포함하고 있었다.
① 조선건국준비위원회(1945.8) : 여운형, 안재홍을 중심으로 조직
③ 제헌의회(1948)에서 제정되어 반민족 행위 특별조사 위원회가 조직
④ 충칭 임시정부(1940) : 조소앙의 삼균주의에 근거한 대한민국 건국 강령 공포

Answer 5.③ 6.②

7 다음 자료가 발표된 이후의 사실에 해당하지 않는 것은?

> 우리는 3천만 한국 인민과 정부를 대표하여 삼가 중·영·미·소·캐나다 기타 제국의 대일 선전이 일본을 격패케 하고 동아를 재건하는 가장 유효한 수단이 됨을 축하하여 이에 특히 다음과 같이 성명한다.
> 1. 한국 전 인민은 현재 이미 반침략 전선에 참가하였으니 한 개의 전투 단위로서 추축국에 선전한다.
> 2. 1910년의 합방 조약과 일체의 불평등 조약의 무효를 거듭 선포하며 아울러 반(反) 침략 국가인 한국에 있어서의 합리적 기득권익을 존중한다.
> … (중략) …
> 5. 루스벨트·처어칠 선언의 각조를 견결히 주장하며 한국 독립을 실현키 위하여 이것을 적용하여 민주 진영의 최후 승리를 축원한다.

① 한국광복군은 김원봉이 이끌던 조선의용대의 병력을 통합하였다.
② 영국군의 요청에 따라 인도, 미얀마 전선에 한국광복군이 파견되었다.
③ 조선독립동맹은 조선의용대 화북지대를 기반으로 조선의용군을 조직하였다.
④ 대한민국 임시 정부는 김구를 주석으로 하는 단일 지도 체제를 만들고 「대한민국 건국 강령」을 제정하였다.

TIP 해당 내용은 1941년 12월 충칭 대한민국 임시정부가 선언한 〈대일 선전포고문〉이다. 당시 일본의 중국 침략과 진주만 습격 등에 반대하며 선언하였고, 이후 임시정부의 한국광복군은 연합군에 참여하였다. 〈대한민국 건국강령〉은 1941년 11월에 제정되었다.
① 1942년
② 1943년
③ 1942년

8 (가) ~ (라) 시기에 해당하는 사실로 옳은 것은?

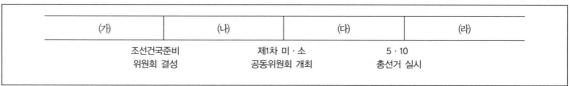

(가)	(나)	(다)	(라)
조선건국준비 위원회 결성	제1차 미·소 공동위원회 개최	5·10 총선거 실시	

① (가): 모스크바 3국 외상회의가 개최되었다.
② (나): 반민족행위특별조사위원회가 설치되었다.
③ (다): 김구와 김규식이 남북 협상을 제안하여 평양에서 회의가 개최되었다.
④ (라): 좌우합작 7원칙이 발표되었다.

TIP 조선건국준비위원회(1945): 해방 직후 여운형, 안재홍의 주도로 결성
제1차 미·소 공동위원회(1946): 한반도 신탁통치안을 둘러싼 문제해결을 위해 개최
5·10 총선거(1948): 남한만의 단독 총선거 실시
① (나) 1945년 12월 16일
② (다) 제헌의회에서 관련 법률 제정(1948)
③ (다) 1948년 4월 18일
④ (다) 1946년 10월 4일 좌우합작위원회

Answer 7.④ 8.③

9 **㈎, ㈏ 자료에 나타난 사건 사이에 있었던 사실로 옳지 않은 것은?**

2020. 6. 20. 소방공무원

> ㈎ 우리 국모의 원수를 생각하며 이미 이를 갈았는데, 참혹한 일이 더하여 우리 부모에게서 받은 머리
> 털을 풀 베듯이 베어 버리니 이 무슨 변고란 말인가.
> ㈏ 군사장 허위는 미리 군비를 신속히 정돈하여 철통과 같이 함에 한 방울의 물도 샐 틈이 없는지라.
> 이에 전군에 전령하여 일제히 진군을 재촉하여 동대문 밖으로 진격하였다.

① 외교권이 박탈되고 통감부가 설치되었다.
② 고종이 강제로 퇴위되고 군대가 해산되었다.
③ 안중근이 하얼빈에서 이토 히로부미를 저격하였다.
④ 헤이그에 이상설, 이준, 이위종을 특사로 파견하였다.

TIP ㈎는 을미사변과 단발령에 반발하여 발생한 을미의병(1895)이고 ㈏는 1908년 13도 창의군의 서울 진공 작전에 대한
내용이다. 안중근이 하얼빈에서 이토 히로부미를 저격한 것은 1909년이다.
① 을사늑약(1905)
②④ 헤이그 특사 파견이 발각된 이후 일제는 고종의 강제퇴위와 군대를 강제 해산(1907)

10 **㈎ ~ ㈑의 사건들을 발생 순서대로 옳게 나열한 것은?**

2020. 6. 20. 소방공무원

> ㈎ 조선민족전선연맹 산하에 조선의용대를 창설하였다.
> ㈏ 대한독립군단이 자유시에서 참변을 당하였다.
> ㈐ 한국독립군이 한·중연합 작전으로 쌍성보에서 전투를 전개하였다.
> ㈑ 임시 정부에서 한국광복군을 조직하였다.

① ㈎→㈏→㈐→㈑
② ㈎→㈏→㈑→㈐
③ ㈏→㈎→㈐→㈑
④ ㈏→㈐→㈎→㈑

TIP ㈏ 대한독립군단이 자유시에서 소련의 적군에 의해 참변을 당함(1921)
㈐ 지청천이 이끈 한국독립군이 중국 호로군과 연합하여 한·중연합 작전 전개(1932)
㈎ 김원봉이 중심이 되어 중국의 한커우에서 창립되었고 중국 관내에서 결성된 우리나라 최초의 독립군 부대(1938)
㈑ 임시 정부가 충칭으로 이동한 이후 한국광복군 조직(1940)

Answer 9.③ 10.④

11 밑줄 친 발언을 한 인물에 대한 설명으로 옳은 것은?

2020. 6. 20. 소방공무원

> 어느 공회 석상에서 음성을 높여 여러 대신에게 말하기를 "나는 천리(千里)를 끌어다 지척(咫尺)을 삼겠으며 태산(泰山)을 깎아 내려 평지를 만들고 또한 남대문을 3층으로 높이려 하는데, 여러 공들은 어떠시오?"라고 하였다. … 대저 천리 지척이라 함은 종친을 높인다는 뜻이요, 남대문 3층이라 함은 남인을 천거하겠다는 뜻이요, 태산 평지라 함은 노론을 억압하겠다는 뜻이다.
>
> — 「매천야록」 —

① 평시서를 설치하였다.
② 소격서를 폐지하였다.
③ 삼군부를 부활시켰다.
④ 「대전통편」을 편찬하였다.

> **TIP** 흥선대원군의 세도정치 폐단의 개혁에 관한 내용이다. 흥선대원군은 세도정치를 혁파하여 왕권강화 정책을 시도하였다. 이를 위해 비변사 철폐, 서원 정리, 의정부와 삼군부의 기능을 부활시켰다. 뿐만 아니라 민생 안정을 위해 삼정의 문란을 시정했지만, 경복궁 중건 과정에서 부역 노동 강화, 당백전 발행 등은 사회적 혼란과 민심 이반을 초래하였다.
> ① 조선 세조 때 설치된 물가 조절 기구
> ② 조선 중종 때 조광조의 개혁정치에서 시행
> ④ 조선 정조

12 〈보기〉의 조약이 체결된 이후에 일어난 사건으로 가장 옳지 않은 것은?

2020. 6. 13. 제2회 서울특별시

―――――― 〈보기〉 ――――――

> 〈제1관〉 조선국은 자주국으로서 일본국과 평등한 권리를 보유한다.
> 〈제7관〉 조선의 연해 도서는 지극히 위험하므로 일본의 항해자가 자유로이 해안을 측량함을 허가한다.

① 만동묘가 철폐되었다.
② 이범윤이 간도 시찰원으로 파견되었다.
③ 통리기무아문이 설치되었다.
④ 영남 유생들이 만인소를 올렸다

> **TIP** 해당 조약은 1876년 체결된 강화도 조약이다. 운요호 사건을 계기로 체결된 강화도 조약은 우리나라 최초의 근대적 조약이자 영사재판권(치외법권), 해안 측량의 자유권 등을 인정한 불평등 조약이었다.
> ① 흥선대원군이 왕권강화를 위해 서원철폐와 더불어 실시(1865)한 것으로 강화도 조약 체결 이전이다.
> ② 대한제국 시기에 이루어졌다(1902).
> ③ 강화도 조약 체결 이후 개화 정책을 관장하는 기구로 설치되었다(1880).
> ④ 2차 수신사로 일본에 파견된 김홍집이 황준헌의 「조선책략」을 가지고 들어온 이후 이에 반대하며 일어난 사건이다(1881).

Answer 11.③ 12.①

13 다음의 사건을 시기순으로 바르게 나열한 것은?

2020. 6. 13. 제1회 지방직 / 제2회 서울특별시

> ㈎ 제헌국회가 구성되어 헌법을 제정하였다.
> ㈏ 여운형과 김규식은 좌우합작위원회를 조직하였다.
> ㈐ 조선건국동맹을 기반으로 조선건국준비위원회가 조직되었다.
> ㈑ 민주주의 임시정부 수립을 논의하기 위해 제1차 미·소공동위원회가 열렸다.

① ㈎ – ㈐ – ㈏ – ㈑
② ㈏ – ㈐ – ㈑ – ㈎
③ ㈐ – ㈑ – ㈏ – ㈎
④ ㈑ – ㈏ – ㈎ – ㈐

TIP ㈐ 조선건국준비위원회는 여운형과 안재홍을 중심으로 해방 직후 조직된 좌우합작 성격의 건국 준비 단체이다(1945. 8).
㈑ 모스크바 3상 회의에서 결정된 신탁통치안에 대해 국내 좌우익의 대립이 심해지자 이를 해결하고자 제1차 미·소공동위원회가 열렸다(1946. 3).
㈏ 제1차 미·소공동위원회 결렬 이후 좌우 대립의 문제를 해소하기 위해 여운형과 김규식이 좌우합작위원회를 조직하였다(1946. 7).
㈎ UN 소총회에서 남한만의 단독 총선거가 결정되고, 1948년 5월 10일 제헌의원을 선출하는 총선거가 실시되었다.

14 밑줄 친 '새 헌법'에 대한 설명으로 옳은 것은?

2020. 6. 13. 제1회 지방직 / 제2회 서울특별시

> 정부에서는 6월 15일 국회에서 통과된 개헌안을 이송받자 이날 긴급 국무회의를 소집하고 정식으로 이를 공포하였다. 이로써 개정된 <u>새 헌법</u>은 16일 0시를 기해 효력을 발생케 되었다. <u>새 헌법</u>이 공포됨으로써 16일부터는 실질적인 내각책임체제의 정부를 갖게 되었으며 허정 수석국무위원은 자동으로 국무총리가 된다.
>
> - 「경향신문」, 1960. 6. 16. -

① 임시수도 부산에서 개정되었다.
② '사사오입'의 논리로 통과되었다.
③ 통일주체국민회의 설치를 규정한 조항이 있다.
④ 민의원과 참의원으로 구성된 국회 조항이 있다.

TIP 1960년에 개정된 3차 개헌이다. 4·19 혁명으로 이승만 정부와 자유당 정권이 붕괴되고 허정 과도 정부가 수립되면서 양원제(민의원, 참의원)와 내각책임제를 규정한 헌법 개정안을 통과시켰다. 이후 윤보선을 대통령, 장면을 내각 총리로 하는 새로운 정부가 수립되었다.
① 대통령 직선제 개헌을 담은 발췌개헌안이다(1952).
② 대통령의 중임 제한을 폐지하는 내용을 담은 개헌안이다(1954).
③ 박정희 정부 때 개정된 7차 개헌안으로 유신 헌법을 지칭한다(1972).

15 밑줄 친 '그'의 활동으로 옳은 것은?

2020. 6. 13. 제1회 지방직 / 제2회 서울특별시

> 경술년(1910)에 여러 형제들이 모여서 같이 만주로 갈 준비를 하였다. … 그(1867~1932)는 1만여 석
> 의 재산과 가옥을 모두 팔고 큰집, 작은 집이 함께 압록강을 건너 떠났다. 그는 만주에서 독립군 양성
> 기관인 신흥 강습소를 설립하였다.

① 조선어학회 사건으로 옥고를 치렀다.
② 독립운동 단체인 경학사를 조직하였다.
③ 3 · 1운동 민족대표 33인 중 한 명이었다.
④ '삼균주의'에 입각한 한국국민당을 결성하였다.

TIP 신민회 회원이자 독립운동가인 이회영이다. 당시 일제의 국권 피탈 과정에서 장기적인 항쟁을 위해서는 국외 독립 운동
기지 건설이 필요하다 생각하여 그는 자신의 재산을 처분하여 남만주 삼원보에 신흥강습소와 자치 기구인 경학사(부민
단) 설치하는데 결정적 역할을 담당하였다.
① 일제가 한글 보급 및 우리말 큰사전 편찬 시도를 탄압하고자 벌인 사건(1929)으로 최현배, 이윤재 등이 검거되었다.
③ 민족대표 33인에 포함되지 않았다.
④ 김구 선생이다.

16 다음 사실들을 시기 순으로 바르게 나열한 것은?

2020. 5. 30. 제1회 경찰공무원(순경)

> ㉠ 홍범도, 최진동, 안무 등이 연합하여 봉오동에서 일본군을 급습하여 크게 이겼다.
> ㉡ 윤봉길이 상하이에서 폭탄을 던져 일본군 장성과 다수의 고관을 살상하였다.
> ㉢ 연해주 지역에 한인 집단촌인 신한촌이 건설되고, 대한광복군 정부가 조직되었다.
> ㉣ 한국 독립당, 조선 혁명당, 의열단을 비롯한 여러 단체의 인사들이 민족 혁명당을 창건하였다.

① ㉠㉡㉢㉣   ② ㉡㉢㉣㉠
③ ㉢㉠㉡㉣   ④ ㉣㉢㉠㉡

TIP ㉢ 대한광복군 정부(1914) : 이상설과 이동휘를 각각 정.부통령으로 선출
㉠ 봉오동전투(1920) : 대한 독립군(홍범도), 군무 도독부군(최진동), 국민회군(안무) 연합
㉡ 상하이 홍커우 공원 의거(1932) : 한인애국단 소속 윤봉길
㉣ 민족혁명당(1935) : 김원봉 중심

Answer 15.② 16.③

17 ㈎의 체결 이후에 일어난 사실로 옳은 것은?

2019. 4. 6. 인사혁신처

> 청군과 일본군의 개입으로 사태가 악화되자 농민군은 폐정개혁을 제시하며 정부와 ［ ㈎ ］을/를 맺었다. 이에 따라 농민군은 해산하였다.

① 농민군이 황토현에서 감영군을 격파하였다.
② 고부군수 조병갑이 만석보를 쌓아 수세를 강제로 거두었다.
③ 안핵사 이용태가 농민을 동학도로 몰아 처벌하였다.
④ 남접군과 북접군이 논산에서 합류하여 연합군을 형성하였다.

TIP ㈎는 전주화약이다.
동학농민운동은 1894년 고부민란에서 시작되었다. 고부 군수 조병갑의 횡포에 저항하여 전봉준을 중심으로 한 농민세력의 반발로 일어났고, 이에 정부는 안핵사 이용태를 파견하여 진상 조사를 하였지만 제대로 이루어지지 않았다. 동학농민군은 다시 백산에서 재봉기하여 관군을 상대로 황토현 전투에서 승리하여 전주성을 점령하였다. 전주성 점령 이후 폐정개혁안 12개조를 요구하였으나 이를 전부 관철하지는 못하고 정부와 전주화약을 체결하였다. 이 과정에서 농민 자치 기구인 집강소가 설치되었다. 그 사이 일본이 경복궁을 무단으로 점령하자 동학 남접과 북접은 논산에 집결하여 일본군을 몰아내기 위해 서울로 진격하던 중 공주 우금치 전투에서 일본군에게 패하여 동학농민운동은 실패로 끝나고 말았다.

18 다음 전투를 이끈 한국인 부대에 대한 설명으로 옳은 것은?

2019. 4. 6. 인사혁신처

> 아군은 사도하자에 주둔 병력을 증강시키면서 훈련에 여념이 없었다. 새벽에 적군은 황가둔에서 이도하 방면을 거쳐 사도하로 진격하여 왔다. 그런데 적군은 아군이 세운 작전대로 함정에 들어왔고, 이에 일제히 포문을 열어 급습함으로써 적군은 응전할 사이도 없이 격파되었다.

① 양세봉이 총사령관이었다.
② 미쓰야 협정이 체결되기 직전까지 활약하였다.
③ 한국독립당의 산하부대로 동경성 전투도 수행하였다.
④ 조선민족전선연맹이 중국 국민당의 지원을 받아 창설하였다.

TIP 한국독립군에 대한 내용으로 1931년 일제가 만주사변을 일으킨 후 한중연합작전이 본격화되기 시작하였다. 남만주 일대에서는 조선혁명당 산하 양세봉이 이끄는 조선혁명군이 중국 의용군과 연합하여 흥경성, 영릉가 전투에서 일본군을 격파하였다. 북만주 일대에서는 한국독립당 산하 지청천이 이끄는 한국독립군이 중국 호로군과 연합하여 쌍성보, 사도하자, 동경성, 대전자령 전투에서 대승을 거두었다.
① 조선혁명군
② 대한독립군단
④ 조선의용대

Answer 17.④ 18.③

19 밑줄 친 ㉠ 이후에 일어난 사실로 옳지 <u>않은</u> 것은?

2019. 4. 6. 인사혁신처

> 상쾌한 아침의 나라라는 뜻을 지닌 조선은 일본의 총칼 아래 민족정신을 무참하게 유린당했다. …
> (중략) … 조선민족은 독립항쟁을 줄기차게 계속하였다. 그 중에서도 중요한 것은 ㉠1919년의 독립만세
> 운동이었다.
>
> – 네루, 「세계사 편력」 –

① '암태도 소작쟁의'가 일어났다.
② '정우회 선언'이 발표되었다.
③ 임병찬이 독립의군부를 조직하였다.
④ 조선 민립대학 기성회가 창립되었다.

> **TIP** 1919년 일제의 무단통치에 저항하며 전 민족적 운동으로 나타난 3.1운동이다. 3.1 운동은 독립운동의 분수령 역할을 하면
> 서 이후 대한민국 임시정부를 수립하는 계기가 되었다.
> ③ 고종의 밀지를 받아 조직된 독립운동 단체(1912)이다.
> ① 전남 신안군에 발생한 대표적 소작쟁의(1923)이다.
> ② 정우회 선언(1926)을 계기로 신간회가 조직되었다.
> ④ 이상재를 중심으로 실력양성운동의 일환으로 조직(1922)되었다.

20 밑줄 친 ㉠, ㉡에 대한 설명으로 옳은 것은?

2019. 6. 15. 제1회 지방직

> 신고산이 우르르 함흥차 가는 소리에
> ㉠지원병 보낸 어머니 가슴만 쥐어뜯고요
> … (중략) …
> 신고산이 우르르 함흥차 가는 소리에
> ㉡정신대 보낸 어머니 딸이 가엾어 울고요

① ㉠ – 학생들도 모집 대상이었다.
② ㉠ – 처음에는 징병제에 따라 동원되기 시작하였다.
③ ㉡ – 국민징용령에 근거한 조직이었다.
④ ㉡ – 물자 공출 장려를 목표로 결성하였다.

> **TIP** 일제는 1930년대 전시 체제를 대비하고 부족한 전쟁 물자를 보충하기 위해 국가총동원법(1938)을 선포하였다. 이후 강제
> 징용과 징병, 공출제가 실시되었다. 군대 보충을 위한 징병제는 지원병제도(1938), 징병제도(1943), 학도지원병제도(1943)
> 으로 시행되었다. 정신대는 여자정신대근로령(1944)을 제정해 강제 동원하였다.

Answer 19.③ 20.①

21 다음과 같은 강령을 발표한 조직의 활동으로 옳은 것은?

2019. 6. 15. 제1회 지방직

> 건국 시기의 헌법상 경제체계는 국민 각개의 균등생활 확보 및 민족 전체의 발전 그리고 국가를 건립 보위함과 연환(連環)관계를 가진다. 그러므로 다음에 나오는 기본 원칙에 따라서 경제 정책을 집행하고자 한다.
> 가. 규모가 큰 생산기관의 공구와 수단 … (중략) … 은행·전신·교통 등과 대규모 농·공·상 기업 및 성시(城市)공업 구역의 주요한 공용 방산(房産)은 국유로 한다.
> 나. 적이 침략하여 점령 혹은 시설한 일체 사유자본과 부역자의 일체 소유자본 및 부동산은 몰수하여 국유로 한다.

① 이승만을 대통령, 이시영을 부통령으로 선출하였다.
② 자유시 참변을 겪고 러시아 적군에 무장해제를 당하였다.
③ 좌우합작위원회를 구성하고 좌우합작 7원칙을 발표하였다.
④ 미군전략정보국(OSS) 지원 아래 국내 진공작전을 준비하였다.

TIP 대한민국 임시정부는 조소앙의 삼균주의를 건국 강령으로 채택하였다. 조소앙의 삼균주의는 정치, 경제, 교육의 균등을 실현하고자 하였다. 대한민국 임시정부는 한국광복군을 조직하여 연합군에 가담하여 대일 항쟁에 나섰고, 동시에 미국 정보기관인 OSS로부터 훈련을 받으며 국내 진공 작전을 준비하였다.
① 대한민국 정부 수립(1948)
② 대한독립군단(1921)
③ 좌우합작위원회(1946)

22 다음 선언문의 강령에 따라 활동한 단체에 대한 설명으로 옳은 것은?

2019. 6. 15. 제1회 지방직

> 민중은 우리 혁명의 대본영(大本營)이다. 폭력은 우리 혁명의 유일한 무기이다. 우리는 민중 속으로 가서 민중과 손을 맞잡아 끊임없는 폭력 – 암살, 파괴, 폭동 – 으로써 강도 일본의 통치를 타도하고 우리 생활에 불합리한 일체의 제도를 개조하여 인류로써 인류를 압박하지 못하며, 사회로써 사회를 박탈하지 못하는 이상적 조선을 건설할지니라.

① 임시정부 활동에 활기를 불어넣고자 결성하였다.
② 청산리 지역에서 일본군과 접전을 벌여 대승을 거두었다.
③ 한국독립당, 조선혁명당 등과 함께 민족혁명당을 결성하였다.
④ 원산에서 일본인이 한국인 노동자를 구타한 사건을 계기로 총파업을 일으켰다.

TIP 의열단 선언문인 신채호의 '조선독립선언'(1923)이다. 의열단은 1919년 김원봉이 조직하였으며 나석주, 김상옥 등을 중심으로 항일 무장 활동을 전개하였다. 이후 의열 조직 투쟁의 한계를 느낀 김원봉은 중국 황포군관학교에 입학하여 군사 훈련을 받고 조선혁명간부학교를 설립하였다. 1935년에는 민족혁명당을 조직하여 항일 투쟁을 전개하였다.
① 한인 애국단
② 북로군정서
④ 원산노동자 총파업

Answer 21.④ 22.③

23 밑줄 친 '이때' 재위한 국왕 대에 있었던 사실로 옳은 것은?

2019. 6. 15. 제1회 지방직

> <u>이때</u> 거두어들인 돈을 '스스로 내는 돈'이라는 뜻에서 원납전이라 하였다. 그런데 백성들은 입을 삐쭉 거리면서 '원납전 즉 원망하며 바친 돈이다.' 라고 하였다.
>
> — 「매천야록」에서 —

① 세한도가 제작되었다.
② 삼정이정청이 설치되었다.
③ 삼군부가 부활되고 삼수병이 강화되었다.
④ 비변사 당상들이 중요한 권력을 장악하였다.

TIP 고종 때 흥선대원군에 의해 이루어진 경복궁 중건 사업이다. 흥선대원군은 왕실의 권위를 회복하기 위해 경복궁을 중건하였고 부족한 재정은 원납전 징수와 당백전 발행을 통해 해결하고자 하였다. 또한 세도정치의 폐단을 개혁하기 위해 비변사를 철폐하고 의정부와 삼군부의 기능을 강화하였다.
① 조선 후기 정조, 순조 때의 문인 김정호의 작품이다.
② 조선 후기 철종 때 삼정의 폐단을 시정하기 위해 설치되었다.
④ 임진왜란 이후이다.

24 〈보기〉 선언문의 발표 후에 있었던 사건으로 가장 적합하지 않은 것은?

2019. 6. 15. 제2회 서울특별시

> ───────── 〈보기〉 ─────────
>
> 상아의 진리탑을 박차고 거리에 나선 우리는 질풍과 같은 역사의 조류에 자신을 참여시킴으로써 이성과 진리, 그리고 자유의 대학정신을 현실의 참담한 박토에 뿌리려 하는 바이다. 〈중략〉 무릇 모든 민주주의 정치사는 자유의 투쟁사다. 그것은 또한 여하한 형태의 전제로 민중 앞에 군림하든 '종이로 만든 호랑이'같이 헤슬픈 것임을 교시한다. 〈중략〉 근대적 민주주의의 근간은 자유다. 〈하략〉
>
> — 서울대학교 문리과대학 학생 일동 —

① 이승만 대통령이 하야하였다.
② 장면 정권이 수립되었다.
③ 민족자주통일중앙협의회가 조직되었다.
④ 조봉암이 진보당을 결성하였다.

TIP 1960년에 발생한 4.19혁명이다. 4.19혁명은 자유당의 3.15 부정선거를 계기로 일어난 민주화 운동으로 그 결과 이승만 대통령이 하야하고, 자유당 정권을 무너뜨렸다. 이후 허정 과도 정부를 거쳐 윤보선을 대통령, 장면을 총리로 하는 장면 정부가 수립되었다. 민족자주통일중앙협의회는 4.19혁명 이후 1960년 9월에 혁신계 인사들에 의해 조직된 단체로, 자주·평화·민주의 3대 원칙하에 남북통일을 위한 국민운동을 전개할 것을 결의하였다.
④ 진보당 사건 : 1958년

Answer 23.③ 24.④

25 〈보기〉와 같은 내용의 헌법으로 개정된 이후 발생한 사건으로 가장 옳은 것은?

2019. 6. 15. 제2회 서울특별시

━━━━━━━━━━ 〈보기〉 ━━━━━━━━━━

제39조 대통령은 통일주체국민회의에서 토론없이 무기명 투표로 선거한다.
제40조 통일주체국민회의는 국회의원 정수의 1/3에 해당하는 수의 국회의원을 선거한다.
제43조 대통령은 조국의 평화적 통일을 위한 성실한 의무를 진다.

① 굴욕적인 한일회담에 반대하는 학생 시위가 전개되었다.
② 재야 인사들이 명동성당에 모여 '3·1 민주구국선언'을 발표하였다.
③ 친일파 청산을 위해 반민족행위특별조사위원회를 설치하였다.
④ 민생안정을 위해 농가 부채 탕감, 화폐 개혁 등을 실시하였다.

> **TIP** 박정희 정권의 유신헌법(1972)이다. 박정희는 영구 집권을 위해 헌법을 개정하는 유신체제를 단행하였고 이 과정에서 대통령 선출 방식을 직선제에서 간선제로 바꾸었다. 당시 재야 인사들이 명동성당에 모여 '3·1 민주구국선언'을 발표하는 등 유신 독재 체제를 반대하는 운동이 전국적으로 일어났다.
> ① 한일협정(1965) 체결 반대
> ③ 반민족행위특별조사위원회 설치 : 1948년
> ④ 민생안정을 위해 농가 부채 탕감, 화폐 개혁 등 실시 : 5.16 군사 정변(1961) 직후

26 (가)~(라)는 광복을 전후해 일어난 사건을 시기순으로 나열한 것이다. (다)에 들어갈 수 있는 내용으로 적절하지 않은 것은?

2015. 4. 18. 인사혁신처

(가) 삼균주의를 바탕으로 대한민국 임시 정부가 '대한민국 건국 강령'을 발표하였다.
(나) 이승만을 중심으로 독립촉성중앙협의회가 발족되었다.
(다)
(라) 제헌 국회에서 대한민국의 헌법이 제정, 공포되었다.

① 좌우합작위원회의 '좌우합작 7원칙'이 선포되었다.
② 김구의 '삼천만 동포에게 읍고함'이라는 글이 발표되었다.
③ 여운형, 안재홍 등을 중심으로 조선건국준비위원회가 조직되었다.
④ 유엔 총회에서 유엔 감시 하에 인구 비례에 의한 남북한 총선거의 실시가 결의되었다.

> **TIP** (가) 1942년 → (나) 1945년 10월 → (다) → (라) 1948년 7월 17일
> ③ 1945년 8월 ① 1946년 ②④ 1948년 2월

Answer 25.② 26.③

1 흥선대원군이 다음과 같은 개혁정책을 추구하였던 목적은?

> ㉠ 양반에게도 군포를 부과·징수하는 호포법을 실시하였다.
> ㉡ 대전회통, 육전조례 등을 편찬하여 법치질서를 재정비하였다.
> ㉢ 비변사 기능을 축소하고 의정부 기능을 회복하였으며 삼군부를 부활시켰다.
> ㉣ 붕당의 근거지로 백성을 수탈해 온 600여개소의 서원을 철폐하였다.

① 부족한 국가의 재정기반을 확대함이 목적이었다.
② 지배층의 수탈을 억제하여 민생을 보호함이 목적이었다.
③ 문란한 기강을 바로 잡아 왕권을 재확립함에 있었다.
④ 열강의 침략을 대비하기 위해 국방을 강화함에 있었다.

> **TIP** 흥선대원군은 집권 후 안으로는 문란해진 기강을 바로 잡아 전제 왕권의 강화를 꾀하였고, 밖으로는 외세의 통상요구와 침략에 대비하는 정책을 시행하였다.

2 다음의 조·일 통상 규정(1876)의 내용을 통해 추론한 것 중 옳은 것은?

> • 화물의 출입에는 특별히 수년간의 면세를 허용한다.
> • 일본 정부에 소속된 모든 선박은 항구세를 납부하지 않는다.
> • 일본인은 모든 항구에서 쌀과 잡곡을 수출할 수 있다. 단, 재해시 1개월 전에 통고하고 방곡령이 가능하다.

① 조선에 대한 일본의 경제 원조가 시작이 되었다.
② 조선과 일본은 자유 무역을 통하여 상호이익을 얻었다.
③ 조선 정부는 방곡령을 통해 미곡의 유출을 방지할 수 있었다.
④ 일본으로 양곡이 무제한 유출되어 조선의 농촌경제는 피폐해졌다.

> **TIP** 조·일통상장정은 일본이 조선에 대한 경제적 침략을 용이하게 하기 위해 맺은 것으로서, 이 조약 이후 일본 상인의 곡물 유출이 심각하여 조선은 식량난을 겪게 되었다. 이에 대한 저항책으로 방곡령을 선포하였으나 배상금을 물어 주는 등 실패로 돌아갔다.

3 문호 개방 이후 전개된 새로운 움직임으로 볼 수 없는 것은?

① 근대적 정치사상을 수용하여 입헌 군주제를 확립하려는 노력이 대두되었다.
② 민족적이고 민중적인 새로운 종교가 창시되어 근대 사회 건설과 반제국주의 운동을 주도하였다.
③ 농업 중심의 봉건적 토지경제에서 벗어나 상공업 중심의 근대 자본주의 경제를 추구하려는 움직임이 나타났다.
④ 양반 중심의 특권체제를 부정하고, 민권보장과 참정권 운동을 통해 평등사회를 구현하려는 노력이 대두되었다.

> **TIP** 민족적·민중적·반제국적 성격의 동학은 개항 전에 창시되었다(1860).

Answer 1.③ 2.④ 3.②

4 다음 내용을 통해 알 수 있는 것은?

> • 탐관오리는 그 죄상을 조사하여 엄징한다.
> • 노비문서를 소각한다.
> • 왜와 통하는 자는 엄징한다.
> • 토지는 평균하여 분작한다.

① 시민사회로 전환하는 계기가 되었다.
② 봉건 제도의 성립 원인이 되었다.
③ 우리말과 우리글의 사용이 금지되었다.
④ 반외세, 반침략적 성격을 띤 운동이다.

> **TIP** 제시된 내용은 동학농민운동 때의 폐정개혁 12조 중의 일부이다. 동학농민운동은 안으로 봉건적 체제에 반대하여 노비문서의 소각, 토지의 평균분작 등 개혁정치를 요구하였고, 밖으로는 외세의 침략을 물리치려고 한 반봉건ㆍ반외세적이며 밑으로부터의 근대민족운동이다.

5 동학농민군이 전주화약 이후 폐정개혁안을 실천하고 전라도 일대의 행정과 치안을 담당하기 위해 설치한 기구는?

① 통감부 ② 군국기무처
③ 집강소 ④ 통리기무아문

> **TIP** ① 을사조약 이후 일제가 조선을 병탄하기 위해 서울에 실시한 기구이다.
> ② 청ㆍ일 전쟁 당시 관제를 개혁하기 위해 임시로 설치한 기구이다.
> ④ 고종 때 설치된 군국기밀과 일반 정치를 관장한 기구이다.

6 다음 사건의 영향으로 바른 것은?

> • 지조법을 개혁하여 관리의 부정을 막고 백성을 보호하며, 국가 재정을 넉넉히 한다.
> • 4영을 합하여 1영으로 하되, 영 중에 장정을 선발하여 근위대를 급히 설치한다.
> • 의정부, 6조 이외의 모든 불필요한 기관을 없앤다.

① 청나라 군대가 우리나라에 주둔하게 되었다.
② 자주적 개화운동의 흐름이 약화되었다.
③ 상민수륙무역장정이 체결되고 군국기무처가 설치되었다.
④ 비변사가 강화되어 왕권이 유명무실화되었다.

> **TIP** 제시된 내용은 갑신정변 때의 14개조 정강의 일부이다. 갑신정변의 결과 조선은 일본의 강요로 배상금 지불과 공사관 신축비 부담 등을 내용으로 하는 한성조약을, 청ㆍ일 양국은 양국군의 철수와 조선에 파병할 경우에 상대방에 미리 알릴 것 등을 내용으로 하는 톈진조약을 체결하였다. 또한 청의 내정간섭이 더욱 강화되고 보수세력의 장기집권이 가능하게 되었으며, 개화세력이 도태되어 상당기간 동안 개화운동의 흐름이 단절되었다. 이런 점에서 갑신정변은 조선의 자주와 개화에 오히려 부정적인 영향을 끼치기도 하였다.

🔍**Answer** 4.④ 5.③ 6.②

7 다음 중 신민회의 활동으로 옳지 않은 것은?

① 좌·우 합작 단체이다.
② 공화정의 수립을 추구하였다.
③ 국외 독립군기지 건설에 힘썼다.
④ 비밀결사조직이다.

> **TIP** 신민회는 비밀결사조직으로 국권 회복과 공화정체의 국민국가 건설을 목표로 하였다. 국내적으로 문화적·경제적 실력
> 양성운동을 펼쳤으며, 국외로 독립군기지 건설에 의한 군사적인 실력양성운동에 힘쓰다가 105인 사건으로 해체되었다.
> ① 신간회에 대한 설명이다.

8 위정척사운동에 관한 설명으로 옳지 않은 것은?

① 제국주의적 외세를 배격하였다.
② 외세침략에 대항하여 의병을 조직하였다.
③ 주로 주리론 성리학의 영향을 받은 양반과 재야 유학자가 중심이 되었다.
④ 외세의 침략에 항거하면서 독자적인 근대화를 위해 노력하였다.

> **TIP** 위정척사운동은 화이관을 기본으로 한 보수적인 운동으로 반외세적 이었으나, 성리학적 유일사상체계를 유지하려 하였다.

9 다음 중 강화도 조약의 내용으로 옳지 않은 것은?

① 일본에 대한 최혜국 대우가 체결되었다.
② 조선의 자주권을 인정한다.
③ 일본인이 죄를 범한 경우 일본관원이 재판한다.
④ 부산 외의 2개 항을 20일 이내에 개항한다.

> **TIP** 최혜국 대우 조항은 1883년 조일통상장정에서 체결되었다.

10 다음 중 갑오개혁에 대한 내용으로 옳지 않은 것은?

① 친일내각과 군국기무처가 설치되었다.
② 농민들의 요구를 수렴하여 토지제도의 개혁이 실시되었다.
③ 신분제를 철폐하고 전통적인 폐습을 타파하였다.
④ 내각의 권한이 강화되고 왕권을 제한하였다.

> **TIP** 갑오개혁은 군사 개혁과 농민들이 요구한 토지제도의 개혁은 거의 이루어지지 않았다.

Answer 7.① 8.④ 9.① 10.②

11 갑신정변을 추진한 정치세력에 대한 설명으로 옳은 것을 고르면?

> ㉠ 입헌군주제와 토지의 재분배를 추구하였다.
> ㉡ 청의 내정간섭과 민씨정권의 보수화에 반발하였다.
> ㉢ 청의 양무운동을 본받아 점진적인 개혁을 추구하였다.
> ㉣ 일본의 메이지유신을 본받아 급진적인 개혁을 추구하였다.
> ㉤ 민중을 개화운동과 결합하여 일본의 정치적·경제적 침략을 저지하려 하였다.

① ㉠, ㉡
② ㉠, ㉢, ㉣
③ ㉡, ㉣
④ ㉡, ㉢, ㉤

TIP 갑신정변은 급진개화파로 이루어진 개화당이 일으켰다. 이들은 국내 민중의 지지기반 없이 일본에 의존하여 개혁을 추진했기 때문에 실패했으며, 또한 지주 출신이 대부분이었기 때문에 토지의 재분배를 추진하지 않았다.

12 갑신정변 후 청나라와 일본 간에 맺어진 톈진조약의 내용이다. 이를 통해 추정할 수 있는 사실은?

> ㉠ 청·일본 양국군은 4개월 이내에 조선에서 철병할 것
> ㉡ 조선의 훈련교관은 청·일 이외의 제3국에서 초빙할 것
> ㉢ 조선에 파병할 경우에는 상대국에 미리 문서로 연락할 것

① 조선 문제를 놓고 청과 일본이 처음으로 대립하게 되었다.
② 조선은 청나라, 일본 이외의 나라와도 외교관계를 맺게 되었다.
③ 청과 일본은 조선에서 동등한 지위를 갖게 되었다.
④ 조선은 청에 대한 사대외교를 청산하게 되었다.

TIP 제시된 글은 윤효정 장지연이 헌정연구회를 발전시켜 조직한 대한자강회의 취지서이다. 이들은 윤치호를 초대 회장으로 내세우고, 교육과 식산흥업을 주장한 대표적인 애국 계몽 운동 단체이다. 즉 교육진작과 산업부흥의 실력 양성을 통해 독립할 것을 주장하였다. 하지만 일제가 고종을 강제퇴위시킨 것에 대한 반대운동을 전개하다가 해산되었다.
③ 입헌정체의 주장은 급진개화파의 갑신정변과 갑오개혁, 독립협회의 주장에서 살펴볼 수 있다.

13 다음과 관련된 단체에 대한 설명으로 옳지 않은 것은?

> 무릇 우리나라의 독립은 오직 자강의 여하에 있을 따름이다. 우리 대한이 종전에 자강의 방법을 강구하지 않아 인민이 스스로 우매함에 묶여 있고 국력이 쇠퇴하여 마침내 오늘의 위기에 다다라 결국 외국인의 보호를 당하게 되었으니, 이는 모두 자강의 도에 뜻을 다하지 않았던 까닭이다. …… 자강의 방법을 생각해 보면 다름이 아니라 교육을 진작함과 식산흥업에 있다. 무릇 교육이 일어나지 못하면 백성의 지혜가 열리지 못하고 산업이 늘지 못하면 국부가 증가하지 못한다.
>
> 〈대한자강회 월보〉

① 교육 및 산업의 진흥을 위한 애국 계몽 운동을 전개했다.
② 학교의 설립 등 실력 양성 운동을 전개했다.
③ 입헌정체를 주장했다.
④ 고종의 강제 퇴위를 반대하는 운동을 주도하였다는 이유로 해산되었다.

TIP 제시된 글은 윤효정 장지연이 헌정연구회를 발전시켜 조직한 대한자강회의 취지서이다. 이들은 윤치호를 초대 회장으로 내세우고, 교육과 식산흥업을 주장한 대표적인 애국 계몽 운동 단체이다. 즉 교육진작과 산업부흥의 실력 양성을 통해 독립할 것을 주장하였다. 하지만 일제가 고종을 강제퇴위시킨 것에 대한 반대운동을 전개하다가 해산되었다.
③ 입헌정체의 주장은 급진개화파의 갑신정변과 갑오개혁, 독립협회의 주장에서 살펴볼 수 있다.

14 우리나라 현대에 나타났던 정치적 사실들이다. 이로 인해 발생한 역사적 사건은?

> ㉠ 대통령 직선제를 골자로 하는 발췌개헌안의 통과
> ㉡ 현직 대통령의 중임제한을 철폐하는 사사오입개헌안의 통과
> ㉢ 국민 전체의 이익보다는 일당의 집권욕망을 채우기 위해 민주주의 기본원칙의 무시

① 10월유신   ② 4·19혁명
③ 10·26사태   ④ 5·16군사정변

TIP 제시된 내용은 이승만 정권에서의 개헌과정으로, 1인 장기집권을 위한 비민주적 개헌과정은 결국 4·19혁명을 일으키게 하였다.

15 대한민국임시정부의 주요 활동을 통해 추론할 수 있는 사실은?

> • 미국에 구미위원부를 두어 한국의 독립문제를 제기하였다.
> • 연통제를 통하여 국내외의 연결과 군자금의 조달을 도모하였다.
> • 국제연맹과 워싱턴회의에 우리 민족의 독립열망을 전달하였다.
> • 김규식으로 하여금 파리강화회의에서 우리 민족의 독립을 주장하게 하였다.

① 일본과의 무력항쟁에 주력하였다.
② 국외 무장독립운동세력을 통합할 수 있었다.
③ 무장투쟁의 근거지를 국외에서 국내로 옮기려 하였다.
④ 전체 독립운동가들의 동조를 얻지 못하여 진통을 겪게 되었다.

Answer 13.③ 14.② 15.④

TIP 임시정부의 초기활동은 이승만의 외교독립론에 근거하여 진행되었기 때문에 무장투쟁론을 주장한 만주와 연해주의 독립운동세력의 지지는 얻지 못하였다.

16 1972년 7·4남북공동성명에서 남북이 합의한 평화통일 3대 기본원칙이 아닌 것은?

① 자주통일
② 평화통일
③ 연방제 통일
④ 민족적 통일

TIP 7·4남북공동성명(1972. 7. 4) … 조국통일의 3원칙(자주적·평화적·민족적 통일)에 합의하고, 서울과 평양 간에 상설 직통전화를 가설하며, 남북조절위원회의 구성과 운영에 합의하는 등 남북대화의 획기적 계기가 마련되었다.

17 다음의 주장과 관련된 설명으로 옳은 것은?

> 양이의 화가 금일에 이르러서는 비록 홍수나 맹수의 해로움일지라도 이보다 심할 수 없겠사옵니다. 전하께서는 부지런히 힘쓰시고 경계하시어 안으로는 관리로 하여금 사학의 무리를 잡아 베이시고 밖으로는 장병으로 하여금 바다를 건너오는 적을 정벌케 하옵소서. 사람 노릇을 하느냐 짐승이 되느냐 하는 고비와, 존속하느냐 멸망하느냐 하는 기틀이 잠깐 사이에 결정되오니 정말 조금이라도 지체해서는 아니 되옵니다.

> ㉠ 개항 이후 서양세력의 경제적 침투를 경계하고 있다.
> ㉡ 서양문물을 제한적으로 수용할 것으로 주장하고 있다.
> ㉢ 흥선대원군의 통상수교거부정책과 동일한 맥락에 있다.
> ㉣ 성리학적 정통에 입각하여 크리스트교를 이단시하고 있다.

① ㉠㉡   ② ㉠㉣
③ ㉡㉢   ④ ㉢㉣

TIP 1866년 병인양요 때 이항로가 척화주전론의 입장에서 올린 글이다. 이들은 성리학 이외의 모든 사상을 이단으로 여겨, 천주교를 비롯한 서양 문화를 철저히 배격하였다. 그리고 프랑스의 무력 침략에 대항하여 싸워야 한다는 주장을 전개하면서 흥선대원군의 통상수교거부정책을 적극적으로 뒷받침하였다.

Answer 16.③ 17.④

근현대의 경제 변화

1 ·· 열강의 경제 침탈과 경제적 구국운동

(1) 개항과 농촌경제

① 개항 초기에는 일본의 몰락한 상인이나 무사층이 불평등 조약을 바탕으로 약탈 무역을 자행하여 농촌경제의 약화를 가져왔다.

② 청 · 일전쟁 이후에는 일본인 대자본가들이 침투하여 대농장을 경영하였다.

③ 러 · 일전쟁 이후에는 철도부지와 군용지를 확보하는 구실로 토지 약탈이 본격 화되었다.

(2) 열강의 경제적 침탈

① 일본 상인의 무역독점

㉠ 개항초기 : 외국상인의 활동범위가 개항장을 10리 이내로 제한하는 거류지무역이 행해졌다.

㉡ 1880년대 : 외국상인의 활동무대가 개항장 100리까지 확대되어 일본 상인들이 내륙으로 진출하게 되었다.

㉢ 임오군란 이후 : 일본 상인과 청나라 상인의 경쟁이 치열해지면서 국내 상업은 더욱 위축되었다.

㉣ 청 · 일전쟁 이후 : 일본 상인들은 국내 상권을 독점적으로 지배하였다.

② 제국주의 열강의 경제 침탈

㉠ 일본 은행의 진출과 1905년 화폐정리사업으로 금융 예속화가 진행되었다.

㉡ 열강의 이권 탈취는 아관파천 이후 극심해지며 철도부설권, 광산채굴권, 삼림채벌권이 일본 · 러시아 · 미국 · 영국 등에게 넘어갔으며 정부는 이에 효과적으로 대처하지 못하였다.

(3) 경제적 침탈에 대한 저항

① 방곡령 시행 : 일제의 미곡 유출에 대항하여 황해도 · 함경도 지역에서 방곡령이 실시되었다.

② 상권수호운동

㉠ 1880년대 : 청국 상인들과 일본 상인들이 조선의 상권을 침식해 가자, 이에 반발하여 서울 상인들은 철시하고 외국 상점들의 서울 퇴거를 요구하였다.

㉡ 1990년대 : 서울 상인들은 황국중앙총상회를 조직했으며, 경강상인들은 증기선을 도입하여 일본 상인에게 빼앗긴 운송권 회복을 시도하였다.

③ 이권침탈저지운동 : 독립협회가 이권 침탈에 대항하여 이권수호운동을 벌였다.

㉠ 러시아의 이권 침탈 저지 : 절영도 조차 요구 저지, 한 · 러은행의 폐쇄, 도서의 매도 요구를 저지시켰다.

㉡ 기타 열강의 이권 침탈 저지 : 프랑스나 독일이 차지한 이권에 대한 반대운동을 전개하였다.

④ 회사 설립

㉠ 일부 상인들은 열강의 경제적 침탈에 대항하여 자본주의 생산방식이나 새로운 경영방식을 도입하고 많은 회사들을 설립하였다.

㉡ 1880년대에는 대동상회 · 장통상회 등이 설립되었으며 1890년대에는 40여 개에 달하였다.

ⓒ 대한제국의 상공업진흥정책이 실시된 이후에는 해운회사, 철도회사, 광업회사 등과 같은 근대적 형태의 주식회사도 나타났다.

⑤ 국채보상운동

　㉠ 배경 : 일제는 한국을 재정적으로 예속시키기 위하여 우리 정부로 하여금 일본에서 차관을 도입하게 하였고, 이 결과 한국 정부가 짊어진 외채는 총 1,300만 원이나 되어 상환이 어려운 처지에 놓였다.

　㉡ 전개과정 : 이에 국민의 힘으로 국채를 상환하여 국권을 회복하자는 국채보상운동이 일어났다. 이 운동은 서상돈, 김광제 등이 국채보상금을 모금하기 위하여 대구에서 개최한 국민대회를 계기로 전국으로 확산되었다. 서울에서는 국채보상기성회가 조직되어 전 국민의 호응을 얻었고, 대한매일신보 등 여러 신문사들도 적극 후원하였다.

　㉢ 결과 : 국채보상기성회의 간사인 양기탁에게 국채보상금을 횡령하였다는 누명을 씌워 구속하는 등 통감부의 간교한 방해로 인하여 좌절되고 말았다.

② ·· 일제하 민족경제의 변화

(1) 식민지 수탈경제

① 토지조사사업(1912 ~ 1918)

　㉠ 방법 : 우리 농민이 토지 소유에 필요한 서류를 갖추어 지정된 기간 안에 신고해야만 소유권을 인정받게 하였으나, 신고기간이 짧고 절차가 복잡하여 신고의 기회를 놓친 사람이 많았다. 이것은 일제가 한국인의 토지를 빼앗기 위한 것이다.

　㉡ 결과 : 3%의 지주가 경작지의 50% 이상을 소유하여 지주제가 강화되고 소작농이 증가되었으며, 고율의 소작료를 부담하게 되자 농민들은 몰락하기 시작했다.

② 산미증식계획(1920 ~ 1933)

　㉠ 증산량보다 많은 양이 수탈되자 한국의 식량사정은 악화되었다.

　㉡ 논농사 중심의 구조로 쌀 생산을 강요받아 단작화가 심해졌다.

　㉢ 수리조합사업비와 토지개량사업비를 농민에게 전가하자 농민부채가 증가하여 농민의 몰락이 가속화되었다.

③ 산업의 침탈

　㉠ 화폐정리사업으로 통감부시기에 민족자본의 축적이 와해되었다.

　㉡ 회사령을 공포하여 한국인의 회사 설립과 경영을 통제하였다. 이에 민족자본의 성장은 억제되었고, 일본인이 한국 공업을 주도하게 되었다.

　㉢ 광업령, 임야조사사업, 어업령을 통해 우리 자원을 약탈하였다.

　㉣ 일본의 군수공업화정책으로 전기, 제철, 중화학 공장을 설립하여 병참기지화되었다.

　㉤ 식량배급제도와 각종 물자의 공출제도를 강행하였다.

(2) 경제적 민족운동

① 소작쟁의 : 소작농들은 일본인 지주와 조선인 지주에 대항하여 소작료 인하와 소작권 박탈반대 등을 요구하였고, 이것은 점차 일제의 수탈에 반대하는 항일민족운동의 성격을 띠었을 뿐만 아니라 농민계급의 지주층에 대한 계급운동이기도 하였다.

② 민족기업의 성장 : 중소상인자본으로 지포공장, 메리야스공장, 고무신공장 등 경공업 관련 공장들이 세워졌고, 대자본가는 경성방직주식회사를 세웠다.

③ 물산장려운동 : 민족기업을 지원하고 민족경제의 자립을 달성하는 것을 목적으로 하였다. 그러나 총독부가 물자를 통제하는 등 일제의 탄압이 가해졌으며, 기업 정비령을 내려 강제로 청산하거나 일본인 공장에 합병하는 등 민족기업을 억압하였다.

④ 노동쟁의 : 노동자들은 생존권을 지키기 위하여 임금 인상이나 노동조건 개선 등을 주장하는 노동운동을 벌였다. 이는 항일민족운동으로 발전하였다.

③ ·· 현대의 경제 발전

(1) 광복 직후의 경제 혼란

① 미군정기 : 미군정하의 우리 경제는 극심한 인플레이션, 원자재와 소비재의 부족, 식량 부족, 국토 분단 등으로 인한 경제적 혼란이 가속화되었다.

② 대한민국정부의 경제

　㉠ 기본방향 : 농업과 공업의 균형 있는 발전, 소작제의 철폐, 기업활동의 자유보장, 사회보장제도의 실시, 인플레이션의 극복 등이 경제정책의 기본방향이었다.

　㉡ 경제안정시책 : 농지개혁법을 제정하고 시행하여 농촌경제의 안정을 꾀하였고, 귀속재산의 불하로 산업자본이 형성되었다.

　㉢ 6·25전쟁의 피해 : 생산시설의 42%가 파괴되어 전비 지출로 인플레이션이 가속화된 데다가 물가 폭등과 물자 부족으로 국민생활의 어려움이 극심해졌다.

(2) 경제 발전

① 경제복구사업

　㉠ 경제복구사업의 진행 : 삼백산업(제분·제당·면직공업)이 성장하였고, 시멘트와 비료 등의 생산도 늘어났다.

　㉡ 취약한 경제구조 : 소비재산업이 급속하게 성장한 데 비하여 기계공업 등의 생산산업은 발전하지 못하였는데, 이로 인하여 한국 경제는 생산재와 원료를 수입에 의존하는 취약성을 안게 되었다. 또한 농업분야의 복구가 지체되었고, 원조가 줄어들면서 우리 경제는 상당한 어려움을 겪게 되었다.

② 경제개발 5개년계획

　㉠ 경과

　• 제1·2차 경제개발 5개년계획 : 기간산업을 육성하고, 경공업의 신장에 주력하였다.

　• 제3·4차 경제개발 5개년계획 : 중화학공업의 육성에 주력하여 광공업 비중이 증가되었고, 공업구조가 경공업 중심에서 중화학공업으로 변화하게 되었다.

　• 사회간접시설의 확충 : 경부고속국도를 비롯한 도로와 항만, 공항 등의 사회간접시설이 확충되었으며, 간척사업과 작물의 품종개량으로 식량생산이 증대되었다.

　㉡ 결과 : 수출이 비약적으로 증대하는 등 고도의 경제 성장을 이루었으며, 국내 자본이 축적되어 외국자본에 의존하던 자본구조가 어느 정도 개선되었다.

　㉢ 문제점 : 소수 재벌에 의해 자본의 집중이 심화되었고, 국내산업의 수출의존도가 심해졌다.

③ 노동운동

　㉠ 1970년대 이후 노동자의 수가 크게 늘어나고 6월 민주화운동의 진전과 함께 사회의식이 높아지면서 노동운동이 활성화되었다.

📝 기출문제

다음 그래프에 표시된 시기에 일어난 사회현상으로 옳지 않은 것은?

2020. 7. 11. 인사혁신처

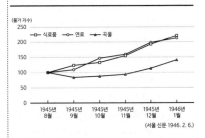

(서울 신문 1946. 2. 6.)

① 해외로부터 귀환인이 급증하여 식량이 부족했다.

② 38도선 분할 점령 이후 식료품 부문의 생산이 크게 위축되었다.

③ 미군정이 재정적자를 메우기 위해 화폐를 과도하게 발행했다.

④ 미곡수집제 폐지, 토지개혁 실시를 주장하는 대규모 시위가 일어났다.

☞ ④

ⓒ 정부는 노동정책으로 노동관계법을 개정하였으며, 기업가와 노동자의 인간적 관계와 직업윤리를 정착시키기 위하여 많은 노력을 기울인 결과 새로운 노사문화가 정착되고 노동환경이 개선되었다.

④ 해외 진출과 국제경제협력체 가입

ⓐ 해외 진출 : 오늘날 우리나라의 기업은 해외 진출을 적극적으로 추진하고 있다. 무역대상국도 1980년대 이후 미국와 일본 중심에서 벗어나 유럽, 동남아시아, 중국, 남미 등지로 다변화하고 있다. 특히 경제적으로 급속히 부상하고 있는 중국과 밀접한 경제적 관계를 형성하면서 우리나라는 동아시아 경제의 한 축을 만들어 가고 있다.

ⓑ 경제협력체 가입

• 아시아 · 태평양 경제협력체(APEC)에 적극 참여 : 미국, 일본 등과 함께 이 지역의 경제 협력을 주도적으로 이끌어 가고 있다.

• 경제협력개발기구(OECD)에 가입 : 개방된 시장경제와 다원적 민주주의라는 가치관을 공유하는 선진국 중심의 경제 · 사회정책 협의체인 이 기구에 가입하여 우리의 경제활동을 강화하여 나가고 있다.

ⓒ 국가적 위기 극복 : 1990년대 후반 세계경제의 침체 속에서 우리 경제가 위기를 맞기도 하였으나, 국민이 일치 단결하여 슬기롭게 대처함으로써 21세기의 새로운 시대를 열어 가고 있다.

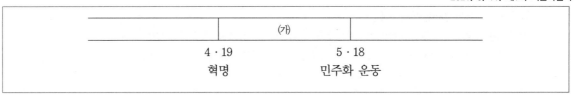

02 기출문제분석

1 (개) 시기에 있었던 사실로 옳은 것은?

2021. 9. 11. 제1회 서울특별시

		(개)	
	4 · 19 혁명		5 · 18 민주화 운동

① 발췌 개헌
② 국군의 베트남 파병
③ 남북한 유엔 동시 가입
④ 6 · 15 남북 공동 성명 발표

TIP 4 · 19 혁명(1960)은 이승만 정권의 3.15 부정선거에 대한 저항으로 일어난 민주화 운동이다. 4 · 19 혁명의 결과 이승만 정권을 대신하여 장면 내각이 수립되었지만 박정희를 중심으로 하는 군부 세력이 5 · 16 군사쿠데타(1961)를 통해 지속되지 못했다. 이후 박정희 정부(1963~1979)가 들어서며 3선 개헌을 통과시키고 유신헌법(1971)을 제정하며 장기 집권을 계획했지만 10 · 26사건(1979)으로 박정희 대통령이 사망하면서 유신체제는 막을 내렸다. 이후 전두환을 중심으로 한 신군부 세력이 12 · 12 군사반란을 일으키자 이에 반대하는 5 · 18 광주 민주화 운동(1980)이 전개되었지만 실패하고 전두환이 집권하였다. 제시문 (개)는 박정희 정권에 해당하고 이 시기에 미국의 요청으로 국군의 베트남 파병(1964-1973)이 이루어졌다.
① 발췌개헌(1952)
③ 남북한 유엔 동시 가입(1991)
④ 6 · 15 남북 공동 선언(2000)

2 다음 법령과 관련한 설명으로 옳은 것은?

2019. 6. 15. 제1회 지방직

> 제5조 정부는 다음에 의하여 농지를 취득한다.
>   1. 다음의 농지는 정부에 귀속한다.
>   (개) 법령 및 조약에 의하여 몰수 또는 국유로 된 토지
>   (내) 소유권의 명의가 분명하지 않은 농지

① 농지 이외 임야도 포함되었다.
② 신한공사가 보유하던 토지를 분배하였다.
③ 중앙토지행정처가 분배 업무를 주무하였다.
④ 분배받은 농민은 평년 생산량의 30%를 5년간 상환하였다.

TIP 대한민국 정부 수립 이후 제정된 농지개혁법(1949)이다. 토지의 유상매입, 유상분배를 원칙으로 정부가 매입한 농경지는 3 정보를 상한선으로 농민에 분배하여, 해당 토지 생산량의 30%를 5년 기한으로 곡물이나 금전으로 상환하게 하였다.

Answer 1.② 2.④

3 다음은 1960년대 어느 일간지에 실린 사설이다. 밑줄 친 '파병'에 대한 설명으로 옳은 것만을 모두 고르면?

2019. 6. 15. 제1회 지방직

> 우리는 원했든 원하지 안했든 이미 이 전쟁에 직접적인 관계를 맺었고 <u>파병</u>을 찬반(贊反)하던 국민이 이젠 다 힘과 마음을 합해서 <u>파병</u>된 용사들을 성원하고 있거니와 근대 전쟁이 전투하는 사람만의 전쟁이 아니라 온 국민이 참가하는 '총력전'이라는 것을 알고 이 전쟁의 승리를 위해 모든 국민의 단합을 호소하는 바이다.

> ㉠ 발췌개헌안 통과에 영향을 주었다.
> ㉡ 브라운 각서를 체결하는 이유가 되었다.
> ㉢ 1960년대 경제개발계획의 추진에 기여하였다.
> ㉣ 한·미 상호방위원조협정을 체결하는 계기가 되었다.

① ㉠, ㉡   ② ㉠, ㉢

③ ㉡, ㉢   ④ ㉢, ㉣

TIP 1960년대 박정희 정부는 경제 개발을 위한 자본 마련을 위해 베트남 파병을 결정하였다. 한국과 미국은 국군을 베트남에 파병하는 조건으로 미국의 경제적, 군사적 원조를 약속받는 조건으로 브라운 각서를 체결하였다. 이는 1960년대 경제개발계획을 추진하는 데 기여하였다.
㉠ 발췌개헌안(1952) : 이승만 정권 당시 이루어진 대통령 직선제 개헌안이다.
㉣ 한·미 상호방위원조협정 : 1950년에 체결되었다.

4 (개), (내) 시기에 있었던 사실로 옳은 것은?

2019. 4. 6. 인사혁신처

① (개) – 시전상인을 중심으로 황국중앙총상회가 조직되었다.
② (개) – 신민회는 일제가 날조한 105인 사건으로 와해되었다.
③ (내) – 함경도 관찰사 조병식이 곡물 수출을 막는 방곡령을 내렸다.
④ (내) – 일제의 황무지 개간권 요구를 반대하기 위해 보안회가 창설되었다.

TIP 을미사변(1895)은 일제가 명성황후를 시해한 사건이다. 을사조약(1905)은 일제에 의해 대한제국의 외교권이 박탈된 사건으로 통감 정치가 시작되었다. 13도 창의군(1907)은 일제에 의한 한일신협약(정미조약)의 체결과 고종의 강제퇴위, 군대 해산에 반발하여 일어난 전국 단위 의병 조직으로 서울진공작전을 계획하고 실행하였으나 실패하였다.
① 황국중앙총상회 : 1898년
② 105인 사건 : 1911년
③ 방곡령 : 1889년
④ 보안회 : 1904년

Answer 3.③ 4.①

5 밑줄 친 '운동'에 대한 설명으로 옳은 것은?

2018. 5. 19. 제1회 지방직

> 조선 사람은 조선 사람이 만든 물건만 쓰고 살자고 하는 <u>운동</u>이 일어나고 있다. 그렇게 하면 조선인 자본가의 공업이 일어난다고 한다. … (중략) … 이 <u>운동</u>이 잘 되면 조선인 공업이 발전해야 하지만 아직 그렇지 않다. … (중략) … 이 <u>운동</u>을 위해 곧 발행된다는 잡지에 회사를 만들라고 호소하지만 말고 기업을 하는 방법 같은 것을 소개해야 한다.
>
> – 개벽 –

① 조선총독부가 회사령을 폐지하는 계기가 되었다.
② 원산총파업을 계기로 조직적으로 전개될 수 있었다.
③ 조만식 등에 의해 평양에서 시작되어 전국으로 확산되었다.
④ 조선노농총동맹의 적극적 참여로 대중적인 기반이 확충되었다.

TIP 밑줄 친 '운동'은 물산장려운동(1922)이다. 물산장려운동은 일제의 경제침략에 맞서 자주·자립경제를 수립하기 위해 전개한 경제적 자립운동이다.

6 (개) 기구가 존속한 시기의 사람들이 볼 수 있었던 사실로 적절한 것은?

2018. 4. 7. 인사혁신처

> 지주는 조선 총독이 정하는 기간 내에 [(개)] 혹은 그것의 출장소 직원에게 신고해야 한다. 만약 제출을 태만히 하거나 신고서를 제출하지 않을 시에는 당국에서 해당 토지에 대해 소유권의 유무 등을 조사하다가 소유자를 알지 못하는 경우에 지주가 없는 것으로 간주하여 국유지로 편입할 수 있다.

① 조선청년연합회에 출입하는 일본인 고문
② 신문에 연재 중인 소설 무정을 읽는 학생
③ 연초 전매 제도에 따라 조합에 수매되는 담배
④ 의열단에 가입하는 신흥 무관 학교 출신 청년

TIP (개) 기구는 토지조사국이다. 토지조사국은 1910년부터 1918년까지 토지조사사업을 추진했다.
　① 1920년
　② 1917년
　③ 1921년
　④ 1919년

Answer 5.③ 6.②

7 다음의 법률에 근거하여 실시된 식민지 정책으로 옳지 않은 것은?

2018. 4. 7. 인사혁신처

> 제4조 정부는 전시에 국가총동원상 필요하다고 인정될 때에는 칙령이 정하는 바에 따라서 제국 신민을
> 징용하여 총동원 업무에 종사하도록 할 수 있다.
> 제7조 정부는 칙령이 정하는 바에 따라 노동 쟁의의 예방 혹은 해결에 관한 명령, 작업소 폐쇄, 작업
> 혹은 노무의 중지 … (중략) … 등을 명할 수 있다

① 물자통제령을 공포하여 배급제를 확대하였다.
② 육군특별지원병령을 제정하여 지원병을 선발하였다.
③ 금속류회수령을 제정하여 주요 군수 물자를 공출하였다.
④ 국민징용령을 공포하여 강제적인 노무 동원을 실시하였다.

TIP 제시된 글은 1938년에 4월에 공포되고, 5월 5일부터 시행된 제정된 「국가총동원법」이다.
② 육군특별지원병제는 국가총동원법 시행 이전인 1938년 2월에 공포되었다.

Answer 7.②

1 다음 자료와 관련된 정책에 대한 설명으로 옳지 않은 것은?

> ㉠ 소유권의 주장은 신고주의를 원칙으로 한다.
> ㉡ 불복자에 대해서는 증거주의를 채택한다.
> ㉢ 토지의 지주가 조선 총독이 정하는 기간 내에, 그 주소, 씨 명 또는 명칭 및 소유지의 소재, 지목,
> 자번호, 사표, 등급, 지적 결수를 임시 토지조사 국장에게 신고한다.
> ㉣ 사정(査定)에 대해 불복하는 자는 공시 기간 만료 후 60일 이내에 고등 토지조사위에 신고하여 재결
> 을 구할 수 있다.

① 미신고 토지, 황실 소유지, 마을 및 문중의 공유지 등 전 국토의 약 40%가 총독부로 귀속되었다.
② 약탈한 토지를 동양척식주식회사를 통해 일본인에게 헐값으로 넘기며 일본인의 조선 이주 작업을 도
  왔다.
③ 조선 농민들은 관습상 경작권을 상실하고 기한부 계약제 소작농으로 전락하였다.
④ 시행 결과 소작농으로 전락한 조선 농민들의 불만을 잠재우기 위해 일제는 농촌진흥운동을 전개 하였다.

> **TIP** 1조의 신고주의 원칙과 3조의 기간 내 신고 등이 언급되어 있기 때문에 주어진 자료와 관련된 정책은 토지조사사업이다.
> ④ 농촌진흥운동은 1930년대 농민운동을 탄압하기 위해 실시되었다.

2 1910년대의 회사령에 대한 설명으로 옳지 않은 것은?

① 회사 설립은 신고제였다.
② 민족경제가 성장할 수 있는 토대가 상실되었다.
③ 우리의 근대적 기업의 발달을 저해하였다.
④ 한국인의 회사 설립 및 경영을 통제하였다.

> **TIP** 1910년에 공포된 회사령은 회사를 설립할 경우 총독의 허가를 받아야 하는 허가제로 허가조건을 위반할 경우 총독이
> 사업의 금지 및 기업의 해산을 명령할 수 있었다.

3 개항 초기 일본 상인들이 조선에서 행하던 무역으로 옳지 않은 것은?

① 조선으로 진출한 일본 상인들의 대부분이 몰락한 상인이나 무사층이었다.
② 일본 상인들의 활동범위가 개항장에서 100리까지 확대되었다.
③ 일본 상인들은 불평등 조약을 바탕으로 일본정부의 지원을 받아 약탈적 무역을 하였다.
④ 임오군란 이후 청국 상인들과 조선시장의 주도권 확보를 위해 경쟁을 벌였다.

> **TIP** 개항 초기의 활동범위는 개항장에서 10리 이내로 제한되어 있었으며 1880년대에 이르러 100리로 확대되었다.

Answer 1.④ 2.① 3.②

4 다음 중 경제적 침탈에 대한 저항으로 옳지 않은 것은?

① 황해도·함경도 지역에서는 일제의 미곡유출에 대항하여 방곡령을 실시하였다.
② 독립협회는 러시아의 이권침탈에 대항해 이권수호운동을 벌였다.
③ 일제의 차관제공을 통한 경제적 예속화를 막기 위해 물산장려운동이 일어났다.
④ 일제의 황무지개척권 요구를 보안회가 좌절시켰다.

> **TIP** 일제는 한국을 재정적으로 예속시키기 위하여 우리 정부로 하여금 일본에서 차관을 도입하게 하였고, 이 결과 한국 정부가 짊어진 외채는 총 1,300만 원이나 되어 상환이 어려운 처지에 놓였다. 이에 국민의 힘으로 국채를 상환하여 경제적 예속화를 막기 위해 일어난 운동은 대구에서 서상돈 등이 시작한 국채보상운동이다.

5 다음의 사실들이 공통적으로 추구하고자 했던 목표는?

> • 방곡령 시행
> • 일제의 황무지개간권 저지
> • 국채보상운동
> • 이권수호운동

① 외세의 경제적 침탈에 저항
② 민족 산업 육성
③ 평등사회 건설
④ 중앙과 지방의 균등발전

> **TIP** 구한말 외세의 경제적 침탈에 저항하여 우리의 경제를 지키기 위해 일어난 구국운동들이다.

6 다음 중 광복 후 농지개혁에 대한 설명으로 옳은 것은?

① 모든 토지를 국유화하여 무상으로 분배하였다.
② 철저하게 농민의 입장에서 추진된 개혁이었다.
③ 실시 결과 소작농이 줄고 어느 정도 자작농이 늘어났다.
④ 미군정 하에서 입법이 추진되어 정부 수립 이전에 끝마쳤다.

> **TIP** 농지개혁
> ① 부재지주(不在地主)의 농지를 국가에서 유상매입하고 영세농민에게 3정보를 한도로 유상분배하여 5년간 수확량의 30%씩 상환하도록 하였다.
> ② 지주 중심의 개혁이었다.
> ④ 농지개혁은 1949년에 입법되어 1950년에 실시되었다.

Answer 4.③ 5.① 6.③

7 다음 중 일제의 산업침탈에 대한 설명으로 옳지 않은 것은?

① 광업령, 임야조사사업, 어업령을 통해 우리나라의 자원을 약탈했다.
② 식량배급제도와 각종 물자의 공출제도를 강행하였다.
③ 회사령을 공포하여 한국인의 회사 설립과 경영을 통제하였다.
④ 민족 자본의 육성을 방지하기 위해 값싼 제조업 중심의 경공업 산업만이 설립되었다.

TIP 일본을 우리나라를 병참기지화 하기위해 전기, 제철, 중화학 공장 등을 설립하는 군수공업화정책을 실시하였다.

8 1920~1930년대에 일어난 소작쟁의와 노동쟁의에 대한 설명으로 옳지 않은 것은?

① 소작농들은 반외세적인 의미에서 일본인 지주에게만 대항하여 소작료 인하와 소작권 박탈반대 등을 요구하였다.
② 항일민족운동과 결부되었다.
③ 노동자들의 요구는 임금인상이나 노동조건 개선이었다.
④ 일제의 탄압과 수탈로 점차 약화되었다.

TIP 소작농들의 소작쟁의는 일본인 지주뿐만 아니라 한국인 지주에 대항해서도 일어났다.

9 다음 사료가 나타내는 구국운동에 대한 설명으로 옳지 않은 것은?

> 우리 생활의 제1조건은 곧 의식주의 문제이며 이는 산업의 기초다. 산업의 기초가 파괴되어 우리에게 남은 것이 없으면, 우리가 사람다운 생활을 하지 못하고 사람다운 발전을 하지 못할 것은 당연하지 않은가. …(중략)… 우리는 이와 같은 견지에서 우리 조선 사람의 물산을 장려하기 위해 조선 사람은 조선 사람 지은 것을 사 쓰도록 하고, 조선 사람은 단결하여 그 쓰는 물건을 스스로 제작하여 공급하는 것을 목적으로 한다.

① 일본의 차관을 통한 경제적 예속화에 대항하여 시작되었다.
② 대구에서 시작되었다.
③ 민족기업을 지원하고 성장시켜 민족경제의 자립이 목표이다.
④ 관민공동회를 통해 이권수호운동을 펼쳤다.

TIP 사료는 조선물산장려회 취지서이다. 물산장려운동은 민족기업을 지원하고 민족경제의 자립을 달성하는 것을 목적으로 하였다. 그러나 총독부가 물자를 통제하는 등 일제의 탄압이 가해졌으며, 기업정비령을 내려 강제로 청산하거나 일본인 공장에 합병하는 등 민족기업을 억압하였다.
①② 국채보상운동에 대한 설명이다.
④ 독립협회에 대한 설명이다.

Answer 7.④ 8.① 9.③

10 1930년대 일제의 식민지 경제정책에 해당되는 것은?

① 산미증식계획 실시   ② 군수공업화 실시
③ 화폐정리사업 실시   ④ 토지조사사업 실시

> **TIP** 1930년대에는 일본이 만주와 중국을 침략함에 따라 우리나라는 군수물자를 공급하는 병참기지가 되어 일본인의 중공업 투자가 더욱 증가하게 되었다.
> ① 산미증식계획 수립 : 1920
> ③ 화폐정리사업 : 1905
> ④ 토지조사사업 : 1910~1918

11 다음은 일제가 우리나라에서 실시하였던 경제정책을 나열한 것이다. 이에 대한 설명으로 옳은 것을 모두 고르면?

> (개) 토지조사령을 발표하여 전국적인 토지조사사업을 벌였다.
> (내) 회사령을 제정하여, 기업의 설립을 총독의 허가제로 하였다.
> (대) 발전소를 건립하고 군수산업 중심의 중화학공업을 일으켰다.

> ㉠ (개)의 결과로 우리 농민이 종래 보유하고 있던 경작권이 근대적 소유권으로 전환되었다.
> ㉡ (내)의 목적은 우리의 민족자본을 억압하기 위한 것이었다.
> ㉢ (개), (내)의 정책이 추진되었던 시기에는 주로 소비재 중심의 경공업이 발달하였다.
> ㉣ (대)의 시설은 북동부 해안지방에 편중되어 남북 간의 공업 발달에 심한 불균형을 초래하였다.

① ㉠㉡㉢   ② ㉠㉡㉣
③ ㉡㉢㉣   ④ ㉠㉡㉢㉣

> **TIP** ㉠ 종래 우리 나라의 농민은 토지의 소유권과 함께 경작권도 보유하고 있었는데, 토지조사사업으로 많은 농민이 기한부 계약에 의한 소작농으로 전락하고 말았다.

12 일제의 통치정책 중의 일부이다. 이와 같은 내용을 모두 포괄하는 일제의 식민통치방법은?

> • 일본식 성명의 강요
> • 신사참배의 강요
> • 징병 · 징용제도의 실시
> • 부녀자의 정신대 징발

① 문화통치   ② 헌병경찰통치
③ 민족말살통치   ④ 병참기지화정책

> **TIP** 일제는 태평양전쟁 도발 후, 한국의 인적 · 물적 자원의 수탈뿐 아니라 민족문화와 전통을 완전히 말살시키려 하였다. 우민화정책과 병참기지화정책도 민족말살통치의 하나이다.

Answer 10.② 11.③ 12.③

03 근현대의 사회 변동

1 ·· 평등사회의 추구

(1) 평등의식의 확산
① 천주교 : 평등의식이 확산되자 중인과 평민층의 입교가 증가하였고, 특히 부녀자 신도가 많았다.
② 동학 : 인내천사상으로 평민층 이하의 지지를 받았다.
③ 개신교 : 교육·의료사업을 전개하고, 남녀평등사상을 보급하였으며, 애국계몽운동에 이바지하였다.
④ 갑신정변 : 양반신분제도와 문벌이 폐지되었고 인재를 등용하여 인민의 평등을 실현하려 하였다.

(2) 동학농민군의 사회개혁운동
① 폐정개혁안 제시 : 탐관오리·횡포한 부호·양반 유생의 정벌, 노비문서 소각, 천인들에 대한 처우 개선, 과부의 재가 허용, 모든 무명 잡세의 폐지, 문벌과 지벌을 타파한 인재의 등용, 토지의 평균 분작을 주장하였다.
② 집강소 설치 : 농민들의 집강소에서는 폐정을 개혁하면서 한편으로는 노비문서와 토지문서를 소각하고 창고를 열어 식량과 금전을 농민에게 나누어 주었다.

(3) 갑오개혁과 신분제의 폐지
① 사회면의 개혁
  ㉠ 반상과 귀천을 초월한 평등주의적 사회질서를 수립하였으며, 노비 및 기타 천민층의 점진적 해방이 이루어졌다.
  ㉡ 기술직 중인의 관직 등용을 확대하였다.
  ㉢ 여성의 대우가 향상되고, 혼인풍습도 개선되었다.
② 의의 : 조선 사회가 근대화되고, 양반들의 권력독점체제가 해체되는 계기가 되었다.
③ 한계 : 전통적 신분제도(양반제, 노비제)는 점진적이고 개량적인 개혁의 추진에 그치고 말았다.

(4) 민권운동의 전개(독립협회활동)
① 민권운동
  ㉠ 인권확대운동 : 천부인권사상을 근거로 국민의 생명과 재산권을 보호할 목적으로 전제군주제 및 양반관료제의 횡포로부터 백성을 보호하려는 것이었다.
  ㉡ 참정권 실현운동 : 의회설립운동으로 중추원을 의회로 개편하고, 관민공동회를 개최하였다(헌의 6조 – 입헌군주제 지향).
② 민권사상의 확산 : 평등사회가 출현하여 관민공동회에서 천민이 연사로 나서거나, 만민공동회에서 시전상인이 회장으로 선출되는 일이 나타났다.

보충학습

동학농민운동의 성격
㉠ 반봉건적 성격 : 전통적 지배체제에 반대하여 노비문서의 소각, 토지의 평균분작 등의 개혁정치를 요구하였다.
㉡ 반외세적 성격 : 외세의 침략을 물리치고자 한 아래로부터의 농민운동이었다.

② ·· 민족독립운동기의 사회 변화

(1) 한인의 국외 이주와 독립운동

① 만주 : 19세기 중엽에는 기아와 열악한 경제상황을 타개하기 위해서 이주를 하였다면, 20세기 초반에는 일제의 탄압을 피하고 항일운동을 위해 이주하였다.

② 연해주 : 한민회를 설치하고 대한광복군 정부를 수립하여 무장투쟁의 기반을 마련하였다.

③ 미국 : 신민회, 한인협성회, 공립협회(국민회)와 흥사단을 조직하여 활동하였다.

④ 일본 : 조선청년독립단을 구성하여 2 · 8독립선언을 발표하여 3 · 1운동의 도화선을 제공하였다.

(2) 사회주의 운동의 대두와 신간회 운동

① 사회주의 운동의 대두 : 1920년대 러시아와 중국에서 활동하고 있던 독립운동가들이 처음으로 받아들였다. 노동운동, 농민운동, 청년운동, 학생운동, 여성운동, 형평운동 등이 전개되었다.

② 신간회 운동 : 민족주의 진영과 사회주의 진영은 민족유일당, 민족협동전선이라는 표어 아래 이상재, 안재홍 등을 중심으로 신간회를 결성하였다. 노동운동과 농민운동을 지도하였고 광주학생항일운동의 진상단을 파견하였다.

(3) 농민 운동

① 배경 ··· 토지 조사 사업으로 대다수 농민이 기한부 계약의 소작농이 되고, 산미증식계획으로 고율소작료와 생산비용을 농민이 부담하고, 사회주의 운동으로 인한 농민의 조직화는 소작쟁의를 일어나게 하였다.

② 농민 운동 성격

㉠ 1920년대 초는 주로 소작권 이전과 고율 소작료 반대 투쟁 등의 생존권 투쟁이 중심이 이루었다.

㉡ 1930년대에는 농민조합이 소작쟁의를 주도하여 일제의 식민지배를 부정하는 항일민족운동의 성격을 띄었다.

(4) 노동 운동

① 배경 ··· 사회주의 운동의 대두는 계급투쟁을 강조하여 노동자의 각성과 단결이 강화되었다.

② 노동 운동의 성격

㉠ 1920년대는 임금 인상 및 노동시간 단축, 작업 환경과 비인간적인 대우 개선 등의 노동자의 생존권 투쟁으로 합법투쟁을 전개하였다.

㉡ 1920년 후반기에는 일본의 탄압에 맞서 노동조합이 지하조직화 되었으며, 전국적으로 노동 운동이 확산되어 영흥 노동자 총파업(1927), 원산 노동자 총파업(1929) 등 항일적 성격을 띤 운동으로 변모하게 되었다.

보충학습

농민운동과 노동운동

㉠ 농민운동은 소작쟁의를 중심으로 전개되었다. 1920년대 전반기에는 고율의 소작료 인하와 소작권의 이동을 반대하는 시위가 많았으나, 1920년대 후반기에는 농민조합이 소작쟁의를 주도하여 암태도 소작쟁의 등의 항일민족운동으로 변모하게 되었다.

㉡ 노동운동은 자유 노동자를 중심으로 한 노동조합이 결성되어 임금 인상과 단체계약권의 확립, 8시간 노동제의 실시, 노동조건의 개선을 요구하는 파업투쟁을 벌이기도 하였다. 이는 1920년대 후반기에 전국적으로 확산되어 영흥 노동자 총파업, 원산 노동자 총파업 등 항일적 성격을 띤 운동으로 변모하게 되었다.

기출문제

(가) 단체로 옳은 것은?

2020. 6. 13. 제1회 지방직 / 제2회 서울특별시

［ (가) ］ 발기취지(發起趣旨)

인간 사회는 많은 불합리를 산출한 동시에 그 해결을 우리에게 요구하고 있다. 여성 문제는 그중의 하나이다. … 과거의 조선 여성 운동은 분산되어 있었다. 그것에는 통일된 조직이 없었고 통일된 지도 정신도 없었고 통일된 항쟁이 없었다. … 우리는 우선 조선 자매 전체의 역량을 공고히 단결하여 운동을 전반적으로 전개하지 아니하면 아니 된다.

– 「동아일보」, 1927. 5. 11. –

① 근우회   ② 신간회
③ 신민회   ④ 정우회

☞ ①

(5) 여성운동과 학생운동

① **여성운동** : 1920년대 초반기에는 가부장제와 전통적 인습 타파를 외치는 계몽차원에서 전개되었고, 중반기에 이르러서는 사회주의 운동과 결합하여 근우회가 조직되었다.

② **학생운동** : 동맹휴학 형태로 전개되어 식민지 노예교육의 철폐, 조선역사의 교육, 교내 조선어 사용 등을 요구하였다. 광주학생항일운동이 대표적인 예이다.

③ ·· 현대사회의 변화

(1) 복지사회의 추구

① **배경** : 1960년대 이후 성장 위주의 경제정책으로 농촌의 피폐, 이농현상, 도시 빈민의 형성, 환경오염, 근로기준법 위반 등의 문제가 발생하였다. 또한 노약자, 빈곤층, 실업자, 노숙자 등 소외계층이 생겨났다.

② **대책** : 정부는 서민을 위한 생활보조금 제공, 무주택자를 위한 주택 건설, 고용보험 및 연금제도를 시행하는 등 사회보장제도를 마련하였다.

(2) 산업화와 도시화

① **환경문제** : 성장우선주의 정책을 편 결과 경제는 비약적으로 발전하였으나, 공해문제가 발생하였고 그 결과 정부는 환경부를 설치하였다.

② **농촌경제의 피폐** : 산업화에 따른 노동자들의 저임금정책을 뒷받침하기 위하여 저곡가정책을 실시하였기 때문에 농촌의 생활은 어려워졌으며 이를 보완하기 위해 새마을운동이 전국적으로 전개되었다.

③ **새마을운동**
　ⓖ 전개 : 1970년대 제창되었고, 근면·자조·협동을 기본정신으로 삼아 침체된 농촌에 활기를 불어 넣었고 이는 도시로 확대되었다.
　ⓛ 결과 : 새마을운동은 생활태도의 혁신과 농어촌의 환경 개선, 소득 증대에 기여하였다.

④ **문제점** : 산업화와 도시화로 인해 가족제도의 붕괴, 노동자문제, 실업자문제 등 여러가지 문제들이 나타나기 시작했고, 이를 해결하려는 움직임이 전개되기도 하였다.

⑤ **여성의 지위 향상** : 여성의 취업인구가 크게 늘어났고, 농촌에서도 여성의 경제활동 참여가 증가되었다. 여성의 직업분야도 저임금 미숙련 노동자에서 전문직으로까지 확대되었으며 사회적 위상도 높아졌다.

1 다음 강령을 내세운 단체에 대한 설명으로 옳은 것은?

2021. 9. 11. 제1회 서울특별시

> • 우리는 정치적, 경제적 각성을 촉구함.
> • 우리는 단결을 공고히 함.
> • 우리는 기회주의를 일체 부인함.

① 순종의 장례일을 이용해 6 · 10 만세 운동을 준비하였다.
② 고율 소작료에 반대하는 암태도 소작 쟁의를 주도하였다.
③ 한국인의 힘으로 대학을 세우자는 민립 대학 설립 운동을 펼쳤다.
④ 사회주의 세력과 비타협적 민족주의 세력이 민족 협동 전선을 결성하고자 만들었다.

TIP 제시문의 단체는 신간회(1927-1931)이다. 1920년대를 전후로 사회주의 사상이 국내로 유입되면서 국내 민족독립운동은 비타협적 민족주의 세력과 사회주의 세력의 이원화 체제로 전개되었다. 하지만 친일 세력인 타협적 민족주의의 회유와 일제의 사회주의 탄압 정책(치안 유지법 제정 등)으로 인하여 독립운동 세력이 위축되자 정우회 선언을 계기로 비타협적 민족주의 세력과 사회주의 세력이 연대하여 민족 유일당 운동을 전개하였다. 그 결과 신간회와 자매 단체인 근우회가 결성되었고 광주학생항일운동(1929)에 진상 조사단을 파견하는 등의 활동을 수행하고 이를 알리는 민중 대회를 개최고자 하였으나 실패하였다.
① 6 · 10 만세운동(1926) : 사회주의 세력이 지원한 항일 운동
② 암태도 소작 쟁의(1923) : 암태소작인회를 중심으로 식민 지주에 저항한 소작인 운동
③ 민립 대학 설립 운동(1922) : 이상재, 이승훈 등이 중심이 되어 결성한 조선민립대학기성회를 중심으로 전개한 교육 운동

2 일제강점기 조선인의 생활 모습으로 옳지 않은 것은?

2018. 4. 7. 인사혁신처

① 도시 외곽의 토막촌에는 빈민이 살았다.
② 번화가에서 최신 유행의 모던걸과 모던보이가 활동하였다.
③ 몸뻬를 입은 여성들이 근로보국대에서 강제 노동을 하였다.
④ 상류층이 한식 주택을 2층으로 개량한 영단 주택에 모여 살았다.

TIP ④ 영단 주택은 1940년대 노동자의 주택난을 해결하기 위해 보급한 주거다.

Answer 1.④ 2.④

3 ㈎ 시기에 해당되는 사실로 옳은 것은?

2018. 4. 7. 인사혁신처

> 방금 안핵사 이용태의 보고에 따르면 "죄인들이 대다수 도망치는 바람에 조사하지 못하였다."라고 하였다.
> — 「승정원일기」 —
>
> ↓
>
> | ㈎ |
>
> ↓
>
> 전봉준은 금구 원평에 앉아 (전라) 우도에 호령하였으며, 김개남은 남원성에 앉아 좌도를 통솔하였다.
> — 「갑오약력」 —

① 논산에서 남·북접의 동학군이 집결하였다.
② 우금치 전투에서 동학군이 일본군과 격전을 벌였다.
③ 동학교도가 궁궐 앞에서 교조 신원을 주장하는 집회를 열었다.
④ 백산에서 전봉준이 보국안민을 위해 궐기하라는 통문을 보냈다.

> **TIP** 고부 민란(1894. 1) → ㈎ → 전주화약, 집강소 설치(1894. 5)
> ④ 백산에서 전봉준이 보국안민을 위해 궐기하라는 통문을 보낸 것은 1984년 3월의 일이다.
> ① 남·북접의 논산 집결(1894. 9)
> ② 우금치 전투(1894. 11)
> ③ 서울 복합 상소(1893. 2)

4 〈보기〉의 내용을 주장한 인물에 대한 설명으로 가장 옳은 것은?

2018. 3. 24. 제1회 서울특별시

> ─── 〈보기〉 ───
>
> 국가는 마땅히 한 집의 생활에 맞추어 재산을 계산해서 토지 몇 부(負)를 한 호의 영업전으로 한다. 그러나 땅이 많은 자는 빼앗아 줄이지 않고 미치지 못하는 자도 더 주지 않으며, 돈이 있어 사고자 하는 자는 비록 천백 결이라도 허락해 주고, 땅이 많아서 팔고자 하는 자는 다만 영업전 몇 부 이외에는 허락한다.

① 「목민심서」를 저술하는 등 실학을 집대성하였다.
② 발해사를 우리나라 역사로 체계화할 목적으로 「발해고」를 저술하였다.
③ 전국의 자연환경과 인물, 풍속 등을 정리한 「택리지」를 저술하였다.
④ 천지·인사·만물·경사·시문 등 5개 부문으로 나누어 우리나라와 중국의 문화를 백과사전식으로 소개·비판한 「성호사설」을 저술하였다.

> **TIP** 〈보기〉의 내용을 주장한 인물은 '이익'이다.
> ① 정약용   ② 유득공   ③ 이중환

Answer 3.④ 4.④

5 다음의 (　　) 안에 들어갈 말을 바르게 나열한 것은?

2017. 3. 18. 제1회 서울특별시

> 일제의 민족분열정책과 자치운동론의 등장에 대응하여, 민족해방운동의 단결과 통일적 대응을 모색하던 사회주의 진영과 비타협적 민족주의 진영은 1926년 (㉠) 선언을 계기로, 1927년 1월 (㉡)를 발기하였다. 이어서 서울청년 회계 사회주의자와 물산장려운동계열이 연합한 (㉢)와도 합동할 것을 결의, 마침내 2월 15일 YMCA 회관에서 (㉡) 창립대회를 가졌다.

	㉠	㉡	㉢
①	북풍회	정우회	고려 공산 청년회
②	정우회	신간회	조선민흥회
③	정우회	근우회	고려 공산 청년회
④	북풍회	신간회	조선민흥회

TIP 일제의 민족분열정책과 자치운동론의 등장에 대응하여, 민족 해방운동의 단결과 통일적 대응을 모색하던 사회주의 진영과 비타협적 민족주의 진영은 1926년 <u>정우회</u> 선언을 계기로, 1927년 1월 <u>신간회</u>를 발기하였다. 이어서 서울청년회계 사회주의자와 물산장려운동계열이 연합한 <u>조선민흥회</u>와도 합동할 것을 결의, 마침내 2월 15일 YMCA 회관에서 <u>신간회창립</u>대회를 가졌다.

6 다음 자료를 이해한 것으로 가장 옳지 않은 것은?

2011. 6. 11. 서울특별시

> "우리에게 먹을 것이 없고 의지하여 살 것이 없으면 우리의 생활은 파괴가 될 것이다. … (중략) … 우리는 이와 같은 견지에 서서 우리 조선의 물산을 장려하기 위하여 조선 사람은 조선 사람이 지은 것을 쓰고, 둘째 조선 사람은 단결하여 그 쓰는 물건을 스스로 제작해 공급하기를 목적하노라."
>
> — 산업계 —

① 실력양성운동의 일환으로 추진되었다.
② 이 운동은 1910년대부터 시작되어 해방이 될 때까지 계속 이어졌다.
③ 조선물산장려회를 중심으로 전개되었다.
④ 주로 지식인, 청년, 학생, 부녀자 등 범국민적인 참여를 이끌어냈다.
⑤ 금주단연운동, 토산품 애용운동 등으로 나타났다.

TIP ② 제시문은 물산장려운동에 관한 사료이다. 물산장려운동은 1920년대 시작되었다.

Answer 5.② 6.②

7 다음 농민봉기의 요구사항으로 옳은 것은?

2012. 9. 22. 하반기 지방직

> 주민 수만 명이 머리에 흰 수건을 두르고 손에 나무 몽둥이를 들고 무리를 지어 진주 읍내에 모여 서리들의 가옥 수십 호를 불사르고 부셔서 그 움직임이 결코 가볍지 않았다. 병사가 해산시키고자 하여 장시에 나가니 흰 수건을 두른 백성들이 땅 위에서 그를 빙 둘러싸고는 … (중략) … 여러 번 문책했는데, 조금도 거리낌이 없었다. 그리고 병영으로 병사를 잡아 들어가서는 이방 권준범과 포리 김희순을 곤장으로 수십 대 힘껏 때리니 여러 백성들이 두 아전을 그대로 불 속에 던져 넣어 태워버렸다.

① 환곡의 폐단을 없애라.
② 노비 문서를 불태워라.
③ 과부의 재가를 허용하라.
④ 토지를 골고루 나누어 경작하게 하라.

TIP 지문은 진주민란(1862)에 대한 내용이다. 세도정치 시기 삼정의 문란으로 촉발된 단성, 진주의 민란은 이후 전국적으로 확산되었다(임술농민봉기).
②③④는 동학농민운동의 폐정개혁안에 대한 내용이다.

Answer 7.①

1 다음과 관련된 단체에 대한 설명으로 옳지 않은 것은?

> 강령
> 우리는 정치적 · 경제적 각성을 촉진한다.
> 우리는 단결을 공고히 한다.
> 우리는 기회주의를 일체 부인한다.

① 민족유일당 운동의 일환으로써 결성된 단체이다.
② 일제강점기 가장 큰 규모의 단체였다.
③ 애국계몽운동을 위한 비밀결사 단체였다.
④ 광주 학생 항일운동을 지원하였다.

TIP 지문의 내용은 신간회 강령이다. 신간회는 1920년대 이후 일제가 허용하는 범위 내에서 자치권을 획득하자는 '자치운동'
이 생겨나자, 이에 반대하여 1927년 비타협적 민족주의와 사회주의권이 연합하여 신간회를 결성했다. 1928년까지 국내
외에 148개 지부, 3만 9천여 명의 회원을 확보하여 일제강점기 가장 큰 규모의 단체였다. 신간회는 민중의식 고취를
위해 민중대회 및 전국 순회강연을 열었고 광주 학생 항일운동 당시 학생운동을 지원하기도 했다.
③ 애국계몽운동을 위한 비밀결사 단체는 신민회이다.

2 일제에 의한 수난기에 우리 민족이 행하였던 저항이 시기적으로 맞게 설명된 것은?

① 1910년대 – 무장독립전쟁, 신간회 활동
② 1920년대 – 조선교육회 설립, 해외독립운동기지 건설
③ 1930년대 – 비밀결사운동, 조선어학회 사건
④ 1940년대 – 광복군의 활동, 신사참배 거부운동

TIP 일제에 대한 저항
① 1910년대 : 해외독립운동기지 건설, 비밀결사운동
② 1920년대 : 신간회 활동, 무장독립전쟁, 조선교육회 설립
③ 1930년대 : 조선어학회의 활발한 활동, 해체는 1942년
④ 1940년대 : 광복군의 활동, 신사참배 거부운동

Answer 1.③ 2.④

3 다음 중 1920년대 초에 유입된 사회주의 사상의 영향으로 활발하게 전개된 운동을 바르게 고른 것은?

⊙ 소작쟁의   ⓛ 노동쟁의
ⓒ 청소년운동   ⓔ 물산장려운동
ⓜ 6 · 10만세운동

① ㉠ - ㉡ - ㉢ - ㉣   ② ㉠ - ㉡ - ㉢ - ㉤
③ ㉠ - ㉡ - ㉣ - ㉤   ④ ㉠ - ㉢ - ㉣ - ㉤

TIP ㉣ 물산장려운동은 지주자본가 계층이 중심이 되어 민족자본의 형성을 목표로 일으킨 경제적 민족운동이다.

4 갑오개혁, 을미개혁을 통해 이루어진 근대적 개혁내용 중 가장 소홀하였던 분야는

① 과거제의 폐지와 새로운 관리임용제의 실시
② 훈련대 창설과 사관양성소를 통한 군사력 강화
③ 행정권과 사법권의 분리를 통한 행정업무의 개선
④ 신분제의 타파와 연좌법의 폐지 등 봉건적 폐습 타파

TIP 갑오 · 을미개혁은 봉건적 전통질서를 타파하려는 제도면에서의 근대적인 개혁이었으나 군사적인 개혁에는 소홀하였다. 한때, 훈련대의 창설 · 확충과 사관 양성소의 설치 등이 시도되었으나 큰 성과는 없었다.

5 다음의 내용과 관련된 조직을 바르게 나열한 것은

동일한 목적, 동일한 성공을 위하여 운동하고 투쟁하는 혁명가들은 반드시 하나의 기치 아래 모이고, 하나의 호령 아래 모여야만 비로소 상당한 효과를 얻을 수 있음은 더 말할 나위가 없다.

① 물산장려회 조직
② 조선어학회와 진단학회 조직
③ 신간회와 조선어학회 조직
④ 신간회와 근우회의 조직

TIP 1920년대에 들어와 사회주의 사상이 유입되면서 민족의 독립운동에 이념적인 갈등이 초래되었다. 이러한 문제를 해결하기 위해 민족주의계와 사회주의계의 통합이 논의되었고, 그 결과 결성된 단체가 신간회와 근우회였다.

Answer 3.② 4.② 5.④

6 다음 중 갑신정변과 동학농민운동의 공통점으로 옳지 않은 것은?

① 평등사회를 추구하였다.
② 외세의 개입이 결정적인 실패원인이었다.
③ 민중들의 광범위한 지지를 받았다.
④ 양반 중심의 지배질서가 동요되는 가운데 전개되었다.

TIP ③ 갑신정변 당시의 민중들은 개화당의 개혁의지를 이해하지 못하였고, 오히려 이들을 적대시하였다.

Answer 6.③

근현대 문화의 흐름

① ·· 근대 문화의 발달

(1) 근대 문명의 수용

① **근대 문물의 도입** : 19세기 후반부터 개화파는 우리의 정신문화는 지키면서 서양의 과학기술을 수용하자는 동도서기(東道西器)론을 개창하였고, 정부는 과학기술을 비롯한 서양의 근대 문물을 도입하여 개화정책을 추진하였다.

② **근대 시설의 수용**

　⊙ **통신시설** : 전신·전화를 가설하였고, 우정국을 운영하여 근대적 우편제도를 실시하였다.

　ⓛ **교통시설** : 전차를 운행하였으며, 경인선과 경부선의 철도가 부설되었다.

　ⓒ 근대 시설은 외세의 이권 침탈이나 침략목적에 이용되기도 하였으나, 한편으로는 국민생활의 편리와 생활 개선에 이바지하였다.

③ **근대 의료시설** : 광혜원을 비롯한 여러 병원들이 설립되어 질병 퇴치와 국민보건 향상에 공헌하였으며, 경성의학교·세브란스병원 등에서는 의료요원을 양성하였다.

④ **건축** : 근대 문물의 수용과 함께 명동성당, 덕수궁 석조전 등 서양식 건물이 세워졌으며, 교회와 학교건축을 중심으로 서양식 건축의 보급이 확산되었다.

(2) 근대 교육과 학문의 보급

① **근대 교육** : 1880년대부터 근대 교육이 시작되었다.

　⊙ **교육기관**

　• **원산학사** : 최초의 근대적 사립학교로서, 외국어·자연과학 등 근대 학문과 무술을 가르쳤다.

　• **육영공원** : 관립학교로서 미국인 교사를 초빙하여 상류층 자제에게 영어·수학·지리학·정치학 등의 근대 학문을 교육하였다.

　• **동문학** : 영어강습기관으로 통역관을 양성시켰다.

　ⓛ **개신교 선교사** : 배재학당, 이화학당 등의 사립학교를 설립하여 근대 학문을 가르치고 민족의식 고취와 민주주의 사상의 보급에 이바지하였다.

　ⓒ **갑오개혁기** : 근대적 교육제도를 마련하여 관립학교와 사립학교가 생겨났다.

　ⓔ **애국계몽운동기** : 사립학교를 중심으로 구국교육운동을 전개하고 민족의식 고취를 위한 교육활동이 성행하고 근대 학문과 사상이 보급되어 갔다.

② **국학운동** : 민족의식과 애국심을 고취하려는 국학운동이 전개되었다.

　⊙ **국사연구** : 신채호·박은식 등은 구국위인들의 전기를 써서 보급시켰다.

　ⓛ **국어연구** : 지석영과 주시경이 국어 연구에 공헌하였다.

(3) 문예와 종교의 새 경향

① **문학의 새 경향**

　⊙ 이인직의 혈의 누, 이해조의 자유종 등의 신소설이 등장하여 계몽문학의 구실을 하였고, 최남선은 신체시인 해에게서 소년에게를 써서 근대시의 형식을 개척하였다.

　ⓛ **외국 문학** : 천로역정, 이솝이야기, 로빈슨표류기 등 외국문학의 소개는 신문학의 발달과 근대 의식의 보급에 기여하였다.

② **예술계의 변화**

　⊙ **음악** : 애국가, 권학가, 독립가와 같은 창가가 유행하였다.

（**기출문제**）

다음 자료에 나타난 사상에 대한 설명으로 옳은 것은?

2020. 7. 11. 인사혁신처

　군신, 부자, 부부, 붕우, 장유의 윤리는 인간의 본성에 부여된 것으로서 천지를 통하는 만고불변의 이치이고, 위에 존재하는 것으로서 도(道)가 됩니다. 이에 대해 배, 수레, 군사, 농사, 기계가 국민에게 편리하고 나라에 이롭게 하는 것은 외형적인 것으로서 기(器)가 됩니다. 신이 변혁을 꾀하고자 하는 것은 기(器)이지 도(道)가 아닙니다.

① 왜양일체론(倭洋一體論)을 주장하였다.
② 근대 문물 수용의 사상적 기반이 되었다.
③ 갑신정변 주도 세력의 견해를 대변하였다.
④ 우등한 사회가 열등한 사회를 지배하는 것이 당연하다고 보았다.

☞ ②

（**기출문제**）

다음 글에서 설명하고 있는 문화유산은?

2020. 6. 13. 제1회 지방직 / 제2회 서울특별시

　이곳은 원래 성종의 형인 월산대군(月山大君)의 집이 있던 곳으로, 선조가 임진왜란 뒤 임시거처로 사용하면서 정릉동 행궁으로 불리었고, 광해군 때는 경운궁이라 하였다. 아관파천 후 고종이 이곳에 머물렀다. 주요 건물로는 중화전, 함녕전, 석조전 등이 있다.

① 경복궁　　　② 경희궁
③ 창덕궁　　　④ 덕수궁

☞ ④

ⓛ 연극 : 원각사라는 서양식 극장이 설립되고 은세계, 치악산 등의 작품이 공연되었으나 민중 사이에서는 전통적인 민속가면극이 성행하였다.

ⓒ 미술 : 서양식 유화가 도입되고 김정희 계통의 문인화가들이 한국 전통회화를 발전시켰다.

③ 종교운동의 변화

㉠ 천주교 : 1880년대부터 자유롭게 선교활동을 벌여 교육·언론·사회사업 등에 공헌하였다.

ⓛ 개신교 : 교육과 의료사업 등에 많은 업적을 남겼다.

ⓒ 동학 : 제3대 교주인 손병희 때 천도교로 개칭하여 새로운 발전을 이룩하였다.

ⓔ 불교 : 한용운이 중심이 되어 불교의 혁신과 자주성 회복을 위한 움직임이 일어났다.

ⓜ 대종교 : 단군신앙을 기반으로 대종교가 창시되어 민족적 입장을 강조하고 항일운동에 적극 참여하였다.

❷ ·· 민족문화수호운동

(1) 일제의 민족말살정책과 한국사 왜곡

① 우민화교육과 동화정책 : 일제는 우민화교육과 동화정책을 통하여 한국인의 황국신민화를 꾀하였고, 민족말살정책을 강행하면서 우리말과 우리 역사교육을 금지하였다.

② 한국사의 왜곡 : 한국사를 왜곡하여 한국인의 민족의식을 약화시키고 나아가 말살시키려 하였다. 이에 한국사의 타율성·정체성 등이 강조되었고, 자율성과 독창성 등은 무시되었다. 일제가 설치한 조선사편수회가 이에 앞장섰다.

(2) 민족문화수호운동의 전개

① 한글보급운동

㉠ 조선어연구회 : 이윤배·최현배 등의 국어학자들은 조선어연구회를 조직하여 국어연구와 한글 보급에 힘썼다. 그들은 한글을 간행하고, 가갸날(한글날)을 제정하였다.

ⓛ 조선어학회 : 한글맞춤법통일안과 표준어를 제정하였으며, 우리말큰사전의 편찬에 착수하였으나 일제의 방해로 성공하지 못하였다.

② 한국사의 연구

㉠ 박은식 : 19세기 이후 민족의 수난을 밝힌 「한국통사」와 우리의 항일투쟁을 다룬 「한국독립운동지혈사」를 저술하였다. 민족정신을 '혼'으로 파악하여 혼이 담겨 있는 민족사를 강조하였다.

ⓛ 신채호 : 「조선상고사」, 「조선사연구초」 등을 저술하여 민족주의 역사학의 기반을 확립하였다. 낭가사상을 강조하였다.

ⓒ 정인보 : 고대사 연구에 치중하였고 '오천년간 조선의 얼'을 신문에 연재하였다. 일제 식민사관에 대항하였고 얼사상을 강조하였다.

ⓔ 문일평 : 민족문화의 근본으로 세종을 대표자로 하는 조선심 또는 조선사상을 강조하였다.

③ 진단학회 : 청구학회를 중심으로 한 일본 어용학자들의 왜곡된 한국학 연구에 반발하여 이윤재, 이병도, 손진태, 조윤제 등이 진단학회를 조직하고 한국학 연구에 힘썼다.

기출문제

20세기 초 종교계의 민족운동에 대한 설명으로 옳지 않은 것은?

2011. 4. 9. 행정안전부

① 한용운은 일본 불교계의 침투에 대항하면서 민족 불교의 자주성을 지키기 위해 노력하였다.

② 손병희는 일진회가 동학 조직을 흡수하려 하자, 천도교를 창설하고 정통성을 지키려 하였다.

③ 박은식은 「유교구신론」을 지어 유교가 민주적이고 평등한 종교로 거듭나야 한다고 주장했다.

④ 김택영은 전국의 유림들과 더불어 대동학회를 결성한 후 유교를 통한 애국계몽운동을 펼쳐나갔다.

☞ ④

보충학습

민족주의 사학
• 우리 역사의 자주적 발전과 우수성 강조 → 정인보 : '얼' 강조
• 정인보, 안재홍 등이 정약용 연구를 중심으로 한 '조선학 운동'을 전개

실증주의 사학
• 객관적 사실에 근거하는 문헌 고증과 학술 활동(랑케 사학)
• 이병도, 손진태 등 진단 학회 창립(1934)
• 진단학회 결성, 진단 학보 발간(↔ 청구학회)

사회경제 사학
• 유물 사관을 바탕으로 세계사의 보편성 위에 한국사를 체계화함
• 식민사관의 정체성론 비판,
• 백남운 : 유물사관(역사는 발전하는 법칙이 있고 보편적인 것), 〈조선사회경제사〉

기출문제

다음과 같은 활동을 펼친 인물에 대한 설명으로 옳은 것은?

2020. 6. 13. 제1회 지방직 / 제2회 서울특별시

• 대한매일신보에 애국적인 논설을 썼다.
• 유교 개혁의 뜻을 담은 「유교구신론」을 집필하였다.

① 적극적인 의열 활동을 위해 한인애국단을 만들었다.

② 일본의 침략상을 폭로하는 「한국통사」를 저술하였다.

③ 실증사학의 입장에서 연구하는 진단학회를 조직하였다.

④ 김원봉의 요청을 받아들여 〈조선혁명선언〉을 작성하였다.

☞ ②

(3) 민족교육진흥운동

① **조선교육회**: 한규설과 이상재는 고등교육기관을 설립하여 우수한 인재를 양성하고 자 총독부에 대학 설립을 요구하였으나 총독부가 이를 무시하였다. 그러자 조선교 육회는 민립대학설립운동을 전개하여 모금운동을 벌였으나 일제의 방해로 실패로 돌아갔다. 그 대신 일제는 경성제국대학을 설립하여, 조선인의 불만을 무마하려고 하였다.

② **문맹 퇴치와 농촌계몽운동**: 언론계와 청년 학생이 힘을 합쳐 문맹퇴치와 농촌계 몽을 통하여 민족의 자강을 이룩하고자 노력하였다.

(4) 일제강점기의 종교활동

① **천도교**: 제2의 3·1운동을 계획하여 자주독립선언문을 발표하였다. 개벽, 어린 이, 학생 등의 잡지를 간행하여 민중의 자각과 근대문물의 보급에 기여하였다.

② **개신교**: 민중 계몽과 각종 문화사업을 활발히 전개하였다. 신사참배를 거부하여 탄압을 받기도 하였다.

③ **천주교**: 사회사업과 민중 계몽에 이바지하였고, 만주에서 항일운동에 나서기도 하였다.

④ **대종교**: 무장항일단체인 중광단을 조직하였고, 3·1운동 직후에는 북로군정서로 개편하여 청산리대첩에 참여하였다.

⑤ **불교**: 한용운을 비롯한 승려들이 한국 불교를 일본 불교에 예속시키려는 일제 의 불교통합정책에 저항하였다. 교육기관을 설립하여 민족교육운동에 이바지하 였다.

⑥ **원불교**: 개간사업과 저축운동을 통해 민족의 역량을 배양하였고 생활 개선 및 새생활운동에도 앞장섰다.

(5) 일제 강점기의 문예활동

① **문학활동**

　㉠ 근대 문학
　　• 이광수, 최남선: 근대 문학의 개척에 공헌하였다.
　　• 한용운, 김소월, 염상섭: 민족정서와 민족의식을 담은 작품을 통해서 근대 문학 발전에 이 바지하였다.
　㉡ 1920년대: 신경향파 문학이 대두하여 문학의 사회적 기능이 강조되었다.
　㉢ 1930년대: 순수문학 잡지가 간행되었고, 정지용·김영랑은 시문학 동인으로 활약 하면서 순수문학과 서정시의 발전에 이바지하였다.
　㉣ 일제말기: 이육사, 윤동주 등은 항일의식과 민족정서를 담은 작품을 창작하였다. 그러나 이광수, 최남선 등의 일부 문인들은 일제의 침략전쟁을 찬양하는 활동에 참여하기도 하였다.

② **예술**

　㉠ 음악: 안익태, 윤극영 등이 많은 활동을 하였다.
　㉡ 미술: 안중식은 한국화, 이중섭은 서양화를 발전시켰다.
　㉢ 연극: 토월회, 극예술연구회 등의 활동으로 근대 연극이 발전하였다.
　㉣ 영화: 나운규가 아리랑을 발표하여 한국 영화 발전에 기여하였다.

기출문제

다음 주장을 한 인물에 대한 설명으로 옳은 것은?

2017. 4. 8. 인사혁신처

　계급투쟁은 민족의 내부 분열을 초래할 것이 며, 민족의 내쟁은 필연적으로 민족의 약화에 따르는 다른 민족으로부터의 수모를 초래할 것 이다. 계급투쟁의 길은 우리가 반드시 취해야 할 필요는 없고, 민족 균등이 실현되는 날 그 것은 자연 해소되는 문제다. …(중략)… 이 세 계적 기운과 민족적 요청에서 민족사관은 출발 하는 것이며, 민족사는 그 향로와 방법을 명백 하게 과학적으로 지시하여야 할 것이다.
　　　　　　　　－「조선민족사 개론」－

① 「조선상고사」와 「조선사연구초」를 저술하였다.
② 대동사상을 수용한 유교 구신론을 주장하였다.
③ 「진단학보」를 발간한 진단학회의 발기인으 로 활동하였다.
④ 「5천년간 조선의 얼」이라는 글을 동아일보 에 연재하였다.

☞ ③

❸ ·· 현대 문화의 동향

(1) 현대의 교육

① **광복 이후** : 미국식 교육이 도입되었고, 6·3·3·4제의 학제를 근간으로 하는 교육제도가 마련되었으며, 홍익인간의 교육이념이 채택되었다.

② **이승만 정부** : 초·중등학교와 대학의 증설로 교육이 양적으로 확대되었으나 6·25전쟁으로 인하여 교육환경은 매우 열악해졌다. 이 기간 동안 교육은 멸공통일의 신념을 길러 안보의식을 고취시키는 데 중점을 두었다.

③ **4·19혁명 이후** : 교육의 정치적 중립을 확보하려는 움직임과 함께 학원 민주화 운동이 일어났으나 5·16군사정변으로 좌절되었다.

④ **박정희 정부** : 반공교육이 강화되고, 기능양성교육에 치중하였다. 이런 상황에서 교육자치제는 명목상으로만 존재하였고, 교육의 중앙집권화와 관료적 통제가 강화되었다. 1968년에 발표한 국민교육헌장은 이 시기 교육의 방향을 제시한 것이었다.

⑤ **1980년대** : 국민정신교육을 강조하고 통일안보교육, 경제교육, 새마을교육을 실시하였으며, 특히 입시과외의 폐해를 줄이기 위한 조치를 취하였다.

⑥ **1990년대** : 급속한 정보화와 기술의 향상에 따라 변화·발전하는 경제와 사회구조에 능동적으로 대처하기 위하여 창의력 신장과 시민의식을 육성하기 위한 교육개혁을 추진하였다.

(2) 현대의 사상과 종교

① **사상**

　㉠ 광복 이후 : 민족주의와 민주주의 및 반공 등 여러 이념이 혼재한 시기로, 민족주의가 정치 사회적으로 남용되어 민주주의는 시련을 겪기도 하였으며, 남북 분단 상황에서 반공이념이 강조되었다.

　㉡ 1960~1970년대 : 민족주의와 민주주의가 정착되어 민주화에 진전을 보였다.

　㉢ 1980년대 : 5·18민주화운동과 6월민주항쟁으로 민족주의와 민주주의가 뿌리를 내리게 되었다.

　㉣ 1980년대 말 이후 : 냉전체제가 해체되고, 남북관계에도 진전을 가져오게 되었다.

② **종교**

　㉠ 개신교 : 여러 교단으로 나뉘어졌던 교단의 통일과 사회 참여를 모색하면서 교세를 크게 확장하였다.

　㉡ 천주교 : 세계적 연계성과 통일된 교구조직을 통하여 획기적인 발전을 이루었다.

　㉢ 불교 : 혁신운동을 통하여 승려의 자질 향상, 교육의 쇄신, 포교의 다양화 등을 추진하여 농촌지역뿐만 아니라 도시에서도 지속적인 발전을 이룩하였다.

　㉣ 천도교, 대종교, 원불교 : 민족종교도 그 나름의 기반 확립과 교세 확장에 노력하였다.

　㉤ 1970년대 이후 종교계는 민주화운동에 크게 기여하였다.

(3) 현대의 문화활동과 과학기술의 발전

① **문화활동**

　⊙ **광복 직후** : 문화예술단체들은 좌익과 우익에 따라 성격이 나뉘어 분열하였다.

　⊙ **1950년대** : 6·25전쟁 이후에는 민족주의적 자유주의 문인 중심의 순수문학이 주류를 이루었다.

　⊙ **1960년대** : 중등교육이 확대되고 경제여건이 향상됨에 따라 문화의 대중화현상이 나타났다. 문화의 대중화는 텔레비전 등 대중전파매체가 널리 보급되면서 가속화되었고, 산업화와 도시화가 진전됨에 따라 더욱 확산되었다.

　⊙ **1970년대** : 민족문학론이 대두되어 현실의 비판과 민주화운동의 실천, 그리고 민족의 통일문제를 다루는 데까지 나아갔으며, 민중문학운동이 전개되기도 하였다.

　⊙ **1980년대 이후** : 경제 발전에 힘입어 문화 향유층이 급격하게 확대되었고, 영화나 가요 등 다양한 성격의 대중문화가 발전하게 되었다.

　⊙ **최근** : 이전 문화의 틀에서 벗어나 더 분방한 경향을 추구하는 포스트모더니즘이 나타나기도 하였다.

② **과학기술** : 1960년대부터 과학기술이 발달하기 시작하였다. 과학 선진국에 유학을 갔던 인재들이 한국과학기술연구소(KIST)로 돌아오면서 현대 과학기술이 발전할 수 있는 기반이 마련되었다.

③ **전통문화** : 점점 대중화와 서양화에 밀려 자리를 잃어가고 있으며, 감각적이고 상업적인 대중문화가 성행하게 되었다. 이는 민족문화를 발전시키고 세계적인 문화를 창출하는 과제를 낳았다.

1 밑줄 친 '그'에 대한 설명으로 옳은 것은?

2021. 9. 11. 제1회 서울특별시

> 그는 실천적 유교 정신을 강조하는 '유교 구신론'을 통해 유교의 개혁을 주장했으며, 나라가 없어졌다고 하더라도 정신은 살아남아야 한다는 주장을 내세웠다. 독립운동가로도 잘 알려진 그는 독립운동의 역사를 정리한 「한국독립 운동지혈사」를 쓰기도 했다.

① 「한국통사」를 저술하였다.
② 한글 맞춤법 통일안을 발표하였다.
③ 실증사학을 지향하는 진단학회를 조직하였다.
④ 유물사관에 바탕을 둔 「조선사회경제사」를 펴냈다.

> **TIP** 제시문의 인물은 박은식이다. 그는 민족주의 사학자로서 근대 시기에 〈유교구신론〉을 통해 성리학 중심의 유교를 개혁하고 양명학 중심의 실천 유학을 실행할 것을 주장하였다. 한편 이승만에 이어 대한민국 임시정부의 2대 대통령을 역임하는 등 독립 운동에 적극 참여하면서 동시에 민족 정신(혼)을 강조하며 〈한국통사〉, 〈한국독립운동지혈사〉 등을 저술하면서 민족의식을 고취시키고자 하였다.
> ② 조선어학회(주시경, 김정진 등)
> ③ 이병도, 손진태
> ④ 백남운

2 다음 글을 저술한 인물에 대한 설명으로 옳은 것은?

2020. 6. 20. 소방공무원

> 대개 국교·국학·국어·국문·국사는 혼(魂)에 속하는 것이요, 전곡·군대·성지·함선·기계 등은 백(魄)에 속하는 것으로 혼의 됨됨은 백에 따라서 죽고 사는 것이 아니다. 그러므로 국교와 국사가 망하지 않으면 그 나라도 망하지 않는 것이다. 오호라! 한국의 백은 이미 죽었으나 소위 혼은 남아 있는 것인가?

① 유교구신론을 발표하여 유교 개혁을 주장하였다.
② 조선심을 강조하며 역사 대중화를 위해 노력하였다.
③ 의열단의 기본 정신이 나타난 조선혁명선언을 저술하였다.
④ 민족 문화의 고유성과 세계성을 찾으려는 조선학 운동에 참여하였다.

> **TIP** 민족의 혼(정신)을 강조한 대표적 민족주의 역사학자 박은식이다. 박은식은 성리학 중심의 보수적 유교 질서 체제를 비판하고 실천적 유학 정신을 강조하면서 '유교구신론'(1909)을 저술하였다. 이후 일제강점기에도 민족 정신을 강조하면서 '한국통사', '한국독립운동지혈사'를 저술하였다.
> ② 문일평
> ③ 신채호
> ④ 정인보

Answer 1.① 2.①

3 〈보기〉의 글을 쓴 인물의 주장과 같은 입장에 대한 설명으로 가장 옳은 것은?

2020. 6. 13. 제2회 서울특별시

─────〈보기〉─────

　　우리 조선의 역사적 발전의 전 과정은 가령, 지리적 조건, 인종학적 골상, 문화 형태의 외형적 특징 등에서 다소의 차이는 인정되더라도, 외관적인 소위 특수성은 다른 문화 민족의 역사적 발전 법칙과 구별되어야 하는 독자적인 것은 아니며, 세계사적 · 일원론적인 역사 법칙에 의해 다른 여러 민족과 거의 같은 궤도로 발전 과정을 거쳐온 것이다.

① 민족 정신을 강조하여 우리의 고유한 특색과 전통을 찾았다.
② 신채호와 박은식의 사학을 계승하였다.
③ 역사학의 주관적 해석을 배제하고 문헌 고증을 중시하였다.
④ 한국사의 발전과정을 사회 경제 사학의 관점에서 서술하였다.

TIP 유물론에 입각하여 사회경제사학을 연구한 백남운의 주장이다. 그는 일제 식민사관의 정체성론을 비판하면서 우리 역사도 중세 봉건 사회 이행을 통한 세계사적 보편주의 발전 법칙에 의해 설명할 수 있음을 주장하였다. 저서로는 「조선봉건사회경제사」, 「조선사회경제사」 등이 있다.
　　①② 민족 정신을 강조한 민족주의 역사학자는 박은식, 신채호, 정인보 등이 있다. 박은식은 근대사를 연구하며 민족 혼을 강조하였고, 신채호는 고대사를 연구하며 민족 정신, 낭가 사상을 강조하였다. 정인보는 민족 얼을 강조하였다.
　　③ 문헌고증 사학을 강조한 인물은 이병도, 조윤제, 손진태 등으로 이들은 랑케의 실증주의 사학을 중시하고 진단학회를 설립하였다.

4 다음 글의 저자에 대한 설명으로 옳은 것은?

2019. 4. 6. 인사혁신처

　　무릇 동양의 수천 년 교화계(敎化界)에서 바르고 순수하며 광대 정밀하여 많은 성현들이 전해주고 밝혀 준 유교가 끝내 인도의 불교와 서양의 기독교와 같이 세계에 큰 발전을 하지 못함은 어째서이며 … (중략) … 유교계에 3대 문제가 있는지라. 그 3대 문제에 대하여 개량하고 구신(求新)을 하지 않으면 우리 유교는 흥왕할 수가 없을 것이다.

① '조선얼'을 강조하며 '조선학 운동'을 펼쳤다.
② '나라는 형(形)이고 역사는 신(神)'이라고 주장하였다.
③ 주석 · 부주석 체제하의 대한민국 임시정부에서 주석을 역임하였다.
④ 「독사신론」에서 민족을 역사서술의 주체로 설정하고 사대주의를 비판하였다.

TIP 제시된 자료는 박은식이 저술한 「유교구신론」 중 일부이다.
　　박은식은 「유교구신론」을 통해 유학 사상이 시대적 흐름에 역행한다는 것을 비판하며 보다 실천적인 유학 사상으로 재정립되어야 함을 강조했다. 그는 일제강점기 대표적인 민족주의 역사학자로서 민족 혼(정신)을 강조하면서 「한국통사」, 「한국독립운동지혈사」를 저술하기도 하였다.
　　① 정인보　③ 김구　④ 신채호

Answer 3.④　4.②

5 〈보기〉는 일제강점기 당시 흥행에 성공하였던 영화의 줄거리이다. 이 영화가 상영되던 시기의 문화예술계에 대한 설명으로 가장 옳은 것은?

2018. 3. 24. 제1회 서울특별시

> ───── 〈보기〉 ─────
>
> 영진은 전문학교를 다닐 때 독립만세를 부르다가 왜경에게 고문을 당해 정신이상이 된 청년이었다. 한편 마을의 악덕 지주 천가의 머슴이며, 왜경의 앞잡이인 오기호는 빚 독촉을 하며 영진의 아버지를 괴롭혔다. 더욱이 딸 영희를 아내로 준다면 빚을 대신 갚아줄 수 있다고 회유하기까지 하였다. (중략) 오기호는 마을 축제의 어수선한 틈을 타 영희를 겁탈하려 하고 이를 지켜보던 영진은 갑자기 환상에 빠져 낫을 휘둘러 오기호를 죽인다. 영진은 살인혐의로 일본 순경에게 끌려가고, 주제곡이 흐른다.

① 역사학 : 민족주의 역사가들 사이에서 이른바 '조선학' 운동이 시작되었다.
② 문학 : 민중생활에 관심을 기울인 신경향파 문학이 대두하여 식민통치에 대한 저항문학으로 발전했다.
③ 음악 : 일본 주류 대중음악의 영향을 받은 트로트 양식이 정립되었다.
④ 영화 : 일제는 조선영화령을 공포하여 영화를 전시체제의 옹호와 선전의 수단으로 사용하였다.

TIP 〈보기〉는 1926년에 상영되었던 나운규의 '아리랑'이다.
    ① '조선학' 운동이 시작된 것은 1934년이다.
    ③ 1930년대의 일이다.
    ④ 「조선영화령」이 공포된 것은 1940년이다.

6 근대 교육기관에 대한 설명으로 가장 옳지 않은 것은?

2018. 6. 23. 제2회 서울특별시

① 배재학당 : 선교사 아펜젤러가 서울에 설립한 사립학교이다.
② 동문학 : 정부가 설립한 외국어 교육 기관으로 통역관을 양성하였다.
③ 경신학교 : 고종의 교육 입국 조서에 따라 설립된 관립 학교이다.
④ 원산학사 : 함경도 덕원 주민들이 기금을 조성하여 설립한 학교이다.

TIP 경신학교는 1886년에 미국 초대 선교사 언더우드가 서울에 설립한 중등과정의 사립학교이다. 고종의 교육 입국 조서(1895)에 따라 세워진 학교로는 한성중학교, 의학교, 상공학교, 광무학교 등이 있다.

7 다음 각 문화재에 대한 설명으로 옳지 않은 것은?

2018. 5. 19. 제1회 지방직

① 화엄사 각황전은 다층식 외형을 지녔다.
② 수덕사 대웅전은 주심포 양식의 건물이다.
③ 부석사 무량수전은 배흘림 기둥을 갖고 있다.
④ 덕수궁 석조전은 서양 고딕 양식의 건물이다.

TIP ④ 덕수궁 석조전의 기둥 윗부분은 이오니아식, 실내는 로코코 풍이다.

Answer 5.② 6.③ 7.④

8 다음 글을 게재한 신문에 대한 설명으로 옳은 것은?

2016. 3. 19. 사회복지직

> 천하의 일이 측량하기 어렵도다. 천만 뜻밖에도 5조약을 어떤 이유로 제출하였는고. 이 조약은 비단 우리나라만 아니라 동양 3국이 분열하는 조짐을 나타내는 것인즉 이토 히로부미의 본래 뜻이 어디에 있느냐? …(중략)… 오호라 찢어질 듯한 마음이여! 우리 2,000만 동포들이여! 살았느냐? 죽었느냐? 단군 기자이래 4,000년 국민정신이 하룻밤 사이에 졸연히 망하고 멈추지 않았는가? 아프고 아프도다. 동포여 동포여!

① 오세창 등 천도교 측에서 발행하여 일진회 등의 매국행위를 비판하였다.
② 언론 검열을 피하기 위해 영국인 베델을 발행인으로 초빙하였다.
③ 남궁억이 창간한 국한문혼용체의 신문으로 민족의식을 고취하였다.
④ 윤치호가 주필이 된 후 관민공동회를 주도하는 역할을 수행하였다.

TIP 주어진 글은 황성신문에 실린 장지연의 「시일야방성대곡」이다. 황성신문은 국민지식의 계발과 외세침입에 대한 항쟁의 기치 아래 1898년 남궁억에 의해 창간되었다. 문자는 국한문혼용체로 순한글로 제작되는 신문들의 전통을 깨 한학 식자층 독자들의 환영을 받았다.
① 만세보
② 대한매일신보
④ 독립신문

9 다음 ㉠의 인물에 대한 설명으로 옳은 것은?

2015. 6. 13. 서울특별시

> ㉠은 조선시대에 민중을 위해서 노력한 정치가들과 혁명가들을 드러내고, 세종과 실학자들의 민족지향, 민중지향, 실용 지향을 높이 평가하는 사론을 발표하여 일반 국민의 역사의식을 계발하는 데 기여하였다. 또한 국제 관계에서 실리적 감각이 필요함을 절감하고, 이러한 시각에서 「대미관계 50년사」라는 저서를 내기도 하였다.

① 1930년대에 조선학운동을 주도하였다.
② 진단학회를 창립하여 한국사의 실증적 연구에 힘썼다.
③ 한국사가 세계사의 보편적 법칙에 입각하여 발전하였음을 강조하였다.
④ 우리의 민족 정신을 '혼'으로 파악하고, '혼'이 담겨 있는 민족사의 중요성을 강조하였다.

TIP ㉠의 인물은 민족주의사학자인 문일평이다. 문일평은 민족문화의 근본으로 세종을 대표자로 하는 조선심 또는 조선사상을 강조하였다. 조선학운동은 정인보, 문일평, 안재홍 등이 「여유당전서」의 간행을 계기로 과거 민족주의 역사학이 국수적·낭만적이었음을 비판하고 실학에서 자주적인 근대사상과 우리 학문의 주체성을 찾으려고 한 운동이다.
② 이윤재, 이병도, 손진태, 조윤제 등이 진단학회를 조직하고 한국학 연구에 힘썼다.
③ 백남운은 유물사관에 바탕을 두고 한국사가 세계사의 보편법칙에 따라 발전하였음을 강조하였다.
④ 박은식은 민족정신을 '혼'으로 파악하여 혼이 담겨 있는 민족사를 강조하였다.

Answer 8.③ 9.①

364 PART Ⅶ. 근현대사의 흐름

1 다음 글을 저술한 인물에 대한 설명으로 옳은 것은?

> 대개 국교·국학·국어·국문·국사는 혼(魂)에 속하는 것이요, 전곡·군대·성지·함선·기계 등은 백(魄)에 속하는 것으로 혼의 됨됨은 백에 따라서 죽고 사는 것이 아니다. 그러므로 국교와 국사가 망하지 않으면 그 나라도 망하지 않는 것이다. 오호라! 한국의 백은 이미 죽었으나 소위 혼은 남아 있는 것인가?

① 유교구신론을 발표하여 유교 개혁을 주장하였다.
② 조선심을 강조하며 역사 대중화를 위해 노력하였다.
③ 의열단의 기본 정신이 나타난 조선혁명선언을 저술하였다.
④ 민족문화의 고유성과 세계성을 찾으려는 조선학 운동에 참여하였다.

TIP 민족의 혼(정신)을 강조한 대표적 민족주의 역사학자 박은식은 성리학적 유교질서 체제를 비판하고 실천적 유학정신을 강조하면서 '유교구신론'(1909)을 저술하였다. 이후 일제강점기에도 민족정신을 강조하면서 '한국통사', '한국독립운동지혈사'를 저술하였다.
② 문일평
③ 신채호
④ 정인보

2 개항 이후 서양 과학기술의 우월성이 인정됨에 따라, 우리의 정신문화는 지키되 서양의 과학기술은 받아들이자는 주장을 무엇이라고 하는가?

① 위정척사론
② 북학론
③ 척화주전론
④ 동도서기론

TIP 개항 초기의 개화파는 동도서기론을 제창하였다.

3 다음의 근대적 시설들을 통해 공통적으로 파악되는 사실은?

· 전신	· 철도
· 전화	· 전차

① 부국강병에 기여
② 민족교육에 기여
③ 대외진출에 공헌
④ 외세의 침탈도구로 이용

TIP 근대적 시설은 민중들의 사회·경제적 생활개선에 도움을 주었으나, 외세의 이권과 침략의 목적으로 이용되기도 하였다.

Answer 1.① 2.④ 3.④

4 한말 국학연구에 대한 설명 중 옳지 않은 것은?

① 박은식은 「독사신론」에서 구국항쟁사를 다루었다.
② 최남선은 광문회를 조직하여 민족의 고전을 정리하였다.
③ 정인보는 「조선사연구」에서 민족의 주체성을 강조하였다.
④ 유길준의 「서유견문」은 새로운 국한문체를 발전시키는 데 공헌하였다.

> **TIP** ① 박은식은 「한국통사」, 「한국독립운동지혈사」를 저술하였고, 「독사신론」은 「조선상고사」, 「조선사연구초」, 「을지문덕전」, 「이태리 건국 3걸전」, 「최도통전」 등과 함께 신채호가 저술했다.

5 다음은 어떤 단체의 설립목적을 제시한 것이다. 이 단체와 관련이 있는 사실은?

> ㉠ 교육기관을 설치하고 청소년의 교육을 진흥할 것
> ㉡ 동지를 발견하고 단합하여 국민운동의 역량을 축적할 것
> ㉢ 각종 상공업 기관을 만들어 단체의 재정과 국민의 부력을 증진할 것

① 삼원보와 같은 해외 독립운동 기지를 건설하였다.
② 원산학사를 세워 근대 학문을 가르쳤다.
③ 물산장려운동을 전개하였다.
④ 비밀행정조직인 연통제를 조직하였다.

> **TIP** 신민회는 안창호·양기탁 등이 조직한 비밀결사단체로 민족교육의 추진(대성학교, 오산학교), 민족산업의 육성(자기회사), 민족문화의 계발, 독립운동기지 건설(서간도의 삼원보) 등 각 방면에서 진흥운동을 전개한 단체였다.

6 다음은 어떤 단체의 활동에 대한 판결문이다. 어느 단체를 말하는 것인가?

> 이 단체는 1919년 만세소요사건(3·1운동)의 실패에 비추어 조선의 독립을 장래에 기하기 위하여 문화운동에 의한 민족정신의 환기와 실력양성을 급무로 삼아서 대두된 실력양성운동이 출발점이었고, 그 뒤 1931년 이후에는 피고인 이극로를 중심으로 하는 어문운동을 벌여 조선의 독립을 목적한 실력양성단체를 조직하였다.

① 신간회
② 조선청년 총동맹
③ 조선어학회
④ 조선물산장려회

> **TIP** 조선어학회는 조선어연구회를 개편하여 조직한 한글연구단체로서 한글을 보급하여 민족문화의 향상, 민족의식의 고취에 노력하였다.

Answer 4.① 5.① 6.③

7 다음과 같은 성격을 지니고 있었던 한말의 종교는?

> 나철·오기호가 창시하였으며 보수적 성격을 지니고 있었으나, 민족적 입장을 강조하는 종교활동을 벌였고, 특히 간도·연해주 등지에서 항일운동과 밀접한 관련을 가지면서 성장하였다.

① 천주교
② 대종교
③ 동학
④ 불교

> **TIP** 단군신앙을 바탕으로 한 대종교는 독립운동을 펼치기도 하였는데, 중광단이나 청산리대첩에서 승리한 북로군정서는 이와 관련이 깊다.

8 다음 중 우리민족이 세운 단체로 옳지 않은 것은?

① 토월회
② 극예술연구회
③ 조선어학회
④ 조선사편수회

> **TIP** 조선사편수회는 일제가 식민사학을 연구하고 우리의 역사를 왜곡하기 위해 만든 단체이다.

9 지문을 읽고 백남운이 반박한 일제 식민사학은 무엇인가?

> 1930년대 백남운 등은 유물사관을 토대로 역사를 연구하였는데, 이들은 한국사가 세계사의 보편적 발전법칙에 입각하여 발전하였음을 강조하였다.

① 일선동조론
② 정체성론
③ 타율성론
④ 당파성론

> **TIP** 제시된 내용은 사회·경제사학에 관한 설명으로 백남운 등은 한국사를 세계사적 보편성에 맞추어 체계화하면서 일제의 식민사학 중 정체성 이론에 반박하였다.
> ※ 일제의 식민사학
> ㉠ **일선동조론**: 일본과 조선의 고대사 연구를 통해 일본과 조선이 한 민족이었으며, 그로 인해 일본이 조선을 지배하는 것은 당연한 것이라는 주장
> ㉡ **정체성론**: 조선의 역사는 오랫동안 발전하지 못하고 정체되었다는 주장
> ㉢ **타율성론**: 조선의 역사는 주체적으로 발전하지 못하고 주변국에 종속되어 전개되었다는 주장
> ㉣ **당파성론**: 조선의 민족성은 분열성이 강하여 내분되어 싸웠다는 주장

⌀Answer 7.② 8.④ 9.②

10 다음 내용을 뒷받침하기에 적절한 역사적 사실로 옳지 않은 것은?

> 일제는 식민지 지배체제의 영속화를 위해 우민화 교육을 통한 한국인의 황국신민화를 꾀하는 한편, 우리말과 우리 역사교육을 금지시키고 우리 민족사를 왜곡하기까지 했다. 이에 맞서 애국지사들은 민족문화수호운동과 민족교육운동을 전개하였다.

① 민립대학설립운동
② 조선어학회의 결성
③ 조선어연구회의 결성
④ 청구학회의 한국학 연구활동

TIP ④ 청구학회는 일본 어용 학자들의 단체로서, 극동문화 연구를 위해 조직되었다.

11 다음은 19세기 우리나라의 어떤 사상에 대한 내용이다. 이 사상에 대한 설명으로 옳은 것은?

> ㉠ 전통적인 민족신앙   ㉡ 후천개벽의 운수사상
> ㉢ 사람이 곧 하늘이다   ㉣ 여러 종교의 교리 통합

① 보국 안민을 내세워 서양과 일본의 침투를 배격하였다.
② 우리나라에 자생적 자본주의의 이념적 기초를 제공하였다.
③ 당시의 지배계층이 중심이 된 현실개혁의 사회운동이었다.
④ '올바른 것을 지키고 사악한 것을 배척한다(위정척사)'는 명분을 내세웠다.

TIP 동학의 사회사상 … 사회사상으로서의 동학은 '사람이 곧 하늘'이라는 인내천사상을 바탕으로 평등주의와 인도주의를 지향하고 하늘의 운수사상을 바탕으로 하였다. 동학은 운수가 끝난 조선 왕조를 부정하는 혁명사상을 내포하였으며, 대외적으로는 보국 안민을 내세워 서양과 일본의 침투를 배격하였다.

12 일제하에 다음과 같은 민족운동을 전개하게 된 배경이 아닌 것은?

> • 조선교육회의 민립대학설립운동
> • 조선일보의 문자보급운동
> • 동아일보의 브나로드운동
> • 발명협회의 과학대중화운동

① 일제는 각급 학교에서의 국어교육과 국사교육을 폐지하였다.
② 일제는 사립학교, 서당, 야학 등 민족교육기관을 억압하였다.
③ 일제는 식민지 통치에 유용한 하급기술인력의 양성에 힘썼다.
④ 일제는 정규학교에서의 한국인을 위한 민족교육을 금지시켰다.

TIP 제시된 글은 문화통치시기(1919 ~ 1931)의 사건들인데, ①은 민족말살통치시기(1937 ~ 1945)에 일어난 일이므로 배경이 될 수 없다.

Answer 10.④ 11.① 12.①

13 근대 사회로 이행되면서 문학계의 새로운 변화로 나타난 신소설에 대한 설명 중 옳지 않은 것은?

① 언문일치의 문장을 사용하였다.
② 주제는 구소설의 틀에서 완전히 벗어났다.
③ 혈의 누, 자유종 등이 대표적인 작품들이다.
④ 자주독립의식의 고취로 계몽문학의 구실을 하였다.

> **TIP** ② 신소설의 주제들은 개화, 자주 독립, 남녀평등, 양반과 상민 평등 등이며 권선징악적 성격을 가졌고 완전한 언문일치가 아니었다. 이렇게 신소설은 아직 구소설의 틀에서 크게 벗어나지는 못하였다.

14 광복 이후의 교육활동과 관련하여 잘못 설명한 것은?

① 5 · 16군사정변 후 조국 근대화에 목표를 두어 인간개조운동을 추진하였다.
② 유신체제하에서 교육자치제가 부활하면서 중학교 무시험 진학제가 실시되었다.
③ 4 · 19혁명을 계기로 교육의 민주화를 위해 사도의 확립, 학원정상화에 힘을 기울였다.
④ 6 · 25전쟁 중 교육은 멸공통일의 신념과 집단안보의식의 고취에 중점을 두었다.

> **TIP** ② 제3공화국의 교육활동이다.

15 다음의 정책들이 나오게 된 공통적인 이유는 무엇인가?

> • 1968년 국민교육헌장의 선포
> • 1973년 중 · 고등학교 국사교과서의 국정화
> • 1973년 반공교육과 국민윤리교육의 강화

① 정권의 장기집권을 위한 이데올로기의 창출
② 평화적 통일을 위한 민족공동체 의식의 고양
③ 농어촌의 생활개선과 근대적 의식으로의 개혁 추구
④ 급격한 국제화로 야기된 민족주의 의식의 약화 방지

> **TIP** ① 제3공화국에서 정권의 연장을 위해 나타난 유신정권하에서 이러한 이념교육이 극단적으로 강화되었다.

16 1940년대 일제의 식민지정책으로 옳지 않은 것은?

① 황국신민화정책을 강행하였다.
② 전쟁물자를 조달하기 위해 식량과 각종 물자를 수탈하였다.
③ 경성제국대학을 설립하여 조선인의 고등교육진학을 장려하였다.
④ 식민통치를 합리화하기 위하여 우리 역사의 타율성론을 제기하였다.

> **TIP** ③ 일제는 우리 민족의 민립대학설립운동을 탄압한 대신 경성제국대학을 설립하여 한국인의 불만을 무마하려 하였다 (1924).

Answer 13.② 14.② 15.① 16.③

17 다음 내용과 관련된 종교단체는?

> 국권 피탈 이후 경제, 사회, 문화 각 방면에 걸쳐 민족운동을 보다 적극적으로 전개함으로써 일제로부터 극심한 탄압을 받았다. 일제 말기에는 신사참배운동을 거부함으로써 그 지도자들의 일부가 체포 · 투옥 당하기도 하였다.

① 천주교　　　　　　　　　　　　② 개신교
③ 대종교　　　　　　　　　　　　④ 원불교

> **TIP** ① 천주교는 의민단을 무력투쟁을 전개하였다.
> ③ 대붕원불교는 해외에서 항일무장투쟁을 전개하였다.
> ④ 원불교는 저축운동과 개간운동을 전개하였다.

18 다음 중 설명 중 옳지 않은 것은?

① 황성신문은 장지연의 '시일야 방성대곡'을 게재하였다.
② 독립신문은 영문과 한글로 간행되었다.
③ 카톨릭은 순 한글 주간지 제국신문을 간행하였다.
④ 베델과 양기탁은 대한매일신보를 발행하였으며 국채보상운동도 지원하였다.

> **TIP** ③ 카톨릭이 간행한 순 한글 주간지는 1906년에 간행된 '경향신문'이다.

19 다음과 같은 역사관을 가진 인물에 대한 설명은?

> 옛 사람이 이르기를 나라는 없어질 수 있으나 역사는 없어질 수 없다고 하였으니, 그것은 나라는 형체이고 역사는 정신이기 때문이다. 이제 한국의 형체는 허물어졌으나, 정신만이라도 오로지 남을 수 없는 것인가.

① 고대사 연구로 「조선상고사」를 저술하였다.
② 독립선언서를 기초하였다.
③ 역사를 아(我)와 비아(非我)의 투쟁으로 파악하여 의열단을 조직하였다.
④ 「한국독립운동지혈사」를 저술하였고 임시정부에서도 활동하였다.

> **TIP** 제시된 내용은 박은식의 「한국통사」의 일부로 박은식의 역사의식을 알 수 있다. 박은식은 중국 상하이에서 「한국통사」를 저술하여 근대 이후 일본의 한국침략 과정을 밝혔으며, 「한국독립운동지혈사」에서는 일제의 침략에 대항하여 투쟁한 한민족의 독립운동을 서술하였다. 그는 민족정신을 '혼'으로 파악하여 혼이 담겨 있는 민족사의 중요성을 강조하였다.

Answer 17.② 18.③ 19.④

20 다음 단체에 대한 설명으로 옳지 않은 것은?

(가) 조선어 연구회	(나) 조선어 학회

① (가) – 이윤배 · 최현배 등의 국어학자들이 조직하였다.
② (가)「한글」을 간행하였다.
③ (나) – 한글맞춤법통일안과 표준어를 제정하였다.
④ (나)「우리말큰사전」을 편찬하여 보급하였다.

TIP ④ 조선어 학회는 「우리말큰사전」의 편찬에 착수하였으나 일제의 방해로 성공하지 못하였다.

Answer 20.④

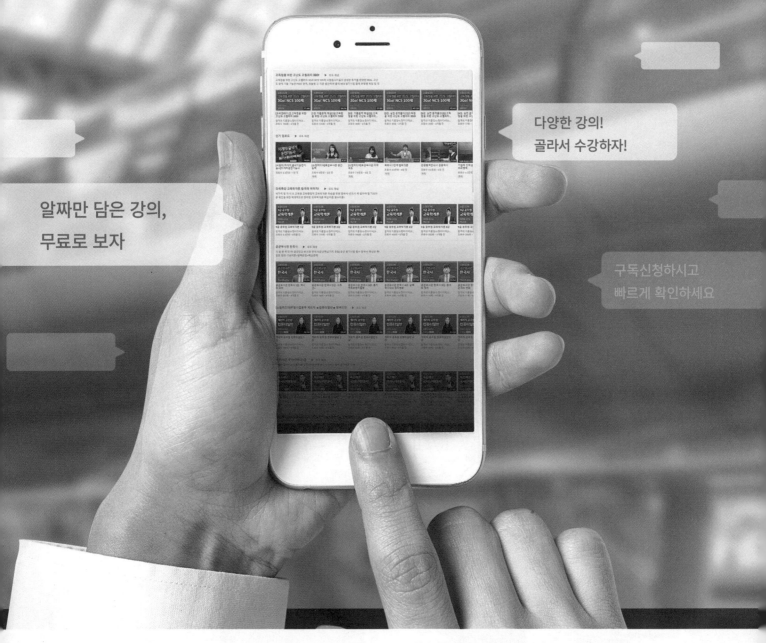